AVALIAÇÃO PSICOLÓGICA NO CONTEXTO ESCOLAR E EDUCACIONAL

A945   Avaliação psicológica no contexto escolar e educacional
       / Organizadores, Claudio Simon Hutz... [et al.]. – Porto
       Alegre : Artmed, 2022.
       xiv, 284 p. il. ; 25 cm.

       ISBN 978-65-81335-20-5

       1. Psicologia - Avaliação. 2. Ambiente escolar. I. Hutz,
       Claudio Simon.

                                                        CDU 159.91

Catalogação na publicação: Karin Lorien Menoncin – CRB 10/2147

AVALIAÇÃO PSICOLÓGICA NO CONTEXTO ESCOLAR E EDUCACIONAL

Claudio Simon HUTZ
Denise Ruschel BANDEIRA
Clarissa Marceli TRENTINI
Jaqueline Portella GIORDANI

ORGANIZADORES

artmed

Porto Alegre
2022

© Grupo A Educação S. A., 2022.

Gerente editorial: Letícia Bispo de Lima

Colaboraram nesta edição:

Editora: Mirian Raquel Fachinetto
Capa: Paola Manica | Brand & Book
Preparação de originais: Maria Lúcia Badejo
Leitura final: Daniela de Freitas Louzada
Editoração: TIPOS – design editorial e fotografia

Reservados todos os direitos de publicação ao GRUPO A EDUCAÇÃO S.A.
(Artmed é um selo editorial do GRUPO A EDUCAÇÃO S.A.)
Rua Ernesto Alves, 150 – Bairro Floresta
90220-190 – Porto Alegre – RS
Fone: (51) 3027-7000

SAC 0800 703-3444 – www.grupoa.com.br

É proibida a duplicação ou reprodução deste volume, no todo ou em parte, sob quaisquer formas ou por quaisquer meios (eletrônico, mecânico, gravação, fotocópia, distribuição na Web e outros), sem permissão expressa da Editora.

IMPRESSO NO BRASIL
PRINTED IN BRAZIL

AUTORES

Claudio Simon Hutz. Psicólogo especialista em avaliação psicológica em psicologia positiva. Professor titular da Universidade Federal do Rio Grande do Sul (UFRGS) e coordenador do Laboratório de Mensuração do Programa de Pós-graduação (PPG) em Psicologia da UFRGS. Mestre e Doutor em Psicologia pela University of Iowa, Estados Unidos. Pós-doutorado na Arizona State University, Estados Unidos. Foi presidente da Associação Nacional de Pesquisa e Pós-graduação em Psicologia (ANPEPP), do Instituto Brasileiro de Avaliação Psicológica (Ibap) e da Associação Brasileira de Psicologia Positiva (ABP+). Participou em comissões da Coordenação de Aperfeiçoamento de Pessoal de Nível Superior (Capes), Conselho Nacional de Desenvolvimento Científico e Tecnológico (CNPq), Instituto Nacional de Estudos e Pesquisas Educacionais Anísio Teixeira (Inep), Fundação de Amparo à Pesquisa do Estado do Rio Grande do Sul (Fapergs) e Fundação de Amparo à Pesquisa do Estado de São Paulo (Fapesp). Foi chefe de Departamento, coordenador do PPG em Psicologia, coordenador do Curso de Graduação em Psicologia e diretor do Instituto de Psicologia da UFRGS. Tem mais de 250 artigos, 30 livros e mais de 50 capítulos publicados.

Denise Ruschel Bandeira. Psicóloga. Professora titular do Instituto de Psicologia da UFRGS. Coordenadora do Centro de Avaliação Psicológica da UFRGS. Coordenadora do Grupo de Estudo, Aplicação e Pesquisa em Avaliação Psicológica (GEAPAP) da UFRGS. Pesquisadora 1C do CNPq. Especialista em Diagnóstico Psicológico pela Pontifícia Universidade Católica do Rio Grande do Sul (PUCRS). Mestra e Doutora em Psicologia pela UFRGS. Foi membro do Comitê Assessor (Psicologia e Serviço Social) do CNPq, chefe de Departamento, coordenadora do PPG em Psicologia e coordenadora didática do Curso de Especialização em Avaliação Psicológica da UFRGS.

Clarissa Marceli Trentini. Psicóloga. Professora titular dos Cursos de Graduação e Pós-graduação em Psicologia da UFRGS. Coordenadora do Núcleo de Estudos em Avaliação Psicológica e Psicopatologia (NEAPP) da UFRGS. Pesquisadora 1C do CNPq. Especialista em Avaliação Psicológica pela UFRGS. Mestra em Psicologia Clínica pela PUCRS. Doutora em Ciências Médicas: Psiquiatria pela UFRGS.

Jaqueline Portella Giordani. Psicóloga do Colégio de Aplicação da UFRGS. Membro do NEAPP/UFRGS. Especialista em Psicologia Escolar e Educacional pelo Conselho Federal de Psicologia (CFP). Mestra e Doutora em Psicologia pela UFRGS.

Aline Riboli Marasca. Psicóloga. Membro do GEAPAP e supervisora de estágio do Centro de Avaliação Psicológica (CAP) da UFRGS. Mestra e doutoranda em Psicologia na UFRGS.

Ana Carolina Rost de Borba Galimberti Rodrigues. Psicóloga. Colaboradora do Grupo Neuropsicologia Clínico-experimental e Escolar (GNCE) da PUCRS. Especialista em Neuropsicologia com ênfase em Neuropsicologia Escolar pela PUCRS. Mestra em Psicologia: Cognição Humana pela PUCRS.

Bruna Evaristo Scheffer. Psicóloga. Mestranda em Psicologia: Cognição Humana na PUCRS.

Carla Alexandra da Silva Moita Minervino. Psicóloga clínica da infância e adolescência. Professora associada da Universidade Federal da Paraíba (UFPB). Especialista em Desenvolvimento Infantil pela UFPB. Mestra em Desenvolvimento Humano pela UFPB. Doutora em Ciências da Saúde pela UFPB. Pós-doutorado em Psicologia Cognitiva na Universidade Federal de Pernambuco (UFPE).

Carlo Schmidt. Psicólogo. Professor associado do Departamento de Educação Especial e do PPG em Educação da Universidade Federal de Santa Maria (UFSM). Mestre em Psicologia do Desenvolvimento e Doutor em Psicologia pela UFRGS.

Carlos Henrique Ferreira da Silva. Psicólogo. Mestrando em Psicologia na Pontifícia Universidade Católica de Campinas (PUC-Campinas).

Carmen Flores-Mendoza. Psicóloga especialista em avaliação psicológica. Professora associada da Universidade Federal de Minas Gerais (UFMG). Especialista em Psicologia Escolar e da Aprendizagem pela PUC-Campinas. Mestra em Psicologia Clínica pela PUC-Campinas. Doutora em Desenvolvimento Humano e da Aprendizagem pela Universidade de São Paulo (USP). Pós-doutorado na University of California, Davis, Estados Unidos, e na Universidad Autónoma de Madrid, Espanha.

Carolina S. M. Lisboa. Psicóloga clínica, professora universitária e pesquisadora da PUCRS. Terapeuta cognitiva certificada pela Federação Brasileira de Terapias Cognitivas (FBTC). Mestra e Doutora em Psicologia do Desenvolvimento pela UFRGS.

Carolina Schmitt Colomé. Psicóloga. Mestranda em Psicologia na UFSM.

Cássia Ferrazza Alves. Psicóloga clínica. Professora de Psicologia da Faculdade da Serra Gaúcha (FSG) Centro Universitário. Mestra e Doutora em Psicologia pela UFRGS.

Claudia Hofheinz Giacomoni. Psicóloga. Professora titular de Psicologia da UFRGS.

Cleonice Alves Bosa. Psicóloga. Professora titular do Departamento de Psicologia do Desenvolvimento e da Personalidade do Instituto de Psicologia da UFRGS. Especialista em Transtornos do Desenvolvimento pela UFRGS. Mestra em Psicologia do Desenvolvimento pela UFRGS. Doutora em Psicologia pela London University, Reino Unido.

Cristian Zanon. Psicólogo. Professor de Métodos Quantitativos do PPG em Psicologia da UFRGS. Mestre e Doutor em Psicologia na UFRGS. Pós-doutorado na UFRGS. Editor associado da revista *Psicologia: Reflexão e Crítica*. Coordenador do Grupo de Trabalho Avaliação em Psicologia Positiva e Criatividade da ANPEPP. Primeiro Tesoureiro da ABP+.

Cyntia Mendes de Oliveira. Psicóloga. Professora do Curso de Psicologia do Centro Universitário UniFacid. Membro do Núcleo de Estudos em Psicologia Positiva (NEPP) da UFRGS. Especialista em Terapias Cognitivo-comportamentais pelo InTCC/RS. Mestra e doutoranda em Psicologia na UFRGS.

Debora Dalbosco Dell'Aglio. Psicóloga. Professora de Psicologia da UFRGS e da Universidade La Salle (Unilasalle). Mestra e Doutora em Psicologia pela UFRGS.

AUTORES

Déborah Brandão. Psicóloga. Mestra em Psicologia Clínica pela PUCRS.

Denise Balem Yates. Psicóloga. Especialista em Neuropsicologia pela UFRGS e em Avaliação Psicológica pelo CFP. Mestra e Doutora em Psicologia pela UFRGS.

Denise de Souza Fleith. Professora titular da Universidade de Brasília (UnB). Mestra em Psicologia pela UnB. Ph.D em Psicologia Educacional: Educação do Superdotado pela University of Connecticut, Estados Unidos.

Euclides José de Mendonça Filho. Psicólogo. *Postdoctoral fellow* no Departamento de Psiquiatria da McGill University, Canadá. Pesquisador no Ludmer Centre for Neuroinformatics and Mental Health, Douglas Hospital Research Center, Montreal-QC, Canadá. Doutor em Psicologia pela UFRGS.

Flávia Wagner. Psicóloga na UFRGS. Especialista em Psicologia Clínica com ênfase em Avaliação Psicológica pela UFRGS. Doutora em Psicologia pela UFRGS.

Gabriel dos Reis Rodrigues. Psicólogo. Mestrando em Psicologia na UFRGS.

Gabriela Gehlen. Psicóloga especialista em luto. Especialista em Intervenção em Situações de Luto pelo Centro de Estudos da Família e do Indivíduo (Cefi). Especialização em andamento em Análise Comportamental Clínica no Instituto Brasiliense de Análise do Comportamento (Ibac). Mestra e doutoranda em Psicologia na UFRGS.

Gabriella Koltermann. Psicóloga. Membro do Núcleo de Estudos em Neuropsicologia Cognitiva (Neurocog) da UFRGS. Mestra e doutoranda em Psicologia na UFRGS.

Guilherme Welter Wendt. Psicólogo. Professor adjunto de Psicologia da Universidade Estadual do Oeste do Paraná (Unioeste). Mestre em Psicologia Clínica pela Universidade do Vale do Rio dos Sinos (Unisinos). Doutor em Psicologia pela Goldsmiths College, University of London, Inglaterra. Pós-doutorado em Psicologia do Desenvolvimento e da Personalidade na UFRGS.

Iasmin Zanchi Boueri. Psicóloga. Professora adjunta do Departamento de Teoria e Fundamentos da Educação do Setor de Educação da Universidade Federal do Paraná (UFPR). Orientadora de Mestrado e Doutorado na linha de Processos Psicológicos em Contextos Educacionais no PPG em Educação da UFPR. Pesquisadora do Grupo de Estudos e Pesquisa em Educação Especial e Deficiência Intelectual (GEPEEDI). Doutora em Educação Especial pelo PPG em Educação Especial da Universidade Federal de São Carlos (UFSCar). Pós-doutorado em Educação Especial na UFSCar.

Jana Gonçalves Zappe. Psicóloga. Professora adjunta do Departamento de Psicologia e do PPG em Psicologia da UFSM. Especialista em criança e adolescente em situação de risco pela Universidade Franciscana (UFN). Mestra em Psicologia pela UFSM. Doutora em Psicologia pela UFRGS.

Jerusa Fumagalli de Salles. Fonoaudióloga. Professora associada do Departamento de Psicologia do Desenvolvimento e Personalidade da UFRGS. Mestra e Doutora em Psicologia do Desenvolvimento pela UFRGS.

Júlia Beatriz Lopes Silva. Psicóloga. Professora adjunta do Departamento de Psicologia da UFMG. Mestra e Doutora em Saúde da Criança e do Adolescente pela Faculdade de Medicina da UFMG.

Julia Scalco Pereira. Pedagoga. Professora de Educação Infantil da Rede Municipal de Educação de Porto Alegre. Membro do Neurocog/UFRGS. Especialização em Neuropsicologia pela UFRGS. Mestra e doutoranda em Psicologia na UFRGS.

Katiane Silva. Psicóloga clínica. Formação em Psicanálise pelo Centro de Estudos Psicanalíticos de Porto Alegre (CEPdePA). Pesquisadora do Programa de Déficit de Atenção/Hiperatividade de Adultos (ProDAH-A) do Hospital de Clínicas de Porto Alegre/UFRGS. Mestra e Doutora em Psiquiatria e Ciências do Comportamento pela UFRGS. Pós-doutorado em Genética na UFRGS.

Larissa Sanford Ayres Farina. Psicóloga. Especialista em Gestão de Pessoas pela Fundação Getúlio Vargas. Mestra e doutoranda em Psicologia na UFRGS.

Letícia Lovato Dellazzana-Zanon. Psicóloga. Professora permanente do PPG em Psicologia da PUC-Campinas. Especialista em Psicologia Clínica pela Domus/CFP. Mestra e Doutora em Psicologia pela UFRGS.

Lilian Milnitsky Stein. Psicóloga. Professora do PPG Profissional em Direito da Universidade Federal de Santa Catarina (UFSC). Doutora em Psicologia Cognitiva pela University of Arizona, Estados Unidos. Pós-doutorado na Universidad de Barcelona, Espanha.

Manuela Almeida da Silva Santo. Psicóloga com atuação em CAPS II e CAPS Infantojuvenil da Prefeitura Municipal de Guaíba, RS. Especialista em Saúde da Criança com ênfase em Violência e Vulnerabilidades pela UFRGS. Mestra e doutoranda em Psicologia na UFRGS.

Marco Antônio Pereira Teixeira. Psicólogo e orientador profissional. Mestre e Doutor em Psicologia pela UFRGS.

Maria Amelia Almeida. Professora e pesquisadora da UFSCar. Mestra em Educação Especial pela George Peabody College for Teachers, Estados Unidos. Doutora em Educação Especial pela Vanderbilt University, Estados Unidos. Pós-doutorado em Educação Especial na University of Georgia, Estados Unidos.

Mônia Aparecida da Silva. Professora adjunta de Psicologia da Universidade Federal de São João del-Rei (UFSJ). Especialista em Avaliação Psicológica pelo Conselho Regional de Psicologia de Minas Gerais (CRP-MG). Mestra em Psicologia pela UFSJ. Doutora em Psicologia pela UFRGS.

Nicolle Zimmermann. Psicóloga clínica da Conectare NeuroPsi. Especialista em Princípios e Práticas em Pesquisas Clínicas pela Harvard University, EUA. Formação em andamento em Terapia do Esquema na Wainer Psicologia. Mestra em Psicologia: Cognição Humana pela PUCRS. Doutora em Ciências: Neurorradiologia pela Universidade Federal do Rio de Janeiro (UFRJ).

Pamela Lamarca Pigozi. Enfermeira. Professora contratada da Faculdade de Saúde Pública da USP. Especialista em Saúde Pública com ênfase na Saúde da Família pelo Centro Universitário São Camilo. Doutora em Ciências pela USP. Pós-doutorado em Saúde Pública na USP.

Patrícia Pelufo Silveira. Pediatra. Diretora científica do pilar de Genômica e Epigenética da Ludmer Center for Neuroinformatics and Mental Health da McGill University, Canadá. Especialista em Neonatal *Follow Up* pelo Montreal Children's Hospital da McGill University Health Center. Mestra e Doutora em Neurociências pela UFRGS.

Renata Muniz Prado. Professora adjunta do Instituto de Psicologia da UNB. Doutora em Psicologia do Desenvolvimento e Escolar pela UnB.

Ricardo Moura. Psicólogo. Professor do Departamento de Processos Psicológicos Básicos da UnB. Mestre em Saúde da Criança e do Adolescente pela UFMG. Doutor em Neurociências pela UFMG.

Rochele Paz Fonseca. Neuropsicóloga. Professora da PUCRS.

Sabrina Fernandes de Castro. Professora adjunta do Departamento de Educação Especial da UFSM. Especialista em Educação Especial/Deficiência Intelectual pela UFSM. Mestra em Educação pela UFSM. Doutora em Educação Especial pela UFSCar. Pós-doutorado em Educação Especial na UFSCar.

Sílvia Cristina Marceliano Hallberg. Psicóloga clínica. Formação em Avaliação Neuropsicológica pela USP. Mestra em Psicologia pela PUCRS. Doutoranda em Psicologia na UFRGS.

Talita Pereira Dias. Psicóloga. Especialista em Terapia Comportamental pelo Instituto de Terapia por Contingências de Reforçamento (ITCR-Campinas). Mestra e Doutora em Psicologia pela UFSCar. Pós-doutorado em Habilidades Sociais em andamento na UFSCar.

Thais Selau. Psicóloga. Mestra em Psicologia pela UFRGS.

Vanisa Fante Viapiana. Psicóloga e neuropsicóloga. Professora do Curso de Psicologia da Universidade de Passo Fundo (UPF). Neuropsicóloga clínica colaboradora do Grupo de Neuropsicologia Clínica-Escolar e Experimental (GNCE). Especialista em Avaliação Psicológica pela UFRGS e em Neuropsicologia pela UFRGS/CFP. Mestra e Doutora em Psicologia: Cognição Humana pela PUCRS.

Vitor Geraldi Haase. Médico. Professor titular de Psicologia da UFMG. Mestre em Linguística Aplicada pela PUCRS. Doutor em Psicologia Médica pela Ludwig-Maximilians-Universität zu München, Alemanha.

Zilda A. P. Del Prette. Professora da UFSCar. Especialista em Psicologia Escolar/Educacional pelo CFP. Mestra em Psicologia Comunitária pela UFPB. Doutora em Psicologia Experimental pela USP.

PREFÁCIO

Este novo livro da Coleção Avaliação Psicológica tem como objetivo atender a um público constituído de estudantes de graduação e especialização em psicologia, psicólogos que estão iniciando ou realizando seu trabalho no contexto de intersecção entre a psicologia e a educação, bem como profissionais que já atuam na área há mais tempo, mas estão em busca de conteúdos atualizados. A ampliação da atuação de psicólogos nas diversas instituições educacionais nas últimas décadas está relacionada com a percepção das escolas não apenas como espaços de educação formal, mas como contextos de desenvolvimento integral de crianças e adolescentes. Nesse sentido, tornam-se essenciais a compreensão, a avaliação e a intervenção em aspectos psicológicos e sociais dos estudantes, especialmente na Educação Básica. Além disso, considerando as possibilidades e demandas da área, pensamos que esta obra também poderá ser relevante para profissionais de outros campos e diferentes formações que atuam com estudantes, famílias e comunidades educacionais das mais diversas.

Avaliação psicológica no contexto escolar e educacional inicia com dois capítulos introdutórios que discorrem sobre o histórico da escola, a psicologia escolar no Brasil e a importância da avaliação psicológica nesse contexto, bem como abordam as diretrizes gerais, as particularidades e a relevância da escrita de documentos psicológicos voltados às escolas.

A segunda parte se constitui de quatro capítulos sobre *a avaliação de questões do desenvolvimento*. Com contribuições atuais para essa temática, são abordadas a avaliação para identificação de atrasos do desenvolvimento nos primeiros anos escolares e a avaliação de sinais de risco para transtornos do neurodesenvolvimento. Além disso, a avaliação e a intervenção acerca de habilidades sociais nos espaços escolares são aprofundadas e, concluindo essa parte, são apresentadas as possibilidades de avaliação de intensidade de apoio e o planejamento educacional para pessoas com deficiência intelectual.

A terceira parte do livro dá continuação a essas temáticas, retratando *a avaliação da cognição e da aprendizagem*. Os capítulos abrangem a alfabetização, seus preditores e monitoramento; o Teste de Desempenho Escolar II (TDE II) para mapeamento da aprendizagem e do desempenho acadêmico; as diversas possibilidades e demandas da avaliação de inteligência nesse contexto; e a avaliação de altas habilidades e de deficiência intelectual. Por fim, as funções executivas e o diagnóstico neuropsicológico dos transtornos da aprendizagem são abordados de forma teórica e prática em relação a sua compreensão e avaliação no contexto educacional.

Na quarta parte, os autores abordam a necessidade de atenção e *avaliação de questões socioemocionais* nos espaços escolares. Iniciando pelos modos de rastreio em saúde mental e pela avaliação de comportamentos de risco na adolescência, os capítulos avançam até a avaliação cuidadosa do comportamento autolesivo e da ideação suicida. Contribuindo com outro viés, o último capítulo dessa parte trata da avaliação de variáveis positivas no contexto escolar.

A quinta e última parte deste livro trata de *questões transversais aos espaços escolares*, demandas frequentes para quem atua em instituições educacionais e que não foram abarcadas pelos demais eixos temáticos. Um dos capítulos aborda a orientação profissional a partir da avaliação da adaptabilidade de carreira; e outro, de forma teórica e prática, contempla as possibilidades de avaliação em situação de violência escolar, *bullying* e *cyberbullying*. Por fim, encerrando esta obra, temos um capítulo que trata da avaliação de projetos de vida no contexto educacional, temática bastante atual nos currículos escolares.

Este compilado de aportes teóricos e de métodos de avaliação e compreensão atual de questões que perpassam a vivência escolar só foi possível com a colaboração dos autores dos capítulos, que são pesquisadores e especialistas nas temáticas e nos instrumentos apresentados. Esperamos, com esse material extremamente qualificado, contribuir para a formação de psicólogos e profissionais da educação, bem como apoiar a prática da interseção da psicologia com a educação em contextos escolares e educacionais diversos.

Não podemos deixar de pontuar que este sétimo livro da Coleção Avaliação Psicológica foi escrito em meio à pandemia de covid-19. Foi idealizado antes, mas escrito durante. As escritas certamente estão sob essa influência, porém não demarcam o impacto da pandemia pelo novo coronavírus de modo explícito. A área da avaliação psicológica foi bastante impactada pelas políticas de distanciamento social adotadas durante a pandemia, e novos modos de avaliação foram e ainda estão sendo criados considerando as particularidades etárias, como, por exemplo, o modelo híbrido de avaliação. Contudo, o processo de avaliação e as demandas seguem muito similares aos do período pré-pandemia, ainda que com pesos de busca por auxílio diferentes e abarcando novas realidades. Assim, esperamos que este livro auxilie os profissionais e estudantes mesmo em períodos tão atípicos e de necessária reinvenção da psicologia e da educação.

Claudio Simon Hutz
Denise Ruschel Bandeira
Clarissa Marceli Trentini
Jaqueline Portella Giordani

SUMÁRIO

Parte 1
AVALIAÇÃO PSICOLÓGICA E EDUCAÇÃO

1 Psicologia, educação e avaliação psicológica   17
Jaqueline Portella Giordani
Denise Ruschel Bandeira
Claudio Simon Hutz
Clarissa Marceli Trentini

2 Escrita de documentos decorrentes de avaliação psicológica para o contexto escolar   27
Denise Balem Yates
Aline Riboli Marasca

Parte 2
AVALIAÇÃO DE QUESTÕES DO DESENVOLVIMENTO

3 Identificação de atrasos do desenvolvimento nos primeiros anos escolares   39
Euclides José de Mendonça Filho
Mônia Aparecida da Silva
Julia Scalco Pereira
Patrícia Pelufo Silveira
Denise Ruschel Bandeira

4 Identificação de sinais de risco para transtornos do neurodesenvolvimento na escola   53
Cleonice Alves Bosa
Carlo Schmidt

5 Avaliação de habilidades sociais na escola   65
Talita Pereira Dias
Zilda A. P. Del Prette

6 Avaliação de intensidade de apoio e planejamento educacional para pessoas com deficiência intelectual   77
Sabrina Fernandes Castro
Iasmin Zanchi Boueri
Maria Amelia Almeida

Parte 3
AVALIAÇÃO DE COGNIÇÃO E APRENDIZAGEM

7 Alfabetização infantil: preditores, avaliação e acompanhamento/ monitoramento   91
Gabriella Koltermann
Carla Alexandra da Silva Moita Minervino
Jerusa Fumagalli de Salles

8   Mapeamento da aprendizagem e do desempenho acadêmico pelo Teste de Desempenho Escolar (TDE II)   105
Vanisa Fante Viapiana
Claudia Hofheinz Giacomoni
Lilian Milnitsky Stein
Rochele Paz Fonseca

9   Avaliação de inteligência: aplicação no espaço escolar   119
Carmen Flores-Mendoza

10   Avaliação de estudantes com altas habilidades no contexto escolar   133
Denise de Souza Fleith
Renata Muniz Prado

11   Avaliação psicológica da deficiência intelectual e o papel do psicólogo escolar   147
Sílvia Cristina Marceliano Hallberg
Thais Selau
Denise Ruschel Bandeira

12   Avaliação de funções executivas na neuropsicologia escolar   159
Nicolle Zimmermann
Bruna Evaristo Scheffer
Ana Carolina Rost de Borba Galimberti Rodrigues
Rochele Paz Fonseca

13   Diagnóstico neuropsicológico dos transtornos da aprendizagem   175
Vitor Geraldi Haase
Júlia Beatriz Lopes Silva
Ricardo Moura

Parte 4
AVALIAÇÃO DE ASPECTOS DE SAÚDE MENTAL

14   Rastreio em saúde mental na escola   191
Flávia Wagner
Katiane Silva

15   Avaliação de comportamentos de risco na adolescência   201
Jana Gonçalves Zappe
Cássia Ferrazza Alves
Carolina Schmitt Colomé
Débora Dalbosco Dell'Aglio

16   Comportamento autolesivo e ideação suicida na adolescência   215
Manuela Almeida da Silva Santo
Gabriela Gehlen
Jaqueline Portella Giordani

17   Avaliação de variáveis positivas no contexto escolar   229
Aline Riboli Marasca
Cyntia Mendes de Oliveira
Claudia Hofheinz Giacomoni
Denise Ruschel Bandeira

Parte 5
QUESTÕES TRANSVERSAIS AOS ESPAÇOS ESCOLARES

18   Avaliação da adaptabilidade de carreira em processos de orientação profissional   243
Gabriel dos Reis Rodrigues
Larissa Sanford Ayres Farina
Marco Antônio Pereira Teixeira

19   Avaliação em situações de violência escolar, *bullying* e *cyberbullying*   257
Carolina S. M. Lisboa
Déborah Brandão
Pamela Lamarca Pigozi
Guilherme Welter Wendt

20   A importância da avaliação de projetos de vida no contexto educacional   267
Letícia Lovato Dellazzana-Zanon
Carlos Henrique Ferreira da Silva
Cristian Zanon

Índice   279

Parte 1

AVALIAÇÃO PSICOLÓGICA E EDUCAÇÃO

PSICOLOGIA, EDUCAÇÃO E AVALIAÇÃO PSICOLÓGICA

Jaqueline Portella Giordani
Denise Ruschel Bandeira
Claudio Simon Hutz
Clarissa Marceli Trentini

As escolas são instituições centrais durante a infância e a adolescência, no Brasil e em grande parte do mundo. É nesse espaço que as iniciais e principais trocas sociais da juventude se dão, por meio da formação de vínculos de amizade, aprendizagem de resolução de conflitos, por vezes convivência com pessoas de outros contextos culturais e também de diferentes sistemas de valores e crenças familiares.

Muito se pensa sobre as escolas e os processos de educação formal e aprendizagem que nelas ocorrem, e muito se discute sobre as necessidades e os conteúdos de cada etapa de escolarização, de cada ano ou série. No entanto, outros processos desenvolvimentais estão ocorrendo em paralelo. É nesse tempo da escola, nas muitas horas diárias entre seus muros, que as crianças crescem e se desenvolvem social, física e cognitivamente, tornam-se pré-adolescentes, passam pela puberdade, adolescência e, algumas vezes, pela jovem adultez.

São muitos anos passados na escola desde o ingresso no ensino fundamental – 12, ao menos, se não contarmos retenções e repetições de ano e interrupções de escolaridade –, que se considera muito como um período de "preparação para a vida", enquanto uma parte crucial do desenvolvimento e, portanto, da vida, está se passando. Os profissionais de psicologia inseridos nesse espaço e que atuam no contexto educacional deparam-se com as mais diversas demandas desenvolvimentais e de saúde mental, que necessitam avaliação e acompanhamento adequado de indivíduos, grupos e turmas. Para uma atuação fundamentada nesse espaço, é necessário primeiro entender o papel da educação formal na sociedade e a escola como contexto de desenvolvimento. E, para entender a escola hoje, precisamos voltar no tempo e compreender sua história.

UM POUCO SOBRE O PROCESSO DE ESCOLARIZAÇÃO

Ao longo do último século, no Ocidente, simultaneamente ao desenvolvimento de um campo de saberes sobre a infância e a adolescência, criaram-se instituições para vigilância e cuidado das pessoas nessas primeiras décadas de vida, como sistemas jurídicos de atenção aos jovens e escolas (Grossman, 2010). Essas instituições foram desenvolvidas com o objetivo de aperfeiçoar os jovens por meio da educação e do acesso aos direitos sociais. Assim, gradualmente, também as famílias passaram a centrar-se na educação formal (escolar) dos filhos.

É relevante compreender como se deu esse processo de estabelecimento da escolarização na sociedade até chegarmos aos moldes e relevância da escola atualmente.

Alguns autores (Alves, 2005; Grossman, 2010; Schoen-Ferreira et al., 2010) costumam essa trajetória para que possamos pontuar o espaço escolar e sua relevância social historicamente. Se voltarmos nossa atenção para o início do Império Romano, os registros são de que a educação dos sujeitos mais jovens ficava sob responsabilidade dos pais, consistindo em ensinamentos práticos, procurando formar o agricultor, o guerreiro ou o cidadão. A partir do século II a.C., as classes sociais mais abastadas passaram a contratar algum mestre grego para que seus filhos fossem formalmente educados. Com o passar do tempo, a educação romana deixou de ter um caráter tão prático e passou a valorizar a intelectualidade, diferenciando os jovens de acordo com sua classe social e possibilidade de acesso ao aprendizado. A ideia similar à que temos hoje, de que um adulto integrado à sociedade precisaria de instrução formal na juventude, surgiu nesse período.

Até o século XVI, o trabalho didático preservou essas características artesanais. Era um legado da sociedade feudal, em que a burguesia imitava a nobreza quando contratava um preceptor para educar os seus filhos. A relação educador-educando era de natureza individual. Passou-se mais de um século após a emergência da Reforma Protestante até que fosse afirmada a necessidade de uma nova instituição social para a educação das crianças e dos jovens. Anunciava-se, enfim, a superação do ensino preceptorial focado na relação individual. Nos séculos XVI e XVII, por motivos religiosos, havia o entendimento de que as crianças e os jovens deviam ser protegidos das tentações da vida por meio de ensinamentos morais, e as escolas tornaram-se então locais de instrução e educação em que os adolescentes eram separados do restante da sociedade, sob a autoridade de adultos.

Já no século XXI, a perspectiva de compreensão das primeiras décadas de vida está ligada à promoção do desenvolvimento positivo dos indivíduos, especialmente pela conscientização de que as crianças e os adolescentes representam o futuro da sociedade. Daí a importância da atenção para seu desenvolvimento integral, para que sejam adultos capazes e comprometidos com eles próprios, com suas famílias, comunidades e sociedade (Schoen-Ferreira et al., 2010). E a escola funciona, nesse contexto, como um microssistema da sociedade, tendo que lidar com as diferentes necessidades sociais contemporâneas.

Apesar de na escola o tempo ser comumente investido em atividades ligadas a tarefas, sejam elas formais (leitura, pesquisa) ou informais (intervalos e atividades livres, excursões), é também neste ambiente que demandas psicossociais têm que ser manejadas pelos professores, pelos funcionários e pela gestão escolar. Ou seja, a tendência atual da escolarização é ir além das funções tradicionais, atreladas apenas ao desenvolvimento cognitivo dos alunos ou à formação profissional, sendo a escola parcialmente responsável pelo desenvolvimento e bem-estar psicológico dos alunos, por ser esse um assunto transversal à vivência escolar. As escolas têm papel fundamental na promoção de saúde mental no ambiente educacional, por meio do reconhecimento dos conteúdos de saúde que devem ser trabalhados nesse espaço e tendo o conhecimento e contato com os serviços de saúde e de justiça que tenham interface com a educação e possam dar apoio nas situações de risco à saúde mental (Estanislau & Bressan, 2014).

É essencial também que os profissionais que atuam nos espaços escolares, incluindo os psicólogos, tenham conhecimento do sistema necessário à garantia de direitos na infância e na adolescência, especialmente o direito à educação. Chamado de Sistema de Garantias da Criança e do Adolescente, ele prevê que o papel de cada um de seus integrantes é igualmente importante para que a garantia da proteção integral de todas as crianças e adolescentes, preconizando o estabelecido no Estatuto da Criança e do Adolescente (Lei nº 8.069, de julho de 1990).

No Brasil, as escolas são parte integrante desse sistema, que se constitui pela articulação e integração das instâncias públicas governamentais e da sociedade civil para promoção, defesa e controle para a efetivação dos direitos da criança e do adolescente, nos níveis federal, estadual, distrital e municipal (Cals et al., 2007). O Plano Nacional de Promoção, Proteção e Defesa dos Direitos de Crianças e Adolescentes à Convivência Familiar e Comunitária (Brasil & Conselho Nacional dos Direitos da Criança e do Adolescente [CONANDA], 2006) indica um modo de trabalho baseado na transversalidade e no esforço intersetorial nas diferentes esferas de governo. Para além dos Conselhos Tutelares e outras instâncias, essa rede funciona também pelo trabalho integrado das escolas, do Sistema Único de Saúde (SUS), e do Sistema Único de Assistência Social (SUAS).

Desde que um período significativo de tempo diário é despendido pelas crianças e adolescentes no espaço escolar, as demandas das quais as escolas devem dar conta em relação aos alunos são bastante amplas e complexas. Segundo o Censo Escolar de 2019 (Instituto Nacional de Estudos e Pesquisas Educacionais Anísio Teixeira [Inep], 2020), 47.874.246 estudantes foram matriculados na educação básica no país naquele ano, entre a rede pública e a rede privada de ensino, em mais de 180 mil estabelecimentos educativos. Os alunos da educação infantil passam em média seis horas diárias na escola, e os do ensino fundamental passam em média 4,6 horas nesse ambiente, número que chega a 5,2 horas no ensino médio (Inep, 2020). Seja pelas relações que se estabelecem com professores e pares ao longo do tempo, seja pelo clima escolar positivo (propiciado por recursos materiais, normas, relações sociais positivas), a escola é essencial ao desenvolvimento socioemocional das crianças e dos adolescentes (Petrucci et al., 2016). Além da família e das instituições de acolhimento, as escolas são, portanto, um espaço crucial de desenvolvimento desde a primeira infância.

A PSICOLOGIA NA ESCOLA

Ao falarmos em psicologia escolar e educacional estamos considerando que a psicologia escolar se refere à prática do psicólogo no espaço da escola e/ou em outras instituições educacionais e a psicologia educacional se relaciona às teorias da psicologia que sustentam essa prática. Assim, a utilização dos dois termos em conjunto contempla a relação indissociável da teoria com a prática (Barbosa & Souza, 2012) e está de acordo com a nomenclatura adotada pela resolução das especialidades do Conselho Federal de Psicologia (CFP) (Resolução CFP nº 13/2007).

A atuação do psicólogo escolar já é prevista desde a regulamentação da profissão, em 1962, mas só foi reconhecida como especialidade pelo CFP no ano de 2007. A psicologia educacional é compreendida como um dos fundamentos científicos da educação e da prática pedagógica; já a psicologia escolar é amplamente compreendida como uma modalidade de atuação profissional do psicólogo, tendo no processo de escolarização seu campo de ação, com foco na instituição escolar e nas relações que ali se dão (Antunes, 2008). A especialidade é estruturada pela Resolução CFP nº 13/2007 (p. 18) como a que

> Atua no âmbito da educação formal realizando pesquisas, diagnóstico e intervenção preventiva ou corretiva em grupo e individualmente. Envolve, em sua análise e intervenção, todos os segmentos do sistema educacional que participam do processo de ensino-aprendizagem. Nessa tarefa, considera as características do corpo docente, do currículo, das normas da instituição, do material didático, do corpo discente e demais elementos do sistema. Em conjunto com a equipe, colabora com o corpo docente e técnico na elaboração, implantação, avaliação e reformulação de currículos, de projetos pedagógicos, de políticas educacionais e no desenvolvimento de novos procedimentos educacionais.

A Resolução CFP nº 13/2007 ainda prevê diferenciadas ações possíveis ao psicólogo escolar, como em programas de orientação profissional, seja para o processo de escolha da profissão ou em questões referentes à adaptação ao trabalho; na análise dos estudantes com necessidades especiais e na orientação para aplicação de programas especiais de ensino; na aplicação de conhecimentos psicológicos relacionados ao processo ensino-aprendizagem, às intervenções psicopedagógicas, ao desenvolvimento humano, às relações interpessoais e à integração entre famílias, escola e comunidade; no desenvolvimento de programas que visem a qualidade de vida, promoção de saúde e cuidados indispensáveis às atividades de estudo e à aprendizagem; na atuação em pesquisas de dados sobre a realidade da escola e da educação em seus múltiplos aspectos; e também na validação e utilização de técnicas, instrumentos e testes psicológicos adequados e fidedignos. Isso deve ter como objetivo fornecer subsídios para o replanejamento e formulação dos planos escolares, para ajustes e orientações à escola e também para que os programas educacionais sejam avaliados em sua eficiência.

No Brasil, a inserção dos profissionais de psicologia nas escolas está cada vez maior, sendo esta uma área crescente de atuação e de pesquisa. Segundo a legislação federal, as redes públicas de educação básica devem contar com serviços de psicologia e de serviço social para atender às necessidades e prioridades definidas pelas políticas de educação. A Lei nº 13.935, de 11 de dezembro de 2019, determina que essas equipes multiprofissionais deverão atuar de modo a promover a melhoria do processo de ensino-aprendizagem nas escolas, fortalecendo a participação da comunidade escolar e focando sua atuação também na mediação das relações sociais e institucionais. Esse trabalho deverá considerar o projeto político pedagógico das redes públicas de educação básica e dos seus estabelecimentos de ensino. A expectativa é que a atuação em equipes multidisciplinares e a presença de profissionais especialistas nos espaços educacionais, contando com profissionais como psicólogos, orientadores educacionais e assistentes sociais, possa propiciar espaços de reflexão e diálogo, essenciais para uma educação mais inclusiva e democrática (Pedroza, 2003).

Diferentemente, a construção da relação psicologia-educação no país foi fortemente marcada por ações que tinham o objetivo de adaptar o indivíduo ao contexto escolar, "normalizá-lo", especialmente por meio da utilização indiscriminada de psicodiagnósticos. Apesar de predominar no início da atuação dos psicólogos na escola, esse modelo clínico está descontextualizado atualmente, pois enfatizava apenas as dificuldades de aprendizagem das crianças e adolescentes (Antunes, 2008; Barbosa & Marinho-Araújo, 2010; Firbida & Facci, 2015; Souza et al., 2016), e atribuía unicamente aos indivíduos e às suas famílias a responsabilidade pelo que se denominou fracasso escolar (Antunes, 2008; Patto, 2015).

Ao seguir atuando dessa forma, o psicólogo poderia reforçar o discurso segundo o qual o aluno é o culpado por não conseguir aprender, e excluir de sua avaliação e das suas possíveis intervenções os demais aspectos intraescolares e todas as questões sociais que atuam na promoção das dificuldades de acesso e permanência escolar e são reconhecidamente associadas a esse "fracasso" no ensino e na aprendizagem (Pereira-Silva et al., 2017).

Dessa forma, a prática do psicólogo nas instituições de ensino tem se modificado continuamente, distanciando-se do modelo individualizado e cristalizado, com foco na incapacidade, atendimento no modelo clínico, atenção apenas ao não aprendizado, à falta e ao "fracasso escolar" do aluno ou às falhas de sua família (Dias et al., 2014; Machado, 2014). Nessa lógica, a atuação do psicólogo escolar e educacional deve agora pautar-se pela atenção aos grupos e às relações que se dão no espaço da escola, deslocando o olhar do individual para o coletivo. Com o foco do trabalho no contexto amplo de desenvolvimento e de aprendizagem dos alunos, e com a percepção da comunidade escolar, o psicólogo pode realizar de forma mais efetiva a avaliação de aspectos biopsicossociais que possam estar afetando um estudante ou um grupo.

As críticas a esse modelo individualizante e psicologizante como prática psicológica dentro da escola baseiam-se na compreensão atual que se tem da educação e do papel das escolas no desenvolvimento de crianças e adolescentes, na promoção de saúde mental e na identificação de sofrimento psíquico e de questões desenvolvimentais. Esse entendimento está refletido no documento Referências Técnicas para Atuação de Psicólogas (os) na Educação Básica (CFP, 2019), desenvolvido pelo CFP. Esse documento foi desenvolvido em 2013 e revisado em 2019, com o intuito de orientar a inserção do psicólogo nas instituições educacionais, oferecendo proposições para os desafios dessa atuação.

Os julgamentos contrários ao modelo clínico nas escolas, por parte dos profissionais da psicologia, indicam a necessidade da ampliação e do aperfeiçoamento da avaliação psicológica e das intervenções nesse contexto, com o intuito de problematizar e reverter dinâmicas institucionais que possam estar produzindo práticas excludentes e que reforcem a concepção de fracasso escolar centrada no aluno (CFP, 2019; Firbida & Facci, 2015; Souza et al., 2016). Ao agir acriticamente, o psicólogo pode ser levado a pensar o fracasso escolar como produzido unicamente pelo sujeito ou como consequência do contexto sociocultural em que ele se insere e, assim, atribuir-lhe responsabilidade em relação a um fenômeno psicossocial de natureza complexa (como são as dificuldades de aprendizagem e de adaptação escolar), o que significa recorrer a subterfúgios reducionistas para legitimar as desigualdades no âmbito social que transparecem na comunidade e no cotidiano escolar (Patto, 2015). A exigência da atuação em educação é de comprometimento com uma prática social e, principalmente, que essa atuação seja pautada pela compreensão do processo ensino-aprendizagem e suas articulações com outras questões de desenvolvimento (Antunes, 2008; Pereira-Silva et al., 2017).

No século XXI, a literatura da área indica a crescente relevância e necessidade de uma atuação em psicologia escolar mais preventiva, interdisciplinar e crítica (Antunes, 2008; Pereira-Silva et al., 2017; Souza et al., 2016). Em uma pesquisa realizada pelo CFP (2019) com profissionais que já atuavam na educação básica, entre as atividades mais relatadas pelos psicólogos nas escolas estavam: ações direcionadas à educação básica e à educação especial/inclusiva; trabalho na interface entre educação e saúde; atuação como docentes na gestão e na coordenação de equipes, serviços e programas de atendimento de alunos; orientação de alunos, familiares e professores; capacitação de professores e educadores; e supervisão de estagiários. Ainda, os relatos desses profissionais ressaltaram a necessidade de clarificar constantemente entre os coordenadores, professores, alunos e familiares a proposta de trabalho do psicólogo no espaço escolar, e também a crescente demanda pelo desenvolvimento de práticas que não focalizem apenas os indivíduos, e sim o contexto educacional como um todo (CFP, 2019). Com isso, a proposição do CFP é:

> À psicologia escolar e educacional almejamos um projeto educacional que vise a coletivizar práticas de formação e de qualidade para todos; que lute pela valorização do trabalho do professor e constitua relações escolares democráticas; que enfrente os processos de medicalização, patologização e judicialização da vida de educadores e estudantes; que lute por políticas públicas que possibilitem o desenvolvimento de todos e todas, trabalhando na direção da superação dos processos de exclusão e estigmatização social. (CFP, 2019, p. 26)

Essa complexa e robusta demanda que recai sobre os profissionais da psicologia atuantes na educação básica por vezes carece de direcionamento e embasamento em evidências – tanto para alocação do escopo de trabalho quanto para eficiência de suas avaliações e intervenções (individuais, de grupo ou institucionais). Essa busca pela atuação qualificada é o que pode colocar a atuação junto à educação como essencial na manutenção das redes de atenção à infância e adolescência, com o foco no desenvolvimento de indivíduos e da comunidade, na promoção de saúde e na prevenção da exclusão e evasão escolar e de consequentes prejuízos ao desenvolvimento.

O foco desse trabalho está no acompanhamento das diferentes fases do desenvolvimento humano, com a articulação de ações que superem os impasses peculiares a cada uma delas, contribuindo para o desenvolvimento dos alunos – e dos demais membros da comunidade escolar, considerando os vários aspectos que integram a vida e, portanto, a escolaridade: a intelectualidade, a motricidade, os afetos e a sociabilidade (Viana, 2016). Sendo assim, a ação do psicólogo nas instituições de ensino e de educação deveria envolver os diferentes aspectos do processo de escolarização – as relações familiares, os grupos de amigos, as práticas docentes e institucionais, além do contexto social –, para que uma avaliação das dificuldades no processo de escolarização não se restrinja àquilo que o estudante não consegue realizar, e sim o avalie prospectivamente, focando em suas potencialidades, essenciais aos considerarmos o objetivo de superação das dificuldades e o processo de resiliência na escola.

AS DEMANDAS DE AVALIAÇÃO PSICOLÓGICA NO CONTEXTO ESCOLAR

A avaliação psicológica se dá de formas diferentes em cada um dos espaços em que ocorre, nos contextos de saúde, jurídico, de trânsito e organizacional, e na prática educacional não é diferente. É crescente o esforço em produzir estudos para sustentar a prática baseada em evidências em cada contexto específico. Ao trazer à tona relatos de profissionais em associação a pesquisas atuais, permite uma integração e qualificação da atuação nesses diferentes espaços, abrindo-se também possibilidades para o pensar e o fazer em avaliação psicológica.

A avaliação psicológica tem uma história rica, incluindo amplos refinamentos de conceitos psicométricos, bem como uma ampla gama de conteúdos e possibilidades de aplicação. No caso da avaliação em/ou demandada por instituições escolares, a atuação do psicólogo pode ser particularmente complicada, tanto por ser realizada com crianças e adolescentes – faixas etárias sujeitas a mudanças contínuas de desenvolvimento (Youngstrom & Van Meter, 2016), como também devido às diferentes partes envolvidas neste contexto.

A avaliação psicológica em contextos educacionais também se dá de forma ampla e utiliza diferentes ferramentas e dispositivos – individuais e coletivos. Não deve ocorrer pela testagem desorientada dos alunos, ou com psicodiagnósticos simples e que buscam achar "o problema do aluno desviante", ou o "promover seu ajustamento" à escolarização. Como já discutido previamente, a ação do psicólogo na escola prevê formação e atuação baseada em novas evidências que busquem avaliar as questões transversais à escolarização e que são demandadas a esse profissional.

A testagem psicológica se relaciona mais especificamente à administração de uma medida ou procedimento para quantificar um construto psicológico, enquanto a avaliação – a qual já citamos e será abordada segundo as temáticas exploradas neste livro – é mais ampla e focada em vários métodos para responder as perguntas de encaminhamento específicas. A avaliação em psicologia escolar é complexa, pode e deve incluir vários métodos, ferramentas e diferentes fontes de dados (observação de aulas/momentos informais, entrevista, uso de testes psicológicos e/ou educacionais). A avaliação e a prática baseadas em evidências estão ganhando atenção na psicologia clínica (Jensen-Doss et al., 2016) e, recentemente, na psicologia escolar (Andrews et al., 2020; Canivez, 2019).

No contexto educacional isso não é diferente. Considerando que o psicólogo atuante nesse espaço pode se confrontar com quaisquer das questões desenvolvimentais da infância e da adolescência e que a demanda avaliativa não se limita às questões de aprendizagem, a avaliação perpassa o cotidiano do trabalho na educação e é essencial para o planejamento adequado de ações de intervenção, para encaminhamentos e acompanhamento do próprio escolar, normalmente em longo prazo – pelos anos em que o aluno estuda na instituição.

Atuar baseando-se em evidências, no contexto escolar, significa adotar inicialmente uma abordagem de avaliação que use pesquisa e teoria para orientar a seleção de aspectos a serem avaliados para um propósito específico de avaliação, os métodos e medidas a serem usados na avaliação e a forma como o processo de avaliação se desdobra (Hunsley & Mash, 2007). Isso possibilita a integração das pesquisas disponíveis com a experiência de atuação no contexto, atentando às características e aos aspectos culturais para promover uma prática psicológica eficaz por meio da utilização de princípios empíricos de formulação de casos, relação terapêutica e intervenção (American Psychological Association [APA], 2006; Hunsley & Mash, 2007). Ou seja, para intervirmos no ambiente escolar, para pensarmos a necessidade de um estudante naquele momento, precisamos primeiro avaliá-lo adequadamente.

Para os psicólogos escolares, a atenção a esses aspectos não deve ser diferente; afinal, o objetivo é fornecer avaliações melhores e com suporte empírico, que proporcionem melhores resultados para os alunos e para a comunidade escolar. Uma atuação baseada em evidências potencialmente produz melhor diagnóstico da situação e maior utilidade ao levar a encaminhamentos e tratamentos específicos, melhorando o funcionamento geral do aluno e sua adaptação ao ambiente escolar, considerando que há mudanças importantes de um período ou ano letivo para outro, e que na escola esse acompanhamento se dá de forma contínua. É também o que propicia que sejam adotados os dispositivos necessários para adaptação desse ambiente e/ou das práticas docentes para o bem-estar psicológico do aluno e para a inclusão escolar.

Para tal, a psicologia é o campo de conhecimento que pode oferecer às instituições educacionais alguns dados que podem ser essenciais sobre o aluno e sobre a comunidade escolar, como condições de aprendizagem, seja pela avaliação das capacidades intelectuais e afetivas que possam se relacionar com esse processo de aprendizagem dos estudantes, seja pela formação dos professores e ampliação da sua percepção sobre os diversos aspectos do desenvolvimento (infância e adolescência) que podem estar interligados no espaço escolar (Viana, 2016). É assim que a avaliação psicológica pode ser associada à intervenção pedagógica, focada no processo de aprendizagem, envolvendo conhecimentos e habilidades e à intervenção psicológica, que pode facilitar os processos educacionais por meio da mediação e da busca da promoção do desenvolvimento saudável dos alunos, das equipes docentes e de gestão e das famílias (Viana, 2016).

Apesar dessa visão de uma atuação da psicologia voltada ao coletivo, nas escolas e outros espaços educacionais, muitas vezes questões individuais carecem também de avaliação, intervenção e acompanhamento. Em nossa experiência, as demandas de avaliação psicológica a partir das queixas escolares envolvem, entre outras:

- solicitações de professores, a partir da observação do comportamento dos alunos, que apresentam queda de rendimento ou desempenho nas tarefas e avaliações muito díspar do restante da turma e do esperado para a faixa etária e nível de escolaridade;
- solicitações da família, por relatos de questões comportamentais e/ou relacionais, de marcos desenvolvimentais ou outras questões de saúde e/ou familiares anteriores ao ingresso na escola que parecem estar afetando a socialização, adaptação e/ou processo de aprendizagem do estudante;
- solicitações do próprio aluno ou seus amigos/colegas, pelo relato da adoção de comportamentos de risco, autopercepção sobre dificuldades de aprendizagem e para estudar, para manter a atenção, vitimização em qualquer contexto de desenvolvimento ou quaisquer outros relatos indicativos de sofrimento psíquico intenso e recorrente.

Aos serem confrontados com tal demanda, os psicólogos escolares devem ter conhecimento de vários modelos e métodos de avaliação e coleta de dados para identificar pontos fortes e necessidades dos estudantes, a fim de realizar encaminhamentos, intervenções e programas eficazes e serem capazes de medir o progresso e os resultados ao longo do tempo. Embora os psicólogos nas escolas forneçam uma gama abrangente de diferentes formas de serviços psicológicos, a avaliação parece ser fundamental para a tomada de decisões com base em dados e para práticas responsáveis que permeiam todos os aspectos da atuação psicológica (Benson et al., 2019; Walcot et al., 2018).

Em todo mundo, as pesquisas em psicologia escolar têm indicado que entre algumas das principais situações que necessitam de atenção do psicólogo para avaliação estão questões de aprendizagem e cognitivas (Ribeiro & Freitas, 2018; Sotelo-Dynega & Dixon, 2014), avaliações psicoeducacionais para casos de inclusão escolar e educacional (Fonseca et al., 2018; Sousa & Nascimento, 2018; Walcott et al., 2018), além de outras questões do neurodesenvolvimento (Carim et al., 2018; Pereira et al., 2018; Varanda et al., 2019; Wilkinson, 2016), e gerais de saúde mental (Silva & Pacheco, 2020; Olayinka & Bolanle, 2016; Pfledderer et al., 2019; Sousa et al., 2020, Souza et al., 2020; Splett et al., 2013). Essa atenção tem se dado por meio da avaliação de problemas de comportamento de crianças e adolescentes (p. ex., comportamentos externalizantes ou internalizantes) (Rosso Borba & Marin, 2017; Varanda et al., 2019), além de indicadores específicos de psicopatologia em escolares (Abrahams et al., 2019; Whitcomb, 2017).

CONSIDERAÇÕES FINAIS

Apesar da crescente demanda por psicólogos e da ampliação da presença destes nas escolas, a psicologia escolar é uma área ainda não integralmente reconhecida nesse ambiente e pelos profissionais inseridos nesse contexto. No entanto, os sistemas educacionais que contam com a atuação de profissionais de psicologia escolar e educacional podem receber respostas efetivas às queixas escolares, sendo a presença dessa área do conhecimento extremamente importante para um ambiente de qualidade para toda a comunidade escolar.

O psicólogo atuante nas escolas e nos sistemas educacionais em geral depara-se com uma ampla diversidade de temas e demandas para avaliação e intervenção. Portanto, é imprescindível contar com instrumentos e materiais de consulta preponderantes, para que sua atuação seja coerente com as evidências científicas e condutas profissionais comprovadamente eficazes, o que possibilita melhor avaliação, encaminhamento e acompanhamento dos estudantes durante seu percurso acadêmico e desenvolvimental.

REFERÊNCIAS

Abrahams, L., Pancorbo, G., Primi, R., Santos, D., Kyllonen, P., John, O. P., & De Fruyt, F. (2019). Social-emotional skill assessment in children and adolescents: Advances and challenges in personality, clinical, and educational contexts. *Psychological Assessment, 31*(4), 460-473.

Alves, G. L. (2005). Origens da escola moderna no Brasil: A contribuição jesuítica. *Educação e Sociedade, 26*(91), 617-635.

American Psychological Association (APA), & Presidential Task Force on Evidence-Based Practice (EBPP). (2006). Evidence-based practice in psychology. *American Psychologist, 61*(4), 271-285.

Andrews, J. H., Cho, E., Tugendrajch, S. K., Marriott, B. R., & Hawley, K. M. (2020). Evidence-based assessment tools for common mental health problems: a practical guide for school settings. *Children & Schools, 42*(1), 41-52.

Antunes, M. A. M. (2008). Psicologia escolar e educacional: História, compromissos e perspectivas. *Psicologia Escolar e Educacional, 12*(2), 469-475.

Barbosa, D. R., & Souza, M. P. R. (2012). Psicologia educacional ou escolar? Eis a questão. *Psicologia Escolar e Educacional, 16*(1), 163-173.

Barbosa, R. M., & Marinho-Araújo, C. M. (2010). Psicologia escolar no Brasil: Considerações e reflexões históricas. *Estudos de Psicologia (Campinas), 27*(3), 393-402.

Benson, N. F., Floyd, R. G., Kranzler, J. H., Eckert, T. L., Fefer, S. A., & Morgan, G. B. (2019). Test use and assessment practices of school psychologists in the United States: Findings from the 2017 National Survey. *Journal of School Psychology, 72,* 29-48.

Brasil, & Conselho Nacional dos Direitos da Criança e do Adolescente (CONANDA). (2006). *Plano nacional de promoção, proteção e defesa do direito de crianças e adolescentes à convivência familiar e comunitária.* https://www.mds.gov.br/webarquivos/publicacao/assistencia_social/Cadernos/Plano_Defesa_CriancasAdolescentes%20.pdf

Cals, C.R., Girão, I., Moreira, M.A., Bortolotti, N. F., Campos, P., & Soares, R. (2007). *Direitos de crianças e adolescentes: Guia de atendimento.* http://cedecaceara.org.br/site/wp-content/uploads/2019/08/Direitos-de-crian%C3%A7as-e-adolescentes-guia-de-atendimento-_cedeca_ce.pdf

Canivez, G. L. (2019). Evidence-based assessment for school psychology: Research, training, and clinical practice. *Contemporary School Psychology, 23*(2), 194-200.

Carim, D. B., Sallum, I., Dias, G., Badin, K., & Barbirato, F. (2018). Avaliação neuropsicológica e desenvolvimento cognitivo na pré-escola. In L. F Malloy-Diniz, D. Fuentes, P. Mattos, & N. Abreu (Orgs.), *Avaliação Neuropsicológica* (2. ed., pp. 191-205). Artmed.

Conselho Federal de Psicologia (CFP) (2019). *Referências técnicas para atuação de psicólogas(os) na educação básica*. 2. ed. https://site.cfp.org.br/wp-content/uploads/2019/08/EducacaoBASICA_web.pdf

Dias, A. C. G., Patias, N. D., & Abaid, J. L. W. (2014). Psicologia Escolar e possibilidades na atuação do psicólogo: Algumas reflexões. *Psicologia Escolar e Educacional, 18*(1), 105-111.

Estanislau, G. M., & Bressan, R. A. (2014). *Saúde mental na escola: O que os educadores devem saber*. Artmed.

Firbida, F. B. G. & Facci, M. G. D. (2015). A formação do psicólogo no estado do Paraná para atuar na escola. *Psicologia Escolar e Educacional,19*(1), 173-184.

Fonseca, T. D. S., Freitas, C. S. C., & Negreiros, F. (2018). Psicologia escolar e educação inclusiva: A atuação junto aos professores. *Revista Brasileira de Educação Especial, 24*(3), 427-440.

Grossman, E. (2010). A construção do conceito de adolescência no Ocidente. *Adolescência e Saúde, 7*(3), 47-51.

Hunsley, J., & Mash, E. J. (2007). Evidence-based assessment. *Annual Review of Clinical Psychology, 3*, 29-51.

Instituto Nacional de Estudos e Pesquisas Educacionais Anísio Teixeira (INEP). (2020). *Sinopse estatística da educação básica 2019*.

Jensen-Doss, A., Patel, Z., Casline, E., & McLeod, B. D. (2020). The prescription phase of evidence-based assessment. In E. A. Youngstrom, M. J. Prinstein, E. J. Masch, & R. A. Barkley (Eds.), *Assessment of disorders in childhood and adolescence* (pp. 49-74). Guilford.

Lei nº 8.069, de 13 de julho de 1990 (1990). Dispõe sobre estatuto da criança e do adolescente e dá outras providências. http://www.planalto.gov.br/ccivil_03/leis/l8069.htm

Lei nº 13.935, de 11 de dezembro de 2019 (2019). Dispões sobre a prestação de serviços de psicologia e de serviço social nas redes públicas de educação básica. http://www.planalto.gov.br/ccivil_03/_ato2019-2022/2019/lei/L13935.htm

Machado, A. M. (2014). Exercer a postura crítica em psicologia escolar: desafios no estágio em psicologia escolar. *Psicologia: Ciência e Profissão, 34*(3), 760-773.

Olayinka, A., & Bolanle, O. (2016) Towards school mental health programmes in Nigeria: Systematic review revealed the need for contextualised and culturally-nuanced research. *Journal of Child & Adolescent Mental Health, 28*(1), 47-70.

Patto, M. H. S. (2015). *A produção do fracasso escolar: histórias de submissão e rebeldia*. 4. ed. Intermédios.

Pedroza, R. L. S. (2003). *A Psicologia na formação do professor: uma pesquisa sobre o desenvolvimento pessoal de professores do Ensino Fundamental*. [Tese de doutorado não-publicada]. Universidade de Brasília.

Pereira, A. P. P., Dias, N. M., Araújo, A. M., & Seabra, A. G. (2018). Funções executivas na infância: Avaliação e dados normativos preliminares para crianças portuguesas em idade pré-escolar. *Revista Iberoamericana de Diagnóstico y Evaluación – e Avaliação Psicológica, 49*(4), 171-188.

Pereira-Silva, N. L., Andrade, J. F. C. M., Crolman, S. R., & Mejía, C. F. (2017). O papel do psicólogo escolar: Concepções de professores e gestores. *Psicologia Escolar e Educacional, 21*(3), 407-415.

Petrucci, G. W., Borsa, J. C., & Koller, S. H. (2016). A Família e a escola no desenvolvimento socioemocional na infância. *Temas em Psicologia, 24*(2), 391-402.

Pfledderer, C. D., Burns, R. D., & Brusseau, T. A. (2019). School environment, physical activity, and sleep as predictors of suicidal ideation in adolescents: Evidence from a national survey. *Journal of adolescence, 74*, 83-90.

Resolução CFP nº 013/07 (2007). Institui a consolidação das resoluções relativas ao título profissional de especialista em psicologia e dispõe sobre normas e procedimentos para seu registro. https://site.cfp.org.br/wp-content/uploads/2008/08/Resolucao_CFP_nx_013-2007.pdf

Ribeiro, D. O., & Freitas, P. M. (2018). Inteligência e desempenho escolar em crianças entre 6 e 11 anos. *Revista Psicologia em Pesquisa, 12*(1), 84-91.

Rosso Borba, B. M., & Marin, A. H. (2017). Contribuição dos indicadores de problemas emocionais e de comportamento para o rendimento escolar. *Revista Colombiana de Psicología, 26* (2), 283-294.

Schoen-Ferreira, T. H., Farias, M. A., & Silvares, E. F. (2010). Adolescência através dos séculos. *Psicologia: Teoria e Pesquisa, 26*(2), 227-234.

Silva, A. D. F. M., & Pacheco, L. (2020). Comunicação verbal na escola: Um instrumento de identificação de escolares em sofrimento mental: Uma revisão integrativa da literatura. *Revista Psicologia & Saberes, 9*(19), 58-73.

Sotelo-Dynega, M., & Dixon, S. G. (2014). Cognitive assessment practices: A survey of school psychologists. *Psychology in the Schools, 51*(10), 1031-1045.

Sousa, C. M. D. S., Mascarenhas, M. D. M., Gomes, K. R. O., Rodrigues, M. T. P., Miranda, C. E. S., & Frota, K. D. M. G. (2020). Ideação suicida e fatores associados entre escolares adolescentes. *Revista de Saúde Pública, 54*, 33.

Sousa, N. M. F. R., & Nascimento, D. A. (2018). A inclusão escolar e o aluno com síndrome de down: As adaptações curriculares e a avaliação da aprendizagem. *Educação & Formação, 3*(9), 121-140.

Souza, M. P. R., Gomes, A. M. M., Cecchia, A. K. A., Lara, J. S. A., & Roman, M. D. (2016). Psicólogos em secretarias de educação paulistas: Concepções e práticas. *Psicologia Escolar e Educacional, 20*(3), 601-610.

Splett, J. W., Fowler, J., Weist, M. D., McDaniel, H., & Dvorsky, M. (2013). The critical role of school psychology in the school mental health movement. *Psychology in the Schools, 50*(3), 245-258.

Varanda, C. A., Mendes, E. C. D. C. S., Marcos, M. D. G. G., Crescenti, R. D. C. G. V., Nascimento, O., Grillo, K. R. J., & Fernandes, F. D. M. (2019). Identificação precoce e intervenção em déficits de linguagem e dificuldades comportamentais na educação infantil. *Psicologia: Teoria e Pesquisa, 35*, e35313.

Viana, M. N. (2016). Interfaces entre a psicologia e a educação: Reflexões sobre a atuação em Psicologia Escolar. In R. Francischini & M. N. Viana (Orgs.), *Psicologia escolar: que fazer é esse* (pp. 54-74). CFP. http://site.cfp.org.br/wp-content/uploads/2016/08/CFP_Livro_PsinaEd_web-1.pdf

Walcott, C. M., Hyson, D., McNamara, K., & Charvat, J. L. (2018). Results from the NASP 2015 membership survey, part one: Demographics and employment conditions. *NASP Research Reports, 3*(1), 1-17.

Whitcomb, S., & Merrell, K. W. (2017). *Behavioral, social, and emotional assessment of children and adolescents.* Routledge.

Wilkinson, L. A. (2016). *A best practice guide to assessment and intervention for autism spectrum disorder in schools.* Jessica Kingsley.

Youngstrom, E. A., & Van Meter, A. (2016). Empirically supported assessment of children and adolescents. *Clinical Psychology: Science and Practice, 23*(4), 327-347.

2
ESCRITA DE DOCUMENTOS DECORRENTES DE AVALIAÇÃO PSICOLÓGICA PARA O CONTEXTO ESCOLAR[1]

Denise Balem Yates
Aline Riboli Marasca

Uma das demandas mais comuns em avaliação psicológica são as dificuldades escolares de crianças e adolescentes, como documentado em estudos de caracterização de clientela em serviços-escola (Amaral et al., 2012; Borsa, Oliveira et al., 2013; Borsa, Segabinazi et al., 2013; Rodrigues et al., 2012; Vagostello et al., 2017). De acordo com nossa experiência no Centro de Avaliação Psicológica da Universidade Federal do Rio Grande do Sul, apesar de seu ponto de partida comum, muitas vezes os resultados dessas avaliações psicológicas se desdobram em diagnósticos e interpretações bastante variados.

A escola é uma parte importante da vida das crianças e adolescentes, motivo pelo qual seu desempenho acadêmico e as interações com colegas e professores devem fazer parte de uma boa avaliação psicológica. Contudo, existem *nuances* específicas que diferenciam a avaliação psicológica clínica da avaliação psicoeducacional. Como este capítulo versa sobre documentos decorrentes da avaliação psicológica para escolas, é importante detalhar a diferença entre os dois tipos de avaliação.

A avaliação psicológica clínica ou psicodiagnóstico busca a investigação detalhada das dificuldades apresentadas pelo examinando, tendo como objetivo compreender como as diversas dimensões de sua vida podem estar contribuindo para ocasionar a situação que gerou a necessidade da avaliação. Nesse sentido, a avaliação deve englobar os aspectos funcionais, desenvolvimentais, emocionais e contextuais da vida do sujeito avaliado.

A avaliação psicoeducacional, por sua vez, envolve um âmbito mais restrito, pois é usada para identificar o funcionamento cognitivo, acadêmico, social, emocional, comportamental, comunicativo e adaptativo no contexto educacional (Dombrowski, 2015). A avaliação psicoeducacional geralmente busca investigar os tipos de apoio que um determinado estudante irá necessitar no contexto escolar. Esse tipo de avaliação pode ser realizada com avaliandos desde a educação infantil até a formação adulta. No Brasil, a avaliação de necessidades educacionais especiais (NEE) pode ser realizada por uma equipe pedagógica especializada, pelo psicólogo escolar, por psicopedagogos ou por psicólogos no contexto privado ou público.

---

[1] Agradecemos a psicóloga Daiane Silva de Souza, mestre em psicologia e especialista em avaliação psicológica, pela leitura cuidadosa e pelas valiosas sugestões ao capítulo.

O presente capítulo irá abordar documentos decorrentes dos dois tipos de avaliação: clínica e educacional. Será ressaltada a importância das decisões éticas que envolvem o compartilhamento das informações decorrentes dessas avaliações.

EM QUE SITUAÇÕES OS DOCUMENTOS DERIVADOS DE AVALIAÇÕES PSICOLÓGICAS DEVEM SER REPASSADOS PARA ESCOLAS?

Demandas escolares geram frequentes solicitações por avaliação psicológica de crianças e adolescentes. Quando esse encaminhamento é realizado pelo professor, pela equipe pedagógica ou por profissionais do serviço de psicologia escolar, no documento psicológico deve constar o nome do solicitante e, se pertinente, a instituição. Esse documento deve ser endereçado a atender as questões que levaram ao encaminhamento e a outras que sejam relevantes para o espaço escolar.

No entanto, um documento derivado de avaliação psicológica também pode ser encaminhado à escola, ainda que os profissionais da instituição não sejam os solicitantes diretos da investigação. Sua utilidade, nesse caso, está em apresentar informações integradas sobre o aluno, incluindo potencialidades e dificuldades, a fim de orientar sobre o tipo de suporte escolar necessário em diversas condições (Dombrowski, 2015).

Por exemplo, uma criança em idade escolar pode ser encaminhada para avaliação psicológica pelo médico neurologista com quem realiza acompanhamento, com o objetivo de investigar aspectos cognitivos e emocionais relacionados a um quadro de epilepsia. Os dados provenientes desse processo poderão descrever funções cognitivas atingidas pela condição neurológica e áreas preservadas, bem como o impacto emocional da vivência da doença crônica para aquela criança. Esses resultados tendem a auxiliar o profissional solicitante em suas condutas, mas também podem fornecer informações valiosas para o ambiente escolar no que diz respeito à aprendizagem, ao relacionamento com os pares e ao comportamento.

De maneira ilustrativa, podemos pensar que o levantamento do perfil cognitivo desse aluno aponte prejuízos significativos na capacidade atencional e de memória, exigindo algumas adaptações no cotidiano de sala de aula, como sentar-se mais próximo ao quadro e longe de portas e janelas, a fim de evitar a distração por estímulos externos; ter reforçados, de maneira individual, comandos fornecidos para toda a turma; ou ser incentivado a usar estratégias compensatórias externas para auxiliar a memória, como anotações na agenda escolar. Ainda, a análise de aspectos emocionais pode indicar a necessidade de maior atenção da equipe escolar para a integração desse aluno com os colegas, caso condutas de isolamento sejam observadas.

Alunos com deficiência (física, mental, intelectual ou sensorial), transtornos globais do desenvolvimento ou altas habilidades/superdotação são público-alvo da educação especial e frequentemente realizam avaliação psicológica, em conjunto com outras investigações, a fim de auxiliar na confirmação diagnóstica e no estabelecimento das potencialidades e dificuldades do seu funcionamento (Borkowski et al., 2007). Nesses casos, as informações provenientes do processo, integradas com a avaliação de outros profissionais, podem auxiliar a escola na construção de um plano de ensino individualizado e facilitar o acesso a direitos previstos nas políticas nacionais de educação inclusiva, como ter um acompanhante especializado nas classes de ensino regular (Lei nº 12.764, 2012; Lei nº 13.146, 2015; Ministério da Educação [MEC], 2008).

Mesmo nos casos em que a solicitação não parte da escola ou nos quais a demanda não é totalmente centralizada em uma queixa escolar, é frequente que o psicólogo que realiza a avaliação de crianças e adolescentes busque a visão de diferentes informantes sobre a problemática (Giacomoni & Bandeira, 2016). Dessa forma, o contato com o professor e com o serviço de orientação pedagógica ou psicológica pode acrescentar dados relevantes para a compreensão da situação que gerou a necessidade de avaliação. Esse contato pode ocorrer por meio de entrevistas presenciais ou remotas (por telefone, *e-mail* ou videochamada), emissão de parecer descritivo escolar, além da coleta de dados utilizando escalas e inventários para professores. Ao realizar essa aproximação, muitas vezes é solicitado pela escola que o psicólogo forneça um retorno sobre a conclusão do processo e as indicações fornecidas. Nessas condições, o paciente e a família devem estar cientes e de acordo com combinações realizadas entre o psicólogo e os profissionais da escola acerca dessa devolutiva. Voltaremos a abordar esse tópico nas seções seguintes do capítulo.

Em suma, ainda que a equipe escolar não seja o solicitante direto da avaliação psicológica, os documentos decorrentes do processo podem ser repassados às escolas quando a investigação elucidar aspectos relativos a esse contexto. Nessas condições, o profissional que realiza a avaliação deve estar atento ao tipo de documento a ser emitido e aos cuidados em relação à apresentação do conteúdo, de modo que apenas as informações essenciais sobre o aluno sejam repassadas. Nas seções a seguir, iremos discutir as diretrizes gerais para escrita desses documentos, enfatizando também os aspectos de linguagem e as implicações éticas envolvidas.

DIRETRIZES GERAIS PARA A ESCRITA DE DOCUMENTOS PSICOLÓGICOS PARA ESCOLAS

Todo documento psicológico deve seguir as diretrizes da Resolução nº 06/2019 do Conselho Federal de Psicologia (CFP), normativa que orienta a elaboração de documentos escritos emitidos por psicólogas (os) no exercício profissional, que está disponível em versão comentada no *site* do CFP (Resolução CFP nº 06/2019 comentada, 2019). Essa resolução dispõe sobre os princípios fundamentais da elaboração de documentos, suas modalidades e respectivos conceitos, finalidades e estruturas, além de instituir regras para sua guarda, seu destino, o prazo de validade do conteúdo e a realização de entrevista devolutiva.

Conforme a normativa, constituem-se modalidades de documentos psicológicos a declaração, o atestado psicológico, o relatório psicológico ou multiprofissional, o laudo psicológico e o parecer psicológico. Desses, o atestado e o laudo psicológico são resultantes de avaliação psicológica. No entanto, no contexto escolar, o uso do atestado pode aparecer com mais frequência por outras de suas finalidades: justificar faltas e impedimentos ou solicitar afastamentos e dispensas. Por exemplo, um psicólogo clínico pode precisar informar à escola que um paciente apresenta, naquele momento, um diagnóstico de uma condição mental que o incapacite a frequentar as aulas durante uma semana. Nesse caso, o profissional deve emitir um atestado psicológico, descrevendo as condições psicológicas do paciente, empregando ou não a codificação derivada da *Classificação Internacional de Doenças* (CID) ou de outras classificações diagnósticas.

No âmbito escolar, o atestado psicológico como documento derivado de uma avaliação psicológica é pouco comum no Brasil, porque sua emissão é recomendada para situações de avaliação psicológica compulsória (como avaliação para o manuseio de arma de fogo ou para dirigir um veículo motorizado no trânsito), o que não é característico das demandas de avaliação no contexto escolar.

Por sua vez, o laudo psicológico tende a ser o documento mais comumente endereçado à escola. No caso de uma avaliação psicoeducacional, se realizada por psicólogo, também se deve emitir um laudo psicológico, e fica a critério do autor do documento colocar um subtítulo que especifique o processo, como "Laudo psicológico – avaliação psicoeducacional" (Resolução CFP nº 06/2019 comentada, 2019).

Segundo a Resolução CFP nº 06/2019, o laudo psicológico apresenta informações técnicas e científicas dos fenômenos psicológicos de maneira contextualizada e tem como finalidade subsidiar decisões relacionadas ao contexto em que surgiu a demanda. Ainda, deve descrever os procedimentos e conclusões gerados pela avaliação psicológica, limitando-se a oferecer apenas as informações necessárias e relacionadas ao motivo da investigação (Resolução CFP nº 06/2019 comentada, 2019).

Um processo de avaliação psicológica, qualquer que seja sua finalidade, tende a levantar dados muito pessoais e sigilosos sobre o indivíduo e sua família. Desse modo, a seleção dos conteúdos que devem ser registrados e sua forma de apresentação são passos a serem dados com cautela por parte do avaliador, primando pela preservação do sigilo, porém informando o que é principal para que o paciente possa receber a atenção e as intervenções adequadas. Aprofundaremos essa discussão quando abordarmos as recomendações de linguagem escrita e os cuidados éticos na emissão de documentos para a escola.

Para emitir um laudo psicológico, o psicólogo deve atentar à estrutura indicada pela Resolução CFP nº 06/2019 e às especificações exigidas para cada tópico. O documento deve ser composto por seis itens: 1) Identificação; 2) Descrição da demanda; 3) Procedimento; 4) Análise; 5) Conclusão; 6) Referências.

O item Identificação inclui o título do documento, o nome da pessoa atendida e outras informações sociodemográficas relevantes (como idade e filiação) e a identificação do solicitante da avaliação. Também deve ser especificada a finalidade do documento (p. ex., para fins de avaliação cognitiva), seguida do nome completo do psicólogo e do número de inscrição no Conselho Regional de Psicologia.

No item Descrição da demanda, o autor deve indicar o que motivou a busca pela avaliação psicológica, esclarecendo qual é a demanda e quem apontou tais informações. O item Procedimento descreve o raciocínio técnico-científico que embasa o documento e os recursos empregados para fundamentar as análises, interpretações e conclusões do processo de avaliação psicológica. Devem ser listadas as fontes fundamentais e complementares de informação, com as respectivas citações de autoria, que precisam ser apresentadas de forma completa no item Referências.

No tópico Procedimento, também devem ser apontados as pessoas entrevistadas, o número total de encontros e o período de realização da avaliação. O item Análise é constituído pela exposição dos dados levantados durante a avaliação, referentes à demanda que motivou o processo. A Conclusão deve ser derivada dos dados apresentados na Análise e engloba as considerações diagnósticas e prognóstico, as indicações terapêuticas e outras orientações.

Em algumas situações, a avaliação psicoeducacional é feita em conjunto por uma equipe multiprofissional, que pode contar com a participação de psicólogos, fonoaudiólogos e psicopedagogos, por exemplo, que irão contribuir de maneira integrada para o entendimento da queixa. Nesse caso, a Resolução CFP nº 06/2019 oferece a possibilidade da emissão de um relatório multiprofissional, que é resultante da atuação do psicólogo em contexto multiprofissional, permitindo a elaboração compartilhada.

O relatório multiprofissional não é um documento derivado exclusivamente de uma avaliação psicológica e, muitas vezes, os procedimentos e referenciais empregados são construídos de maneira conjunta pela equipe. No entanto, se empregados métodos e técnicas privativas da atuação do psicólogo, recomenda-se o registro em item diferente dos demais profissionais, destacando que foram utilizados apenas pelo psicólogo (Resolução CFP nº 06/2019 comentada, 2019).

A Resolução CFP nº 06/2019 ainda aborda a necessidade da realização de uma entrevista devolutiva à pessoa avaliada ou aos seus responsáveis legais, no caso de emitir um relatório ou laudo psicológico. Como mencionado, a escola, ainda que não seja a solicitante da avaliação, pode receber uma devolutiva, considerando que as informações resultantes do processo podem auxiliar o aluno naquele contexto.

A devolução dos resultados da avaliação para a escola pode ser feita verbalmente e/ou por escrito. A devolução por escrito (com respeito ao sigilo do paciente e dos familiares) é recomendada, na medida em que facilita a recuperação de informações e indicações específicas. No entanto, a modalidade ideal para devolução das informações é a devolução escrita acompanhada pela devolução oral.

Em razão de limitações logísticas, a devolução por telefone e/ou videochamada pode ser uma solução mais simples – no entanto, a devolução presencial, com mais de um representante da escola (idealmente professor(a) e coordenador(a) pedagógico(a), ao menos) é habitualmente a mais profícua. Esse tipo de devolução costuma ser mais efetiva em razão da equipe escolar ter a possibilidade de esclarecer dúvidas e compreender melhor a formulação do caso feita pelo psicólogo. Muitas vezes o psicólogo tem a liberdade de exemplificar mais as recomendações sugeridas para a escola e mesmo readequar orientações que não são passíveis de concretização no local específico. No entanto, reforçamos a orientação ao psicólogo de prestar atenção às informações discutidas nessas ocasiões, devido ao risco de quebrar o sigilo verbalmente.

Em todos os documentos emitidos pelo psicólogo, o profissional deve atentar para a linguagem empregada, tanto em registros escritos como em comunicações orais, e às questões éticas envolvidas. Pondera-se que uma parte significativa dos processos ético-disciplinares a que os profissionais são submetidos estão relacionados à avaliação psicológica (Zaia et al., 2018). Uma das razões para isso é que, na avaliação psicológica, há uma produção concreta do raciocínio técnico-científico do profissional, de modo que incoerências e inadequações na condução deste ficam mais evidentes e podem gerar prejuízos às pessoas avaliadas. Por isso, recomenda-se ao profissional, um amplo conhecimento das diretrizes que orientam a redação de um documento psicológico e das implicações éticas de suas condutas nessa área.

DIRETRIZES PARA A LINGUAGEM ESCRITA

Apesar de uma devolução por meio de comunicação oral ser necessária no momento de entrega do documento psicológico, este deve, por si, ser suficientemente elucidativo para que o paciente, a família e qualquer profissional que venha a ter contato com as informações possam compreendê-las sem dificuldade. Tendo isso em vista, todos os documentos emitidos por psicólogos devem adotar como princípio fundamental uma linguagem precisa, com encadeamento lógico e baseada nas normas cultas da língua portuguesa (Resolução CFP nº 06/2019 comentada, 2019). Ainda que seja um texto autoral, a redação de um documento psicológico deve corresponder à escrita científica, que tem como característica a impessoalidade (referências em terceira pessoa), a clareza e a consistência para comunicar as evidências e elaborações feitas a partir dos dados levantados durante o processo.

Dessa forma, o psicólogo que realiza avaliação psicológica ou psicoeducacional deve dominar a escrita, por vezes desenvolvendo a habilidade em cursos e *workshops* voltados à produção de documentos psicológicos ou de textos científicos. Mesmo que o profissional tenha recebido um treinamento adequado para a escrita de documentos, em muitas situações pode cometer deslizes, e conscientizar-se dos principais erros na produção de documentos psicológicos pode ajudar a melhorar sua atuação.

Um dos pressupostos básicos para a redação de documentos é a atenção às normas gramaticais. Recomenda-se o uso de verbos no tempo presente para descrever os dados provenientes da avaliação ("Os resultados evidenciam...", "A análise da produção gráfica indica...") e no tempo passado para descrever o relato de história pregressa ("Na infância, o paciente apresentava...") e de observações que ocorreram ao longo do processo ("Em entrevista, a mãe informou...", "Durante as consultas, o paciente demonstrava..."). Também deve haver atenção para o uso correto de pronomes, da pontuação e da grafia das palavras (Goldfinger & Pomerantz, 2013). Erros gramaticais tendem a desvalorizar a produção do psicólogo e gerar dúvidas sobre sua qualidade técnica.

Problemas de clareza na linguagem podem provocar dúvidas acerca do que está sendo transmitido e, eventualmente, causar prejuízos à pessoa avaliada (Lago et al., 2016). A falta de precisão também leva a interpretações ambivalentes. Por exemplo, ao referir que "os resultados de avaliação cognitiva foram *um pouco* abaixo do esperado", é difícil dizer se o rebaixamento é ou não significativo para a situação apresentada.

Uma redação clara ainda é caracterizada pelo uso de sentenças objetivas e concisas. Observe a frase: "A professora refere que Luísa tem muitos amigos e gosta de brincar no recreio com todos, sendo que sua brincadeira favorita é pular corda, o que faz muito bem por conta de seu desenvolvimento motor amplo, e, às vezes, quer pular corda mesmo depois da hora do recreio ter encerrado, convidando as amigas para ficarem com ela e não retornarem à sala de aula, ficando brava com aquelas que não a escutam". Nesse caso, se identifica um excesso de informações na mesma frase, que parece um relato literal da fala da professora. Além disso, é possível que nem todo o conteúdo exposto seja essencial para o entendimento da questão apresentada.

De fato, pode ser desafiador sintetizar os principais dados coletados em uma série de entrevistas e observações. Uma estratégia é iniciar com uma frase introdutória, seguida dos assuntos específicos relacionados a um tópico maior, apresentados em orações mais curtas e parágrafos individuais ("Em relação aos marcos do desenvolvimento infantil, ...", "Sobre o histórico escolar, ...").

Para a descrição da Análise, também pode ser útil dividir em subtítulos a avaliação cognitiva e a avaliação de personalidade ou de aspectos emocionais. Na Conclusão, é habitual indicar no primeiro parágrafo as áreas preservadas ("forças"), e no seguinte, os pontos em que foram evidenciados prejuízos ("fraquezas" do funcionamento). Dessa forma, fica mais fácil identificar os principais pontos levantados na avaliação, evitando cair em uma narrativa prolixa ou desordenada (Wright, 2010).

Além disso, a forma de estruturar o documento pode impactar o seu entendimento pelos profissionais que o recebem. Em um estudo de revisão sobre a percepção dos professores de educação especial sobre os documentos psicológicos, foi evidenciado que laudos que apresentavam separações em tópicos foram mais bem avaliados por esses profissionais do que aqueles apresentados em um formato que descrevia um teste de cada vez. Segundo o estudo, nessa formatação, as informações parecem mais bem integradas e interpretadas, o que refletiria a competência técnica do profissional em ter compreendido o funcionamento do avaliando (Umaña et al., 2020).

Não apenas para a compreensão do texto, a seleção das informações para serem inseridas no documento devem se restringir ao que é preciso ser exposto, considerando o que é essencial para cada contexto. Isso, além de garantir qualidade técnica ao material, contribui para resguardar os conteúdos sigilosos levantados no processo de avaliação. A Resolução nº 06/2019 do CFP é categórica ao afirmar que a transcrição literal das consultas é vetada, salvo em situações que se justifiquem tecnicamente (Resolução CFP nº 06/2019 comentada, 2019).

Ao redigir o documento, o psicólogo deve estar atento ao uso de termos técnicos. É recomendado que estes, quando utilizados, sejam acompanhados de uma breve definição. Pode ser interessante, também, relacionar os achados com exemplos que foram fornecidos em entrevista. De maneira ilustrativa, para melhor explicar um déficit em memória de trabalho, podemos retomar as queixas do paciente sobre ter dificuldade em seguir mais de uma instrução ao mesmo tempo ou de compreender um exercício com um enunciado muito longo.

Lago et al. (2016) fazem algumas considerações sobre o uso de linguagem técnica nos documentos psicológicos. Na direção que apontam as autoras, alguns termos técnicos, geralmente derivados de teorias psicológicas, como "mecanismos de defesa do ego" ou "esquema de defectividade", podem ser reescritos em uma linguagem mais acessível. Isso também se aplica ao reportar os resultados de testes psicológicos. Por exemplo, informar que "um número alto de respostas de textura" foi identificado no protocolo de respostas do Sistema de Avaliação por Performance no Rorschach (R-PAS) (Mihura & Meyer, 2018), é algo pouco inteligível para leigos ou outros profissionais que não dominam a técnica. Esse resultado deve ser integrado aos demais dados da avaliação e traduzido, de maneira que faça sentido para atender à demanda.

Por outro lado, a falta de linguagem técnica, o uso de expressões coloquiais ou informações sem base técnico-científicas também são pontos problemáticos da escrita. A seguir, exemplos de trechos inadequados: "Quando irritado, João *fecha-se no seu casulo*, sem querer contato com ninguém"; "O pai disse *não ter nada a ver* com as dificuldades..."; "A paciente apresenta uma *síndrome depressiva*...". Por isso, é ressaltada a necessidade de um amplo domínio do profissional acerca das técnicas de avaliação psicológica e da teoria que irá embasar o processo, a fim de que estas sejam expostas de uma maneira clara e dentro do rigor ético.

ASPECTOS ÉTICOS ENVOLVIDOS

A questão ética mais ampla relacionada à avaliação psicológica no contexto educacional diz respeito à responsabilidade inerente à atuação do profissional no processo psicodiagnóstico. Conforme o Código de Ética Profissional do Psicólogo (Resolução CFP nº 05, de 27 de agosto de 2005, 2005), Artigo 1º, item b, é dever fundamental do psicólogo "assumir responsabilidades profissionais somente por atividades para as quais esteja capacitado pessoal, teórica e tecnicamente". Sendo assim, o profissional só deve aceitar a solicitação de realizar uma avaliação psicológica ou psicoeducacional se tiver conhecimento teórico-técnico e condições para tal. Essa competência exige amplos conhecimentos em temas como desenvolvimento humano, transtornos mentais, aprendizagem, cognição e emoções. Não é demais reforçar que, caso o profissional tenha essas competências desenvolvidas, mas se depare com um ou mais casos que apresentem questões complexas ou que exijam um segundo olhar, não deve hesitar em buscar supervisão.

Garantida a competência do profissional, ressalta-se que as informações obtidas através da avaliação psicológica ou da avaliação psicoeducacional sobre crianças e seus familiares são sigilosas e necessitam ser respeitadas, conforme o Art. 9º do Código de Ética Profissional do Psicólogo, o qual define como dever do psicólogo "respeitar o sigilo profissional a fim de proteger, por meio da confidencialidade, a intimidade das pessoas, grupos ou organizações a que tenha acesso no exercício profissional" (Resolução CFP nº 05, de 27 de agosto de 2005, 2005, p. 13).

Por vezes, o entendimento de que a escola é uma instituição de cuidado infantil faz os psicólogos fornecerem informações íntimas que não necessitariam ser compartilhadas com a escola – compartilhamento que pode gerar sofrimento para as crianças e seus familiares, em decorrência da transmissão dessas informações a terceiros (professores, alunos, etc.). Por outro lado, os resultados das avaliações podem contribuir muito para o entendimento da escola acerca do aluno, bem como sobre a melhor forma de auxiliá-lo no aprendizado e no relacionamento com a comunidade escolar. Assim, a comunicação das informações obtidas através de avaliações voltadas para o contexto educacional – de forma escrita ou oral – exigem cuidado redobrado por parte dos profissionais, que devem considerar a vulnerabilidade inerente às fases da infância e da adolescência – nas quais os principais interessados não respondem legalmente sobre si mesmos.

Uma das condições básicas para a transmissão dos resultados da avaliação psicológica para a escola é o consentimento dos responsáveis pela criança (Knauss, 2001). Os pais ou os cuidadores principais devem autorizar todas as trocas de informação entre a escola e o psicólogo (telefonemas, entrevistas presenciais, respostas a questionários, observação da criança no ambiente escolar).

Os responsáveis também deverão autorizar a forma como as informações da avaliação serão repassadas à escola – se por escrito, oralmente (por telefone/videochamada ou presencialmente) ou de ambas as formas. O conteúdo da transmissão também deverá ser acordado – e, nesse sentido, o psicólogo tem a responsabilidade de informar aos responsáveis que eles podem escolher quais informações poderão ser mencionadas e quais não. De acordo com os Princípios Éticos dos Psicólogos e o Código de Conduta da American Psychological Association (APA, 2017), o psicólogo deve discutir com os interessados os limites da confidencialidade e prever os possíveis usos das informações geradas por seus serviços psicológicos. Recomenda-se que, em caso de a família autorizar a elaboração de um documento específico para a escola, nele conste essa informação.

Apesar da concordância dos responsáveis ser algo essencial para a transmissão das informações, sua autorização não significa que o psicólogo deverá oferecer para a escola o mesmo conteúdo que emitiria em um laudo de avaliação psicológica para um profissional de saúde mental, por exemplo. É de responsabilidade do psicólogo fazer a seleção das informações e resguardar o sigilo da criança e de sua família, conforme explanado no Código de Ética Profissional do Psicólogo, no Art. 1º, alínea g: "É dever fundamental do psicólogo informar, a quem de direito, os resultados decorrentes da prestação de serviços psicológicos, transmitindo somente o que for necessário para a tomada de decisões que afetem o usuário ou beneficiário" (Resolução CFP nº 05, de 27 de agosto de 2005, 2005, p. 8), e no Art. 6º, alínea b: "O psicólogo, no relacionamento com profissionais não psicólogos, compartilhará somente informações relevantes para qualificar o serviço prestado, resguardando o caráter confidencial das comunicações, assinalando a responsabilidade, de quem as receber, de preservar o sigilo" (Resolução CFP nº 05, de 27 de agosto de 2005, 2005, p. 12).

Além do consentimento dos responsáveis, também é importante garantir, na medida do possível, o assentimento da criança ou do adolescente para a avaliação psicológica. Tal cuidado auxilia na construção do vínculo entre o profissional e o paciente, bem como previne mal-entendidos ou desconfortos por parte do avaliando. Também faz parte do assentimento explicar ao paciente que poderá ser necessário fazer contato com outras pessoas além dela e dos responsáveis, assim como talvez observá-la em algum contexto externo ao consultório.

Em uma avaliação psicoeducacional, o conteúdo do documento já é, por natureza, reduzido e voltado especificamente às questões escolares. Por outro lado, em uma avaliação psicológica clínica não solicitada pela escola, o psicólogo deve produzir um documento específico para o contexto escolar. Uma possibilidade é a elaboração de um documento mais sucinto derivado do laudo complexo. Em nossa prática clínica, fornecemos um documento específico para os pais enviarem para a escola do paciente. Nesse documento, habitualmente, são omitidas informações a respeito do histórico familiar e social da criança – sendo mencionados apenas aspectos de saúde que sejam relevantes para a escola, como a história escolar.

Os resultados da avaliação são apresentados de forma breve, com maior destaque para aspectos cognitivos e de aprendizagem, ou, quando coerente com a demanda da avaliação e a necessidade de apoio escolar, são apresentados resultados sobre o comportamento da criança e questões socioafetivas. Na elaboração dessa etapa do documento, avaliamos a relevância de cada informação fornecida para o contexto educacional. Evitamos o uso de jargões psicológicos e interpretações que possam ser mal-compreendidas pelos leitores, bem como não utilizamos inferências sobre o ambiente familiar da criança.

Uma última questão importante, no que se refere aos aspectos éticos em documentos psicológicos direcionados à escolas, diz respeito a mencionar o diagnóstico em saúde mental da criança ou adolescente, caso ele exista. Novamente, para alguns profissionais, isso soa como algo óbvio – se o aluno foi diagnosticado, o diagnóstico deveria ser informado para a escola. Algumas escolas, inclusive, pressionam os psicólogos nesse sentido – ou sugerem a existência de algum diagnóstico específico no encaminhamento para a avaliação psicológica ou psicoeducacional. No entanto, a decisão de informar o diagnóstico da criança ou adolescente não é automática.

Primeiramente, o diagnóstico só deve ser informado se a família o autorizar – e recomenda-se fortemente que um responsável assine o documento psicológico, confirmando expressamente essa autorização. Em segundo lugar, o psicólogo deve respeitar o princípio ético da não maleficiência (APA, 2017; Michaels, 2006), o qual tem em vista a garantia de beneficiar e não prejudicar o usuário, preservando seus direitos. Dessa forma, a publicização do diagnóstico não deve vir a prejudicar a criança e/ou sua família. Um balizador para a decisão podem ser as respostas às seguintes perguntas:

"O diagnóstico permite atendimento educacional especializado ou frequentar o reforço escolar?" e "A condição da criança pode oferecer algum tipo de risco para ela ou para a comunidade escolar?".

FINALIDADE DOS DOCUMENTOS

O principal objetivo da realização das avaliações psicoeducacionais é, mais do que a identificação de diagnósticos de saúde mental, as recomendações para auxiliar o ensino do avaliando. Com ou sem diagnóstico em saúde mental, todos os avaliandos podem receber indicações terapêuticas e/ou escolares. Essas recomendações visam a facilitar o aprendizado do aluno, bem como a convivência em sala de aula. Lembramos que é dever fundamental do psicólogo "orientar a quem de direito sobre os encaminhamentos apropriados, a partir da prestação de serviços psicológicos, e fornecer, sempre que solicitado, os documentos pertinentes ao bom termo do trabalho" (Resolução CFP nº 05, de 27 de agosto de 2005, 2005, p. 8).

Para que as recomendações sejam efetivamente implementadas, é essencial conscientizar o paciente, seus responsáveis e a equipe pedagógica sobre sua importância. A experiência ao longo dos anos tem nos mostrado que as indicações terapêuticas não devem ser apresentadas em uma quantidade excessiva, que venha a desmotivar os responsáveis a buscar os atendimentos. Quanto às recomendações no contexto escolar, é necessário fazê-las de forma clara, detalhada e exequível dentro da realidade da instituição (possibilidade de contar com monitores, tempo em sala de integração e recursos, etc.). É interessante elaborar um texto introdutório, embasando os resultados que apontam as adaptações ou apoios que podem ser necessários, seguidos das recomendações em forma de tópicos, para facilitar o acompanhamento.

Para que o psicólogo faça indicações adequadas ao ambiente escolar, é importante familiarizar-se com a legislação vigente. As Diretrizes Nacionais para a Educação Especial na Educação Básica (Resolução CNE/CEB nº 02/2001) descrevem a necessidade de "flexibilizações e adaptações curriculares, (...) metodologias de ensino e recursos didáticos diferenciados e processos de avaliação adequados ao desenvolvimento dos alunos que apresentam necessidades educacionais especiais" (MEC, 2001).

Essas adaptações curriculares, por sua vez, classificam-se em adequações curriculares de grande porte, cujas ações são de competência das instâncias político-administrativas e dos sistemas de ensino de todos os âmbitos: municipal, estadual e federal, e adequações curriculares de pequeno porte, as quais compreendem modificações menores, de competência específica do professor, uma vez que se concentram em ajustes no contexto da sala de aula. Habitualmente as recomendações sugeridas pelas avaliações psicológicas ou psicoeducacionais concernem adequações de pequeno porte.

Tais adequações podem envolver alterações na forma de ensino ou acompanhamento do estudante por parte do professor. Pode-se indicar o uso de recursos visuais associados a instruções verbais para alunos com dificuldades de aprendizagem, ou a segmentação do conteúdo de aulas expositivas em várias etapas sucessivas, por exemplo. É possível, ainda, sugerir adaptações no ambiente ou nos procedimentos escolares que facilitem a participação do aluno em sala de aula ou sua avaliação. Alguns exemplos são a extensão do tempo de prova, a possibilidade de realizar atividades complexas sem distratores (em uma sala em separado ou com o uso de fones de ouvido que isolam o ruído externo), a gravação de aulas para serem escutadas posteriormente pelo aluno ou a redução da quantidade de tarefas de casa.

CONSIDERAÇÕES FINAIS

Esperamos que o presente capítulo tenha explicitado que a escrita de documentos decorrentes de avaliações psicológicas ou psicoeducacionais não se dá de forma desvinculada do processo avaliativo como um todo. Essas avaliações devem ser amplas, permitindo compreender as dificuldades e potencialidades escolares do paciente em toda sua complexidade.

Uma avaliação psicológica ou psicoeducacional bem feita pode determinar a mudança na qualidade de aprendizagem do aluno, seja por meio das indicações terapêuticas sugeridas, seja por meio das adequações curriculares indicadas.

A escrita de documentos e a devolução dos resultados devem seguir preceitos éticos em seu conteúdo assim como em sua linguagem, de maneira que permita aos interessados compreenderem os achados e se beneficiarem das orientações feitas. Tais cuidados demonstram a especificidade e a importância da avaliação psicológica no contexto escolar e reforçam a necessidade de constante capacitação e atualização dos psicólogos que a executam. Ressalta-se que, mesmo nos casos em que a equipe escolar não seja solicitante da avaliação psicológica, os documentos decorrentes do processo podem ser repassados às escolas, com os devidos cuidados, quando a investigação elucidar aspectos relativos a esse contexto.

REFERÊNCIAS

Amaral, A. E. V., Luca, L., Rodrigues, T. C., Leite, C. A., Lopes, F. L., & Silva, M. A. (2012). Serviços de psicologia em clínicas-escola: revisão de literatura. *Boletim de Psicologia, 62*(136), 37-52.

American Psychological Association (APA). (2017). *Ethical principles of psychologists and code of conduct.* https://www.apa.org/ethics/code

Borkowski J. G., Carothers S. S., Howard K., Schatz J., & Farris J. R. (2007). Intellectual assessment and intellectual disability. In J. W. Jacobson, J. A. Mulick & J. Rojahn (Eds.), *Handbook of intellectual and developmental disabilities.* Springer.

Borsa, J. C., Oliveira, S. E. S., Yates, D. B., & Bandeira, D. R. (2013). Centro de avaliação psicológica – CAP: Uma clínica-escola especializada em avaliação e diagnóstico psicológico. *Psicologia Clínica, 25*(1), 101-114.

Borsa, J. C., Segabinazi, J. D., Stenert, F., Yates, D. B., & Bandeira, D. R. (2013). Caracterização da clientela infantojuvenil de uma clínica-escola de avaliação psicológica de uma universidade brasileira. *Psico, 44*(1), 73-81. https://revistaseletronicas.pucrs.br/ojs/index.php/revistapsico/article/view/10599

Dombrowski, S. C. (2015). *Psychoeducational assessment and report writing.* Springer.

Giacomoni, C. H., & Bandeira, C. M. (2016). Entrevista com pais e demais fontes de informação. In C. S. Hutz, D. R. Bandeira, C. M. Trentini & J. S. Krug (Orgs), *Psicodiagnóstico* (pp. 206-210). Artmed.

Goldfinger, K., & Pomerantz, A. M. (2013). *Psychological assessment and report writing* (2. ed.). SAGE.

Knauss, L. K. (2001). Ethical issues in psychological assessment in school settings. *Journal of Personality Assessment, 77*(2), 231-241.

Lago, V. M., Yates, D. B., & Bandeira, D. R. (2016). Elaboração de documentos psicológicos: considerações críticas à Resolução CFP nº 007/2003. *Temas em Psicologia, 24*(2), 771-786.

Lei nº 12.764, de 27 de dezembro de 2012 (2012). Institui a política nacional de proteção dos direitos da pessoa com transtorno do espectro autista; e altera o § 3º do art. 98 da Lei nº 8.112, de 11 de dezembro de 1990. http://www.planalto.gov.br/ccivil_03/_ato2011-2014/2012/lei/l12764.htm.

Lei nº 13.146, de 6 de julho de 2015 (2015). Institui a Lei Brasileira de inclusão da pessoa com deficiência (estatuto da pessoa com deficiência). http://www.planalto.gov.br/ccivil_03/_ato2015-2018/2015/lei/l13146.htm.

Michaels, M. H. (2006). Ethical considerations in writing psychological assessment reports. *Journal of Clinical Psychology, 62*(1), 47-58. https://doi.org/10.1002/jclp.20199.

Mihura, J. L., & Meyer, G. J. (Orgs.). (2018). *Uso do Sistema de Avaliação por Performance no Rorschach (R) (R-PAS[R]).* Hogrefe.

Ministério da Educação (MEC). (2001). *Diretrizes Nacionais para a Educação Especial na Educação Básica.* http://portal.mec.gov.br/seesp/arquivos/pdf/diretrizes.pdf.

Ministério da Educação (MEC). (2008). *Política nacional de educação especial na perspectiva da educação inclusiva.* http://portal.mec.gov.br/arquivos/pdf/politicaeducespecial.pdf.

Resolução CFP nº 05, de 27 de agosto de 2005. (2005). Aprova o código de ética profissional do psicólogo. https://site.cfp.org.br/wp-content/uploads/2012/07/codigo-de-etica-psicologia.pdf.

Resolução CFP nº 06/2019 comentada. (2019). Orientações sobre elaboração de documentos produzidos pela(o) psicóloga(o) no exercício profissional. https://site.cfp.org.br/wp-content/uploads/2012/07/codigo_etica.pdf.

Rodrigues, M. C., Campos, A. P. S., & Fernandes, I. A. (2012). Caracterização da queixa escolar no centro de Psicologia aplicada da Universidade Federal de Juiz de Fora. *Estudos de Psicologia, 29*(2), 241-252. https://doi.org/10.1590/S0103-166X2012000200010.

Umaña, I., Khosraviyani, A., & Castro-Villarreal, F. (2020). Teachers' preferences and perceptions of the psychological report: a systematic review. *Psychology in the Schools, 57*(4), 502-521.

Vagostello, L., Albuquerque, D. S. M. Queiroz, F. T., Lopes, G. P., & Silva, L. V. (2017). Caracterização das demandas de psicodiagnóstico infantil em uma clínica-escola de São Paulo. *Psicologia Revista, 26*(1), 41-58.

Wright, A. J. (2010). *Conducting psychological assessment: A guide for practitioners.* Wiley.

Zaia, P., Oliveira, K. S., & Nakano, T. C. (2018). Análise dos processos éticos publicados no Jornal do Conselho Federal de Psicologia. *Psicologia: Ciência e Profissão, 38*(1), 8-21.

Parte **2**

AVALIAÇÃO DE QUESTÕES DO DESENVOLVIMENTO

3
IDENTIFICAÇÃO DE ATRASOS DO DESENVOLVIMENTO NOS PRIMEIROS ANOS ESCOLARES

Euclides José de Mendonça Filho
Mônia Aparecida da Silva
Julia Scalco Pereira
Patrícia Pelufo Silveira
Denise Ruschel Bandeira

O desenvolvimento da criança entre 0 e 6 anos apresenta características específicas, com mudanças significativas do ponto de vista cognitivo, motor, da linguagem e psicossocial, que tendem a influenciar a continuidade do processo de escolarização. Fatores biológicos e do ambiente de convívio diário dos bebês e das crianças pequenas contribuem para os diferentes desfechos observados em suas aprendizagens e seus comportamentos (Garro, 2016; Martorell, 2014; Ministério da Educação [MEC] & Secretaria de Educação Básica [SEB], 2010).

Nos últimos anos, a oferta e a matrícula na educação infantil vêm apresentando crescimento expressivo e, dessa forma, muitas crianças pequenas têm passado parte do seu tempo em atividades fora do ambiente familiar (Instituto Nacional de Estudos e Pesquisas Educacionais [INEP], 2020; MEC, 2014). Entretanto, a qualidade das experiências oportunizadas para essa faixa etária é bastante variável, dependendo do contexto escolar e familiar, dos recursos disponíveis e de práticas implementadas pelos professores, o que requer um olhar especializado a partir de abordagens do desenvolvimento infantil, de modo aperfeiçoar os cuidados e as propostas educativas (Burch & Evangelista, 2016; Camilli et al., 2010; Polo & Santos, 2018).

Tradicionalmente, a atuação da psicologia escolar na educação infantil tinha como tarefa central a identificação de crianças candidatas aos serviços de educação especializada. Com a intenção de promover a saúde mental e facilitar o desenvolvimento integral desde os primeiros anos de vida, o papel do psicólogo vem se tornando mais abrangente, compreendendo o contexto individual e ambiental das crianças (Albritton et al., 2019; Burch & Evangelista, 2016; Garro, 2016).

A educação infantil constitui um dos espaços mais significativos da vida das crianças para além do contexto familiar. Além da transmissão de conhecimentos, ela tem um papel relevante no desenvolvimento infantil e no seu monitoramento. A avaliação precoce na pré-escola pode ser uma medida preventiva e protetiva fundamental. Muitas vezes, por não terem experiência com outras crianças ou mesmo não terem pontos de comparação, a maioria dos pais não está preparada para identificar alertas de atraso no desenvolvimento, a não ser que sejam muito evidentes, como, por exemplo, a falta do desenvolvimento da fala após os 24 meses. Por isso, a atuação dos profissionais das instituições de educação infantil é tão importante.

O ACOMPANHAMENTO DO DESENVOLVIMENTO DA CRIANÇA NO COTIDIANO DA EDUCAÇÃO INFANTIL

A avaliação e o acompanhamento dos processos de desenvolvimento da criança na educação infantil, do ponto de vista da psicologia escolar, têm como pressuposto a prevenção e promoção da saúde mental e da aprendizagem integral. Esse acompanhamento deve se dar tanto de forma individual – centrada na trajetória de cada criança – quanto coletiva – observação do grupo de crianças e avaliação da qualidade das práticas educativas e de cuidados na escola infantil e na família (Albritton et al., 2019; Burch & Evangelista, 2016; Garro, 2016; Vokoy & Pedroza, 2005).

No contexto americano, Garro (2016) sugere que seja utilizada uma abordagem compreensiva de acompanhamento, por meio de diferentes métodos de coleta de informações (entrevistas, observações e testes padronizados – quantitativos e qualitativos). Quando possível, sugere-se que todos os adultos que fazem parte do cotidiano das crianças (pais, professores e outros cuidadores) participem do processo de avaliação, para que seja possível depreender o funcionamento e interações da criança nos diferentes espaços de convívio diário. Já no Brasil, existem alguns psicólogos escolares que optam pelo uso de instrumentos de avaliação do desenvolvimento nos casos em que identificam a necessidade de uma avaliação mais estruturada. Entretanto, essa não é uma prática comum na área, talvez em função da priorização para atuar em temas relevantes no cenário atual, como *bullying*, drogas e relacionamento familiar (Dias, Patias & Abaid, 2014). Parece que a preferência de atuação dos psicólogos escolares brasileiros se foca em perceber, de forma mais qualitativa, necessidades especiais no aprendizado dos alunos, procurando contribuir para a melhora no rendimento escolar.

O acompanhamento das crianças deve ser feito de forma sistematizada pelos professores, por meio de pareceres avaliativos, levando em conta os diferentes domínios do desenvolvimento – acadêmico, cognitivo, motor, linguístico e socioemocional. Entende-se que, nesse período, é necessário atuar para além das dificuldades observadas, criando meios de monitorar os progressos individuais e do grupo, prevenindo possíveis desfechos comportamentais e emocionais negativos decorrentes das vivências escolares e familiares (Albritton et al., 2019; Vieira et al., 2009; Zendron et al., 2013).

O psicólogo escolar, então, interviria em situações de necessidade de maior atenção, identificando habilidades potenciais e que merecem intervenção mais específica. Sua atuação pode se dar instrumentalizando o professor quanto à observação dessas habilidades e dos marcos desenvolvimentais de cada faixa etária. Tais aspectos necessitam estar contemplados inclusive na estrutura do currículo da instituição de educação infantil. Também é importante compreender as relações que se estabelecem entre crianças e adultos da escola e seus pares, para que possam ser pensadas em estratégias conjuntas para aprimoramento da qualidade do ambiente educativo (Burch & Evangelista, 2016; Mezzalira & Guzzo, 2011; Vokoy & Pedroza, 2005).

A escuta às famílias e aos profissionais que trabalham na escola é fundamental para que se possam identificar as concepções de desenvolvimento infantil e processo educativo dos adultos, bem como suas expectativas em relação à criança (Vieira et al., 2009; Zendron et al., 2013). Muitas famílias demonstram objeção ao lidar com as dificuldades apresentadas pela criança e para procurar ajuda especializada, sendo necessário criar maneiras adequadas para comunicar situações de risco à aprendizagem (Albritton et al., 2019; Vokoy & Pedroza, 2005).

Em algumas ocasiões, escola e família podem divergir quanto à percepção das dificuldades expressas pela criança em sua natureza, frequência, intensidade, duração e, inclusive, sobre a existência de tais dificuldades. Essas percepções dependem das crenças, expectativas e entendimento sobre o desenvolvimento infantil e sobre a própria capacidade de reconhecer que a criança precisa de ajuda especializada. A forma da criança se expressar nesses espaços também pode ser diferente, por isso é importante ouvir as diversas fontes de convívio da criança (Garro, 2016).

Alguns processos que merecem destaque na observação do psicólogo escolar são (Bock, 2019; Burch & Evangelista, 2016; Vieira et al., 2009; Zendron et al., 2013):

1. a entrevista de ingresso, contemplando informações sobre hábitos cotidianos da criança – sono e alimentação usuais, por exemplo – e da família – dinâmicas e relações no lar, desenvolvimento psicomotor, linguístico, processo de desfralde e história breve de saúde e dos acompanhamentos/encaminhamentos já realizados;
2. o acolhimento na entrada e a adaptação ao espaço da escola – perceber como os adultos e as crianças reagem durante esse processo, bem como as expectativas que as famílias têm em relação aos cuidados e ações educativas;
3. a condução das situações de desfralde e de construção de limites, verificando as estratégias dos adultos para lidar com essas experiências e as respostas das crianças;
4. a atenção aos anseios e emoções durante a transição das crianças pré-escolares para o ensino fundamental.

A partir das constatações obtidas por meio de observações e entrevistas, o psicólogo escolar poderá pensar em estratégias de intervenção e encaminhamentos especializados possíveis, que contribuam para o desenvolvimento individual das crianças, mas também para a formação da comunidade escolar (pais, educadores, etc.) no que concerne ao olhar atento à criança pequena (Vokoy & Pedroza, 2005).

É de suma importância que haja um ambiente colaborativo de acompanhamento, criando redes de apoio com outros serviços de saúde e de intervenção educativa, cooperando para desfechos cognitivos e psicossociais positivos (Albritton et al., 2019; Burch & Evangelista, 2016; Garro, 2016). Embora se saiba que não é função do psicólogo escolar realizar avaliação psicológica das crianças, o conhecimento sobre os marcos do desenvolvimento possibilita a tomada de decisão quando necessário, seja propondo estratégias de desenvolvimento junto aos professores, seja encaminhando casos para uma avaliação profissional. Para isso, o conhecimento dos estágios do desenvolvimento divididos em seus diferentes domínios e a sua caracterização é fundamental.

CARACTERIZANDO O DESENVOLVIMENTO INFANTIL

Um corpo robusto de evidências científicas reconhece o caráter dinâmico, multidimensional e multinível necessário para caracterizar e explicar o desenvolvimento humano (Bronfenbrenner & Morris, 2006; Martorell, 2014; Sameroff, 2010). Em específico, o desenvolvimento infantil torna o empreendimento investigativo, e por sua vez avaliativo, ainda mais complexo, uma vez que as mudanças observadas acontecem numa velocidade surpreendente (Bellman et al., 2013).

Antes de nos aprofundarmos nos conceitos utilizados para caracterizar e identificar atrasos do desenvolvimento infantil, é preciso distinguir crescimento de desenvolvimento. O crescimento é caracterizado pelo aumento físico do corpo, como um todo ou em suas partes, podendo ser mensurado em termos de centímetros, gramas e outras medidas antropométricas. Já o desenvolvimento infantil é o processo pelo qual cada criança evolui de uma completa dependência dos pais para o alcance de uma maior autonomia, com o aumento gradual da capacidade de apresentar comportamentos mais complexos e funcionais ao longo do tempo (Bellman et al., 2013). O desenvolvimento é um período caracterizado por ápices e platôs, em que a rápida evolução física e neural, as relações sociais e o ambiente interagem, propiciando grandes avanços na capacidade da criança durante esse período de tempo. (Doyle et al., 2009; Fernald et al., 2017).

Estudos apontam que durante os seis primeiros anos de vida as crianças passam por uma série de períodos sensíveis do desenvolvimento (Knudsen, 2004). Nesses períodos, os efeitos dos diferentes tipos de experiências são particularmente potencializados devido à maior plasticidade cerebral observada nesse estágio (Bellman et al., 2013; Brant et al., 2013). Por exemplo, o período entre 6 e 24 meses de vida é fundamental para o estabelecimento do laço emocional entre o bebê e seu principal cuidador, conhecido como apego (Martorell, 2014). Ao considerarmos esse período como sensível, a relação de apego entre o cuidador principal e o bebê se desenvolverá mais facilmente durante essa etapa. Se o bebê não for exposto às interações positivas que propiciam o estabelecimento do apego nesse período, ele ainda pode vir a desenvolver relações de apego, porém com maior dificuldade e necessitando uma duração maior de vinculação (Ainsworth et al., 2015; Zeanah et al., 2005).

Alguns autores consideram que existe uma classe especial de períodos sensíveis, os chamados períodos críticos do desenvolvimento (Erzurumlu & Gaspar, 2012; Francis et al., 2002). Estes constituem-se por períodos de transição, nos quais a interação com o ambiente resulta em estruturações das redes neurais duradouras e irreversíveis. Nos períodos críticos, algumas habilidades não seriam passíveis de serem desenvolvidas se não fossem estimuladas ou corrigidas no tempo correto. Por exemplo, bebês que apresentam um problema físico que interfere na capacidade de focar os olhos terão prejuízo no desenvolvimento dos mecanismos cerebrais necessários para a percepção de profundidade, se esse problema não for corrigido precocemente (Bushnell & Boudreau, 1993).

Contudo, o conceito de período crítico é controverso quando se fala em desenvolvimento humano, tendo em vista a plasticidade cerebral ou mesmo a capacidade que uma criança tem de se modificar (Martorell, 2014). Nessa linha, a ideia de períodos sensíveis parece ser mais adequada, tornando o monitoramento do desenvolvimento infantil fundamental para que atrasos possam ser detectados numa janela temporal que propicie maiores benefícios para a criança.

Sabe-se que a emergência de diversas habilidades tem uma intrínseca correlação com a maturação cerebral. Funções cognitivas mais básicas localizadas em regiões motoras e sensoriais amadurecem primeiro (lobo parietal superior), seguidas de regiões relacionadas a orientação espacial, fala e comunicação (lobo parietal inferior), e, por último, das regiões associadas à funções executivas, atenção e coordenação motora (córtex pré-frontal) (Gogtay et al., 2004).

Em termos comportamentais, o alcance de habilidades cognitivas, socioemocionais e motoras é entendido por meio de cascatas desenvolvimentais. Estas se caracterizam pelo processo cumulativo em que funções de baixa complexidade (p. ex., integração visomotora, motricidade fina e habituação) afetam funções mais complexas, como inteligência, linguagem e funções executivas (Almas et al., 2016; Camerota & Willoughby, 2019; Choi et al., 2018). Desse modo, o alcance de uma habilidade vai impactar o alcance da habilidade subsequente. Por exemplo, o bebê que teve possibilidade de melhor desenvolver habilidades motoras finas, tais como pegar objetos pequenos, migalhas de pão com as pontas dos dedos, terá melhor habilidade para segurar um lápis na posição de pinça.

A identificação precoce de atrasos no desenvolvimento que possibilite um encaminhamento para intervenção para promoção do desenvolvimento infantil é largamente fundamentada cientificamente (Almas et al., 2016; Reynolds et al., 2007; Roberts et al., 2010). Entende-se que quanto mais cedo for feito o encaminhamento para intervenções, maiores serão os benefícios para o desenvolvimento e as chances de amenizar as consequências de um transtorno, devido à maior plasticidade cerebral nessa etapa da vida (Dennis et al., 2014; McManus et al., 2014; Scherzer et al., 2012).

Entre as crianças com problemas no desenvolvimento, estima-se que apenas 30% são identificadas antes do ingresso na escola (Thomas et al., 2012). Geralmente, a visão prática dos professores e psicólogos escolares nesse contexto, bem como a comparação com as habilidades dos pares, fornecem mais sinais de que uma criança não está atingindo seu pleno potencial. Além disso, é esperado que o ingresso na instituição infantil potencialize algumas habilidades, como as de socialização, aprendizado e formação de vínculos. Quando há um ambiente escolar propício e de qualidade e essas habilidades não ocorrem, é necessário refletir sobre os motivos e implicações desse fato.

Há uma gama de diferenças individuais que caracterizam o desenvolvimento típico (Bentzen, 2013), entretanto, apesar de o ritmo de aquisição dos marcos do desenvolvimento variar em função das diferenças individuais, a ordem do surgimento das habilidades segue uma linha aproximadamente presumível (Brown et al., 2020). A avaliação dos marcos do desenvolvimento é tida como a mensuração de habilidades, aptidões e atitudes que agem como pontos de checagem do desenvolvimento típico das crianças em uma determinada idade e em relação aos seus pares (Newborg, 2005; Pinquart, 2014). Existem intervalos de tempo esperados para que as crianças atinjam um determinado marco desenvolvimental, e, quando o surgimento da habilidade é significativamente mais lento do que a média para a idade, considera-se que a criança apresenta um atraso no desenvolvimento ou desenvolvimento atípico.

Os atrasos no desenvolvimento geralmente têm consequências na escola, tais como, mau desempenho acadêmico, problemas de relacionamento com colegas e professores, prejuízos no funcionamento adaptativo e na independência (Velez et al., 2007). Quando os atrasos são muito grandes, podem estar associados a transtornos do desenvolvimento, que são condições clínicas graves que perduram por toda a vida, causando considerável impacto nas famílias e no sistema público de saúde, além de substanciais custos financeiros e sociais (Eapen et al., 2006). A vigilância periódica do desenvolvimento auxilia na identificação de crianças que precisam de atenção especial. A observação do desenvolvimento atípico permite entender diferentes formas de progressão e suas consequências. No Quadro 3.1 são apresentadas as definições de diferentes tipos de desenvolvimento atípico.

A escola pode ter um papel fundamental no encaminhamento das crianças que não estão atingindo seu potencial para uma avaliação e/ou intervenção apropriada. Assim, entende-se como importante que os professores e o psicólogo escolar saibam identificar possíveis indicadores de atrasos e prejuízos no desenvolvimento infantil.

QUADRO 3.1
Caracterização do desenvolvimento atípico

Tipos	Descrição
Atraso desenvolvimental	Atraso no alcance de marcos do desenvolvimento em um ou em múltiplos domínios, mas de acordo com a sequência esperada em comparação com crianças com desenvolvimento típico.
Desvio desenvolvimental	Alcance de um marco do desenvolvimento em um domínio específico em desacordo com a sequência esperada. Por exemplo, é esperado que um bebê evolua primeiro do rastejar sobre sua barriga, depois engatinhar usando mãos e joelhos e após ficar de pé, mas em torno de 10% dos bebês passam do rastejar diretamente para o ficar de pé, sem engatinhar.
Dissociação desenvolvimental	Alcance de marcos desenvolvimentais de forma significativa diferente entre domínios. Por exemplo, atrasos no desenvolvimento motor em comparação com os de outros domínios observados na paralisia cerebral.
Regressão desenvolvimental	Perda de uma habilidade ou de um marco já adquirido. Por exemplo, perda de habilidades comunicativas verbais e não verbais no transtorno do espectro autista.

Fonte: Adaptado de Brown et al. (2020).

AVALIAÇÃO DOS MARCOS DO DESENVOLVIMENTO INFANTIL E IDENTIFICAÇÃO DE ATRASOS

A avaliação dos marcos do desenvolvimento pode auxiliar na identificação de atrasos por diferentes procedimentos. Um professor, no contato do dia a dia com a criança, ou um psicólogo escolar, em observações e entrevistas, por exemplo, pode perceber que determinada criança ainda não apresenta algumas habilidades vistas em colegas da mesma turma. Atrasos podem ser identificados em observação de brincadeiras (p. ex., não apresentar indícios de faz de conta aos 24 meses), interações sociais (p. ex., preferir um brincar mais solitário do que com outras crianças aos 36 meses), comunicação e linguagem (p. ex., não apontar para objetos ou compartilhar interesses aos 24 meses; não falar palavras aos 18 meses, especialmente na ausência de gestos), ou motricidade (p. ex., não sentar sem suporte aos 12 meses e não andar aos 18). Além disso, a perda de habilidades de desenvolvimento anteriormente adquiridas, ou regressão desenvolvimental, é um indicador de risco potencial ao desenvolvimento (Bellman et al., 2013; Silva et al., 2020).

Os marcos do desenvolvimento incluem comportamentos ou habilidades físicas, cognitivas e emocionais observadas em crianças à medida que elas crescem, e quanto mais nova a criança, maior a magnitude de associação entre os diferentes domínios de desenvolvimento (Silva et al., 2020). Assim, a avaliação deve abranger uma visão global dos diferentes domínios de interesse, sem perder de vista que os atrasos em uma dimensão podem repercutir diretamente na outra ou em sua avaliação.

Por exemplo, os prejuízos na comunicação e linguagem de um bebê de 24 meses com transtorno do espectro autista (TEA) geralmente são acompanhados de um atraso na cognição (Miranda et al., 2020). A criança pode realmente apresentar um déficit cognitivo, já que o TEA tem alta comorbidade com deficiência intelectual (Miranda et al., 2020). Entretanto, esse déficit cognitivo identificado pode também ser consequência de uma dificuldade de se distinguir habilidades cognitivas das linguísticas aos 24 meses, já que os domínios de desenvolvimento ainda são muito correlacionados nessa faixa etária. Resumindo, a falta de habilidades de linguagem pode camuflar as habilidades cognitivas. Nesse caso, a avaliação longitudinal é fundamental para uma conclusão mais precisa.

De forma a facilitar o levantamento de informações por parte do psicólogo escolar, no Quadro 3.2 são sumarizados os principais marcos do desenvolvimento de crianças de 0 a 6 anos de vida. Tais indicadores são divididos em domínios do desenvolvimento (cognição, comunicação e linguagem, motricidade, aspectos socioemocionais e comportamento adaptativo) e por faixas etárias. Observe que tais indicadores também se encontram em ordem crescente de complexidade.

Instrumentos específicos para primeira infância

Mesmo que a avaliação psicológica não seja o foco do psicólogo escolar, o uso de instrumentos breves e padronizados pode fornecer uma análise mais acurada do desenvolvimento. Eles podem ser usados pontualmente, quando há maiores dúvidas, auxiliando na tomada de decisão, especialmente nos casos em que há muitos fatores de confusão. Esses instrumentos são baseados em normas populacionais que, por meio de estatísticas, estimam os intervalos de tempo em que as crianças com desenvolvimento típico apresentam as habilidades esperadas.

Entre os instrumentos que existem, está disponível a versão breve do Inventário Dimensional de Avaliação do Desenvolvimento Infantil (IDADI-B, Mendonça et al., 2021). Ele tem as vantagens de ter sido construído no Brasil e contar com 118 subescalas divididas em 17 faixas etárias e sete domínios que avaliam habilidades desenvolvimentais dos domínios cognitivo, socioemocional, comunicação e linguagem receptiva, comunicação e linguagem expressiva, motricidade ampla, motricidade fina e comportamento adaptativo.

O IDADI-B é administrado aos pais, que informam se os filhos já apresentam uma

QUADRO 3.2
Marcos do desenvolvimento infantil

Faixa etária	Cognição	Comunicação e linguagem (receptiva e expressiva)	Motricidade (ampla e fina)	Aspectos socioemocionais	Comportamento adaptativo
0–4 meses	Demonstra interesse por rostos e objetos. A brincadeira é essencialmente exploratória, de manipulação de objetos.	Presta atenção à fala e aos sons do ambiente, especialmente de pessoas familiares. Emite arrulhos (gritinhos) e os primeiros balbucios (sons que imitam a fala).	Vira a cabeça para os lados, balança braços e pernas e inicia a sustentação da cabeça. Mãos ficam mais fechadas e agarra objetos leves.	É receptivo ao toque e tende a acalmar-se no colo dos adultos. Direciona-se a vozes familiares.	Acalma-se por um tempo levando a mão até a boca ou chupando o próprio dedo.
5–10 meses	Busca ativamente sons, brinquedos ou objetos escondidos. A brincadeira é mais relacional, p. ex., aproximando coisas que fazem sentido juntas. Diverte-se com brincadeiras de repetição, como fazer sons e jogar objetos.	Procura ativamente sons, barulho e estímulos visuais. O balbucio fica mais estruturado, juntando sons da fala (p. ex., "papa", "mama"). Atende quando chamado pelo nome.	Apresenta evolução dos comportamentos de arrastar, sentar-se (com e depois sem apoio) e ficar de pé. O engatinhar ocorre por volta dos 8 meses, mas não para todas as crianças. Mãos ficam mais abertas e alcançam coisas.	Apresenta sorriso social frequente e trocas recíprocas com os cuidadores. Pode "estranhar" ou sentir-se desconfortável com pessoas desconhecidas. Emoções como alegria, desconforto, medo, raiva e surpresa podem ser identificadas.	Leva objetos até a boca. Coloca alguns alimentos na boca, segurando-os com as mãos.
11–18 meses	Imita gestos dos adultos. Realiza brincadeira funcional, usando o objeto conforme a função (p. ex., empurrar o carrinho). Emerge a brincadeira simbólica (p. ex., finge falar no telefone ou beber em um copo). Reconhece-se no espelho.	Reconhece palavras simples, direciona-se para onde as pessoas apontam. Demonstra interesse em imagens e figuras. Fala as primeiras palavras simples por volta de 12 meses (p. ex., bebê, mão). Usa gestos sociais para se comunicar. Aponta para indicar o que quer. Nomeia coisas.	Puxa-se para ficar de pé. Transfere objetos entre as mãos. Caminha com e sem apoio. Com o passar dos meses, caminha com mais equilíbrio com menor apoio, caindo menos. Pode correr. A precisão do movimento aumenta ao agarrar objetos cada vez menores.	Apresenta vínculo mais forte com o cuidador de referência. Medo de estranhos é esperado. Tenta envolver os pais e cuidadores no que está interessado. Pode demonstrar interesse em ajudar o próximo.	Indica quando não quer ou não gosta de alguma coisa. Segura o talher pelo lado correto. Toca o adulto ou outras crianças para dividir a atenção para as descobertas no brincar.

Continua

QUADRO 3.2
Marcos do desenvolvimento infantil

Faixa etária	Cognição	Comunicação e linguagem (receptiva e expressiva)	Motricidade (ampla e fina)	Aspectos socioemocionais	Comportamento adaptativo
19-30 meses	Distingue a realidade do faz de conta. Lembra fatos da própria história e onde estão guardados objetos. A brincadeira simbólica incorpora o papel ativo do outro (p. ex., finge que o boneco está comendo ou falando ao telefone).	Entende comandos para interromper algo "para", "não". Segue duas instruções relacionadas. Diz as primeiras frases simples aos 24 meses (p. ex., mais água).	Anda sozinho e sem apoio. Diverte-se com brincadeiras de ligar e desligar botões, encaixar peças ou colocar objetos uns dentro dos outros. Consegue esboçar desenhos (garatujas). Anda de triciclo. Fica na ponta dos pés. Começa a correr.	A expressão afetiva espontânea aumenta e realizam ações como abraçar, beijar e fazer carinho. A independência e a autossuficiência começam a se destacar.	Come sozinho e explora alimentos com as mãos. Tende a fazer menos sujeira com o tempo. Ajuda a se vestir (empurra o braço pela manga da camiseta, levanta o pé para vestir a calça).
31-48 meses	O brincar simbólico envolve articulação de várias ações e uma história com sentido, podendo reproduzir aspectos da vida real (p. ex., brincar de mercadinho). Tem preferência por brincadeiras com outras crianças.	Reconhece e utiliza diferentes tempos verbais e plurais, identifica objetos e partes do corpo, e sabe quantos anos tem. A fala é reconhecida por pessoas não familiares, ainda que apresente algumas trocas e omissões na articulação de sons, e demonstra capacidade de recontar partes de histórias ouvidas.	Consegue se firmar em um pé e subir escadas com facilidade. Risca o papel imitando letras ou desenhos, representando algumas formas simples, como círculos, retângulos e linhas ordenadas de modo inicial. O movimento de pinça com os dedos ganha precisão.	Melhora a capacidade de se acalmar sozinho (autorregulação emocional). Pode demonstrar esforço para agradar. Convida outras crianças para brincar. Diz "por favor" e "obrigado".	Veste e tira roupas simples. Escolhe o que quer comer, se oferecidas opções. Sabe onde os brinquedos ficam guardados na sala de aula e já tenta organizá-los. Apresenta controle diurno dos esfíncteres completo.
49-72 meses	Entende alguns conceitos abstratos e o foco atencional aumenta. Diferencia esquerda e direita, sabe os dias da semana e compara coisas (p. ex., por cor, tamanho). Enumera	Entende histórias que lhe são lidas/narradas e reconta com maior quantidade de detalhes. Usa os tempos verbais presente, passado e futuro corretamente. A pronúncia das letras "R", "L"	Copia formas reconhecíveis. Consegue dar saltos e andar de bicicleta sem rodas laterais. Pode dar saltos e cambalhotas. Consegue fazer o movimento de pinça para pegar lápis, e a qualidade	Segue instruções e regras em brincadeiras em grupo esperando a vez. Começa a demonstrar preocupação por sentimentos e pensamentos dos pares.	Tem controle esfincteriano noturno completo. Escova os dentes e lava as mãos. Segue regras simples e entende normas sociais

Continua

QUADRO 3.2
Marcos do desenvolvimento infantil

Faixa etária	Cognição	Comunicação e linguagem (receptiva e expressiva)	Motricidade (ampla e fina)	Aspectos socioemocionais	Comportamento adaptativo
	pequenas quantidades (aproximadamente 10 a 20 objetos). Costuma brincar em grupos por afinidades.	e "S" se aprimora. Ainda podem ser observadas dificuldades na pronúncia dos sons dessas letras até os próximos dois anos, principalmente quando estão em encontros de consoantes na mesma sílaba ou interssílabas (p. ex., morcego, bruxa, placa).	dos desenhos melhora, já consegue representar a estrutura básica da figura humana (cabeça, tronco e membros com poucos detalhes) e de outras figuras simples (p. ex., flor, sol, casa).	Já consegue perceber e relatar atitudes positivas e negativas suas e dos outros (p. ex., se tirar o brinquedo da mão de um colega, este pode não gostar).	(p. ex., pagar por um produto, não jogar lixo no chão). Ajuda a guardar os brinquedos na sala de aula.

Fonte: Martorell (2014); Mendonça et al. (2021); Oliveira et al. (2018); Silva et al. (2020).

determinada habilidade, se ela é emergente (às vezes), ou se ainda não surgiu. O IDADI-B é empiricamente derivado da versão completa do IDADI (Silva et al., 2020), sendo necessário de um terço até metade do tempo de aplicação em relação ao instrumento original. Com o IDADI-B é possível classificar o desenvolvimento infantil como típico ou em risco, portanto esse instrumento pode ser uma medida útil no contexto escolar. O psicólogo escolar pode, inclusive, verificar se a perspectiva dos pais coincide com as habilidades apresentadas pela criança na escola.

Outra opção de instrumento nessa perspectiva é o Ages and Stages Questionnaire (ASQ-3) que foi adaptado e validado para o Brasil por Filgueiras et al. (2013). O ASQ-3 avalia o desenvolvimento de crianças com idades entre 2 e 66 meses. É composto por 21 questionários com 30 itens cada, que avaliam cinco domínios: comunicação, motricidade ampla, motricidade fina, resolução de problemas e habilidades pessoais-sociais. Cada domínio abrange seis itens por questionário, sendo alguns deles ilustrados com figuras para facilitar o entendimento (Filgueiras et al., 2013). Os parâmetros para os estudos de validade e estabelecimento de normas tiveram uma amostra de 18.942 crianças com idades entre 10 meses e 57 meses, provindas especialmente de instituições de ensino infantil do Rio de Janeiro. Entretanto, as normas não foram publicadas até o momento, e o manual ainda não está sendo comercializado no contexto nacional. Espera-se que em breve o instrumento possa ser uma alternativa para a avaliação do desenvolvimento no contexto nacional.

Também existem instrumentos baseados em tarefas para avaliação do desenvolvimento na primeira infância adaptados para o Brasil, como as Escalas Bayley de Desenvolvimento do Bebê e da Criança Pequena, 3ª edição (Bayley-III) (Bayley, 2018) e o Teste de Triagem do Desenvolvimento (Denver-II) (Frankenburg et al., 2018). Entretanto, como se trata de instrumentos de tarefas de avaliação direta da criança e que demandam mais tempo para aplicação e formação do profissional, eles são mais indicados para o contexto clínico do que para o escolar.

A avaliação de uma criança com um instrumento de desenvolvimento é feita considerando-se os dados dos grupos de crianças que têm as características mais próximas a ela, como idade e sexo. A classificação de atraso geralmente considera o desenvolvimento a 1,5 desvios-padrão abaixo da média (Lobo et al., 2014). Um atraso significativo é definido como desempenho de dois ou mais desvios-padrão abaixo da média na idade em testes padronizados e referenciados em normas apropriadas (Bellman et al., 2013). Ainda, um atraso global é aquele que afeta todos os domínios do desenvolvimento e sugere uma gravidade maior.

Focando especificamente na análise de riscos, o instrumento Indicadores Clínicos de Riscos para o Desenvolvimento Infantil (IRDI) (Machado et al., 2014) também é uma possibilidade para o contexto escolar. Ele é fundamentado na compreensão psicanalítica de risco psíquico, sendo composto por 31 itens, divididos em quatro faixas etárias (0 a 4; 4 a 8; 8 a 12; e 12 a 18 meses). Aborda aspectos da relação cuidador-bebê indicativos da construção da subjetividade. Inclui quatro dimensões ou eixos: "suposição do sujeito" (SS), "estabelecimento da demanda" (ED), "alternância presença/ausência" (PA) e "função paterna" (FP). A pontuação do instrumento varia de 0 a 124, sendo o ponto de corte para risco psíquico de 32,5 (Machado et al., 2014). O uso do IRDI tem sido estudado em pré-escolas visando a verificar se ele atua na prevenção de desfechos negativos de desenvolvimento (Ferrari et al., 2017).

INTEGRAÇÃO ENTRE ASPECTOS DA VIDA DA CRIANÇA E ANÁLISE DO DESENVOLVIMENTO

Uma vez identificada uma criança em risco de ou com atraso no desenvolvimento, o psicólogo escolar pode auxiliar no levantamento de sua história clínica a fim de contextualizar o desenvolvimento e o entendimento do risco observado. Diversos fatores ambientais e contextuais afetam a trajetória de cada criança, o que limita a sensibilidade e a especificidade de qualquer método de avaliação. Isso pode ser exemplificado com o caso de um bebê de 16 meses que ainda não caminha, está acima do peso e recebe muito colo de todos os familiares. Nesse caso, pode não haver um atraso, mas uma dificuldade devido ao peso elevado ou à falta de estimulação para caminhar.

Ao identificar esses fatores, a instituição de ensino infantil pode planejar estratégias para a estimulação daquela habilidade e/ou orientar os pais. A união de esforços da escola e do contexto familiar para promover o desenvolvimento é um fator protetivo com alto potencial de sucesso.

Levantamento de informações sobre o período gestacional

Outros aspectos muito importantes dizem respeito à história do ambiente gestacional e precoce da criança. Uma série de estudos longitudinais ou coortes de nascimento – definidos com estudos observacionais em que os indivíduos são monitorados em múltiplas ocasiões, da gestação até a primeira e segunda infância – têm fornecido fortes evidências dos impactos persistentes que o período gestacional tem na futura saúde mental e física das crianças (Silveira & Manfro, 2015). O período gestacional é caracterizado como um período sensível do desenvolvimento, em que fatores maternos, como má nutrição, saúde mental, diabetes gestacional, uso de álcool ou tabaco, hipertensão, entre outros, podem predispor o bebê a desenvolver problemas de comportamento externalizantes e internalizantes (O'Donnell et al., 2014; Yochum et al., 2014), menor desempenho em tarefas cognitivas e funções executivas (Hidalgo et al., 2018; Mina et al., 2017).

Aqui são revisados alguns indicadores relevantes do ambiente perinatal e neonatal que podem auxiliar no levantamento de hipóteses sobre a condição atual da criança avaliada. Tais condições não são determinantes, mas são fundamentais para entender sua história desenvolvimental, uma vez que tais condições podem colocar o indivíduo num curso de respostas biológicas desadaptativas que podem impactar o desenvolvimento das habilidades cognitivas, socioemocionais e motoras (Camerota & Willoughby, 2019; Silveira et al., 2007).

Por muito tempo, o baixo peso ao nascer e o parto prematuro foram considerados os principais indicadores da qualidade intrauterina (Silveira & Manfro, 2015). O baixo peso ao nascer e a prematuridade foram relacionados com menores níveis de funções cognitivas (quociente intelectual [Q.I.] e funções executivas), maior incidência de transtorno de déficit de atenção/hiperatividade (TDAH), maior reatividade emocional e fracasso escolar (Mangin et al., 2017; Quesada et al., 2014). Condições gestacionais como hipertensão, pré-eclâmpsia, obesidade, diabetes gestacional e infecções também podem impactar habilidades importantes para o contexto escolar. Por exemplo, obesidade e hipertensão maternas foram associadas com sintomas de TDAH (Buss et al., 2012) e maior prevalência de TEA nos filhos (Hisle-Gorman et al., 2018).

Condições e complicações durante o parto também devem ser observadas. Hipóxia-isquemia (interrupção do fornecimento de sangue e oxigênio ao cérebro antes, durante ou logo após o nascimento), bem como prolapso do cordão umbilical, descolamento da placenta e apresentação pélvica têm sido associados a maior prevalência de TDAH na infância (Zhu et al., 2016), pior desempenho em Q.I. e funções executivas (Camerota & Willoughby, 2019), maior risco para TEA (Hisle-Gorman et al., 2018) e deficiência intelectual (Ehrenstein et al., 2009).

A saúde mental materna durante a gestação e no período pós-parto é uma importante informação que não deve ser negligenciada. Ansiedade, estresse e depressão no período perinatal e pós-parto estão associados a uma ampla gama de desfechos desenvolvimentais, como problemas de comportamento internalizantes e externalizantes (O'Donnell et al., 2014), pior desempenho em testes cognitivos (Davis & Sandman, 2010) e sono alterado (O'Connor et al., 2007). Outras exposições do feto a substâncias como tabaco, álcool, drogas, radiação e agentes tóxicos (p. ex., pesticidas) ou abuso (maus tratos, agressão física ou psicológica) devem ser investigados, devido aos efeitos nocivos duradouros observados, mesmo quando levadas em conta adversidades no momento atual (Camerota & Willoughby, 2019; O'Donnell et al., 2014). No Quadro 3.3 são sumarizadas informações sobre o período perinatal e neonatal que podem ter impacto no desenvolvimento infantil.

CONSIDERAÇÕES FINAIS

O presente capítulo teve como objetivo caracterizar aspectos relevantes da primeira infância e os principais indicadores de marcos do desenvolvimento infantil passíveis de observação no contexto escolar. Também foram apresentados instrumentos padronizados de avaliação do desenvolvimento infantil, que apenas recentemente começaram a ser disponibilizados no Brasil. Espera-se que a melhoria dos índices de detecção precoce de crianças com atraso do desenvolvimento facilite o encaminhamento para intervenção. O encaminhamento precoce é de grande relevância uma vez que, quanto mais cedo é feito o encaminhamento, maiores são os benefícios das intervenções para o desenvolvimento e as chances de amenizar as consequências de um transtorno, devido à maior plasticidade cerebral nessa etapa de vida (Dennis et al., 2013; McManus et al., 2014).

Salienta-se, entretanto, que a identificação de bebês e crianças com atrasos do desenvolvimento e que, portanto, necessitam uma atenção mais individualizada, não deve ser entendida como uma sentença de fracasso escolar, problemas de comportamento ou gênese de futura psicopatologia. Sabe-se que aspectos qualitativos transitórios também caracterizam o desenvolvimento infantil (Sameroff, 2010). Devido às continuidades e descontinuidades específicas em cada estágio infantil, além da instabilidade de diferenças individuais, algumas patologias precisam ser examinadas considerando os aspectos ambiental-relacionais e neuroplásticos desse período sensível do desenvolvimento (Doyle et al., 2009). Sendo assim, a identificação de atrasos no desenvolvimento infantil não ambiciona ser um preditor de desenvolvimento a longo prazo; pelo contrário, o monitoramento dos marcos do desenvolvimento visa a localizar a criança no momento presente.

QUADRO 3.3
Levantamento de informações sobre o período perinatal e neonatal

- Parto prematuro (< 37 semanas).
- Complicações durante o parto (p. ex., hipóxia, Apgar < 7 no primeiro minuto, dificuldade respiratória, distocia fetal, prolapso do cordão umbilical, descolamento da placenta, apresentação pélvica ou transversal ao nascimento).
- Hipertensão gestacional.
- Diabetes gestacional.
- Saúde mental durante a gestação (depressão pós-parto, ansiedade, estresse).
- Malnutrição materna (p. ex., desnutrição, obesidade, deficiências específicas, como anemia).
- Infecções.
- Pré-eclâmpsia.
- Hipotireoidismo.
- Uso de substâncias durante a gestação (álcool, cigarro, drogas).
- Abuso ou agressão (física ou psicológica).

Os profissionais devem estar atentos às trajetórias do desenvolvimento de cada criança, mas devem evitar uma antecipação determinística linear do seu desenvolvimento futuro. Ressalta-se, portanto, que os resultados observados devem ser utilizados como indicadores de futuras intervenções, mantendo especial atenção para o processo individualizado do desenvolvimento de cada criança. Portanto, o maior objetivo da identificação de adversidades no desenvolvimento infantil é poder beneficiar o desenvolvimento funcional e estrutural infantil futuro, com estratégias de intervenção implementadas rapidamente para reduzir os fatores de risco e promover os fatores protetivos sociais para as crianças e suas famílias (Alvarenga et al., 2020; Wolf & McCoy, 2019).

REFERÊNCIAS

Ainsworth, M. D. S., Blehar, M. C., Waters, E., & Wall, S. N. (2015). *Patterns of attachment: A psychological study of the strange situation*. Routledge.

Albritton, K., Mathews, R. E., & Boyle, S. G. (2019). Is the role of school psychologist in early childhood truly expanding?

A national survey examining school psychologists' practices and training experiences. *Journal of Applied School Psychology, 36*(1), 1-19.

Almas, A. N., Degnan, K. A., Nelson, C. A., Zeanah, C. H., & Fox, N. A. (2016). IQ at age 12 following a history of institutional care: Findings from the bucharest early intervention project. *Developmental Psychology, 52*(11), 1858-1866.

Alvarenga, P., Cerezo, M. A., Wiese, E., & Piccinini, C. A. (2020). Effects of a short video feedback intervention on enhancing maternal sensitivity and infant development in low-income families. *Attachment and Human Development, 22*(5), 534-554.

Bayley, N. (2018). *Bayley III: Escalas de desenvolvimento do bebê e da criança pequena* (3. ed.). Pearson.

Bellman, M., Byrne, O., & Sege, R. (2013). Developmental assessment of children. *British Medical Journal, 346*(7891), e8687.

Bentzen, W. R. (2013). *Guia para observação e registro do comportamento infantil*. Cengage.

Bock, V. R. (2019). *Psicologia escolar na educação infantil*. Cape.

Brant, A. M., Munakata, Y., Boomsma, D. I., Defries, J. C., Haworth, C. M. A., Keller, M. C., … Hewitt, J. K. (2013). The nature and nurture of high IQ: An extended sensitive period for intellectual development. *Psychological Science, 24*(8), 1487-1495.

Bronfenbrenner, U., & Morris, P. A. (2006). The bioecological model of human development. In R. M. Lerner (Ed.), *Handbook of child psychology: Theoretical models of human development* (6th ed., Vol. 12, pp. 793-828). Wiley.

Brown, K. A., Parikh, S., & Patel, D. R. (2020). Understanding basic concepts of developmental diagnosis in children. *Translational Pediatrics, 9*(S1), S9-S22.

Burch, A. & Evangelista, N. (2016). Assessment and collaboration in school and child care settings. In A. Garro (Ed.), *Early childhood assessment in school and clinical child psychology* (pp. 139-160). Springer.

Bushnell, E. W., & Boudreau, J. P. (1993). Motor development and the mind: The potential role of motor abilities as a determinant of aspects of perceptual development. *Child Development, 64*(4), 1005-1021.

Buss, C., Entringer, S., Davis, E. P., Hobel, C. J., Swanson, J. M., Wadhwa, P. D., & Sandman, C. A. (2012). Impaired executive function mediates the association between maternal pre-pregnancy body mass index and child ADHD symptoms. *PLoS One, 7*(6), e37758.

Camerota, M., & Willoughby, M. T. (2019). Prenatal risk predicts preschooler executive function: A cascade model. *Child Development, 91*(3), e682-e700.

Camilli, G., Vargas, S., Ryan, S., & Barnett, W. S. (2010). Meta-analysis of the effects of early education interventions on cognitive and social development. *Teachers College Record, 112*(3), 579-620.

Choi, B., Leech, K. A., Tager-Flusberg, H., & Nelson, C. A. (2018). Development of fine motor skills is associated with expressive language outcomes in infants at high and low risk for autism spectrum disorder. *Journal of Neurodevelopmental Disorders, 10*(1), 14.

Davis, E. P., & Sandman, C. A. (2010). The timing of prenatal exposure to maternal cortisol and psychosocial stress is associated with human infant cognitive development. *Child Development, 81*(1), 131-148.

Dennis, M., Spiegler, B. J., Simic, N., Sinopoli, K. J., Wilkinson, A., Yeates, K. O., … Flecther, J. M. (2014). Functional plasticity in childhood brain disorders: When, what, how, and whom to assess. *Neuropsychology Review, 24*(4), 389-408.

Dias, A. C. G., Patias, N. D., & Abaid, J. L. W. (2014). Psicologia Escolar e possibilidades na atuação do psicólogo: Algumas reflexões. *Psicologia Escolar e Educacional, 18*, 105-111.

Doyle, O., Harmon, C. P., Heckman, J. J., & Tremblay, R. E. (2009). Investing in early human development: Timing and economic efficiency. *Economics and Human Biology, 7*(1), 1-6.

Eapen, V., Zoubeidib, T., Yunisc, F., Gururajd, A. K., Sabrie, S., & Ghubasha, R. (2006). Prevalence and psychosocial correlates of global developmental delay in 3-year-old children in the United Arab Emirates. *Journal of Psychosomatic Research, 61*(3), 321-326.

Ehrenstein, V., Pedersen, L., Grijota, M., Nielsen, G. L., Rothman, K. J., & Sørensen, H. T. (2009). Association of Apgar score at five minutes with long-term neurologic disability and cognitive function in a prevalence study of Danish conscripts. *BMC Pregnancy and Childbirth, 9*, 14.

Erzurumlu, R. S., & Gaspar, P. (2012). Development and critical period plasticity of the barrel cortex. *The European Journal of Neuroscience, 35*(10), 1540-1553.

Fernald, L. C. H., Kariger, P., Engle, P., & Raikes, A. (2017). *Examining early child development in low-income countries: a toolkit for the assessment of children in the first five years of life*. The World Bank.

Ferrari, A. G., Fernandes, P. D. P., Silva, M. D. R., & Scapinello, M. (2017). A experiência com a Metodologia IRDI em creches: pré-venir um sujeito. *Revista Latinoamericana de Psicopatologia Fundamental, 20*(1), 17-33.

Filgueiras, A., Pires, P., Maissonette, S., & Landeira-Fernandez, J. (2013). Psychometric properties of the Brazilian-adapted version of the ages and stages questionnaire in public child daycare centers. *Early Human Development, 89*(8), 561-576.

Francis, D. D., Diorio, J., Plotsky, P. M., & Meaney, M. J. (2002). Environmental enrichment reverses the effects of maternal separation on stress reactivity. *The Journal of Neuroscience, 22*(18), 7840-7843.

Frankenburg, W. K., Dodds, J., Archer, P., Bresnick, B., Maschka, P., Edelman, N., & Sabatés, A. L. (2018). *Denver II: Teste de triagem do desenvolvimento: manual técnico*. Hogrefe.

Garro, A. (2016). Early childhood assessment: an integrative framework. In A. Garro (Ed.), *Early childhood assessment in school and clinical child psychology* (pp. 1-24). Springer.

Gogtay, N., Giedd, J., Lusk, L., Hayashi, K. M., Greenstein, D., Vaituzis, A. C., … Thompson, P. M. (2004). Dynamic mapping of human cortical development during childhood through early adulthood. *Proceedings of the National Academy of Sciences of the United States of America, 101*(21), 8174-8179.

Hidalgo, A. P., Neumann, A., Bakermans-Kranenburg, M. J., Jaddoe, V. W. V., Rijlaarsdam, J., Verhulst, F. C., … Tiemeier, H. (2018). Prenatal maternal stress and child IQ. *Child Development, 91*(2), 347-365.

Hisle-Gorman, E., Susi, A., Stokes, T., Gorman, G., Erdie-Lalena, C., & Nylund, C. M. (2018). Prenatal, perinatal, and neonatal risk factors of autism spectrum disorder. *Pediatric Research, 84*(2), 190-198.

Instituto Nacional de Estudos e Pesquisas Educacionais (INEP). (2020). *Sinopse Estatística da Educação Básica 2019*. https://www.gov.br/inep/pt-br/acesso-a-informacao/dados-abertos/sinopses-estatisticas/educacao-basica

Knudsen, E. (2004). Sensitive periods in the development of the brain and behavior. *Journal of Cognitive Neuroscience 16*(8), 1412-1425.

Lobo, M. A., Paul, D. A., Mackley, A., Maher, J., & Galloway, J. C. (2014). Instability of delay classification and determination of early intervention eligibility in the first two years of life. *Research in Developmental Disabilities, 35*(1), 117-126.

Machado, F. P., Lerner, R., Novaes, B. C. D. A. C., Palladino, R. R. R., & Cunha, M. C. (2014). Questionário de indicadores clínicos de risco para o desenvolvimento infantil: avaliação da sensibilidade para transtornos do espectro do autismo. *Audiology-Communication Research, 19*(4), 345-351.

Mangin, K. S., Horwood, L. J., & Woodward, L. J. (2017). Cognitive development trajectories of very preterm and typically developing children. *Child Development, 88*(1), 282-298.

Martorell, G. (2014). *O desenvolvimento da criança: Do nascimento à adolescência*. Artmed

McManus, B. M., Carle, A. C., & Rapport, M. J. (2014). Classifying infants and toddlers with developmental vulnerability: Who is most likely to receive early intervention? *Child: Care, Health and Development, 40*(2), 205-214.

Mendonça, E. J. Filho, Silva, M. A., Koziol, N., & Bandeira, D. R. (2021). Validation of the short version of the dimensional inventory for child development assessment. *Jornal de Pediatria* [In press].

Mezzalira, A. S. C. & Guzzo, R. S. L. (2011). Acompanhamento e promoção do desenvolvimento na educação infantil: Algumas contribuições da Psicologia Escolar. *Aletheia, 35-36*(1), 22-35. http://www.redalyc.org/articulo.oa?id=115025560003

Mina, T. H., Lahti, M., Drake, A. J., Denison, F. C., Räikkönen, K., Norman, J. E., & Reynolds, R. M. (2017). Prenatal exposure to maternal very severe obesity is associated with impaired neurodevelopment and executive functioning in children. *Pediatric Research, 82*(1), 47-54.

Ministério da Educação (MEC). (2014). *Plano nacional de educação*. http://pne.mec.gov.br/

Ministério da Educação (MEC), & Secretaria de Educação Básica (SEB). (2010). *Diretrizes curriculares nacionais para a educação infantil*. http://portal.mec.gov.br/dmdocuments/diretrizescurriculares_2012.pdf

Miranda, J. R., Silva, M. A., de Mendonça Filho, E. J., & Bandeira, D. R. (2020). Evidências de validade de critério do inventário dimensional de avaliação do desenvolvimento infantil para rastreio do transtorno do espectro do autismo. *Revista Latinoamericana de Neuropsicologia, 12*(3), 19-29.

Newborg, J. (2005). *Batelle Developmental Inventory* (BDI-2, 2nd ed.). Riverside.

O'Connor, T. G., Caprariello, P., Blackmore, E. R., Gregory, A. M., Glover, V., & Fleming, P. (2007). Prenatal mood disturbance predicts sleep problems in infancy and toddlerhood. *Early Human Development, 83*(7), 451-458.

O'Donnell, K. J., Glover, V., Barker, E. D., & O'Connor, T. G. (2014). The persisting effect of maternal mood in pregnancy on childhood psychopathology. *Development and Psychopathology, 26*(2), 393-403.

Oliveira, S. R., Machado, A. C. C., & Bouzada, M. C. F. (2018). O desenvolvimento da criança no primeiro ano de vida. In D. M. de Miranda, & L. F. Malloy-Diniz (Eds.), *O pré-escolar* (pp. 53-81). Hogrefe.

Pinquart, M. (2014). Achievement of developmental milestones in emerging and young adults with and without pediatric chronic illness – A meta-analysis. *Journal of Pediatric Psychology, 39*(6), 577-587.

Polo, F. M. & Santos, D. (2018). Educação infantil: Avanços e desafios para o futuro próximo. In R. Lent, A. Buchweitz, & M. B. Mota (Orgs.), *Ciência para Educação: Uma ponte entre dois mundos* (pp. 73-96). Editora Atheneu.

Quesada, A. A., Tristão, R. M., Pratesi, R., & Wolf, O. T. (2014). Hyper-responsiveness to acute stress, emotional problems and poorer memory in former preterm children. *Stress, 17*(5), 389-399.

Reynolds, A. J., Temple, J. A., Ou, S.-R., Robertson, D. L., Mersky, J. P., Topitzes, J. W., & Niles, M. D. (2007). Effects of a school-based, early childhood intervention on adult health and well-being. *Archives of Pediatrics & Adolescent Medicine, 161*(8), 730.

Roberts, G., Anderson, P. J., & Doyle, L. W. (2010). The stability of the diagnosis of developmental disability between ages 2 and 8 in a geographic cohort of very preterm children born in 1997. *Archives of Disease in Childhood, 95*(10), 786-790.

Sameroff, A. (2010). A unified theory of development: A dialectic integration of nature and nurture. *Child Development, 81*(1), 6-22.

Scherzer, A. L., Chhagan, M., Kauchali, S., & Susser, E. (2012). Global perspective on early diagnosis and intervention for children with developmental delays and disabilities. *Developmental Medicine & Child Neurology, 54*(12), 1079-1084.

Silva, M. A., Mendonça, E. J. Filho, & Bandeira, D. R. (2020). *Inventário dimensional de avaliação do desenvolvimento infantil (IDADI)*. Editora Vetor.

Silveira, P. P., Portella, A. K., Goldani, M. Z., & Barbieri, M. A. (2007). Developmental origins of health and disease (DOHaD). *Jornal de Pediatria, 83*(6), 494-504.

Silveira, P. P., & Manfro, G. G. (2015). Retrospective studies. In M. C. Antonelli (Ed.), *Perinatal programming of neurodevelopment* (pp. 251-267). Springer.

Thomas, S., Cotton, W., Pan, X., & Ratliff-Schaub, K. (2012). Comparison of systematic developmental surveillance with standardized developmental screening in primary care. *Clinical Pediatrics, 51*(2), 154-159.

Velez, V. M. A., Talero-Gutierrez, C., & Gonzalez-Reyes, R. (2007). Prevalence of delayed neurodevelopment in children from Bogota, Colombia, South America. *Neuroepidemiology, 29*(1-2), 74-77.

Vieira, V., Hansen, J., & Vieira, M. L. (2009). Psicologia escolar na Educação Infantil: Atuação e prevenção em saúde mental. *Barbarói, 31*(1),72-92.

Vokoy, T. & Pedroza, R. L. S. (2005). Psicologia escolar em Educação Infantil: Reflexões de uma atuação. *Psicologia Escolar e Educacional, 9*(1), 95-104.

Wolf, S., & McCoy, D. C. (2019). Household socioeconomic status and parental investments: direct and indirect relations with school readiness in Ghana. *Child Development, 90*(1), 260-278.

Yochum, C., Doherty-Lyon, S., Hoffman, C., Hossain, M. M., Zelikoff, J. T., & Richardson, J. R. (2014). Prenatal cigarette smoke exposure causes hyperactivity and aggressive behavior: Role of altered catecholamines and BDNF. *Experimental Neurology, 254*, 145-152.

Zeanah, C. H., Smyke, A. T., Koga, S. F., & Carlson, E. (2005). Attachment in institutionalized and community children in Romania. *Child Development, 76*(5), 1015-1028.

Zendron, A. B. F., Kravchychyn, H., Fortkamp, E. H. T., & Vieira, M. L. (2013). Psicologia e educação infantil: Possibilidades de intervenção do psicólogo escolar. *Barbarói, 39*(1),108-128.

Zhu, T., Gan, J., Huang, J., Li, Y., Qu, Y., & Mu, D. (2016). Association between perinatal hypoxic-ischemic conditions and attention-deficit/hyperactivity disorder. *Journal of Child Neurology, 31*(10), 1235-1244.

4
IDENTIFICAÇÃO DE SINAIS DE RISCO PARA TRANSTORNOS DO NEURODESENVOLVIMENTO NA ESCOLA

Cleonice Alves Bosa
Carlo Schmidt

Identificar o mais cedo possível sinais de risco para os transtornos do neurodesenvolvimento é fundamental para o desenvolvimento adequado da criança, pois dessa forma permite que intervenções sejam iniciadas o quanto antes. O objetivo deste capítulo é apresentar um panorama do processo de identificação precoce de um dos transtornos do neurodesenvolvimento mais prevalente: o transtorno do espectro autista (TEA). Esse transtorno trata-se de uma condição clínica caracterizada por déficits na comunicação e interação social, com presença de padrões restritos e repetitivos de comportamento. Esses comprometimentos manifestam-se nos primeiros anos de vida, limitam ou prejudicam a vida diária e não são mais bem explicados por deficiência intelectual ou atraso global do desenvolvimento (American Psychiatric Association [APA], 2014).

Considerando que os comprometimentos na interação social recíproca são um dos principais indicadores precoces de TEA, este capítulo se inicia com noções gerais sobre o desenvolvimento dessa habilidade e sobre o que é esperado de uma criança em seus primeiros anos de vida. Argumenta-se que a interação social é a base do desenvolvimento da capacidade simbólica, em especial da linguagem. Em seguida, são reportadas pesquisas que demonstraram como prejuízos nessas habilidades foram indicadores precoces para TEA, sendo estes também conhecidos como sinais de risco ou de "alerta". Por fim, são apresentadas cenas de duas crianças com TEA, em contexto interativo na educação infantil, para ilustrar como os sinais de risco se revelaram no ambiente escolar.

O DESENVOLVIMENTO DA INTERAÇÃO SOCIAL

Nos primeiros meses de vida, os bebês começam a interagir com o meio que os cerca, incluindo aspectos físicos (sensoriais) e de relação social. Essas interações são chamadas de "diádicas" porque a atenção da criança permanece voltada diretamente para o seu foco de interesse: ora um objeto, ora uma pessoa. Essas interações vão se tornando mais complexas, e grande parte dos aprendizados passa a ocorrer por meio da imitação. Nesse processo, há um fator de identificação, ou seja, uma busca por assemelhar-se ao outro, como alguém análogo a si (Tomasello, 1999/2003).

Por volta dos 9 meses de idade, há uma modificação na maneira como essas interações sociais acontecem. Elas passam a ser "triádicas", ou seja, os bebês agora conseguem coordenar sua atenção entre objetos e pessoas, alternadamente. Eles começam a compreender e a identificar o outro como alguém semelhante a eles, porém com desejos e intenções próprias. Inicialmente, essa imitação abrange um nível mais básico: copiar as ações das pessoas sobre as coisas, com o objetivo de reproduzir os efeitos provocados sobre objetos. Com o tempo, a criança passa também a simular o comportamento intencional do adulto, identificando-se com ele (Tomasello, 1999/2003).

Quando a criança passa a compreender e a reproduzir as intenções dos outros sobre os objetos, por meio da identificação com os adultos, é estabelecida a base para o jogo simbólico. Ao presumir as intenções do adulto sobre determinados materiais, a criança modifica ativamente essas ações, transferindo-as para outros objetos, de maneira criativa e divertida (uso lúdico dos objetos). Isto é, a criança simula ações através de representações daquilo que observou no comportamento dos adultos (Tomasello, 1999/2003).

A imitação tem um papel importante também no desenvolvimento da comunicação propriamente dita. Inicialmente, gestos como apontar em direção a algo podem representar somente uma reprodução do comportamento do adulto. Aos poucos, por volta do primeiro ano de idade, as crianças começam a compreender os outros como agentes intencionais. A partir disso, nas cenas de atenção conjunta, passam a considerar não somente a finalidade de direcionar a atenção do outro para algo de seu interesse, mas também aprendem a inferir intenções dos seus parceiros interacionais. Dessa forma, constrói-se uma compreensão de que gestos possuem um sentido cultural, a fim de criar um campo comunicativo e interativo em comum. Assim, as crianças respondem também à demanda de uma função interacional, associada aos comportamentos com fins de comunicação, o que torna necessária a convencionalidade no uso destes gestos. Com o uso de atos comunicativos de forma convencional (compreensível ao seu grupo), os papéis dos participantes da interação tornam-se intercambiáveis, conferindo fluidez para as interações e atos comunicativos (Tomasello, 1999/2003).

Dessa maneira, a capacidade de compreender intenções comunicativas dos outros, estimulada por meio de interações de atenção conjunta e do jogo simbólico, é o que permite o aprendizado de símbolos linguísticos. Dessa forma, o desenvolvimento da compreensão dos outros como seres intencionais e a capacidade de identificação com o outro são as bases para a aquisição da linguagem. A utilização de símbolos linguísticos depende necessariamente de uma intenção comunicativa. A forma como isso acontece, ou seja, a representação que será utilizada para informar ao outro sua intenção, é desenvolvida e estimulada socialmente, conferindo convencionalidade aos atos comunicativos. Por consequência, a criança aprende quais são as ferramentas adequadas para que ela seja compreendida pelos outros, utilizando-se de símbolos comuns àqueles à sua volta para comunicar aquilo que ela deseja (Tomasello et al., 2007). À medida que a criança se desenvolve, as relações sociais se expandem e ela aprende a se relacionar com outras reciprocamente. Ocorre cada vez mais um ajuste do próprio comportamento para se adequar a contextos sociais diversos, compartilhar brincadeiras imaginativas e desenvolver amizades.

Tendo em vista o papel relevante da interação social nos primeiros meses para o desenvolvimento da linguagem, ressalta-se a importância da identificação precoce de possíveis atrasos ou desvios qualitativos nessa área. Estudos recentes apresentam evidências empíricas que reforçam essa associação. Caso haja um prejuízo na interação social, observam-se também comprometimentos no desenvolvimento da comunicação e da brincadeira simbólica (Adamson et al., 2017; Campbell et al., 2018; Warreyn et al., 2014).

PRINCIPAIS SINAIS DE RISCO PARA TEA

O déficit na habilidade de atenção compartilhada (AC) é considerado um dos principais sinais de risco para TEA, bem como um dos critérios para a diferenciação entre TEA e outros transtornos do neurodesenvolvimento (Backes et al.,

2018). A AC pode ser definida como uma interação triádica, envolvendo tanto iniciativa de interações da criança para com o parceiro quanto a sua resposta, com o objetivo de compartilhar experiências com objetos e eventos ao redor (Tomasello, 1999/2003; Warreyn et al., 2014). Os comportamentos de iniciativa de atenção compartilhada (IAC) se relacionam com a habilidade da criança em direcionar a atenção do parceiro para um objeto/evento de seu interesse de maneira espontânea, ou seja, sem que o parceiro tenha antes feito algum tipo de solicitação com o objetivo de compartilhar interesse em relação a uma dada situação. Por exemplo, a criança poderia tomar a iniciativa de apontar ou vocalizar para um objeto à distância, alternando o olhar entre este e o parceiro, com o objetivo de "mostrá-lo" ao parceiro. Já os comportamentos de resposta de atenção compartilhada (RAC) se referem à habilidade da criança de seguir a direção do olhar, dos movimentos da cabeça ou dos gestos de outra pessoa para compartilhar um interesse comum. Podem envolver tanto pegar e manipular um objeto entregue pelo parceiro, alternando o olhar entre ambos (plano proximal), quanto seguir o olhar do outro quando este aponta para um objeto/evento distante (plano distal). Portanto, na AC, esses comportamentos sociocomunicativos (p. ex., gestos, olhar e expressões faciais) ocorrem de forma sincrônica e coordenada entre si, buscando compartilhar interesses comuns aos parceiros (Zanon et al., 2018).

No caso de crianças com TEA, alguns estudos trazem evidências sobre a identificação de limitações em habilidades sociointerativas, incluindo a AC, em períodos muito precoces do desenvolvimento. Por exemplo, Veness et al. (2014) realizaram um estudo sobre o desenvolvimento de crianças que receberam diagnóstico de TEA aos 7 anos de idade cuja coleta de dados era retroativa (relativa aos 8, 12 e 24 meses de idade da criança). O objetivo da pesquisa foi identificar habilidades de comunicação social na infância que poderiam predizer o diagnóstico de TEA, diferenciando-as de outros grupos de crianças: com deficiência intelectual (DI), com prejuízos na linguagem (PL) e com desenvolvimento típico (DT).

Os resultados demonstraram que, aos 8 meses de idade, o grupo de crianças com TEA demonstrou menos comportamentos comunicativos do que o grupo com DT, e menos utilização de gestos em relação ao grupo com PL. Aos 12 e aos 24 meses, os resultados tiveram padrão semelhante àqueles relatados aos 8 meses, ou seja, essas crianças demonstraram menos gestos para chamar a atenção dos adultos, fosse para compartilhar interesses ou para fazer "pedidos". Assim, os pesquisadores concluíram que o relato de cuidadores sobre o uso de gestos e habilidades de comunicação pode ser uma ferramenta de identificação de sinais de risco. A observação da ocorrência ou não desses comportamentos de interação social e comunicação também pode ser uma ferramenta importante para a realização de rastreio de preditores de TEA.

No estudo de Adamson et al. (2017), o objetivo foi expandir a compreensão sobre a AC e também sobre um conceito trazido pelos autores, intitulado *joint engagement* (traduzido livremente como engajamento conjunto). Esse conceito se refere não somente ao comportamento da criança, mas também à forma como o adulto interage com ela, bem como às dinâmicas que se estabelecem nessa troca. Além disso, os autores almejaram também compreender como a aquisição da fala pode ser predita pela AC e também ser influenciada pelas interações iniciais. No total, participaram 144 crianças menores de 32 meses. Destas, 40 não apresentavam risco para TEA (grupo DT), e em 104 foi rastreado risco para desenvolvimento futuro do transtorno. Posteriormente, dessas 104 em risco, foram distinguidos dois grupos: 58 receberam diagnóstico de TEA após avaliação diagnóstica (grupo TEA), e 46 compuseram um grupo em que as crianças receberam outros diagnósticos de atrasos desenvolvimentais (grupo AD). Os resultados desse estudo demonstraram que a iniciativa de AC correlacionou-se fortemente com o engajamento conjunto e que o grupo que recebeu o diagnóstico de TEA demonstrou maior comprometimento nessa habilidade do que o grupo com atrasos desenvolvimentais. Assim, os autores consideram que esses achados contribuem para reforçar o papel da avaliação de habilidades de AC na predição de TEA.

Por fim, também corroborando outros estudos (Franchini et al., 2017; Warreyn et al., 2014), a iniciativa e resposta de AC mostraram-se gravemente prejudicadas no grupo TEA no estudo de Adamson et al. (2017). Há ainda uma tendência de se considerar a falta de iniciativa de AC como um sinal de risco ainda mais acurado do que a resposta de AC (Zanon et al., 2015). Os déficits subsequentes na comunicação, incluindo o atraso da fala, parecem estar associados aos comprometimentos iniciais de AC (Adamson et al., 2017; Bottema-Beutel, 2016; Manwaring et al., 2017; Stevenson et al., 2017). Além disso, o atraso na fala é considerado um dos motivos que leva os cuidadores de crianças com TEA a buscar auxílio em serviços de saúde (Zanon et al., 2015). Dessa forma, destaca-se a importância de estudar formas de identificação precoce de atrasos nas habilidades comunicativas que alertem para possíveis déficits futuros. Uma das características descritas empiricamente como um possível preditor de atrasos no desenvolvimento, especificamente da linguagem, é o gesto de apontar.

Embora não seja específico sobre uma população com TEA, o estudo de Lüke et al. (2017) investigou possíveis sinais de risco para atrasos de linguagem. O objetivo foi identificar se o gesto de apontar pode ser um preditor de futuros atrasos de linguagem, além de verificar se a forma em que o gesto é utilizado (a forma de posicionamento da mão) poderia ser um melhor preditor do que a motivação para apontar. A coleta de dados ocorreu com 59 crianças e seus cuidadores na Alemanha, e os autores realizaram análises em dois momentos do desenvolvimento: aos 12 e aos 24 meses. Foi realizada uma análise da interação através de vídeos, verificando o número de vezes e a forma como a criança apontava (com o indicador ou com a mão). Observaram-se também possíveis diferenças entre gestos chamados "declarativos", cujo objetivo seria compartilhar o interesse do evento observado, e "imperativos", por meio dos quais a criança visava apenas a alcançar um objetivo, como apanhar um objeto, por exemplo. No segundo momento da pesquisa, quando os participantes estavam com cerca de 24 meses, foram avaliadas as habilidades verbais das crianças. Nos resultados, as crianças que aos 12 meses apontavam com o dedo indicador (quando comparadas com o grupo que apontava com a mão) aos 24 meses apresentaram melhor desempenho em vocabulário, habilidades morfológicas e sintáticas, bem como na compreensão de sentenças. Assim, os autores concluíram que verificar a habilidade de apontar com o indicador aos 12 meses pode ser uma adequada ferramenta de rastreio para atrasos de linguagem aos 24 meses. Especificamente na área do TEA, há vasta evidência de comprometimentos no gesto de apontar para fins de compartilhamento como sinal de risco na literatura sobre AC (Tomasello, 1999/2003; Franchini et al., 2017; Zanon et al., 2015). Além disso, prejuízos em outros gestos comunicativos podem ser considerados sinais de risco para TEA (Zanon et al., 2015). Por exemplo, no estudo de Manwaring et al. (2017), o objetivo foi investigar as relações entre uso de gestos, habilidades de motricidade fina e linguagem em crianças com e sem TEA. Para isso, os autores utilizaram tanto instrumentos de relato como de observação. Participaram da pesquisa crianças com idades entre 12 e 48 meses, divididas entre os seguintes grupos: 110 com diagnóstico de TEA (grupo TEA), um grupo comparativo composto por 35 participantes com diagnóstico de atrasos desenvolvimentais (grupo AD) e 52 com desenvolvimento típico (grupo DT). Nos resultados do estudo, crianças do grupo TEA utilizaram significativamente menos gestos comunicativos (incluindo apontar) em relação aos grupos AD e DT. Além disso, os resultados demonstraram que o uso de gestos pode ser um preditor para habilidades de linguagem, especialmente receptiva, numa correlação positiva (Lüke et al., 2017).

Além de caracterizarem sinais de risco para TEA, os déficits na interação social influenciam outros sinais e sintomas importantes para a identificação precoce do transtorno, como é o caso da brincadeira simbólica. Conforme exposto na revisão teórica das bases do desenvolvimento social da criança, a capacidade de perceber os outros como seres intencionais propicia a base para o estabelecimento do jogo simbólico. Ao presumir intencionalidade dos outros, a criança utiliza essas inferências como base para modificações lúdicas e criativas das funções dos objetos, representando de maneira divertida aquilo que observa no comportamento dos adultos. Isso contribui futuramente para a capacidade de simbolização necessária para as aquisições linguísticas (Tomasello, 1999/2003).

Assim, em crianças por volta dos três anos de idade, outro sinal de risco importante para identificação precoce de atrasos no desenvolvimento é a habilidade da brincadeira, mais especificamente a ausência ou limitação marcante da brincadeira simbólica. Chaudry e Dissanayake (2016) referem que os resultados dos estudos nessa área são controversos. Contudo, os autores consideram as diferenças metodológicas adotadas como uma possível origem dessas divergências, tais como o controle do funcionamento cognitivo dos participantes e o método de avaliação da brincadeira (brincadeira livre ou dirigida por outra pessoa). Em alguns desses estudos não foram constatadas diferenças entre os grupos com TEA e outros grupos quando a brincadeira simbólica era dirigida. Porém, ao contrário desses resultados, diferenças significativas foram percebidas no contexto de brincadeira livre. O grupo com TEA tende a demorar mais para se engajar na brincadeira simbólica, permanecer menos tempo focado nela e ter um repertório menor de situações de brincadeira do que crianças com desenvolvimento típico (Charman & Baron-Cohen, 1997; Jarrold et al., 1996).

Campbell et al. (2018) consideram que níveis mais baixos de interesse social e engajamento podem ser possíveis bases para as dificuldades de desenvolver as habilidades de brincadeira simbólica, que foram observadas em crianças com TEA. Assim, eles entendem que há uma possibilidade de o prejuízo social associado ao transtorno explicar alguns desses atrasos no nível da brincadeira, visto que, em seu estudo, em ambos os contextos de brincadeira (livre e dirigida), escores mais baixos de engajamento social foram observados no grupo com alto risco para TEA. Dessa forma, os autores consideram que as crianças com TEA podem experienciar menos prazer ao tentar compartilhar a brincadeira com o outro, ainda que este se esforce para engajar a criança. Essa falta de prazer, por sua vez, pode conduzir a um retraimento/redução desse tipo de brincadeira, afetando o desenvolvimento social. A conclusão dos autores é que as crianças com alto risco para TEA que mais tarde receberam esse diagnóstico já haviam demonstrado claramente um atraso no desenvolvimento de habilidades de brincar simbolicamente em idades anteriores. Assim, a quantidade e a qualidade da brincadeira simbólica podem ser consideradas sinais de risco para o transtorno (Campbell et al., 2018). Peculiaridades na brincadeira exploratória também podem ser informativas, uma vez que a criança pode apresentar um padrão de brincadeira repetitivo e rígido (p. ex., alinhar/empilhar objetos sem uma finalidade), com interesse exagerado pelas propriedades sensoriais dos objetos (APA, 2014).

Destaca-se que o prejuízo na linguagem é um dos sinais que caracterizam o TEA, visto que os déficits na comunicação estão entre os sintomas do transtorno (APA, 2014). Assim, reitera-se a importância de identificar dificuldades precoces na comunicação, uma vez que estas podem representar sinais de risco para TEA. Além disso, independentemente do diagnóstico, existe benefício em possibilitar intervenções em aspectos sociocomunicativos em um período inicial do desenvolvimento (caso tenha sido identificado atraso), a fim de prevenir prejuízos futuros mais graves nessa área (Lüke et al., 2017).

Por fim, destaca-se que as evidências apresentadas apontam que é possível identificar sinais de risco para TEA desde os primeiros anos de vida da criança. Entretanto, para isso, é necessário que os profissionais de saúde e os educadores tenham conhecimento sobre os parâmetros desenvolvimentais da interação social e da brincadeira simbólica esperados em cada faixa etária. É fundamental também não apenas reconhecer os sinais, mas compreender conceitualmente a sua função no desenvolvimento.

SINAIS DE RISCO NA EDUCAÇÃO INFANTIL: OS EXEMPLOS DE LEONARDO E PEDRO

Desde 2008, a escola comum tem recebido alunos com deficiências, incluindo o autismo, na perspectiva da educação inclusiva, cabendo aos professores de educação especial prestarem atendimento a esses alunos (Ministério da Educação [MEC] & Secretaria de Educação Especial [SEESP], 2008). Desde então, a literatura vem relatando o despreparo de muitos dos professores para lidar com as demandas dos alunos com autismo, atribuindo-o à escassa formação inicial e continuada dos professores nessa temática específica (Nunes et al., 2013). O pouco conhecimento resulta não somente na precariedade do atendimento na escola, mas também na possibilidade de esses professores identificarem precocemente sinais de risco nos primeiros anos escolares. De fato, a educação infantil se constitui como um local propício para a identificação desses riscos e posterior intervenção precoce no autismo, por conta da idade das crianças nesse segmento, pela carga horária de sua aplicação (parcial ou integral) e pelos seus objetivos de promover o desenvolvimento integral das crianças (Nunes & Araújo, 2014).

Para ilustrar como se revelam os sinais de risco em alunos com autismo na escola, descreveremos algumas cenas de brincadeira de Leonardo e de Pedro na escola. Esses dados fazem parte de um projeto de pesquisa e extensão registrado na Universidade Federal de Santa Maria (UFSM) e aprovado pelo Comitê de Ética local (Pendeza, 2018). O material é composto por 21 recortes de vídeos dos alunos, realizadas no contexto da sala de aula do ensino infantil, totalizando três horas e 30 minutos de gravações. Algumas cenas foram selecionadas por caracterizar comportamentos de interação social e de brincadeira que estão ausentes, ou presentes, mas de forma qualitativamente diferente do esperado.

Leonardo estava com 3 anos e Pedro com 2 anos e oito meses de idade na época das filmagens. Ambos frequentavam a mesma turma mista de maternal 2 e 3, composta por aproximadamente 20 alunos, com idades entre 2 e 3 anos. A turma era regida por uma professora licenciada em pedagogia e duas auxiliares, estudantes de pedagogia na UFSM.

Leonardo apresentava comportamentos que despertavam a suspeita de autismo por parte das professoras, especialmente atraso na linguagem, dificuldades na interação social e presença de comportamentos estereotipados e repetitivos com as mãos (*flapping*). As suspeitas foram comunicadas à família, que buscou uma avaliação, sendo mais tarde confirmado o diagnóstico de TEA. Segue uma descrição de um dos recortes em que Leonardo participava de uma atividade livre, proposta pela professora.

> *No momento previsto para uma atividade lúdica, a professora disponibiliza aos alunos uma caixa com diversos brinquedos, colocando-a no chão, no meio da sala. Todos os oito alunos da classe aproximam-se e pegam brinquedos do seu interesse. Uma aluna se interessa por copos de diferentes tamanhos, tentando colocar um dentro do outro. Outro aluno pega um carrinho para fazê-lo deslizar pelo chão, enquanto imita um som de motor. Seu colega o observa e começa a brincar com um avião, fazendo-o "voar", no alto. Leonardo (com autismo) pega rapidamente cada brinquedo, um por um, e retira da caixa, jogando para trás de si, com força. Depois de jogar alguns brinquedos para longe, demonstra interesse por uma "placa verde", detendo-se sobre ela, manipulando e apertando seus botões. Em menos de 10 segundos Leonardo abandona a placa, jogando-a para trás de si e retomando a retirada dos brinquedos que estão na caixa. A professora observa o comportamento do aluno e intervém: "Não jogue assim os brinquedos", segurando a mão de Leonardo. A criança diminui a velocidade com que pega os brinquedos, mas segue retirando-os da caixa, sem deter-se em*

nenhum, e logo recomeça a jogá-los rapidamente para longe. A professora retoma assertivamente: "Não, Leonardo, assim não", segurando sua mão e procurando pelo olhar do menino, colocando-se à sua frente "Assim não pode!". Como alternativa, a professora oferece a ele uma caixinha. Ele a segura, e, com um bastão, começa a tamborilar sobre ela, sem olhar para a professora ou colegas. Em pouco tempo abandona esses brinquedos e volta a retirar outros da caixa. A professora intervém novamente, mas Leonardo puxa sua mão e levanta-se dali, indo até o canto da sala, onde senta-se e permanece sozinho até o final da atividade.

Esse relato ilustra como alguns comportamentos típicos do autismo podem aparecer no contexto escolar. Inicialmente Leonardo responde à proposta da professora, aproximando-se dos colegas e da caixa de brinquedos colocada no centro da sala. Porém, a qualidade da sua brincadeira chama a atenção por diversos aspectos, primeiramente pela rápida e superficial exploração dos brinquedos. Ao invés de deter-se sobre a funcionalidade de um brinquedo específico, como seus colegas faziam, Leonardo retira-os da caixa e joga-os para trás. Tem-se a impressão de que ele não está à procura de um brinquedo interessante para brincar, mas que a brincadeira em si é retirar os brinquedos da caixa e jogá-los longe.

Enquanto isso, seus colegas escolhem e demonstram claramente utilizar brinquedos com uma função simbólica (a criança faz um som de barulho do motor enquanto o carro é movido pelo chão, o avião é erguido ao alto, "voando"). Durante a brincadeira, observa-se que os colegas trocam olhares entre si, monitorando o ambiente, demonstrando interesse social pelo modo como seus pares utilizam os brinquedos, por vezes imitando ações uns dos outros.

De fato, os comportamentos de Leonardo tomam ainda mais relevo quando observados lado a lado com crianças sem autismo. Percebe-se que esse aluno direciona espontaneamente sua atenção aos colegas com pouca frequência, sinalizando desinteresse pelas cenas sociais à sua volta, preferindo o brinquedo solitário. Por observar e interagir pouco com seus pares, possivelmente terá dificuldade para identificar as intenções destes nas brincadeiras, ou seja, para reconhecê-los como agentes intencionais. A falha nessa habilidade impactará, consequentemente, o desenvolvimento do jogo simbólico, que, por sua vez, é imprescindível para as aquisições linguísticas subsequentes.

Outro momento que chama a atenção é quando a professora parece perceber o comportamento desorganizado do aluno e intervém física e verbalmente, oferecendo uma placa a ele, que aceita e a utiliza para bater nela com um bastão. Aqui destaca-se a ausência de contato visual, pois Leonardo não dirige seu olhar à professora em nenhum momento, nem quando é interrompido, nem quando a professora segue falando com ele. Quando Leonardo engaja-se finalmente em uma brincadeira, além de esta não ser espontânea, mas direcionada pela professora, ela pode ser entendida como uma exploração sensorial do brinquedo. A placa poderia representar algum outro objeto na brincadeira, como seus colegas propuseram, o que demonstraria uma suspensão do significado concreto e imediato. Ao invés disso, Leonardo a utiliza de forma repetitiva e estereotipada, a partir de suas propriedades sensoriais, em um período curto de tempo.

Por fim, quando Leonardo retoma o comportamento de jogar os brinquedos da caixa, a professora precisa novamente intervir explicitamente, buscando o contato visual direto do aluno, abaixando-se na sua linha de visão. Mesmo assim, ela não consegue "captar" seu olhar, pois ele o mantém direcionado à caixa de brinquedos. O esperado seria que o aluno direcionasse seu olhar para o rosto da professora quando ela se dirige a ele, entendendo que esta queria se comunicar. Caso ocorresse, tal comportamento indicaria a presença de reciprocidade, que caracteriza as interações sociais, e a iniciativa da professora resultaria no engajamento conjunto com o aluno. Porém, a interação de Leonardo se manteve de forma diádica, restrita a ele e ao objeto, o que limita a possibilidade de compartilhamento de interesses. Engajar-se em uma interação triádica, que inclua tanto o parceiro como o objeto, configura a habilidade de AC, a qual é considerada um dos principais sinais de risco para autismo. Destaca-se que a AC envolve uma série de outros comportamentos sociocomunicativos além do olhar, que servem para direcionar a atenção do outro a um interesse comum, tal como o uso de expressões faciais ou gestos. No caso de Leonardo, é possível perceber o uso limitado de comportamentos comunicativos de maneira geral, o que acaba contribuindo para que o menino tenha dificuldades de engajamento.

O aluno Pedro, colega de Leonardo, também apresentava comportamentos que despertavam a suspeita de autismo por parte das professoras. Diferentemente do seu colega, Pedro não havia desenvolvido minimamente a linguagem oral. Entretanto, o que chamava especialmente a atenção das professoras era sua dificuldade na interação social e os comportamentos estereotipados e repetitivos do corpo (pular e girar sem função em brincadeiras). O menino ainda estava em avaliação no momento das gravações, sendo confirmado o diagnóstico de TEA algumas semanas depois. Segue a descrição de um dos recortes em que Pedro participava de uma atividade lúdica proposta pela professora.

Neste dia, a professora reúne a turma para assistir ao desenho animado da Galinha Pintadinha. Os oito alunos sentam-se sobre um tapete acolchoado com almofadas, e a professora liga a televisão. O programa, bastante colorido e dinâmico, prende a atenção da turma com músicas infantis que todos parecem conhecer. Alguns alunos cantarolam as canções junto com a personagem da televisão, enquanto outros se balançam, "dançando" no ritmo da música. Pedro é o único aluno que não se senta no tapete, preferindo permanecer em pé, próximo à televisão, afastado dos colegas. Quando o desenho animado inicia, Pedro anda até bem próximo da televisão, e também volta sua atenção para a tela. Após alguns segundos, perambula pela sala em círculos, sem que seja possível identificar seu objetivo. Passa por entre seus colegas que estão no tapete e para em frente à televisão. Ao perceber que Pedro impedia seus colegas de assistir o programa, a professora pega o aluno pela mão e o direciona para o tapete: "Vamos sentar ali, com seus colegas". Pedro logo solta a mão da professora e começa a andar em círculos, fazendo movimentos rápidos com as mãos, como se estivesse "abanando". Esse movimento se repete intermitentemente enquanto ele anda. Por vezes coloca o antebraço na boca, parecendo morder seu casaco. Quando começa a música, Pedro volta sua atenção novamente para a tela e começa a sacudir seu corpo ao som da melodia, verbalizando sons ininteligíveis na forma de pequenos gritos. Percebe-se que o comportamento do aluno vai ficando agitado, os gritos aumentam de intensidade e são acompanhados por expressões faciais difusas. Observam-se movimentos rápidos com as mãos, por vezes sendo feitos na linha dos seus olhos. Pedro dá diversos "pulinhos", em círculo, no canto da sala, sem direcionar seu olhar para nenhum lugar ou objeto específicos. Enquanto isso, a turma segue sentada em grupo, acompanhando a melodia do desenho animado, até que a professora pega Pedro pela mão, tentando acalmá-lo.

Os comportamentos de Pedro que levantaram suspeitas de autismo nas professoras e resultaram no encaminhamento do aluno para avaliação diagnóstica saltam aos olhos quando em contraste com os de crianças sem autismo. A cena mostra a turma reunida sobre um tapete, participando conjuntamente da atividade, enquanto Pedro se mantém afastado dos demais, permanecendo solitário. Percebe-se um comportamento socialmente refratário desse aluno. Mesmo quando a professora tenta trazê-lo para junto dos colegas, ele solta a mão e volta a isolar-se.

Espera-se que uma criança, com idade entre 24 e 36 meses não só goste de engajar-se em atividades sociais como passe a propô-las aos seus pares. Essas trocas são essenciais para a compreensão do significado cultural dos comportamentos comunicativos, de forma a apropriar-se deles e utilizá-los de forma convencional em seu grupo. Por outro lado, no caso de crianças com TEA, como Pedro, esse comportamento não apenas está ausente, como também é possível observarmos o seu oposto: ao invés de engajar-se, ele se isola dos colegas. O comportamento de isolamento social manifestado precocemente é um importante sinal de risco para TEA, considerando que a interação se constitui como a base para o desenvolvimento de competências sociais subsequentes.

Em seguida, Pedro fica parado em frente à televisão, impossibilitando que seus colegas assistam ao programa. Esse comportamento não parece ser o reflexo de mera distração infantil ou mesmo provocação, mas uma dificuldade em entender que seus colegas estavam interessados na televisão. Assim, o comportamento de Pedro parece revelar que seu isolamento social estaria associado, entre outras, à dificuldade de compreender as intenções dos outros. Tal dificuldade tem suas origens desenvolvimentais nas interações de atenção conjunta e de jogo simbólico, que, por sua vez, permitem o aprendizado de símbolos linguísticos. O desenvolvimento da compreensão dos outros como seres intencionais e a capacidade de identificação com o outro são as bases para a aquisição da linguagem oral, habilidade ausente em Pedro.

Na tentativa de aproximar Pedro do grupo de colegas, a professora o pega pela mão e tenta levá-lo até o tapete onde estão seus colegas. Ao chegar perto, o aluno solta a mão da professora e afasta-se ainda mais do grupo, indo até o outro canto da sala, onde mostra um comportamento desorganizado. Nesse momento destacam-se as estereotipias de mãos (*flapping*) e movimentos complexos do corpo ("pulinhos"), que chamam sobremaneira a atenção das professoras e colegas.

De fato, a literatura mostra que os movimentos repetitivos são mais comuns de surgirem nos anos pré-escolares e tendem a diminuir com o tempo (South et al., 2005). Os movimentos que Pedro fez com as mãos (*flapping*), apesar de constarem entre sinais precoces de autismo, não são exclusivos do TEA e podem aparecer em outras condições, como transtorno obsessivo-compulsivo ou síndrome de Tourette (Richler et al., 2010). Uma das explicações para esse tipo de comportamento no autismo é que ele surge quando a criança sente-se sobrecarregada por múltiplos estímulos, e as ações repetitivas a ajudariam a se organizar para processá-las melhor (Boyd et al., 2012). No caso de Pedro, a insistência da professora para que ele sentasse junto ao grupo e interagisse com os colegas pode ter desencadeado esse comportamento, já que o aluno mostrou dificuldades sociais importantes.

Outro reflexo das dificuldades sociais de Pedro pode ser observado no momento no qual ele apresenta diversas expressões faciais que não parecem adequadas ao contexto. Quando a professora faz contato físico com o aluno (pega-o pela mão) e fala diretamente com ele, o olhar não se dirige a ela, tampouco há expressões faciais ou gestos concomitantes. Esse comportamento faz a professora ficar em dúvida se Pedro está realmente compreendendo o que ela quer comunicar a ele. Há evidências sobre a limitação no uso dessas habilidades sociocomunicativas em crianças em risco para autismo, as quais poderiam ser utilizadas no rastreio de preditores do transtorno (Schmidt, 2017; Zanon et al., 2018). De fato, no caso de Pedro, a baixa ocorrência de interação social recíproca e de comunicação, juntamente com os comportamentos repetitivos, foi a razão para que a professora chamasse os pais do aluno e indicasse uma avaliação, que resultou na confirmação do diagnóstico.

CONSIDERAÇÕES FINAIS

Abordou-se neste capítulo o quanto crianças pré-escolares com desenvolvimento típico engajam-se espontaneamente em interações sociais desde cedo na vida. No final do primeiro ano de vida, elas são capazes de desenvolver interações sociais genuinamente recíprocas com seus cuidadores e, mais tarde, com seus pares. Argumentou-se que a imitação é uma habilidade importante nesse processo, constituindo a base para a emergência da brincadeira simbólica. Criatividade, espontaneidade e imaginação caracterizam essa etapa da infância. Entretanto, nem todas as crianças seguem esse percurso desenvolvimental, sendo o TEA o protótipo dessas dificuldades.

Ilustrou-se, por meio dos exemplos de Leonardo e Pedro, como os sinais de risco para o TEA podem ser identificados na escola. Embora as duas crianças tenham apresentado atraso da fala, os sinais de risco foram representados principalmente pela falta de interação social, ressaltando-se os comprometimentos na habilidade de integrar gestos, olhar e expressões faciais, durante as interações. Crianças que apresentam atraso na fala, mas sem suspeita de autismo, são capazes de compensar a ausência da fala com habilidades interativas. Tais dificuldades, somadas aos comprometimentos na brincadeira simbólica e na capacidade imaginativa em geral e aos comportamentos estereotipados e repetitivos, constituem os principais marcadores para TEA. Contudo, é preciso ressaltar que, muitas vezes, as crianças com TEA são também capazes de interagir e apresentam muitas potencialidades, sobretudo no contexto da inclusão (Ramos et al., 2018). Entretanto, apresentar essas potencialidades foge aos objetivos deste capítulo. A ênfase foi na identificação dos sinais de risco, aspecto fundamental para que a avaliação diagnóstica e a intervenção ocorram o mais cedo possível. É nesse panorama que a escola de educação infantil adquire relevo, pois comumente é daí que partem os primeiros encaminhamentos para avaliação clínica, realizada por equipe multidisciplinar.

REFERÊNCIAS

Adamson, L. B., Bakeman, R., Suma, K., & Robins, D. L. (2017). An expanded view of joint attention: Skill, engagement, and language in typical development and autism. *Child Development, 90*(1), e1-e18.

American Psychiatric Association (APA). (2014). *Manual diagnóstico e estatístico de transtornos mentais: DSM-5* (5. ed.). Artmed.

Backes, B., Marques, D. F., Meimes, M. A., & Bosa, C. A. (2018). Histórico e processo de construção do sistema PROTEA-R de avaliação do transtorno do espectro autista. In C. A. Bosa, & J. F. Salles (Eds.), *Sistema PROTEA-R de avaliação da suspeita de transtorno do espectro autista* (pp. 17-23). Vetor.

Boyd, B. A., McDonough, S. G., & Bodfish, J. W. (2012). Evidence-based behavioral interventions for repetitive behaviors in autism. *Journal of autism and developmental disorders, 42*(6), 1236-1248.

Bottema-Beutel, K. (2016). Associations between joint attention and language in autism spectrum disorder and typical development: A systematic review and meta-regression analysis. *Autism Research, 9*(10), 1021-1035.

Campbell, S. B., Mahoney, A. S., Northrup, J., Moore, E. L., Leezenbaum, N. B., & Brownell, C. A. (2018). Developmental changes in pretend play from 22- to 34-months in younger siblings of children with autism spectrum disorder. *Journal of Abnormal Child Psychology, 46*(3).

Charman, T., & Baron-Cohen, S. (1997). Brief report: Prompted pretend play in autism. *Journal of Autism and Developmental Disorders, 27*(3), 325-332.

Chaudry, M., & Dissanayake, C. (2016) Pretend play in children with autism spectrum disorders. In S. Douglas, & L. Stirling (Eds.), *Children's play, pretense, and story: Studies in culture, context, and autism spectrum disorders* (pp. 31-51). Routledge

Franchini, M., Glaser, B., Wilde, H. W., Gentaz, E., Eliez, S., & Schaer, M. (2017). Social orienting and joint attention in preschoolers with autism spectrum disorders. *PloS one, 12*(6), e0178859.

Jarrold, C., Boucher, J., & Smith, P. K. (1996). Generativity deficits in pretend play in autism. *British Journal of Developmental Psychology, 14*(3), 275-300.

Lüke, C., Grimminger, A., Rohlfing, K. J., Liszkowski, U., & Ritterfeld, U. (2017). In infants' hands: Identification of preverbal infants at risk for primary language delay. *Child Development, 88*(2), 484-492.

Manwaring, S. S., Mead, D. L., Swineford, L., & Thurm, A. (2017). Modelling gesture use and early language development in autism spectrum disorder. *International Journal of Language & Communication Disorders, 52*(5), 637-651.

Ministério da Educação (MEC), & Secretaria de Educação Especial (SEESP). (2008). *Política nacional de educação especial na perspectiva da educação inclusiva*. http://portal.mec.gov.br/arquivos/pdf/politicaeducespecial.pdf.

Nunes, D. R., Azevedo, M. Q. O., & Schmidt, C. (2013). Inclusão educacional de pessoas com Autismo no Brasil: uma revisão da literatura. *Revista Educação Especial, 26*(47), 557-572.

Nunes, D. R., & Araújo, E. R. (2014). Autismo: A educação infantil como cenário de intervenção. *Education Policy Analysis Archives, 22*(84), 1-18.

Pendeza, D. (2018). *Autismo e educação musical: Uma proposta de formação de professores* [Dissertação de mestrado não-publicada]. Universidade Federal de Santa Maria.

Ramos, F. S., Bittencourt, D. D., Camargo, S. P. H., & Schmidt, C. (2018). Intervenção mediada por pares: Conceito e implicações para a pesquisa e para as práticas pedagógicas de professores de alunos com autismo. *Education Policy Analysis Archives, 26*(23), 1-24.

Richler, J., Huerta, M., Bishop, S. L., & Lord, C. (2010). Developmental trajectories of restricted and repetitive behaviors and interests in children with autism spectrum disorders. *Development and Psychopathology, 22*(1), 55-69.

South, M., Ozonoff, S., McMahon, W. M. (2005). Repetitive behavior profiles in Asperger's syndrome and high-functioning autism. *Journal of Autism and Developmental Disorders, 35*(2), 145-158.

Schmidt, C. (2017). Transtorno do espectro autista: Onde estamos e para onde vamos. *Psicologia em Estudo, 22*(2), 221-230.

Stevenson, J. L., Lindley, C. E., & Murlo, N. (2017). Retrospectively assessed early motor and current pragmatic language skills in autistic and neurotypical children. *Perceptual and Motor Skills, 124*(4), 777-794.

Tomasello, M. (2003). *Origens culturais da aquisição do conhecimento humano*. Martins Fontes. Obra original publicada em 1999

Tomasello, M., Carpenter, M., & Liszkowski, U. (2007). A new look at infant pointing. *Child Development, 78*(3), 705-722.

Veness, C., Prior, M., Eadie, P., Bavin, E., & Reilly, S. (2014). Predicting autism diagnosis by 7 years of age using parent report of infant social communication skills. *Journal of Pediatrics and Child Health, 50*(9), 693-700.

Warreyn, P., Paelt, S., & Roeyers, H. (2014). Social-communicative abilities as treatment goals for preschool children with autism spectrum disorder: The importance of imitation, joint attention, and play. *Developmental Medicine & Child Neurology, 56*(8), 712-716.

Zanon, R. B., Backes, B., & Bosa, C. A. (2015). Diferenças conceituais entre resposta e iniciativa de atenção compartilhada. *Psicologia: Teoria e Prática, 17*(2), 78-90.

Zanon, R. B., Backes, B., Meimes, M. A. & Bosa, C. A. (2018) Pressupostos teóricos do sistema PROTEA-R de avaliação do transtorno do espectro autista. In C. A. Bosa & J. F. Salles (Eds.), *Sistema PROTEA-R de avaliação da suspeita de transtorno do espectro autista* (pp. 25-38). Vetor.

5
AVALIAÇÃO DE HABILIDADES SOCIAIS NA ESCOLA

Talita Pereira Dias
Zilda A. P. Del Prette

A avaliação psicológica constitui um amplo processo de investigação técnica e científica que busca conhecer os fenômenos psicológicos, com vistas a subsidiar a tomada de decisão pelo psicólogo em diferentes âmbitos (Resolução CFP nº 09/2018). No ambiente escolar/educacional, apresenta particularidades que remetem à especificidade dos processos educativos e suas metas. Inserida em um contexto estruturado de investigação, ela traz os subsídios necessários para verificar o desempenho dos alunos e, de modo subsequente, se constatada a necessidade, implementar e aperfeiçoar programas de intervenção, com vistas à qualificação dos processos de ensino e aprendizagem. Isso significa fazer avaliações antes e depois de práticas pedagógicas que se está testando e que podem durar alguns meses ou avaliações regulares ao longo do ano letivo. Mesmo nesses casos, é indispensável contar com avaliações mais pontuais (contínuas), que podem ser feitas semanalmente pelo professor na escola, apenas para monitorar o andamento das aquisições dos alunos.

Historicamente, a avaliação psicológica no contexto educacional teve como foco de atenção primordial dificuldades no processo de aprendizagem. No entanto, atualmente, tem-se ampliado para outros campos, entre eles, a dimensão socioemocional, como se verificou no estudo de Gomes e Pedrero (2015), no qual a categoria "comportamento afetivo-social" foi o tipo de encaminhamento de queixa escolar mais frequente (quase 60%). Essa categoria incluía dificuldades de comunicação/participação, nervosismo, ansiedade, insegurança, imaturidade, falta de limites, insubordinação, agressividade, timidez/apatia, agitação, medo, baixa autoestima e recusa a fazer atividades. Esses aspectos se relacionam a variáveis socioemocionais e sinalizam a necessidade e importância de se investigar essa dimensão nas queixas escolares.

Ambiel et al. (2015) mapearam a produção científica sobre avaliação psicológica de variáveis socioemocionais no contexto educacional. Os autores identificaram habilidades sociais como o termo mais adotado como palavras-chave. A partir desses achados, esses autores apontam para a necessidade de se investir nessa vertente de pesquisas no contexto educacional, sugerindo investigações que associem desempenho e sucesso acadêmico a variáveis socioemocionais, entre elas as habilidades sociais. Adicionalmente, considerando a atual política educacional em nosso país, a avaliação do desenvolvimento socioemocional dos alunos tem se tornado indispensável.

O campo teórico-prático das habilidades sociais dispõe de recursos e procedimentos de avaliação dos componentes da competência social que podem subsidiar práticas de avaliação psicológica de aspectos socioemocionais na educação. No presente capítulo, aborda-se inicialmente a avaliação psicológica de aspectos socioemocionais no contexto escolar. Em seguida, são apresentadas e descritas quatro vertentes de avaliação das habilidades sociais e competência social (HS&CS) no cenário educacional, a saber: (1) na formação integral dos alunos, enquanto objetivo educacional; (2) na formação pessoal e interpessoal do professor; (3) nas estratégias ativas/interativas que caracterizam as condições de ensino; (4) nos contextos facilitadores do desenvolvimento socioemocional. Para cada vertente são detalhados o que avaliar, por que avaliar e como avaliar, descrevendo-se brevemente os recursos atualmente disponíveis no campo das habilidades sociais e áreas relacionadas. Discutem-se a escassez e a necessidade de novas pesquisas sobre aspectos relevantes ainda carentes de recursos para essa avaliação. Ao final, são discutidos alguns cuidados e recomendações no planejamento de uma avaliação de habilidades sociais na escola.

A AVALIAÇÃO DE HS&CS NA ESCOLA E SEUS EIXOS DE APLICAÇÃO

A importância do desenvolvimento socioemocional, mais especificamente das habilidades sociais, no processo educativo foi destacada há mais de duas décadas por Del Prette e Del Prette (1998). Os autores agruparam três eixos importantes de sua aplicação: habilidades sociais como objetivos educacionais (do ponto de vista da formação do aluno); habilidades sociais como condição de ensino (do ponto de vista da efetividade de estratégias ativas e interativas do professor); e habilidades sociais como facilitadores acadêmicos (do ponto de vista de correlatos do desempenho e sucesso acadêmico dos alunos). Implícita nesses focos estava também a estruturação do contexto socioemocional da escola, o que pode e deve incluir as habilidades sociais pessoais dos educadores, a qualidade da relação professor-aluno, o clima de sala de aula, as interações entre os educadores (como modelo e como acolhimento aos alunos) e as relações da escola com as famílias e a comunidade dos alunos.

Considerando-se esses eixos, é fundamental focalizar a avaliação a partir da compreensão do conceito de habilidades sociais, enquanto comportamentos sociais/interativos culturalmente valorizados, que contribuem para a competência social.

A competência social, que é central no campo das HS&CS, se define por interações harmoniosas e saudáveis, pautadas por resultados do tipo ganha-ganha, de modo que a busca por objetivos pessoais deve ser equalizada com a qualidade da relação, consequências positivas também para o interlocutor e o grupo social e o compromisso com a ética da convivência (Del Prette & Del Prette, 2017a).

As HS&CS, conforme defendidas por Del Prette e Del Prette (2017a), se articulam com os princípios de uma educação para cidadania, responsabilidade, autonomia, desenvolvimento pessoal/profissional e busca de condições de vida mais saudáveis para todos. São princípios presentes em muitos documentos oficiais das últimas décadas, em particular na defesa dos pilares da educação para o século XXI (saber ser, conhecer, fazer e conviver) e nas propostas nacionais de uma educação integral e mais ampla que inclui a dimensão interpessoal e emocional dos estudantes. A Base Nacional Comum Curricular (BNCC) (Ministério da Educação [MEC], 2018), por exemplo, contempla vários aspectos do desenvolvimento socioemocional nas 10 competências gerais previstas pelo documento.

AVALIAÇÃO DOS EDUCANDOS: HS&CS COMO OBJETIVOS DA FORMAÇÃO INTEGRAL

As HS&CS têm sido defendidas como parte dos objetivos da educação, mesmo quando não diretamente referidos a esse campo teórico-prático. Empatia, assertividade, comunicação, autocontrole, solução de problemas, expressividade verbal e não verbal, afetividade na relação com os demais, reconhecimento do outro e das diferenças são alguns dos tópicos atualmente presentes no discurso educativo, nos documentos legais e, em particular, nas competências gerais da BNCC.

Todos esses tópicos remetem diretamente às classes e subclasses de habilidades sociais e estão permeados pelos demais requisitos da competência social, como valores de convivência (respeito, justiça, ética, gentileza, bondade, generosidade, solidariedade, reciprocidade, cooperação, disciplina, compaixão, coragem, compromisso, etc.), além de conhecimento do ambiente social, autoconhecimento, autorregulação emocional e automonitoria, entre outros. Esses componentes da competência social estão associados a diferentes aspectos do desenvolvimento socioemocional referidos em termos muitas vezes pouco descritivos dos comportamentos envolvidos, como autoconsciência, consciência social, confiança, iniciativa, autonomia, protagonismo, proatividade, extroversão, perseverança, autogestão, sensibilidade social, etc.

Os requisitos da competência social são objetivos relevantes na educação de crianças, jovens e adultos por pelo menos dois motivos. O primeiro é que fazem parte do desenvolvimento saudável e se caracterizam como fatores protetores da saúde e do bem-estar social e emocional de qualquer ser humano, reconhecidos também como fatores de proteção que previnem a ocorrência de problemas de comportamento e favorecem comportamentos adaptativos, impactando positivamente a trajetória desenvolvimental desde os primeiros anos de vida (Caprara et al., 2000). Um segundo motivo é que são considerados facilitadores de desempenho acadêmico e sucesso escolar e, inversamente, os déficits de habilidades sociais têm-se mostrado fatores de risco tanto para o desenvolvimento saudável como para o sucesso acadêmico (Del Prette et al., 2012).

A questão da avaliação desses componentes da competência social e do desenvolvimento socioemocional constitui um foco de pesquisa e prática no campo das habilidades sociais. A avaliação é importante pelo menos em três momentos: antes, durante e depois de programas de promoção de competência social e desenvolvimento socioemocional. No primeiro momento, o objetivo da avaliação é verificar tanto os recursos como os déficits das crianças e jovens nesses requisitos e componentes, mapeando-se as necessidades de investimento no desenvolvimento socioemocional dos alunos e, a partir delas, procedimentos e estratégias eficientes de ensino.

Nesse sentido, podem ser recomendados manuais de intervenção, como os produzidos por Del Prette e Del Prette (2016; 2017a) e programas de formação de professores com foco no desenvolvimento socioemocional na escola, como os já disponíveis na modalidade de educação a distância para o ensino fundamental (Del Prette et al., 2017) e para a educação infantil (Dias, 2021). Durante essas intervenções, a avaliação contínua permite monitorar e ajustar os programas para garantir maior efetividade. Ao final desses programas, a avaliação permite aferir o alcance dos objetivos planejados e seu impacto mais geral sobre o desenvolvimento socioemocional dos alunos (Del Prette & Del Prette, 2009a).

A avaliação das habilidades sociais (e dos déficits de habilidades sociais) deve levar em conta que são situacionais/culturais, aprendidas e multidimensionais. Nesse sentido, a avaliação deve ser baseada em informações obtidas a partir de diferentes informantes, contextos, procedimentos e/ou instrumentos, de modo a contemplar uma ampla diversidade de indicadores do desempenho social.

Como avaliar esses aspectos? O que se dispõe como instrumentos, recursos ou procedimentos para isso? Como contemplar as faixas etárias das crianças? No Quadro 5.1 constam instrumentos de relato e autorrelato recomendados pelo Conselho Federal de Psicologia (CFP) por suas propriedades psicométricas, com manuais de aplicação, apuração e interpretação publicados e, portanto, disponíveis no Brasil para pesquisadores e profissionais da área, e também alguns ainda não disponibilizados para comercialização (sinalizados com asterisco).

QUADRO 5.1
Instrumentos aplicáveis à avaliação dos alunos, produzidos ou adaptados para o contexto brasileiro

Nome e sigla	Autores	Alvo	Quem avalia	Dimensões avaliadas
Escala de Comportamento Social para Pré-Escola e Jardim da Infância (PKBS)*	Dias et al., 2011	Pré-escolares	Pais/ professores	HS: cooperação social, independência social e interação social. CP: internalizantes e externalizantes.
Questionário de Respostas Socialmente Habilidosas para Professores (QRSH)*	Bolsoni-Silva et al., 2009	Pré-escolares	Professores	HS: sociabilidade e expressividade emocional; iniciativa social; busca de suporte.
Sistema de Avaliação de Habilidades Sociais (SSRS)	Gresham e Elliott, 2016	Crianças (6-13 anos)	Pais/ professores Autorrelato	HS (pais): cooperação, asserção positiva, asserção de enfrentamento, autocontrole, civilidade e iniciativa/desenvoltura social. HS (professores): autocontrole, responsabilidade/cooperação, cooperação com pares, assertividade e autodefesa. HS (crianças): autocontrole, civilidade, responsabilidade, empatia e assertividade. CP: problemas internalizantes e externalizantes (pais e professores). Na versão para pais, há ainda a subescala de hiperatividade. CA (unidimensional).
Inventário Multimídia de Habilidades Sociais para Crianças (IMHSC-Del Prette)	Del Prette e Del Prette, 2005	Crianças (7-12 anos)	Pais/ professores Autorrelato	HS: empatia/civilidade, assertividade de enfrentamento, autocontrole, participação.
Escala de Empatia para Crianças e Adolescentes (EECA)*	Koller et al., 2001	Crianças e adolescentes	Autorrelato	Componentes cognitivos e emocionais da empatia.
Teste de Habilidades Sociais para Crianças e Adolescentes em Situação Escolar (THAS-C)	Bartholomeu et al., 2014	Crianças e adolescentes	Autorrelato	HS: civilidade e altruísmo; desenvoltura e autocontrole na interação social; assertividade com enfrentamento.
Inventário de Comportamentos para Criança e Adolescentes (CBCL/6-18)*	Bordin et al., 1995; Brasil e Bordin, 2010	Crianças e adolescentes	Pais/ professores Autorrelato	Escala Total de Competências: competência em atividades; competência social (padrões de interação social); competência escolar; problemas de comportamento internalizantes e externalizantes. Escala Total: comportamento de quebrar regras e comportamento agressivo.

Continua

QUADRO 5.1
Instrumentos aplicáveis à avaliação dos alunos, produzidos ou adaptados para o contexto brasileiro

Nome e sigla	Autores	Alvo	Quem avalia	Dimensões avaliadas
Inventário de Habilidades Sociais para Adolescentes (IHSA-Del Prette)	Del Prette e Del Prette, 2009b	Adolescentes (12-17 anos)	Autorrelato	HS: empatia, autocontrole, civilidade, assertividade, abordagem afetiva, desenvoltura social.
Inventário de Autoavaliação para Jovens (YSR)*	Rocha, 2012	Adolescentes	Autorrelato	Competências: atividades, social + desempenho acadêmico. Problemas de comportamento: isolamento/depressão, ansiedade/depressão, queixas somáticas, problemas sociais, problemas de atenção, problemas de pensamento, comportamento de quebrar regras e comportamento agressivo.
Escala Matson de Habilidades Sociais para Adolescentes (MESSY)*	Teodoro et al., 2005	Adolescentes	Autorrelato	Agressividade/comportamento antissocial, habilidades sociais (assertividade, vaidade/arrogância, solidão/ansiedade social).

* Instrumentos ainda não disponíveis para comercialização.
HS: habilidades sociais; CP: comportamentos problemáticos; CA: competência acadêmica.

Além desses instrumentos, de autorrelato ou de relato por informantes, que permitem um acesso indireto às habilidades sociais dos educandos, há também recursos e procedimentos que possibilitam um acesso direto às habilidades sociais e variáveis relacionadas. Um desses procedimentos é a observação, que pode ser feita tanto no contexto natural como em situações estruturadas. Um exemplo de observação em situação estruturada são os "cenários comportamentais", propostos por Michelson et al. (1983). O cenário comportamental consiste na estruturação de uma demanda para desempenho com base em estímulos ambientais antecedentes e questões padronizadas que estabelecem ocasião para respostas sociais. O desempenho é gravado em vídeo e posteriormente analisado. Encontram-se disponíveis estudos que adotaram esse procedimento com pré-escolares (Dias et al., 2017; Pavarino et al., 2005), crianças escolares (Lopes, 2009) e adolescentes com necessidades educativas especiais (Del Prette & Pereira, 2008).

Outra estratégia que produz um indicador importante de competência social, especialmente em crianças, é a avaliação sociométrica (Coie et al., 1982). Uma análise das características e alternativas para o uso de técnicas sociométricas é apresentada em outros estudos (Del Prette, Z. & Del Prette, 2006; Del Prette et al., 2006). Esse procedimento consiste em avaliar o *status* sociométrico em termos de popularidade, aceitação/rejeição e atributos positivos de crianças/adolescentes, conforme a percepção dos colegas de sala (Del Prette et al., 2006). As estratégias podem ser variadas, como por exemplo, perguntar a cada criança o colega que ela mais/menos gosta e, a partir das respostas, classificar as crianças nas seguintes categorias, de acordo com Coie et al. (1982): popular, rejeitado, negligenciado, controverso e mediano. Estudos que utilizaram essa técnica foram realizados com pré-escolares (Morais et al., 2001), escolares do ensino fundamental (Castro et al., 2003; Molina & Del Prette, 2007; Montiel et al., 2014) e do ensino médio (Bartholomeu et al., 2011).

AVALIAÇÃO DO PROFESSOR: HS&CS NA FORMAÇÃO PESSOAL E INTERPESSOAL

A formação pessoal e interpessoal do professor constitui a base para sua atuação profissional e, em particular, para a qualidade de suas relações com os alunos, seja no plano afetivo, seja no plano técnico-pedagógico. Nessa dimensão, o que deve ser avaliado envolve os requisitos e componentes da competência social do professor, como suas habilidades sociais de comunicação, empatia, autocontrole, assertividade, solução de problemas, etc. Implica também aperfeiçoar seu conhecimento sobre regras e normas de convivência social, direitos interpessoais, ética nas interações sociais, automonitoria e autocontrole emocional – enfim, todos os demais requisitos já referidos para a competência social.

A avaliação das habilidades sociais do professor nas suas interações cotidianas é bastante desejável para sua atuação na promoção do desenvolvimento integral dos educandos na escola. Uma das razões é que tal avaliação pode contribuir para a saúde mental do professor e, por essa via, para a sua satisfação profissional e motivação para qualificar sua atuação (Brackett et al., 2010), aumentando sua qualidade de vida (Esteves, 2018).

Em segundo lugar, entende-se que a probabilidade de o professor investir na formação integral dos alunos depende, em grande parte, de ele experimentar e reconhecer em sua própria vida e vivência relacional, a importância da dimensão interpessoal e socioemocional, com diferentes pessoas de seu cotidiano e em diferentes contextos de convivência (Del Prette, A., & Del Prette, 2006; Dias & Del Prette, n.d).

Em terceiro lugar, a avaliação das habilidades sociais do professor é necessária, pois constitui-se em um importante pré-requisito para sua atuação interpessoal pedagógica e para constituir um bom modelo de desempenho social e emocional para seus alunos (Del Prette & Del Prette, 2016; Moreira, 2014).

Como avaliar o repertório interpessoal do professor em suas interações pessoais? Embora não existam muitos instrumentos para isso, podem ser citados alguns dos que estão sendo utilizados no campo de avaliação em habilidades sociais, na psicologia e na psicologia da educação. O Quadro 5.2 apresenta os principais instrumentos disponíveis no campo de

QUADRO 5.2
Instrumentos aplicáveis à avaliação dos professores, produzidos ou adaptados para o contexto brasileiro

Nome e sigla	Autores	Alvo	Dimensões avaliadas
Inventário de Habilidades Sociais 2 (IHS2-Del-Prette)	Del Prette e Del Prette, 2018	Adultos (18-59 anos)	HS: conversação assertiva; abordagem afetivo-sexual; expressão de sentimento positivo; autocontrole/enfrentamento; desenvoltura social.
Inventário de Empatia (IE)*	Falcone et al., 2008	Adultos	HS empáticas: tomada de perspectiva; flexibilidade interpessoal; altruísmo; sensibilidade afetiva.
Inventário de Habilidades Sociais Assertivas (IHS)*	Teixeira, 2015	Mulheres	HS assertivas.
Inventário de Habilidades Sociais para Idosos (IHSI)*	Braz et al., 2020	Idosos	HS: expressividade emocional; assertividade; conversação e desenvoltura social; abordagem afetivo-sexual.

*Instrumento ainda não disponível para comercialização.
HS, habilidades sociais.

avaliação em habilidades sociais, na psicologia e na psicologia da educação, todos de autorrelato, com propriedades psicométricas satisfatórias.

Como se pode observar, a avaliação das habilidades sociais dos professores, a depender de sua faixa etária, poderia ser realizada por meio de dois instrumentos. Há, ainda, a possibilidade de avaliar classes de habilidades sociais específicas, como as habilidades empáticas, assim como sua assertividade, considerando suas interações cotidianas, independentemente de seu papel de professor. Os procedimentos de observação em contexto natural ou em situação estruturada também se aplicam nessa vertente de avaliação.

AVALIAÇÃO DE ESTRATÉGIAS EDUCATIVAS/INTERATIVAS DO PROFESSOR: HS&CS COMO CONDIÇÃO DE ENSINO

O envolvimento ativo e interativo dos alunos em seu processo de ensino e aprendizagem é condição defendida na maior parte das abordagens educativas desde os educadores clássicos, como Rousseau e Pestalozzi, passando por Piaget, Vygotski, Freire e tantos outros. Isso implica criar condições de ensino favoráveis para essa participação ativa do aprendiz.

As diferentes abordagens educativas postulam estratégias e técnicas para viabilizar essas condições de ensino. Atividades de grupo, debates, pesquisas, projetos coletivos dos alunos, seminários, etc. são atividades que costumam motivar os alunos. O desafio, em geral, é tornar essas atividades efetivas para a aprendizagem e o desenvolvimento e garantir o envolvimento de todos os alunos, e não somente daqueles já mais habilitados nessas atividades.

No campo das habilidades sociais, entende-se que a promoção do envolvimento efetivo dos alunos depende, basicamente, de uma mediação ativa do professor ao participar de interações sociais educativas com os alunos e conduzi-las e promovê-las entre eles (Del Prette, & Del Prette, 2020a). Portanto, o conceito de interações sociais educativas (Davis et al., 1989) é central nessa abordagem, bem como a ideia de que o ensino deve estar voltado para a articulação entre aprendizagem acadêmica e desenvolvimento socioemocional dos alunos (Del Prette & Del Prette, 2020b). Para isso, defende-se a importância e necessidade de o professor dispor de um conjunto amplo de habilidades sociais educativas para viabilizar atividades e estratégias variadas que promovam o envolvimento dos alunos nos processos de aprendizagem e desenvolvimento, tanto do ponto de vista da elaboração cognitiva como afetiva e interpessoal.

As habilidades sociais educativas, tal como propostas e definidas por Del Prette e Del Prette (2017b), são ações "intencionalmente voltadas para a promoção do desenvolvimento e da aprendizagem do outro, em situação formal ou informal" (Del Prette & Del Prette, 2017b, p. 95). Del Prette e Del Prette (2017b) listam habilidades sociais educativas específicas para o professor exercer um ensino dialógico e para mediar interações sociais educativas entre os alunos, destacando a importância dessas habilidades para um ensino que articule aprendizagem e desenvolvimento.

Atualmente, muito se fala sobre ensino ativo e interativo, mas pouco sobre como avaliar o desempenho e as habilidades do professor para implementar esse tipo de ensino. Avaliar esse desempenho e essas habilidades é crucial tanto para identificar dificuldades do professor nessa área, como para prover capacitação pertinente e focalizada para ampliar a efetividade de suas estratégias. É também importante para identificar, no desempenho do professor, aquelas condições que resultam em melhor aprendizagem e desenvolvimento dos alunos.

Considerando essas questões, Del Prette e Del Prette (2008) criaram um Sistema de Habilidades Sociais Educativas (SHSE), propondo 32 habilidades sociais educativas organizadas em quatro classes mais amplas: (1) estabelecer contextos interativos potencialmente educativos; (2) transmitir ou expor conteúdos sobre habilidades sociais; (3) estabelecer limites e disciplina; (4) monitorar positivamente o desempenho dos alunos (Del Prette & Del Prette, 2008). O SHSE pode ser utilizado na análise de gravações em vídeo do desempenho do professor, em situação natural, como, por exemplo, nos estudos de Rosin-Pinola, (2009) e Manolio (2009). Ele permite identificar déficits e recursos do educador na interação com crianças e adolescentes que, por sua vez, podem nortear o planejamento de intervenções (Del Prette & Del Prette, 2009a). Além de constituir um meio auxiliar para registro de observação direta, o SHSE pode ser explorado também em entrevistas estruturadas junto a pais e professores, como as realizadas por Rocha (2009).

Ainda investindo na avaliação do desempenho do professor, com base no SHSE, Del Prette e Del Prette (2013) construíram o Inventário de Habilidades Sociais Educativas (IHSE-Prof), de autoavaliação de habilidades sociais educativas pelo professor. A versão inicial desse inventário compunha-se de duas escalas: a Escala 1: Organizar atividade interativa, com três fatores: dar instruções sobre a atividade; selecionar, disponibilizar materiais e conteúdos, e organizar o ambiente físico; e a Escala 2: Conduzir atividade interativa, com quatro fatores: cultivar afetividade, apoio e bom humor; expor, explicar e avaliar de forma interativa; aprovar e valorizar comportamentos; reprovar, restringir e corrigir comportamentos.

Recentemente, esse inventário foi revisto (Del Prette & Del Prette, 2019), gerando um inventário mais resumido, com foco exclusivamente nos itens interativos. As análises produziram uma estrutura de três fatores: (F1) Suporte socioemocional (12 itens; $\alpha=0{,}758$), aborda ações do professor em relação ao apoio ao aluno com algum problema/dificuldade; (F2) Disciplina indutiva (15 itens, $\alpha=0{,}758$), envolve ações do professor para estabelecer limites e disciplina de forma positiva; (F3) Mediação aprendizagem/desenvolvimento (18 itens, $\alpha=0{,}758$), trata de interações sociais educativas do professor com foco na aprendizagem acadêmica associada ao desenvolvimento socioemocional do aluno.

A avaliação das habilidades sociais e competência social do professor em estratégias ativas e interativas de ensino deve focalizar também o resultado de sua ação educativa em indicadores de desenvolvimento e aprendizagem do aluno (tal como referidos na seção anterior), que pode ser avaliada com os instrumentos listados. Tem-se também o Questionário de Relações Interpessoais (Del Prette & Del Prette, 2014), que inclui coleta de dados sobre aspectos do repertório de habilidades sociais dos alunos, mas também das relações professor-aluno e do manejo de problemas de comportamento dos alunos pelo professor.

Ainda nessa linha, tem-se o Roteiro de Habilidades Sociais Educativas para Professores (RE-HSE-Pr), desenvolvido por Bolsoni-Silva et al. (2016), que avalia a interação professor-aluno (de 1 a 12 anos) a partir de uma entrevista com nove perguntas-guia e 80 itens, organizados em três grandes categorias: Comunicação, Afeto e Limites. Os itens permitem o acesso a indicadores de comportamentos-problema e habilidades sociais das crianças, bem como das práticas educativas do professor (positivas e negativas) em relação aos comportamentos dos alunos.

AVALIAÇÃO DO CONTEXTO ESCOLAR: HS&CS COMO PANO DE FUNDO

As condições para a aprendizagem e o desenvolvimento socioemocional dos alunos na escola dependem primariamente da qualidade da relação professor-aluno. No entanto, como elas não ocorrem no vazio social, é importante considerar e avaliar o entorno imediato, intraescolar e extraescolar, como contextos que afetam esses desfechos.

Certamente, o ambiente social e cultural mais amplo, as práticas educativas parentais, as políticas educacionais e socioeconômicas e as condições de vida da comunidade fazem parte desse contexto. Todos esses aspectos precisam ser conhecidos e reconhecidos como fatores que, embora muitas vezes além do controle dos educadores, influem sobre o contexto e o funcionamento escolar e sobre a implementação de um projeto pedagógico comprometido com o desenvolvimento socioemocional dos alunos. No entanto, não se pode ignorar os contextos mais acessíveis à influência da escola e que remetem às habilidades sociais dos educadores e do *staff* escolar, bem como à política e cultura escolares em relação à sua comunidade interna e externa. Quais seriam alguns desses contextos?

Pode-se considerar, inicialmente, a relação da escola com a comunidade próxima de professores e alunos, o que remete à gestão escolar, ao projeto de envolvimento dos educadores e pais nos processos decisórios dessa gestão e na educação dos alunos. Todos esses aspectos podem ser maximizados e viabilizados com processos que promovam a participação da comunidade; a qualidade das relações com os educadores e o *staff* escolar; o acolhimento e envolvimento de todos; e as habilidades sociais da equipe gestora.

Como avaliar o contexto socioemocional da escola? Uma das alternativas é o monitoramento do repertório e do desempenho da equipe escolar em habilidades sociais e habilidades sociais educativas já antes referidos. Também podem-se avaliar as habilidades e estratégias dos gestores por meio da observação direta de rotinas e, indiretamente, por meio de depoimentos da equipe escolar, dos pais e dos próprios alunos sobre as características da gestão escolar e sentimentos de pertença e envolvimento nos rumos da escola. Isso pode ser feito com base em instrumentos informatizados de comunicação direta e periódica e por meio de grupos focais desses segmentos.

Adicionalmente, é importante contar com verificações periódicas sobre o "clima escolar" e sobre a qualidade das relações professor-aluno, na perspectiva de professores e de alunos principalmente. Nessa direção, pode-se citar o instrumento Questionário de Clima Escolar para Ensino Fundamental (QCE EF). Originalmente desenvolvido por Emmons et al. (2002), foi adaptado para o Brasil por Petrucci et al. (2016). O questionário objetiva avaliar a visão dos alunos do ensino fundamental sobre diferentes dimensões do clima escolar, a saber: justiça, ordem e disciplina, envolvimento dos pais, troca de recursos, relações interpessoais entre os estudantes e relação professor-aluno. A versão brasileira é composta por 29 itens, respondidos em uma escala Likert de três pontos (1= concordo a 3= discordo).

Petrucci et al. (2014) também adaptaram a Escala de Relacionamento Professor-Aluno – Versão Reduzida (ERPA), originalmente Student-Teacher Relationship Scale – Short Form (STRS-SF) desenvolvida por Pianta (1992) para o contexto brasileiro. Essa escala abreviada com 15 itens avalia a percepção dos professores a respeito da qualidade de sua relação com cada aluno (a) em indicadores de conflito e afinidade.

Ainda que inicialmente adotada com professores de crianças mais novas (educação infantil e anos iniciais do ensino fundamental), atualmente a escala é adotada com professores de todos os níveis escolares (Petrucci et al., 2014). Citamos também a avaliação breve das relações professor-aluno, que tem sido utilizada na parte final do IHSE-Prof (Del Prette & Del Prette, 2019). O professor é solicitado a avaliar sua satisfação com os seguintes aspectos: relação geral com a classe, diálogo com os alunos, respeito dos alunos, afetividade dos alunos e disciplina dos alunos. Sente-se falta de recurso similar a ser respondido pelo aluno sobre a qualidade da relação com o professor.

CONSIDERAÇÕES FINAIS

Tal como em outros campos da psicologia, a avaliação psicológica de variáveis socioemocionais, mais especificamente das HS&CS, se mostra um empreendimento complexo e amplo, sinalizando um contexto de pesquisa e prática ainda não suficientemente explorado. Historicamente, verifica-se um crescimento considerável de recursos disponíveis no campo (Del Prette & Del Prette, 2006, 2009a, 2019). Esse crescimento aponta para o interesse pelo campo das habilidades sociais e também para demandas cada vez mais frequentes no campo da avaliação, diagnóstico e intervenção (Del Prette & Del Prette, 2019).

Esforços nessa direção são fundamentais para estabelecer diretrizes de ação para a avaliação psicológica, que, por sua vez, oferece subsídios para intervenções. No presente capítulo, foram referidos apenas aqueles aplicáveis à educação escolar. Destaca-se que, embora se observe um crescimento no campo da avaliação das HS&CS em termos de produção de instrumentos e interesse nessa vertente, há ainda falta de instrumentos, procedimentos e práticas de avaliação psicológica consolidadas nesse âmbito.

Como discutido em esferas da avaliação psicológica, também na avaliação de habilidades sociais se pressupõe que o processo avaliativo vai muito além do uso dos testes psicométricos. Tal como preconiza a Resolução CFP nº 09/2018, a avaliação psicológica deve se basear em fontes "fundamentais" e "complementares". As fontes fundamentais devem ir além de testes psicológicos com parecer favorável do SATEPSI (Sistema de Avaliação de Testes Psicológicos) e incluir entrevistas, anamneses e/ou protocolos ou registros de observação de comportamentos.

No campo das habilidades sociais, defende-se a avaliação multimodal, que é convergente com os pressupostos teóricos e conceituais desse campo, dado o reconhecimento das especificidades pessoal, situacional e cultural que caracterizam a multidimensionalidade das HS&CS e também das limitações inerentes e inevitáveis dos instrumentos e procedimento, que são relativamente superadas na complementaridade desses recursos (Del Prette, Z. & Del Prette, 2006).

Ainda que altamente recomendável e pertinente, adotar esse tipo de delineamento exige enfrentar as dificuldades e desafios de articular dados provenientes de diferentes fontes que assegurem maior completude e confiabilidade aos resultados obtidos (Del Prette & Del Prette, 2006, 2016). Como anteriormente referido, embora o campo de habilidades sociais disponha de diversos recursos e crescente produção na área da avaliação (Del Prette & Del Prette, 2009a, 2019), ainda há baixa adesão a avaliações multimodais no contexto brasileiro (Dias et al., 2017). Certamente isso ocorre devido aos desafios dessa articulação e ao maior tempo e esforço requerido, tanto na pesquisa como na intervenção. Em geral, os estudos fazem uso de diferentes informantes, mas não de comparação de dados obtidos por acesso direto e indireto.

No caso da avaliação de habilidades sociais no contexto educacional, somam-se alguns desafios adicionais próprios dos processos educativos e interativos, bem como a rede de relações e influências inerentes ao contexto escolar. Essa complexidade foi alvo de análise no presente capítulo, ao se tratar da avaliação em habilidades sociais para além do repertório social do aluno e do uso de testes psicológicos. Buscou-se detalhar a necessidade de ampliar o foco da avaliação para os educadores e o contexto, com instrumentos variados e procedimentos diretos e indiretos.

Espera-se com este capítulo oferecer subsídios para um planejamento de avaliação de habilidades sociais no contexto escolar que incorpore ao máximo possível informações derivadas da rede de interações, agentes e influências presentes no espaço educativo. Entende-se que, desse modo, será possível obter uma avaliação de qualidade, que possibilite a compreensão mais ampla dos processos educativos e, com base nela, o planejamento de práticas de promoção de desenvolvimento socioemocional, potencializando processos de aprendizagem e prevenção de situações de conflito em direção a uma educação integral e transformadora.

REFERÊNCIAS

Ambiel, R. A. M., Pereira, C. P. S., & Moreira, T. C. (2015). Produção científica em avaliação psicológica no contexto educacional: Enfoque nas variáveis socioemocionais. *Avaliação Psicológica, 14*(3), 339-346.

Bartholomeu, D, Silva, M. C. R., & Montiel, J. M (2014) *Teste de habilidades sociais para crianças e adolescentes em situação escolar* (THAS-C). Memnon.

Bartholomeu, D., Montiel, J. M., & Pessotto, F. (2011). Sociometria e habilidades sociais em alunos do ensino médio. *Estudos Interdisciplinares em Psicologia, 2*(2), 211-228.

Bolsoni-Silva, A. T., Marturano, E. M., & Loureiro, S. R. (2009). Construction and validation of the Brazilian questionário de respostas socialmente habilidosas segundo relato de professores (QRSH-PR). *The Spanish Journal of Psychology, 12*(1), 349-59.

Bolsoni-Silva, A. T., Marturano, E. M., & Loureiro, S. R. (2016). *Roteiro de Entrevista de Habilidades Sociais Educativas para Professores – Manual Técnico (RE-HSE-Pr)*. Hogrefe.

Bordin I. A. S, Mari, J. J, & Caeiro, M. F. (1995). Validação da versão brasileira do "Child Behavior Checklist" (CBCL): Dados preliminares. *Revista ABP-APAL, 17*(2), 55-66.

Brackett, M. A., Palomera, R., Mojsa-Kaja, J., Reyes, M. R., & Salovey, P. (2010). Emotion-regulation ability, burnout, and job satisfaction among British secondary-school teachers. *Psychology in the Schools, 47*(4), 406-417.

Brasil, H. A., & Bordin I. A. (2010). Convergent validity of K-SADS-PL by comparison with CBCL in a Portuguese speaking outpatient population. *BMC Psychiatry, 10*, 83.

Braz, A. C., Fontaine, A. M. G. V., Del Prette, A., & Del Prette, Z. A. P. (2020). Social skills inventory for elderly: An instrument for use in Brasil. *Revista da SPAGESP, 21*(2), 7-22.

Caprara, G. V., Barbaranelli, C., Pastorelli, C., Bandura, A., & Zimbardo, P. G. (2000). Prosocial foundations of children´s academic achievement. *Psychological Science, 11*(4), 302-306.

Castro, R. E. F., Melo, M. H. S., & Silvares, E. F. M. (2003). O julgamento de pares de crianças com dificuldades interativas após um modelo ampliado de intervenção. *Psicologia: Reflexão e Crítica, 16*(2), 309-318.

Coie, J. D., Dodge, K. A., & Coppotelli, H. (1982). Dimensions and types of social status: A cross age perspective. *Developmental Psychology, 18*(4), 557-570

Davis, C., Silva, M. A., & Espósito, Y. (1989). Papel e valor das interações sociais em sala de aula. *Cadernos de Pesquisa, 71*, 49-54.

Del Prette, A., & Del Prette, Z. A. P. (2006). Treinamento de habilidades sociais na escola: O método vivencial e a participação do professor. In M. Bandeira, Z. A. P. Del Prette, & A. Del Prette (Orgs.), *Estudos sobre habilidades sociais e relacionamento interpessoal* (pp. 143-160). Casa do Psicólogo.

Del Prette, A., & Del Prette, Z. A. P. (2014). Aprendizagem socioemocional na escola e prevenção da violência: Questões conceituais e metodologia de intervenção. In A. Del Prette, & Z. A. P. Del Prette (Orgs.), *Habilidades sociais, desenvolvimento e aprendizagem: Questões conceituais, avaliação e intervenção* (2. ed., pp. 83-127). Alínea

Del Prette, A., & Del Prette, Z. A. P. (2017a). *Competência social e habilidades sociais: Manual teórico-prático*. Vozes.

Del Prette, A., & Del Prette, Z. A. P. (2017b). *Psicologia das relações interpessoais e habilidades sociais: Vivências para o trabalho em grupo* (11. ed.). Vozes.

Del Prette, A., & Pereira, C. S. (2008). Procedimentos de observação em situações estruturadas para avaliação de habilidades sociais profissionais de adolescentes. *Revista Psicolog, 1*, 55-67.

Del Prette, Z. A. P., & Del Prette, A. (1998). Desenvolvimento interpessoal e educação escolar: Enfoque das habilidades sociais. *Temas de Psicologia, 6*(3), 205-215.

Del Prette, Z.A.P. & Del Prette, A. (2005). *Sistema multimídia de habilidades sociais para crianças: Manual de aplicação, apuração e interpretação (SMHSC)*. Casa do Psicólogo.

Del Prette, Z. A. P., & Del Prette, A. (2006). Avaliação multimodal de habilidades sociais em crianças: Procedimentos, instrumentos e indicadores. In Bandeira, M., Del Prette, Z. A. P., & Del Prette, A. (Orgs), *Estudos sobre habilidades sociais e relacionamento interpessoal* (pp. 47-68). Casa do Psicólogo.

Del Prette, Z.A.P., & Del Prette, A. (2008). Um sistema de categorias de habilidades sociais educativas. *Paidéia: Cadernos de Psicologia e Educação, 18*(41), 517-530.

Del Prette, Z. A. P., & Del Prette, A. (2009a). Avaliação de habilidades sociais: Bases conceituais, instrumentos e procedimentos. In A. Del Prette, & Z. A. P. Del Prette (Orgs.), *Psicologia das habilidades sociais: Diversidade teórica e suas implicações* (pp. 187-229). Vozes.

Del Prette, Z.A.P., & Del Prette, A. (2009b). *Inventário de habilidades sociais para adolescentes (IHSA-Del-Prette)*. Casa do Psicólogo.

Del Prette, Z. A. P., & Del Prette, A. (2013). Inventário de habilidades sociais educativas – professores (IHSE-Professores): Dados psicométricos preliminares.

Del Prette, Z. A. P., & Del Prette, A. (2016). *Psicologia das habilidades sociais na infância: Teoria e prática* (6. ed.). Vozes.

Del Prette, Z. A. P., & Del Prette, A. (2018). *Inventário de habilidades sociais (IHS2-Del-Prette): Manual de aplicação, apuração e interpretação*. Pearson.

Del Prette, Z. A. P., & Del Prette, A. (2019). Instrumentos de avaliação de habilidades sociais no Brasil. In M. N. Baptista, M. Muniz, C. T. Reppold, C. H. S. S. Nunes, L. F. Carvalho, R. Primi, A. P. P. Noronha ... L. Pasquali (Orgs.), *Compêndio de avaliação psicológica* (pp. 376-396). Vozes.

Del Prette, Z. A. P., & Del Prette, A. (2020a). *Interações sociais educativas e competência social profissional do professor*. Acesso ao curso exclusivo a matriculados.

Del Prette, Z. A. P., & Del Prette, A. (2020b). *Habilidades sociais no currículo: Ensino-aprendizagem-desenvolvimento*. Acesso ao curso exclusivo a matriculados.

Del Prette, Z. A. P., Del Prette, A., Dias, T. P., Cardoso, B. L. A., Santos, J. P., Simões, A. S., Del Ponti, F. S. ... Comodo, C. N. (2017). Educação à distância: Articulando a promoção de habilidades sociais educativas do professor ao desenvolvimento socioemocional dos alunos na escola. [Projeto de Pesquisa, CNPq].

Del Prette, Z. A. P., Del Prette, A., Gresham, F. M., & Vance, M. J. (2012). Role of social performance in predicting learning problems: Prediction of risk using logistic regression analysis. *School Psychology International Journal, 33*(6), 615-630.

Del Prette, Z. A. P, Monjas, M. I., & Caballo, V. E. (2006). La evaluación del repertorio de las habilidades sociales en ninõs. In V. E Caballo (Org.), *Manual para la evaluación clínica de los trastornos psicológicos: Trastornos de la edad adulta e informes psicológicos* (pp. 371-399). Pirámide.

Dias, T. P. (2021). Promoção de habilidades sociais e educativas do professor para o desenvolvimento socioemocional de pré-escolares: Avaliação sob delineamento experimental. [Relatório científico não-publicado].

Dias, T. P., Freitas, L. C., Del Prette, Z. A. P., & Del Prette, A. (2011). Validação da escala de comportamentos sociais de pré-escolares para o Brasil. *Psicologia em Estudo, 16*(3), 447-457.

Dias, T. P., Del Prette, Z. A. P., & Del Prette, A. (2017). Desempenho social de pré-escolares em situações estruturadas: Estimativas de mães e professoras. *Psicologia: Teoria e Pesquisa, 33*, 1-9.

Dias, T. P., & Del Prette, Z. A. P. (n.d.). *Avaliação de um programa para desenvolvimento socioemocional na Educação Infantil: percepção das professoras* [manuscrito não publicado].

Emmons, C. L., Haynes, N. M., & Comer, J. P. (2002). *The school climate survey: Revised- elementary and middle school version (SCS-MS)*. Yale University Child Study Center.

Esteves, M. M. (2018). *Habilidades sociais e qualidade de vida de professores do ensino fundamental*. [Dissertação de mestrado não-publicada], Universidade Federal de São Carlos.

Falcone, E. M. O., Ferreira, M. C., Luz, R. C. M., Fernandes, C. S., Faria, C. A., D'Augustin, J. F., & Sardinha, A. (2008). Inventário de empatia (IE): Desenvolvimento e validação de uma medida brasileira. *Avaliação Psicológica, 7*(3), 321-334.

Gomes, C. A. V., & Pedrero, J. N. (2015). Queixa escolar: Encaminhamentos e atuação profissional em um município do interior paulista. *Psicologia: Ciência e Profissão, 35*(4), 1239-1256.

Gresham, F. M., & Elliott, S. N. (2016). *SSR – Inventário de habilidades sociais, problemas de comportamento e competência acadêmica para crianças*. Casa do Psicólogo.

Koller, S. H., Camino, C., & Ribeiro, J. (2001). Adaptação e validação interna de duas escalas de empatia para uso no Brasil. *Estudos de Psicologia, 18*(3), 43-53.

Lopes, D. C. (2009). *Recursos multimídia na promoção de habilidades sociais com crianças com dificuldades de aprendizagem*. [Dissertação de mestrado não-publicada]. Universidade Federal de São Carlos.

Manolio, C. L. (2009). *Análise das habilidades sociais educativas na interação professor-aluno*. [Dissertação de mestrado não-publicada]. Universidade Federal de São Carlos.

Michelson, L., Sugai, D. P., Wood, R. P., & Kazdin, A. E. (1983). *Social skills assessment and training with children: An empirically based handbook*. Springer.

Ministério da Educação (MEC). (2018). *Base Nacional Comum Curricular – BNCC*. http://basenacionalcomum.mec.gov.br

Molina, R. C. M. & Del Prette, A. (2007). Mudança no *status* sociométrico negativo de alunos com dificuldades de aprendizagem. *Psicologia Escolar e Educacional, 11*(2), 299-310.

Montiel, J. M., Pessotto, F., & Bartholomeu, D. (2014). Habilidades sociais e status sociométrico em crianças do ensino fundamental. *Revista Sul Americana de Psicologia, 2*(2), 251-273.

Morais, M. L. S., Otta, E., & Scala, C. T. (2001) Status sociométrico e avaliação de característica comportamentais: Um estudo de competência social em pré-escolares. *Psicologia: Reflexão e Crítica, 14*(1), 119-131.

Moreira, L. G. (2014). *Habilidades sociais do professor e comportamento social dos alunos*. [Monografia de graduação não-publicada]. Universidade Federal de São Carlos.

Pavarino, M. G., Del Prette, A., & Del Prette, Z. A. P. (2005). Agressividade e empatia na infância: Um estudo correlacional com crianças pré-escolares. *Interação em Psicologia, 9*(2), 217-227.

Petrucci, G. W, Borsa, J. C., Barbosa, A. J. G., & Koller, S. H. (2014). Adaptação cultural e evidências de validade da Escala de Relacionamento Professor-Aluno. *Avaliação Psicológica, 13*(1), 133-142.

Petrucci, G. W., Borsa, J. C., Damásio, B. F., & Koller, S. H. (2016). Adaptation and preliminary validation evidence of the school climate questionnaire – revised, elementary and middle school version (SCS-MS). *Psicologia: Reflexão e Crítica, 29*, 1-8.

Pianta, R. C. (1992). *Student-teacher relationship scale*. [Unpublished measure], University of Virginia. https://education.virginia.edu/sites/default/files/uploads/resourceLibrary/STRS_Professional_Manual.pdf

Resolução CFP nº 009, de 25 de abril de 2018 (2018). Estabelece diretrizes para a realização de Avaliação Psicológica no exercício profissional da psicóloga e do psicólogo, regulamenta o Sistema de Avaliação de Testes Psicológicos – SATEPSI e revoga as Resoluções nº 002/2003, nº 006/2004 e nº 005/2012 e Notas Técnicas nº 01/2017 e 02/2017. https://atosoficiais.com.br/lei/avaliacao-psicologica--cfp?origin=instituicao

Rocha, M. M. (2009). *Programa de habilidades sociais com pais: Efeitos sobre o desempenho social e acadêmico de filhos com TDAH*. [Tese de doutorado]. Universidade Federal do São Carlos. https://repositorio.ufscar.br/handle/ufscar/2853?show=full

Rocha, M. M. (2012). *Evidências de validade do "Inventário de Autoavaliação para Adolescentes" (YSR/2001) para a população brasileira*. [Tese de doutorado]. Universidade de São Paulo. https://teses.usp.br/teses/disponiveis/47/47133/tde-12062012-153735/pt-br.php

Rosin-Pinola, A. R. (2009) *Efeitos de um programa de treinamento de habilidades sociais educativas junto a professores de alunos com deficiência mental incluídos*. [Tese de doutorado]. Universidade de São Paulo. https://www.ffclrp.usp.br/imagens_defesas/30_05_2011__08_59_24__61.pdf

Teixeira, C. M. (2015). *Assertividade: Escala multimodal e caracterização do repertório de mulheres inseridas no mercado de trabalho*. [Tese de doutorado]. Universidade Federal do São Carlos. https://repositorio.ufscar.br/handle/ufscar/7238

Teodoro, M. L., Käppler, K. C., Rodrigues, J. L., Freitas, P., & Haase, V. G. (2005). The Matson Evaluation of Social Skills with Youngsters (MESSY) and its Adaptation for Brazilian children and adolescents. *Interamerican Journal of Psychology, 39*(2), 239-246.

AVALIAÇÃO DE INTENSIDADE DE APOIO E PLANEJAMENTO EDUCACIONAL PARA PESSOAS COM DEFICIÊNCIA INTELECTUAL

Sabrina Fernandes Castro
Iasmin Zanchi Boueri
Maria Amelia Almeida

Este capítulo tem o intuito de discutir a aplicabilidade de dois instrumentos, a Escala de Intensidade de Apoio para Adultos[1] (SIS-A, do inglês *Supports Intensity Scale – Adult Version*™) e a Escala de Intensidade de Apoio para Crianças e Adolescentes[2] (SIS-C, do inglês *Supports Intensity Scale – Children's Version*)[3], que estão em fase de adaptação e validação para a realidade brasileira. As Escalas não são instrumentos que visam a mensurar as competências do sujeito, mas propiciam a avaliação de intensidade de apoio necessária para a adoção de comportamentos adaptativos, e os resultados permitem o desenvolvimento de planejamentos educacionais visando a promover autonomia e melhoria na qualidade de vida de crianças, jovens e adultos com deficiência intelectual (DI).

A partir do modelo teórico de DI, salientaremos a importância de instrumentos de avaliação eficazes para auxiliar a prática de profissionais de diferentes áreas, especialmente da educação. Os resultados obtidos por meio da aplicação da avaliação servirão para aprimorar a elaboração de planejamentos educacionais condizentes com a realidade e as possibilidades de cada sujeito com DI.

Para iniciarmos a explanação, será apresentada uma breve contextualização histórica da definição de DI da American Association on Developmental Desabilities (AAIDD).[4] A definição de DI atualmente baseia-se numa visão social da deficiência e norteou a construção do instrumento, assim como está diretamente relacionada a sua aplicabilidade.

Em 1908, a AAIDD apresentou sua primeira definição de DI, na qual a ênfase era na incurabilidade, sendo a DI considerada uma condição final ou permanente:

---

[1] O projeto de adaptação e validação da Escala de Intensidade de Apoio para Jovens e Adultos (SIS-A) é coordenado por Maria Amelia Almeida.
[2] O projeto de adaptação e validação da Escala de Intensidade de Apoio para Crianças e Adolescentes (SIS-C) é coordenado por Sabrina Fernandes Castro e Iasmin Zanchi Boueri, coautoras deste capítulo. É realizado com apoio da Federação Nacional das Associações de Pais e Amigos dos Excepcionais (APAEs) e com permissão para pesquisa da American Association on Intellectual and Developmental Disabilities (AAIDD).
[3] Copyright© 2015 American Association on Intellectual and Developmental Disabilities. All rights reserved.

[4] Até 1992 era chamada de American Association on Mental Retardation (AAMR).

Um estado de deficiência mental de nascença ou a partir de tenra idade, devido a desenvolvimento cerebral incompleto, em consequência do qual a pessoa afetada é incapaz de realizar seus deveres como membro da sociedade na posição da vida para a qual ela nasceu. (AAIDD, 2006, p. 30).

Em 1959, houve a inclusão de um conceito global de comportamento adaptativo como parte da definição da AAIDD, porém sem uma definição precisa. Essa adição foi uma tentativa de refletir sobre as características sociais da deficiência; as deficiências no comportamento adaptativo eram entendidas como a inabilidade do sujeito em ajustar-se às exigências na sua rotina de vida.

No ano de 1961, quando Heber apresentou a sexta definição, a incurabilidade foi substituída pela ênfase no funcionamento presente do sujeito. Houve várias mudanças nas definições no decorrer de 1959 a 1992 (nos anos de 1937, 1941, 1947, 1959, 1961, 1973, 1983), a partir de discussões de temas recorrentes, com o aprimoramento de critérios de definição e níveis de severidade. É importante ressaltar que até 1992 não foram incluídos novos critérios, apenas atualizados os já existentes. Tais conceitos têm sido amplamente discutidos e debatidos por profissionais, pesquisadores e interessados na área (Almeida, 2004).

Em 1992, a AAIDD apresentou a nona definição de DI:

O retardo mental refere-se a limitações substanciais no funcionamento atual. É caracterizado por um funcionamento intelectual significativamente abaixo da média, existente ao mesmo tempo com limitações relacionadas em duas ou mais das seguintes áreas de habilidades adaptativas aplicáveis: comunicação, autocuidado, vida doméstica, habilidades sociais, uso da comunidade, autodirecionamento, aprendizagem funcional, lazer e trabalho. O retardo mental manifesta-se antes dos 18 anos. (AAIDD, 2006, p. 32-33).

O conceito global de comportamento adaptativo foi substituído por dez áreas amplas de habilidades adaptativas e havia exigência de déficits em pelo menos duas delas. Essa definição recebeu diversas críticas negativas. Entre as mais significativas está a imprecisão do uso das habilidades de comportamento adaptativo e sua mensuração. Uma vantagem dessa definição foi o modelo de apoios, conceituado como parte do sistema para classificar os indivíduos e proporcionar orientação para o planejamento de serviços (AAIDD, 2006).

Muito embora esses conceitos já tivessem sido sugeridos antes de 1992, a nona edição encorajou pesquisadores a empreender esforços para desenvolver instrumentos de avaliação para medir os apoios que as pessoas precisam para funcionar na sociedade em que vivem (Thompson et al., 2016). Na décima edição, entendeu-se a necessidade de novos conceitos, especialmente, de inteligência e de comportamento adaptativo. Então, em 2002, apresentou-se o seguinte conceito:

O retardo mental é uma incapacidade caracterizada por importantes limitações, tanto no funcionamento intelectual quanto no comportamento adaptativo, está expresso nas habilidades adaptativas conceituais, sociais e práticas. Essa incapacidade tem início antes dos 18 anos. (AAIDD, 2006, p. 33-34).

Segundo Almeida (2012), mantiveram-se as características essenciais da definição de 1992, como: a orientação funcional com o sistema de apoios; os critérios diagnósticos relacionando funcionamento intelectual, comportamento adaptativo e idade de início; e o compromisso com uma classificação multidimensional. Ainda, segundo a autora, um ponto fundamental foi a relação entre o apresentado em 2002 e outros sistemas de classificação, como o *Manual diagnóstico e estatístico de transtornos mentais: texto revisado* (DSM-IV-TR), publicado pela *American Psychiatric Association* (APA, 1995), a *Classificação Internacional de Doenças* (CID-10, WHO, 1993) e a *Classificação*

Internacional de Funcionamento, Incapacidade e Saúde (CIF), ambas publicadas pela Organização Mundial da Saúde.

Em 2010, com a publicação da 11ª edição do *Mental retardation: Definition, classification, and systems of supports* (AAIDD, 2010), a AAIDD manteve a definição de 2002, mas substituiu o termo "retardo" por "deficiência". Assim, a definição de DI, ficou caracterizada:

> por limitações significativas no funcionamento intelectual e no comportamento adaptativo expressas nas habilidades adaptativas conceituais, sociais e práticas. Essa deficiência deve ter início antes dos 18 anos. (AAIDD, 2010, p. 05).

Com esse constructo apresentado, é fundamental entendermos o que são habilidades adaptativas, pois estas envolvem diretamente questões de autonomia e a capacidade de funcionamento do indivíduo. As habilidades adaptativas envolvem três conjuntos de habilidades: conceituais, sociais e práticas. As habilidades conceituais são expressas na linguagem, leitura e escrita, conceitos como dinheiro, números e tempo. As habilidades sociais envolvem questões interpessoais, responsabilidade, capacidade de seguir regras, obedecer às leis, vitimização e resolução de problemas sociais. Já as habilidades práticas englobam as atividades da vida diária (p. ex., higiene pessoal e autocuidado), habilidades ocupacionais, uso do dinheiro, cuidado com a saúde e segurança, organização de rotina (AAIDD, 2010).

No Brasil, a definição de DI mais utilizada até 2013, era baseada na CID-10 (WHO, 1993) e no DSM-IV-TR (APA, 1995). Tais definições corroboravam-se mutuamente, tendo uma perspectiva médico-clínica que reforça a concepção organicista da deficiência, enfatizando aspectos etiológicos classificatórios e tipológicos.

Com a publicação do DSM-5 (APA, 2014) passou-se a indicar a necessidade da avaliação do funcionamento adaptativo para o diagnóstico de DI. A avaliação do funcionamento adaptativo possibilita a ressignificação da DI. Na educação, essa tentativa representa o abandono de enfoques centrados em aspectos puramente fisiológicos e patológicos e passa a centrar o foco nos apoios de que o sujeito precisa para melhorar sua qualidade de vida e interação social.

Assim, a publicação do DSM-5 representa uma mudança no paradigma ao trazer uma definição respaldada no modelo social de deficiência que está de acordo com a da AAIDD. A direção tomada pelas definições atuais de DI dá atenção maior às necessidades do indivíduo, e não aos graus de deficiência que ele supostamente apresenta.

Nesse contexto, no modelo teórico multidimensional da DI, atualmente defendido pela AAIDD, o funcionamento humano resulta da interação de apoios nas dimensões habilidades intelectuais, comportamento adaptativo, saúde, participação e contexto. Habilidades intelectuais incluem planejamento, resolução de problemas, pensamento abstrato e compreensão de ideias complexas.

Comportamento adaptativo refere-se ao conjunto de habilidades adaptativas conceituais, sociais e práticas aprendidas pela pessoa para atender às demandas da vida cotidiana. Saúde trata-se do estado físico, mental e social para manter o bem-estar. Participação refere-se a como o indivíduo desempenha suas atividades diárias considerando as demandas da sociedade em que vive. Por último, contexto trata do ambiente social e cultural em que vive a pessoa. Em relação ao contexto, deve-se considerar o modelo em três níveis apresentados por Bronfenbrenner (1979): microssistema (a própria pessoa e a família), mesossistema (vizinhança, comunidade escolar e serviços de apoio) e macrossistema (cultura, sociedade, país e contexto sociopolítico) (AAIDD, 2010).

Outro conceito importante é apoio. Os apoios são recursos e estratégias que possuem por objetivo promover o desenvolvimento, a educação, os interesses e o bem-estar de uma pessoa, e que, por consequência, melhoram o seu funcionamento. No decorrer do desenvolvimento da pessoa com DI, pode-se observar a necessidade de recorrer à implementação de serviços especializados para que sejam proporcionadas oportunidades eficazes de aprendizagem, que tenham como objetivo tornar este indivíduo independente.

A educação especial representa o papel de apoio. Na escola regular pode, por exemplo, ser oferecido atendimento educacional especializado individualizado ou podem-se implementar ações com vista ao ensino colaborativo. Destacamos que, na perspectiva inclusiva, a educação especial oferece apoio à escolarização na sala regular, nunca é substitutiva.

Acompanhando a definição de DI, existem cinco hipóteses (AAIDD, 2010):

1. as limitações no desempenho atual devem ser consideradas no ambiente comunitário típico da idade e cultura do indivíduo;
2. a avaliação válida considera a diversidade cultural e linguística, bem como as diferenças na comunicação, nos fatores sensoriais, motores e comportamentais;
3. em cada indivíduo, as limitações frequentemente coexistem com as potencialidades;
4. o objetivo de descrever as limitações é desenvolver um perfil de necessidade de apoios;
5. com apoios personalizados apropriados durante um determinado período de tempo, o funcionamento da pessoa com DI comumente melhora.

Com a análise das cinco hipóteses, podemos afirmar que o resultado da avaliação é considerado passível de mudança, visto que leva em consideração questões ambientais, implementação de apoios e desenvolvimento de potencialidades. As cinco hipóteses trazem, portanto, a evidência de que a avaliação das necessidades de apoio pode ser de suma relevância, especialmente quando realizada com intuito de planejar apoios, visto que os apoios oferecidos aos sujeitos irão determinar seu funcionamento individual, seu "ser" e "estar" em sociedade.

A necessidade de apoio, assim, refere-se à intensidade de apoio que o indivíduo precisa para participar das atividades em consonância com as demandas da sociedade em que vive. Nesse contexto, para a avaliação, o planejamento e o desenvolvimento de apoios eficazes, condizentes com um sujeito único, com limitações e potencialidades, o ideal, de acordo com a AAIDD, é considerar os seguintes componentes (AAIDD, 2010):

1. Identificar as experiências e objetivos de vida do sujeito. Para um planejamento centrado na pessoa, é necessário conhecer os sonhos e os interesses pessoais, encontrando o que de fato é importante para o momento atual da pessoa, em curto e médio prazos.

2. Avaliar o nível e a intensidade das necessidades de apoio. Um instrumento que pode ser utilizado para avaliar as necessidades de apoio é a Escala de Intensidade de Apoio (SIS), que será detalhado a seguir.

3. Elaborar o planejamento centrado na pessoa (PCP), com planos de apoios individualizados. Com os dois primeiros componentes definidos, pode-se desenvolver um PCP. É fundamental desenvolver planos "reais" e para o "hoje". É necessário considerar os lugares que a pessoa frequenta e as atividades que desenvolve em uma semana típica e os tipos e intensidades de apoios a serem oferecidos.

4. Monitorar o desenvolvimento. É necessário monitorar/avaliar o processo de implementação do plano. Esse monitoramento deve ser contínuo e sistemático.

5. Avaliar. O foco da avaliação são as experiências de vida, os objetivos e os resultados pessoais alcançados. Na avaliação, é importante ter clareza de que as preferências e prioridades pessoais podem mudar ao longo do tempo. É necessário reconhecer que o plano pode ser revisado quando não mais atende às necessidades da pessoa.

Ao considerarmos, assim, a evolução do conceito de DI e ao identificarmos a necessidade de avaliação dos níveis e intensidades de apoio para um planejamento eficaz, surgem como alternativas as Escalas SIS-A e SIS-C. Essas escalas possuem como finalidade mensurar a intensidade de apoio de que uma pessoa com deficiência intelectual precisa para relacionar-

-se, viver e conviver de acordo com as demandas da sociedade atual (Thompson et al., 2004).

A Escala SIS-A (Thompson et al., 2004) tem como população-alvo jovens e adultos a partir de 16 anos. Ela apresenta uma parte introdutória, com os dados de identificação do sujeito e do respondente.

Em seguida há uma ficha de percepção de necessidades de apoio, na qual o respondente é questionado sobre a quantidade de apoio de que o indivíduo necessita para realizar as atividades. Deve ser pontuada de 0 (ausência de necessidade de apoio) até 6 (apoio total).

Na sequência, a escala é dividida em três seções:

1. Seção 1 – Escala de necessidade de apoio, com 49 atividades agrupadas em seis subescalas;
2. Seção 2 – Escala suplementar de proteção e defesa, com 8 itens que trabalham questões de autonomia e autodefesa;
3. Seção 3 – Necessidades específicas de apoio médico e comportamental, que inclui 15 condições médicas e 13 problemas comportamentais que, tipicamente, requerem maiores níveis de apoio, independentemente das necessidades de apoio relativo a outras áreas de atividades da vida. As três seções são apresentadas no Quadro 6.1.

Por último, o instrumento apresenta o Formulário para Pontuação Geral e a possibilidade de se criar um gráfico com os escores obtidos em cada uma das seções e subescalas.

Nas Seções 1 e 2, para cada parâmetro devem ser pontuados tipo de apoio, frequência e tempo diário de apoio. Quanto ao tipo de apoio, o respondente deve responder "Que tipo de apoio deve ser proporcionado para esta atividade?", sendo 0 correspondente a nenhum e 4 a ajuda física total. Na questão "Com que frequência é necessário apoio para esta atividade?", 0 significa nunca ou menos de uma vez por mês e 4, a cada hora ou com mais frequência. Quanto ao tempo diário de apoio, "Em um dia típico em que é necessário apoio nesta atividade, quanto tempo de apoio deve ser proporcionado?", 0 corresponde a nenhum e 4 a quatro horas ou mais.

A pontuação da Seção 3 é estabelecida em 0 quando a pessoa não necessita de apoio, 1 quando necessita de algum apoio (p. ex., supervisão ou assistência ocasional) e 2 quando necessita de muito apoio (p. ex., providenciar assistência regular para gerir a sua condição médica ou o seu comportamento).

A Escala SIS-C tem o objetivo de avaliar as necessidades de apoio de crianças com DI de maneira justa (confiável e válida) usando um procedimento uniforme (Thompson et al., 2016). É destinada à população entre 5 e 16 anos e apresenta na parte introdutória os dados de identificação do sujeito e do respondente, com cerca de 18 perguntas. Na sequência, é dividida em três seções, nas quais são avaliados os níveis de de apoio, frequência e tempo diário de apoio.

Na Escala SIS-C, diferente da SIS-A, a primeira Seção é Necessidades específicas de apoio médico e comportamental, com 19 itens divididos em Seção 1A (Necessidade de apoio médico, que envolve cuidados respiratórios, assistência na alimentação, cuidados com a pele e outros cuidados médicos específicos) e Seção 1B (Necessidade de apoio comportamental), com 14 itens, divididos em agressividade dirigida ao exterior, agressividade autodirigida, comportamento sexual e outros cuidados comportamentais.

A Seção 2, Escala de necessidades de apoio, consiste em 61 atividades identificando o tipo, a frequência e o tempo diário de apoio de que o indivíduo necessita para obter sucesso em cada um dos sete domínios de atividades (de vida doméstica, de vida comunitária, de participação escolar, de aprendizagem escolar, de saúde e segurança, sociais e de autoadvocacia).

Os sete domínios incluem:

1. atividades da vida doméstica, tais como completar tarefas domésticas, alimentar-se, fazer a higiene pessoal e operar dispositivos eletrônicos;
2. atividades de vida comunitária que compreendem deslocar-se no bairro, participar de atividades de lazer, comunitárias e/ou religiosas;
3. atividades de participação escolar que envolvem questões da sala de aula regular e

QUADRO 6.1
Seções que compõem a descrição dos comportamentos adaptativos avaliados pela Escala SIS-C

Seção 1 – Escala de necessidade de apoio	
Atividades da vida doméstica	Envolvem atividades e tarefas relacionadas a cuidados pessoais, alimentação, manutenção e limpeza da casa.
Atividades da vida comunitária	São as atividades relacionadas a participação na comunidade, deslocamento, visitas a amigos e familiares, incluindo acesso a serviços e espaços na comunidade.
Atividades de aprendizagem ao longo da vida	Compreendem tarefas como participar de decisões sobre a própria educação e formação e aprender competências funcionais.
Atividades de emprego	Compreendem tarefas necessárias para obter sucesso em situações de emprego, como habilidades para o trabalho, interação com colegas e completar tarefas em velocidade aceitável.
Atividades de saúde e segurança	Incluem atividades relacionadas a manutenção da saúde, prevenção de situações de perigo, resolução de problemas ligados a saúde e segurança, como solicitar serviços de emergência.
Atividades sociais	São atividades necessárias para o envolvimento em relações com diferentes pessoas em diferentes contextos, estabelecer e manter amizades e relacionamentos amorosos.
Seção 2 – Escala suplementar de proteção e defesa	
Atividades de proteção e defesa	São itens relacionados a atividades como defender seus direitos, obedecer leis, tomar decisões e fazer escolhas.
Seção 3 – Necessidades específicas de apoio médico e comportamental	
Necessidades de apoio médico	Envolvem cuidados respiratórios, assistência na alimentação, cuidados com a pele e outros cuidados médicos específicos.
Necessidades de apoio comportamental	Referem-se à atenção a comportamentos como agressividade dirigida ao exterior e autodirigida e comportamento sexual.

SIS-C, Escala de Intensidade de Apoio para Crianças e Adolescentes (do inglês *Supports Intensity Scale – Children's Version*).
Fonte: Thompson et al. (2004).

atividades escolares comuns, atividades extracurriculares, deslocar-se na escola, seguir regras escolares e cuidar dos materiais escolares;

4. atividades de aprendizagem escolar que compreendem questões curriculares, habilidades acadêmicas específicas, usar materiais, tecnologias e ferramentas educacionais, participar de avaliações, como testes e provas, criar estratégias de resolução de problemas e cumprir as tarefas escolares em casa;

5. atividades de saúde e segurança, tais como comunicar problemas de saúde, manter saúde física e bem-estar, resolver situações de emergência e proteger-se de abusos físicos, verbais e sexuais;

6. atividades sociais que envolvem manter relacionamentos positivos, respeitar regras e direitos, manter uma conversa ativa, comunicar-se; e

7. atividades de autoadvocacia, como expressar preferências, definir metas pessoais, atingir objetivos, autodefender-se, tomar

decisões e utilizar estratégias de resolução de problemas.

A Seção 3 trata-se do Formulário de pontuação e perfil, considerando os apoios baseados nas necessidades médicas e comportamentais e os índices obtidos na Seção 2. Na última página, há a possibilidade de criar um gráfico com o Perfil de necessidade de apoio, que, por sua vez, dá suporte à criação do perfil de necessidade de apoio com todos os índices obtidos na Seção 2.

A chave de pontuação da primeira seção é 0 quando a pessoa não necessita de apoio, 1, se necessita de algum apoio (p. ex., supervisão ou assistência ocasional) e 2 quando necessita de muito apoio (p. ex., providenciar assistência regular para gerir a sua condição médica ou o seu comportamento).

Para a Seção 2, os parâmetros são similares aos da SIS-A. Para cada item deve ser pontuado o tipo de apoio, a frequência e o tempo diário de apoio conforme o Quadro 6.2.

A Seção 3 é dividida em dois itens (3.1 e 3.2). Para o item 3.1 (Considerações de apoio baseadas em necessidades específicas médicas e comportamentais), as respostas são "sim" ou "não". Considera-se que, se for marcado "sim" nas perguntas, é muito provável que a criança avaliada tenha maiores necessidades de apoio do que outras com um "Índice SIS-C" semelhante. Para o item 3.2 (Índice de necessidade de apoio e classificação), são apresentadas as pontuações obtidas na Seção 2 e calculados a média geral e o nível do percentil.

Como se pode perceber, as escalas auxiliam na criação de perfis que os profissionais podem utilizar na elaboração de planejamentos educacionais. As escalas são um meio, mas não precisam ser o único. Pode-se utilizar também observação, portfólios, avaliações e qualquer outro material que complemente as informações sobre o sujeito.

Entendendo a demanda por ferramentas mais atualizadas para avaliar crianças, jovens e adultos com DI na realidade brasileira, estão

QUADRO 6.2
Operacionalização dos níveis de tipo de apoio, frequência e tempo diário de apoio

Tipo de apoio	Frequência	Tempo de apoio
(0) Nenhum	(0) Nenhuma: as necessidades de apoio da criança nunca são diferentes daquelas dos seus pares no que diz respeito à frequência.	(0) Nenhum.
(1) Monitoramento	(1) Raramente: a criança precisa de alguém para fornecer um apoio ocasional extraordinário de que seus pares não precisam.	(1) Menos de 30 minutos.
(2) Pistas verbais ou gestuais	(2) Frequentemente: para que a criança participe da atividade, é necessário fornecer apoio extra para cerca de metade das ocorrências da atividade.	(2) Entre 30 minutos e duas horas.
(3) Ajuda física parcial	(3) Muito frequentemente: na maioria das ocorrências da atividade, a criança precisa de apoio extra de que os seus pares não precisam.	(3) Entre duas e quatro horas.
(4) Ajuda física total	(4) Sempre: em todas as ocasiões em que a criança participa da atividade ela precisa de um apoio extra de que seus pares não precisam.	(4) Quatro horas ou mais.

Fonte: Thompson et al. (2004).

sendo feitos investimentos em pesquisas para trazer a tecnologia das Escalas SIS para o Brasil. Nesse sentido, dois projetos dedicam-se a adaptar e validar essas escalas para a realidade brasileira.

O projeto intitulado *Adaptação e validação da Escala de Intensidade de Suporte (SIS-A) para o Brasil: uma contribuição para a avaliação funcional de jovens e adultos com deficiência intelectual* (Almeida, 2013) tem como meta inicial avaliar 1.200 jovens e adultos com DI de diferentes regiões do país com idade igual ou superior a 16 anos. Esse projeto está na fase final.

O projeto *Adaptação e validação da Escala de Intensidade de Apoio para Crianças e Adolescentes (SIS-C) com deficiência intelectual no Brasil* está na Fase 5 (teste da tradução-piloto). Seguindo orientação de Tassé e Thompson (2010), existem sete etapas para a tradução, pois entende-se que apenas a tradução literal é insuficiente. As sete etapas são:

1. tradução/adaptação;
2. consolidação da tradução/adaptação (produto: tradução preliminar);
3. validação da tradução preliminar;
4. revisão/ajustes (produto: tradução-piloto);
5. teste da tradução-piloto;
6. revisão/ajustes da tradução-piloto (produto: tradução final); e
7. teste de campo/validação da tradução final (análise dos itens, confiabilidade, validade, entre outros).

Tais pesquisas para adaptação e validação dos instrumentos descritos estão relacionadas à avaliação da criança, jovem ou adulto com DI, uma vez que propiciará o levantamento das necessidades de apoio, auxiliando na elaboração de planos de intervenção com a finalidade de tornar essa população mais independente, e melhorando a qualidade de vida desses sujeitos. Pode, também, auxiliar nas demandas dos estudantes com deficiência nas escolas comuns, colaborando com o processo de inclusão desses indivíduos.

Tannus-Valadão (2010) afirma que, nos países que pretendem realizar a implantação de políticas para estudantes com deficiência nas escolas comuns, o Planejamento Educacional Individualizado (PEI) tem demonstrado ser uma ferramenta que pode auxiliar no acompanhamento do aluno no decorrer de seu percurso escolar e também na sua transição para a vida adulta e inserção no mercado de trabalho.

Deve ser realizado um plano escrito, descrevendo todo o programa educacional, incluindo serviços e demandas necessárias de forma individual. Para tal descrição deve ser levada em consideração a avaliação realizada com o aluno e devem ser mencionadas suas potencialidades, possíveis necessidades e formas de apoio cabíveis, sendo possível verificar, por meio da leitura do plano, o repertório inicial, potencialidades existentes, novas aprendizagens, aprendizagens em manutenção e próximas aquisições. Assim, o PEI tornando-se um material que permite consultar o percurso escolar de cada sujeito, oferecendo subsídios para conhecer o caminho seguido e traçar objetivos futuros.

Como defendemos, para a realização de planos individualizados, há a necessidade de uma avaliação inicial. Pretende-se estabelecer as Escalas SIS como instrumentos que poderão ser utilizados pelos profissionais que trabalham com pessoas com DI, especialmente nas escolas. Com os resultados da SIS, pode-se propor práticas mais efetivas, de acordo com a necessidade dos sujeitos, também nas escolas regulares, no aprimoramento das práticas pedagógicas, com efeitos potencialmente positivos nas práticas inclusivas.

Estudos como o de Brito e Campos (2013) apontam a necessidade de aprimoramento das práticas pedagógicas voltadas a alunos com DI. Segundo as autoras, há relatos de que a maior parte das teses e dissertações realizadas de 1988 a 2008 no Brasil sobre essa população indicou necessidade de aprimoramento das práticas pedagógicas. Como já apontado, é preciso conhecer o que de fato é importante para o momento atual da pessoa, em curto e médio prazos, não sendo possível uniformizar práticas com um único objetivo para todos.

A pesquisa desenvolvida por Heredero (2010) corrobora os aspectos apontados por

Brito e Campos (2013), pois também levanta a necessidade de aprimoramento das práticas pedagógicas. O estudo de Heredero (2010) teve como objetivo analisar a situação da escola inclusiva no Brasil, verificando quais são os modelos de inclusão desenvolvidos nesses ambientes, e estudar possíveis adaptações curriculares compatíveis com a cultura brasileira e modelos inclusivos. O autor chegou à conclusão de que há necessidade de consenso sobre um instrumento que auxilie na elaboração de estratégias e recursos que permitam ao profissional programar objetivos de curto e longo prazos para as próximas aquisições do aluno, sendo esta a única forma de incluir efetivamente o aluno com deficiência.

Schalock et al. (2018) apontam três princípios para o planejamento de apoio individualizado:

1. o plano individualizado é pessoal, não deve ser apenas de uma agência ou para pessoas específicas apoiar o indivíduo;
2. o plano é baseado em objetivos pessoais. Deve abordar o que é importante para o indivíduo e contemplar o que deve ser mantido ou precisa ser alterado/modificado, fornecendo um sistema de apoio;
3. o plano pessoal é desenvolvido, implementado, revisado e avaliado por uma equipe profissional que define objetivos pessoais, necessidades de apoio, elementos específicos de um sistema de apoio e resultados esperados. A família também deve participar.

Thompson et al. (2017) desenvolveram um guia para equipes de planejamento de um PCP com base nos resultados da SIS-A. Esse guia foi desenvolvido para ser usado com adultos ou jovens no planejamento da transição da escola para a vida adulta. Os autores apresentam 18 passos para a elaboração do plano:

1. revisar os escores da SIS-A;
2. identificar necessidades de apoio associadas a condições médicas e cuidados de saúde;
3. identificar necessidades de apoio associadas a comportamentos desafiadores;
4. planejar apoios ligados à vida doméstica;
5. planejar apoios ligados à vida em comunidade;
6. planejar apoios ligados ao aprendizado ao longo da vida;
7. planejar apoios ligados ao emprego;
8. planejar apoios para saúde e segurança;
9. planejar apoios para as atividades sociais;
10. planejar apoios ligados à autoadvocacia;
11. verificar quais são as necessidades de apoios que contemplam mais de um domínio;
12. revisar as informações;
13. identificar os apoios essenciais;
14. priorizar objetivos, ambientes e atividades (Parte 1);
15. priorizar objetivos, ambientes e atividades (Parte 2);
16. definir as prioridades e os apoios necessários;
17. executar o plano;
18. avaliar constantemente a execução do plano.

Os autores destacam que, mesmo que apresentem sugestões de como elaborar o PCP, é fundamental ter claro que os recursos e serviços variam de pessoa para pessoa.

Segundo Thompson (2018) as Escalas SIS têm sido usadas para auxiliar no planejamento de apoios, em alguma medida, em 18 países, e foram traduzidas para 13 idiomas. Pesquisas vêm sendo desenvolvidas demonstrando que essas escalas são uma boa medida de intensidade de apoio, comprovando sua utilidade e aplicabilidade. Alguns exemplos: nos Estados Unidos (Seo et al., 2015; Wehmeyer et al., 2009), na Holanda (Claes et al., 2009), na França (Lamoureux-Hebert & Morin, 2009), no México (Ortiz et al., 2010), na Espanha (Verdugo et al., 2010), no Chile (Vega et al., 2012) e em Portugal (Santos et al., 2016).

Como mencionado, as SIS estão em processo de adaptação e validação para a realidade brasileira. Ainda assim, já temos algumas pesquisas desenvolvidas, tais como as de Lopes (2016), Cleto (2016), Rabitch (2018), Zutião (2016, 2019), Almeida et al. (2018), Baril (2019), Alles et al. (2019), Alles (2020), que demonstram a aplicabilidade dos instrumentos (SIS-A e SIS-C) para direcionar a prática e elaboração de planejamentos para pessoas com DI. Optou-

-se por descrever duas pesquisas mais recentes, uma para cada modelo de escala.

A pesquisa de Alles (2020) teve como objetivo "elaborar, implementar e avaliar o desenvolvimento de um programa de formação continuada de professores sobre a temática de saúde e segurança, com enfoque no processo de transição para a vida adulta de jovens com deficiência intelectual" (Alles, 2020, p. 23). Participaram da pesquisa 12 sujeitos com DI e as professoras das turmas de duas unidades ocupacionais de produção (Culinária).

A aplicação da versão-piloto da SIS-A como base para o delineamento de pré e pós-teste demonstrou que a implementação do programa provocou mudanças significativas nas áreas avaliadas e também na área Emprego e na área de Habilidades Sociais. Para a elaboração do programa, a autora utilizou como base o guia para equipes de planejamento de PCP de Thompson et al. (2017), já apresentado anteriormente. Segundo a autora, o aprendizado de comportamentos adaptativos possibilitou aos jovens inseridos no estudo ter maior independência em diversas áreas e, como consequência, aumento da qualidade de vida e preparação para a participação em comunidade e inserção social.

Com o objetivo de "verificar a eficácia de um programa de comunicação alternativa para facilitar o desenvolvimento da linguagem de uma adolescente com deficiência intelectual no contexto familiar", Rabitch (2018, p. 33) traz o relato de uma ação realizada a partir dos resultados da SIS-C. Na pesquisa, a versão brasileira preliminar da SIS-C foi utilizada pré e pós-intervenção com uma adolescente de 14 anos e seus familiares como base para um programa de comunicação alternativa.

No pré-teste, a adolescente apresentava maior necessidade de apoio nas atividades de vida doméstica, aprendizagem escolar e autoadvocacia. Após as intervenções, foi possível verificar que todas as subescalas apresentaram um decréscimo no índice de apoio. Cabe destacar que quanto maior o resultado, maior a necessidade de apoio e, em contrapartida, quanto menor o resultado, menor é o nível de apoio. Sabe-se que a comunicação e o desenvolvimento da linguagem do indivíduo refletem nos demais âmbitos da sua vida e no desenvolvimento da sua independência, pois a adolescente apresentou redução significativa da necessidade de apoio nas atividades de participação escolar, aprendizagem escolar, saúde e segurança e autoadvocacia.

Os exemplos de pesquisas apresentados demonstram que há possibilidade de elaborar e implementar uma prática respaldada por uma avaliação de necessidades de apoio. Ainda assim, novas pesquisas são necessárias para fortalecer a validade e aplicabilidade dos instrumentos, especialmente na realidade brasileira.

Percebemos que a avaliação com esses instrumentos propicia efetivar o modelo social de deficiência apresentado pela AAIDD (AAIDD, 2010). Com isso, os profissionais da educação são convidados a pensar na realidade e nas possibilidades de cada sujeito com DI e estimulados a implementar práticas pedagógicas condizentes com os objetivos de cada sujeito, relacionando com questões ligadas a saúde, participação social, contexto social e cultural.

Os educadores com melhores práticas com estudantes com DI são aqueles que consideram a expressiva heterogeneidade dos estudantes, que não os agrupam por nível intelectual, que dão ênfase às individualidades de cada sujeito, que usam as tecnologias em favor da aprendizagem. São aqueles que contribuem com o progresso geral, estabelecendo objetivos reais, que oferecem diferentes tipos de apoios, engajam todos os estudantes nas atividades diárias, oferecem oportunidades ligadas à educação geral, não apenas a conteúdos acadêmicos; aqueles que ajustam as atividades para que cada sujeito seja capaz de realizá-las a sua maneira.

Estabelece-se, assim, um grande desafio aos profissionais da educação: abandonar a histórica classificação da DI em níveis de gravidade e adotar o modelo multidimensional e o paradigma de apoios, inovando com melhores práticas pedagógicas.

REFERÊNCIAS

Alles, E. P. (2020). *Formação continuada de professores no processo de transição para vida adulta de jovens com deficiência intelectual*. [Dissertação de mestrado não publicada]. Universidade Federal do Paraná.

Alles, E. P., Castro, S. F., Menezes, E. C. P., & Dickel, C. A. G. (2019). (Re)signification in the assessment process of young and adult subjects with intellectual disability. *Revista Brasileira de Educação Especial, 25*(3), 373-388.

Almeida, M. A. (2004). Apresentação e análise das definições de deficiência mental proposta pela AMMR – Associação Americana de Retardo Mental de 1908 a 2002. *Revista de Educação PUC-Campinas*, Campinas, 16, p. 33-48.

Almeida, M. A. (2012). O caminhar da deficiência intelectual e classificação pelo sistema de suporte/apoio. In São Paulo (Estado) Secretaria da Educação & Núcleo de Apoio Pedagógico Especializado (CAPE) (Orgs.), *Deficiência intelectual: Realidade e ação* (pp. 51-63). http://cape.edunet.sp.gov.br/cape_arquivos/Publicacoes_Cape/P_4_Deficiencia_Intelectual.pdf

Almeida, M. A. (2013). *Adaptação e Validação da Escala de Intensidade de Suporte – SIS para o Brasil: Uma contribuição para avaliação funcional de jovens e adultos com deficiência intelectual*. [Projeto de pesquisa]. Universidade Federal de São Carlos.

Almeida, M. A, Zutião, P., Boueri, I. Z., & Postalli, L. M. M. (2018). *Escala de intensidade de suporte – SIS: Consistência interna, fidedignidade e caracterização da amostra*. In M. A. Almeida, E. G. Mendes & L. M. M. Postalli (Orgs.), *Práticas pedagógicas inclusivas em contextos escolares* (pp. 219-244). ABPEE.

American Psychiatric Association (APA). (1995). *Manual Diagnóstico e estatístico de transtornos mentais – DSM-IV*. Artmed.

American Psychiatric Association (APA). (2014) *Manual Diagnóstico e estatístico de transtornos mentais – DSM-V*. Artmed.

Association on Developmental Desabilities (AAIDD). (2006). *Retardo mental: definição, classificação e sistemas de apoio* (10. ed.). Artmed.

Association on Developmental Desabilities (AAIDD). (2010). *Mental retardation: Definition, classification, and systems of supports* (11th ed.). American Association on Mental Retardation.

Baril, N. (2019). *Avaliação de intensidade de apoio de comportamentos adaptativos e elaboração de plano centrado no aluno com desenvolvimento atípico*. [Dissertação de mestrado não publicada]. Universidade Federal do Paraná.

Brito, J., & Campos, J. A. P. P. (2013). Escolarização de jovens e adultos com deficiência intelectual: considerações sobre as pesquisas em dissertações e teses no período de 1988 a 2008. *Revista Educação Especial, 26*(45), 45-58.

Bronfenbrenner, U. (1979). *Contexts of child rearing*: Problems and prospects. *American Psychologist, 34*(10), 844-850.

Claes, C., Van Hoove, G., Van Loon, J., Vandervelde, S., & Schalock, R. L. (2009). Evaluating the inter-respondent (consumer vs. staff) reliability and construct validity (SIS vs. Vineland) of the Supports Intensity Scale on a Dutch sample. *Journal of Intellectual Disability Research, 53*(4), 329-338.

Cleto, H. C., & Boueri, I. Z. (2016). Relação professor-aluno e o ensino de comportamentos adaptativos a educandos com deficiência intelectual na educação de jovens e adultos. *Cadernos PDE – Os desafios da escola pública paranaense na perspectiva do professor PDE, 1,* 1-29.

Heredero, E. S. (2010). A escola inclusiva e estratégias para fazer frente a ela: As adaptações curriculares. *Acta Scientiarum. Education, 32*(2), 193-208.

Lamoureux-hebert, M., & D. Morin. (2009). Translation and cultural adaptation of the Supports Intensity Scale in French. *American Journal on Intellectual and Developmental Disabilities, 114*(4), 61-66.

Lopes, B. J. S. (2016). *Programa de transição para a vida adulta de jovens com deficiência intelectual em ambiente universitário*. [Tese de doutorado]. Universidade Federal de São Carlos.

Ortiz, M. C., Río, C. J., Rodríguez, M. D. C. P., & Robaina, N. F. (2010). Applicability of the Spanish version of the supports intensity scale (SIS), in the Mexican population with severe mental illness. *Revista Latino-Americana de Enfermagem, 18*(5), 975-982.

Rabitch, G. C. (2018). *Um programa de comunicação alternativa para uma adolescente com deficiência intelectual em contexto domiciliar*. [Trabalho de conclusão de curso de graduação]. Universidade Federal do Paraná.

Santos, M. A., Sanches-Ferreira, M., Silveira-Maia, M., Alves, S. M. S., & Lopes-dos-Santos, P. (2016). A avaliação de necessidades de apoio no desenvolvimento de planos individuais de transição. *Seccção II: Estudos de revisão, ensaios e pesquisa empírica em EE*, 109-120.

Schalock, L. S., Thompson, J. R., & Tassé, M. J. (2018). *Changes in the field regarding personal support Plans.* AAIDD WhitePaper. https://www.aaidd.org/docs/default-source/sis-docs/changes-in-the-field.pdf?sfvrsn=cd8b3021_0.

Seo, H., Shogren, K. A., Wehmeyer, M. L., Hughes, C., Thompson, J. R., Little, T. D., & Palmer, S. B. (2015). Exploring shared measurement properties and score comparability between two versions of the supports intensity scale. *Career Development and Transition for Exceptional Individuals, 39*(4), 216-226.

Tannus-Valadão, G. (2010). *Planejamento Educacional Individualizado na Educação Especial: propostas oficiais da Itália, França, Estados Unidos e Espanha*. [Dissertação de mestrado não publicada]. Universidade Federal de São Carlos.

Tassé, M. J., & Thompson, J. R. (2010) *Supports Intensity Scale for Children – American Association on Intellectual and Developmental Disabilities*. 134th AAIDD Annual Meeting.

Thompson, J. R. (2018). How conceptualizations of intellectual disability drive assessment practices, and vice versa. *Apae Ciência, 9*(1), 2-21.

Thompson, J. R., Bryant, B. R., Campbell, E. M., Craig, E. M., Hughes, C. M., & Rotholz, D. A. (2004). *Supports intensity scale (SIS): User's manual*. American Association on Mental Retardation.

Thompson, J. R., Doepke, K., Holmes, A., Myles, C. P. B. S, Shogren, K. A., & Wehmeyer, M. L. (2017). *Person-centered planning with the supports intensity scale-adult version: A guide for planning teams*. American Association on intellectual and developmental disabilities.

Thompson, J. R., Wehmeyer, M. L., Hughes, C., Shogren, K. A., Seo, H., Little, T. D., & Schalock, R. L. (2016). *Supports Intensity Scale – Children's Version*. American Association on Intellectual and Developmental Disabilities.

Vega Córdova, V. J., Río, C. F., Robaina, N. C. O. M, & Lerdo Tejada, A. (2012). Necesidades de apoyos en adultos con discapacidad intelectual institucionalizados: estudio en el contexto chileno. *Diversitas: Perspectivas en Psicología, 8*(2), 213-222.

Verdugo, M. A., Arias, B., Ibañez, A., & Schalock, R. L. (2010). Adaptation and psychometric properties of the Spanish version of the Supports Intensity Scale (SIS). *American Journal on Intellectual and Developmental Disabilities, 115*(6), 496-503.

Wehmeyer, M., Chapman, T. E., Little, T. D., Thompson, J. R., Schalock, R., & Tassé, M. J. (2009). Efficacy of the Supports Intensity Scale (SIS) to predict extraordinary support needs. *American Journal on Intellectual and Developmental Disabilities, 114*(1), 3-14.

World Health Organization (WHO). (1993). *Classificação de transtornos mentais e de comportamento da CID-10: Descrições clínicas e diretrizes diagnósticas*. Artmed.

Zutião, P. (2016). *Programa "vida na comunidade" para familiares de jovens com deficiência intelectual*. [Dissertação de mestrado não publicada]. Universidade Federal de São Carlos.

Zutião, P. (2019). *Programa ead "vida independente" para familiares de jovens e adultos com deficiência intelectual*. [Tese de doutorado não publicada]. Universidade Federal de São Carlos.

Parte **3**

AVALIAÇÃO DE COGNIÇÃO E APRENDIZAGEM

7

ALFABETIZAÇÃO INFANTIL: PREDITORES, AVALIAÇÃO E ACOMPANHAMENTO/ MONITORAMENTO

Gabriella Koltermann
Carla Alexandra da Silva Moita Minervino
Jerusa Fumagalli de Salles

A atual Política Nacional de Alfabetização (PNA) brasileira, proposta em 2019 e que tem como base a ciência cognitiva da leitura, define alfabetização como o ensino das habilidades de leitura e de escrita em um sistema alfabético (Ministério da Educação [MEC] & Secretaria Nacional de Alfabetização [SEALF], 2019). Aprender a ler e escrever são algumas das habilidades mais importantes que as crianças precisam desenvolver durante os primeiros anos escolares. O domínio dessas competências tem sido um dos grandes desafios ao longo do desenvolvimento infantil (Pazeto et al., 2017).

A leitura é uma atividade complexa, que pode acontecer em variados níveis, da palavra ao texto. Como sabemos, o objetivo último da leitura é compreender o que é lido e, para isso, são necessárias habilidades de decodificação de palavras e automaticidade (fluência) nesse processo. Estas últimas competências precisam ser desenvolvidas ainda cedo no período de alfabetização para que recursos cognitivos sejam alocados posteriormente para a compreensão leitora. A escrita, da mesma forma, pode ser considerada a partir de diferentes níveis (palavra, frase, texto) e requer a integração de variadas habilidades cognitivo-linguísticas, a depender da demanda da produção escrita (Ehri et al., 2001; Lonigan, 2015). Nesse contexto, salienta-se a importância para a criança do processo de alfabetização, o qual proporcionará, ao final, o desenvolvimento adequado de competências de leitura e escrita, essenciais para a posterior construção de outros conhecimentos (Lonigan, 2015).

Todavia, nem todas as crianças alcançam habilidades de linguagem escrita conforme o esperado. É considerada elevada a taxa de crianças que apresentam dificuldades em habilidades básicas de leitura e escrita no Brasil. Conforme os resultados da Avaliação Nacional da Alfabetização de 2016, 54,73% dos alunos concluintes do 3º ano do ensino fundamental (EF) apresentaram desempenho insuficiente no exame de proficiência em leitura. Ainda, a comparação dos resultados das edições de 2014 e de 2016 revela uma estagnação no desempenho dos alunos (Instituto Nacional de Estudos e Pesquisas Educacionais Anísio Teixeira [INEP], 2018). Quando a criança chega a esse ano escolar sem saber ler, ou lendo precariamente, como é o caso de mais da metade dos alunos brasileiros, sua trajetória escolar fica seriamente comprometida (MEC & SEALF, 2019). Esse cenário é preocupante, uma vez que o desenvolvimento pleno da leitura e da escrita ainda na infância é fundamental para que os indivíduos alcancem, além de uma trajetória escolar com maiores chances de sucesso, também recursos cognitivo-linguísticos e sociais adequados (Corso et al., 2019).

Para isso, é fundamental que práticas de avaliação e monitoramento do desempenho das crianças nessas habilidades sejam desenvolvidas de forma ampla desde o princípio do processo de alfabetização, a fim de identificar possíveis dificuldades e, assim, intervir precocemente (Fletcher et al., 2019). Ainda, é possível que esse processo tão desafiador para as crianças seja facilitado pelo estímulo (anterior ao período de educação formal) de habilidades ditas preditoras ou precursoras da aprendizagem da leitura e da escrita. Ou seja, no Brasil, a criança começa a ser formalmente alfabetizada no primeiro ano do EF, porém, antes disso, podem ser desenvolvidas habilidades, atitudes e conhecimentos importantes para o processo de alfabetização (MEC & SEALF, 2019; Whitehurst & Lonigan, 2008).

Assim, neste capítulo, serão abordados os preditores cognitivos, psicológicos/comportamentais e ambientais (familiares e escolares) da alfabetização na infância, a avaliação do processo de alfabetização e o seu acompanhamento/monitoramento em crianças. Pretende-se contribuir com a formação de estudantes e com a prática de profissionais que trabalham em contexto clínico e, principalmente, escolar.

PREDITORES COGNITIVOS, PSICOLÓGICOS/ COMPORTAMENTAIS E AMBIENTAIS DA ALFABETIZAÇÃO INFANTIL

A depender da habilidade acadêmica em questão (leitura ou escrita) e seus subníveis (p. ex., palavras ou texto), os preditores cognitivos serão mais ou menos específicos. De forma geral, entre os preditores cognitivos mais relevantes para a alfabetização (tanto para leitura como para escrita) estão as habilidades de processamento fonológico. Entre estas, a consciência fonológica é uma habilidade extremamente relevante para a aprendizagem da linguagem escrita, pois refere-se à capacidade de analisar e refletir conscientemente sobre a estrutura da linguagem oral. A consciência fonológica é uma habilidade metalinguística abrangente, que inclui a identificação e a manipulação intencional de unidades da linguagem oral, tais como palavras, sílabas e rimas. Entre outras competências consideradas como parte do processamento fonológico estão a memória de trabalho fonológica (também conhecida como memória de trabalho verbal, geralmente avaliada por tarefas de repetição, sequência de dígitos ou palavras/pseudopalavras) e a nomeação rápida de letras, números, objetos ou cores, por exemplo, que mensura a velocidade de acesso da criança ao seu léxico mental (MEC & SEALF, 2019; Lima et al., 2019; Snowling & Hulme, 2020; Stappen & Van Reybroeck, 2018).

Além dessas, as habilidades de linguagem oral da criança (como vocabulário e compreensão oral), o seu conhecimento do alfabeto (conhecimento da letra-nome e da letra-som) e de conceitos/convenções sobre escrita e materiais impressos (p. ex., quais são as partes de um livro [capa, frente, verso] ou que a leitura é feita da esquerda para a direita e de cima para baixo, etc.) também são considerados preditores cognitivo-linguísticos importantes da alfabetização bem-sucedida (Hulme & Snowling, 2016; Levy et al., 2006; National Early Literacy Panel [NELP], 2008; Whitehurst & Lonigan, 2008). Outra habilidade preditora da alfabetização é a criança ser capaz de escrever, a pedido, letras isoladas ou o próprio nome (MEC & SEALF, 2019; NELP, 2008).

Evidências tendem a demonstrar que essas variáveis, ainda em período pré-escolar, em conjunto, predizem com consistência o desempenho posterior em leitura e escrita. Portanto, é recomendável que sejam promovidas/estimuladas e avaliadas desde cedo, a fim de contribuir com o processo de alfabetização no EF (MEC & SEALF, 2019; NELP, 2008).

Alguns estudos também apontam como preditores precoces da alfabetização as habilidades atencionais da criança, funções executivas e raciocínio verbal e não verbal (Chang, 2019; Peng et al., 2019). Um estudo recente apontou que diferenças individuais na compreensão da leitura foram influenciadas por variações nas funções executivas em crianças. Flexibilidade cognitiva, controle inibitório e memória de trabalho foram responsáveis por uma variação única na compreensão da leitura, e a memória de trabalho foi responsável pelo maior efeito total entre os três componentes principais das funções executivas (Chang, 2019).

Quanto aos indicadores psicológicos/comportamentais, ressalta-se que a motivação da criança para aprender e suas habilidades sociais e de regulação emocional estão relacionados positivamente às habilidades de leitura e escrita. Por outro lado, a apresentação de sintomas ansiosos, depressivos e de desatenção interferem de forma negativa no processo de alfabetização (Francis et al., 2018; Harrington et al., 2020; O'Neill et al., 2016). Por exemplo, a regulação emocional, ou seja, o processo de modulação das emoções, desempenha um papel fundamental na capacidade de uma criança de se adaptar às novas demandas dos ambientes escolares. Isso, por sua vez, tem implicações significativas para componentes acadêmicos, como leitura e escrita (Harrington et al., 2020). Ademais, sintomas de desatenção na pré-escola impactaram negativamente os resultados de leitura em idade escolar, por meio do comprometimento do desenvolvimento das habilidades linguísticas, o que colocou em risco o desempenho posterior das crianças em leitura (O'Neill et al., 2016).

É importante ressaltar também que o processo de alfabetização é essencialmente dependente da instrução formal e informal, de forma que esses preditores estão intimamente interligados com fatores ambientais, como o ambiente linguístico familiar, e a fatores escolares, que incluem a qualidade da instrução oferecida. De fato, a presença de recursos linguísticos e de aprendizagem em casa e o contato da criança com brinquedos envolvendo letras, números, nomes de animais, jogos de faz de conta, de construção e jogos com regras tornam o ambiente domiciliar favorável à alfabetização, na medida em que expõem a criança aos símbolos, regras e sinais da língua. Além dos recursos materiais disponíveis, as atividades sociais e práticas parentais contribuem para desfechos em leitura, de forma que o apoio e suporte do ambiente familiar auxiliam na formação de um ambiente alfabetizador no domicílio (Oliveira et al., 2016).

No Brasil, identificaram-se relações entre o ambiente linguístico familiar e os precursores da leitura e escrita em crianças entre 5 e 6 anos, confirmando que o ambiente familiar contribui para o desenvolvimento da consciência fonológica, do conhecimento do nome de letras e do vocabulário de crianças (Cardoso & Mota, 2015). Desse modo, um ambiente linguístico familiar que propicie desde cedo interações facilitadoras ao desenvolvimento de habilidades precursoras da alfabetização é um bom preditor de resultados positivos no processo de aprendizagem da leitura e da escrita da criança. Ao mesmo tempo, o envolvimento parental no processo formal de alfabetização da criança tem sido associado a bons desfechos para a criança nessa etapa (Bryce et al., 2019).

Atualmente, debate-se se o ambiente linguístico familiar afetaria os resultados de leitura e escrita da criança, caso outras influências genéticas fossem levadas em consideração. Estudos vêm indicando que pais com boas capacidades linguísticas transferem para os filhos seus genes, os quais lhes conferem boas habilidades linguísticas, embora instruções diretas relacionadas a habilidades leitoras e número de livros aos quais a criança é exposta pareçam estabelecer efeitos ambientais diretos no desfecho em leitura da criança, mesmo após controle de habilidades linguísticas parentais (Puglisi et al., 2017; Van Berger et al., 2016).

Embora as experiências que antecedem a escolarização formal sejam relevantes para o percurso escolar dos alunos, a aprendizagem da leitura e da escrita requer a interação com um adulto que sistematicamente ensine as crianças a desenvolver essas habilidades. Desse modo, o processo de escolarização das crianças também é um fator ambiental extremamente importante para os resultados em alfabetização infantil. O desenvolvimento ideal de crianças depende do "ajuste" entre as características ambientais de suas famílias e as escolas que elas frequentam (Li et al., 2016).

A qualidade da escola e o fato de as crianças terem frequentado a pré-escola podem ser fatores-chave no desenvolvimento da alfabetização. A literatura geralmente considera os fatores associados à qualidade da escola em três categorias: recursos materiais, características estruturais e práticas escolares. Os recursos materiais incluem financiamento, ambiente físico e recursos educacionais, como tecnologia. As características estruturais incluem aspectos relacionados às turmas, por exemplo. As práticas escolares envolvem expectativas dos professores quanto aos níveis de desempenho e capacidade dos alunos, rigor do currículo, clima disciplinar e demandas de trabalhos de casa (Buckingham et al., 2013; Rumberger & Palardy, 2005).

Em um estudo com crianças pré-escolares portuguesas, verificou-se que o ambiente linguístico familiar e a qualidade da pré-escola foram associados à alfabetização de crianças. Além disso, sugeriram-se efeitos cumulativos do ambiente doméstico e da qualidade da pré-escola para essas habilidades (Pinto et al., 2013). Ademais, a qualidade da escola e da instrução oferecida pode atuar como fator protetivo para a alfabetização bem-sucedida de crianças em anos iniciais do EF, principalmente daquelas que iniciam o período escolar com menores habilidades relacionadas ao letramento (Vernon-Feagans et al., 2018).

Dessa forma, os fatores familiares e escolares são considerados preditores importantes e podem promover de modo substancial bons desfechos em alfabetização de crianças. A Figura 7.1 exemplifica as habilidades precursoras da alfabetização em interação com outras variáveis contextuais.

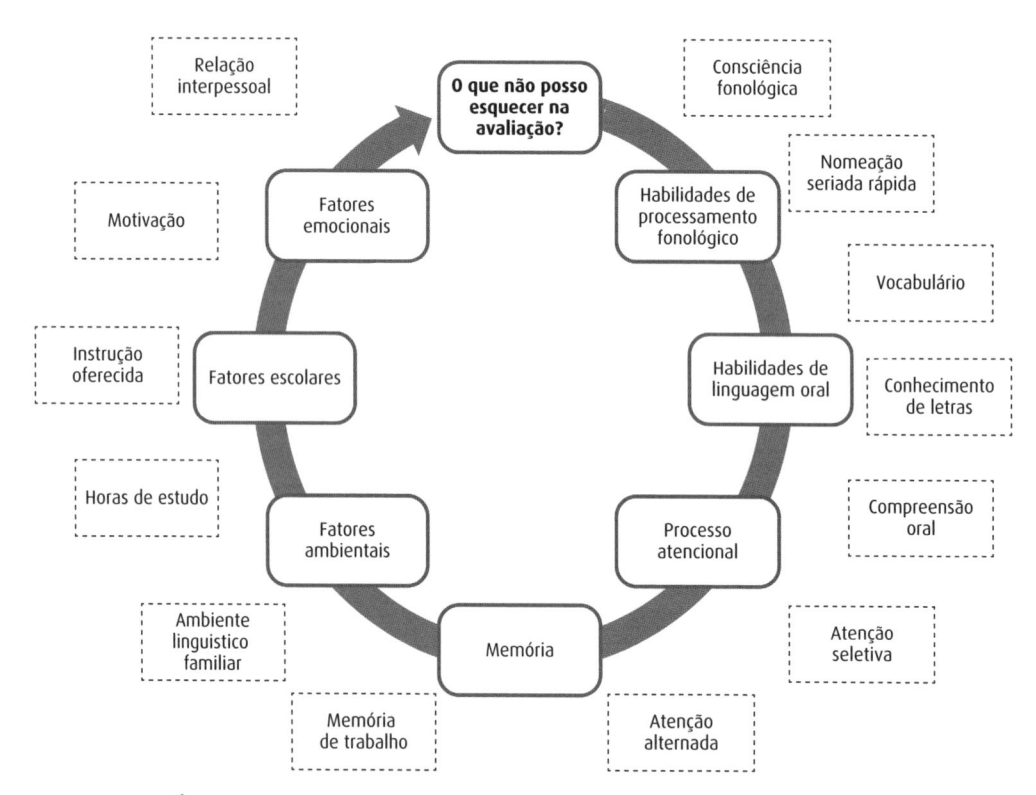

FIGURA 7.1 / Modelo das interações entre algumas habilidades precursoras da alfabetização e variáveis ambientais e emocionais.

AVALIAÇÃO E ACOMPANHAMENTO/ MONITORAMENTO DO PROCESSO DE ALFABETIZAÇÃO DE CRIANÇAS

Conforme já apontado no início deste capítulo, o desenvolvimento inicial das crianças e seu progresso durante os primeiros anos escolares são cruciais para seu sucesso posterior (Stanovich, 2009). Por isso, avaliar e monitorar o desenvolvimento da aprendizagem das crianças nesse estágio-chave de suas vidas deve ser uma preocupação de todos os educadores (Bartholo et al., 2020; Förster et al., 2018).

Medidas avaliativas breves e precisas (medidas de *screening* ou de triagem) e o monitoramento do progresso vêm sendo ações efetivas para identificar crianças em risco de apresentar dificuldades de leitura/escrita no contexto escolar (Catts et al., 2013). Os modelos de intervenção que consideram a avaliação e o monitoramento de crianças que têm demonstrado melhor eficácia para os alunos são os programas baseados na resposta à intervenção (RTI), (do inglês *response to intervention*) (Almeida et al., 2016).

Resumidamente, o RTI é um modelo multinível que inclui parâmetros de avaliação e instrução para identificação precoce e prevenção de dificuldades de aprendizagem. De acordo com esse modelo, as crianças podem ser identificadas como apresentando dificuldades de leitura/escrita caso sua resposta a uma instrução ou intervenção (que possua base em evidências científicas) seja substancialmente inferior à de seus pares. A resposta à instrução/intervenção é avaliada por uma triagem universal (aplicada a todas as crianças) e/ou medidas de monitoramento de progresso.

Dessa forma, todas as crianças participam de uma triagem universal periódica para identificar aquelas que estão potencialmente em risco de apresentar dificuldades de leitura/escrita (Nível 1). Aquelas que apresentam desempenho rebaixado na triagem universal recebem instrução suplementar (Nível 2), e sua resposta é avaliada por medidas de monitoramento de progresso para avaliar ainda mais o risco de uma dificuldade de aprendizagem persistente. As crianças que continuam a apresentar respostas insatisfatórias podem receber intervenções mais intensivas (Nível 3) (Catts et al., 2013; Speece et al., 2011).

Portanto, avaliar e monitorar têm como objetivo estimar taxas de melhorias no desempenho em habilidades de leitura e escrita e identificar os alunos que não estão demonstrando progresso adequado e, portanto, exigem formas adicionais ou alternativas de instrução (Batista & Pestun, 2019). Ainda, práticas de avaliação e monitoramento da leitura e da escrita tornam possível identificar as crianças em risco de apresentar transtornos específicos de aprendizagem, como dislexia. A dislexia está presente em cerca de 3% a 11% das crianças e caracteriza-se por dificuldades persistentes e inesperadas na aprendizagem da leitura e da escrita, que requerem uma intervenção intensiva e individualizada (Galuschka & Schulte-Körne, 2016). A avaliação e o monitoramento das habilidades acadêmicas dos alunos também permitem mensurar o impacto da política educacional e produzir medidas confiáveis sobre a qualidade do sistema educacional e seus resultados (Bartholo et al., 2020).

Para que o modelo de RTI tenha o máximo de sucesso, é fundamental que os procedimentos de identificação (i.e., a triagem universal e o monitoramento do progresso) sejam realizados de maneira oportuna e eficiente/precisa. De preferência, a identificação deve ocorrer na pré-escola ou no primeiro ano do EF, antes de as crianças em risco apresentarem dificuldades significativas em leitura e escrita. Isso permitiria realizar intervenção precoce para prevenir dificuldades nessas habilidades ou reduzir significativamente o seu impacto (Catts et al., 2013).

Conforme Speece et al. (2011), para avaliar todas as crianças, uma bateria de triagem deve ser rápida e fácil de administrar (i.e, seja, apresentar eficiência). Dado que o tempo de instrução é um bem precioso, as baterias de triagem devem minimizar a quantidade de tempo para o rastreio das crianças em relação ao tempo de instrução. Os procedimentos de identificação também devem ser precisos. A precisão é frequentemente avaliada em termos de sensibilidade (identificar corretamente aqueles que terão dificuldades de leitura/escrita) e especificidade (identificar corretamente aqueles que não terão dificuldades de leitura/escrita) (Catts et al., 2013).

Nesse ponto, inserem-se os preditores cognitivos anteriormente discutidos neste capítulo. Habilidades de consciência fonológica, nomeação seriada rápida (medida de tempo) e identificação de letras, por exemplo, vêm sendo utilizadas como medidas de triagem universal nos estudos de RTI (Stuebing et al., 2015). Ademais, um estudo com crianças do 1º ano do EF indicou que uma triagem rápida, incluindo medidas de fluência na leitura de palavras e avaliações da percepção do professor acerca das dificuldades de leitura dos alunos, foi suficiente para identificar com precisão as crianças em risco de dislexia no final do 1º ano do EF.

A relevância da avaliação da fluência de leitura de palavras já foi corroborada por outros estudos. Além disso, não é surpreendente que as avaliações dos professores quanto às dificuldades de leitura dos alunos tenham contribuído como um poderoso preditor, dado que os professores têm múltiplas oportunidades de observar os alunos e fazer julgamentos sobre seus níveis de habilidades (Speece et al., 2011). Por exemplo, no Brasil, há a Escala de Avaliação da Competência em Leitura pelo Professor (EACOL) para crianças do EF, a qual tem uma função de triagem das habilidades de leitura do aluno (silenciosa e em voz alta) e também pode ser utilizada para o professor avaliar o progresso do aluno no decorrer do ano letivo (Pinheiro & Costa, 2015; Vilhena & Pinheiro, 2016).

O Quadro 7.1 apresenta instrumentos que podem ser utilizados para avaliação e monitoramento da leitura e da escrita em crianças e abrangem os anos iniciais da alfabetização. Nosso objetivo não é revisar exaustivamente os instrumentos disponíveis, mas, sim, dar alguns exemplos que ilustrem o leque de avaliações.

QUADRO 7.1
Instrumentos publicados no Brasil que avaliam a leitura e/ou a escrita em crianças abrangendo os anos iniciais do EF

Instrumento	Objetivo	Características	Estudos psicométricos
Teste de Competência de Leitura de Palavras e Pseudopalavras (TCLPP) (Seabra & Capovilla, 2010)	Avaliar a competência de leitura silenciosa de palavras isoladas.	É composto por oito itens de treino e 70 itens-teste. Cada item possui uma figura e uma palavra ou pseudopalavra escrita. Alguns itens apresentam disparidade semântica entre figura e elemento escrito ou erro ortográfico. A criança deve circular os itens corretos e assinalar com um X os incorretos.	Normas para crianças brasileiras de 2º a 5º anos do EF. O teste permite diferenciar os desempenhos para cada ano (Seabra & Capovilla, 2010). A precisão no TCLPP foi verificada por Dias et al. (2014), com alfa de Cronbach igual a 0,89.
Teste de Fluência de Leitura de Palavras Isoladas (Justi & Roazzi, 2012)	Avaliar a fluência de leitura.	É composto por 60 palavras regulares. As crianças são instruídas a ler as palavras apresentadas em um cartão, da esquerda para a direita, em voz alta, de forma precisa e o mais rapidamente possível até ouvirem um sinal, que indica o término do tempo de 30 segundos.	O escore nesta tarefa se correlacionou positivamente com variáveis como leitura e escrita de palavras, dígitos, subtração de fonemas, nomeação seriada rápida de letras, números, cores e objetos em uma amostra de crianças do 4º ano do EF (Justi & Roazzi, 2012).

Continua

QUADRO 7.1
Instrumentos publicados no Brasil que avaliam a leitura e/ou a escrita em crianças abrangendo os anos iniciais do EF

Instrumento	Objetivo	Características	Estudos psicométricos
Avaliação da Compreensão de Leitura – Técnica de Cloze (Santos et al., 2009)	Avaliar a compreensão da leitura pela criança.	É composta por dois textos de tamanhos equivalentes, mas níveis de dificuldade diferentes. A técnica de Cloze consiste na seleção de um texto de aproximadamente 200 vocábulos, no qual toda quinta palavra é omitida. O examinando deve preencher com a palavra que considere mais adequada ao contexto.	Correlações moderadas e significativas entre os textos do Cloze e a habilidade de escrita de palavras em crianças de 7 a 10 anos de idade. Além disso, alunos com desempenho fraco na escrita obtiveram baixo rendimento na avaliação pela técnica de Cloze. A análise da consistência interna apresentou índices de precisão satisfatórios (Santos & Monteiro, 2016).
Teste de Leitura – Compreensão de Sentenças (TELCS) (Vilhena et al., 2016)	Avaliar a compreensão leitora por meio da fluência da leitura silenciosa de sentenças. O instrumento é destinado a crianças do 2º ao 5º anos do EF e pode ser aplicado coletivamente.	É composto por quatro itens de treino e 36 itens de teste. A criança é instruída a ler sentenças que não possuem a última palavra e deve escolher a palavra que melhor completa a frase. Tempo de execução: 5 minutos.	Possui normas por idade e ano escolar para as crianças brasileiras. O instrumento permite identificar e diferenciar escolares com sinais de dificuldade daqueles com bom desempenho de leitura (Vilhena et al., 2016).
Teste de Desempenho Escolar (TDE II) (Stein et al., 2019)	Avaliar os três domínios acadêmicos – leitura, escrita e matemática – ao longo dos nove anos do EF.	É composto por três subtestes, cada um com duas versões. Subteste de leitura: versão A, composta por 36 itens; versão B, composta por 33 itens. Subteste de escrita: versões A e B, compostas por 40 itens. Subteste de aritmética: versão A, com 37 itens; versão B, com 43 itens.	Normas dos três subtestes para aplicação individual de acordo com o ano escolar e o tipo de escola (pública ou privada) e normas para aplicação coletiva dos subtestes de escrita e aritmética do 4º ao 9º anos escolares, de acordo com o tipo de escola (pública ou privada) (Stein et al., 2019). Valores de precisão (alfa de Cronbach): Leitura: 0,86 (versão A); 0,89 (versão B). Escrita: 0,98 (versão A); 0,86 (versão B). Aritmética: 0,95 (versão A); 0,97 (versão B). (Viapiana et al., 2016).
Avaliação Neuropsicológica de Leitura e Escrita (Coleção Anele)	Avaliar habilidades de leitura e escrita.	Anele 1 (Salles et al., 2017): composto por 60 estímulos entre palavras regulares, irregulares e pseudopalavras.	Os testes apresentam evidências de validade e fidedignidade (Basso et al., 2018; Corso et al., 2017; Salles et al., 2017).

Continua

QUADRO 7.1
Instrumentos publicados no Brasil que avaliam a leitura e/ou a escrita em crianças abrangendo os anos iniciais do EF

Instrumento	Objetivo	Características	Estudos psicométricos
Anele 1: Avaliação de leitura de palavras e pseudopalavras isoladas Anele 2: Avaliação da compreensão de leitura textual Anele 3: Tarefa de escrita de palavras e pseudopalavras Anele 4: Tarefa de leitura de palavras e pseudopalavras Anele 5: Avaliação da fluência de leitura textual		Público-alvo: crianças e adolescentes de 6 a 12 anos de idade, do 1º ao 7º anos do EF. Anele 2 (Corso et al., 2017): composto por duas tarefas e um questionário. Público-alvo: crianças do 4º ao 6º anos do EF. Anele 3 (Rodrigues & Salles, 2013): composto por 72 estímulos divididos em palavras frequentes, não frequentes e pseudopalavras. Anele 4 (Rodrigues et al., 2015): composto por 72 estímulos caracterizados por frequência, extensão e regularidade. Anele 5 (Basso et al., 2018): permite investigar a fluência de leitura textual por meio de múltiplas dimensões: precisão, automaticidade, prosódia na leitura oral e compreensão de leitura em crianças de 7 a 10 anos de idade, do 2º ao 4º anos do EF. Existe também uma versão curta, que avalia a leitura textual da criança durante 1 minuto.	
Provas de Avaliação dos Processos de Leitura (PROLEC) (Capellini et al., 2010)	Avaliar os processos de leitura de crianças do 2º ao 5º anos do EF.	Contém a avaliação da compreensão leitora de orações e de pequenos textos adicionalmente à leitura de palavras/pseudopalavras e decisão lexical.	Em uma análise das evidências psicométricas do subteste compreensão leitora (PROLEC-T) concluiu-se que, em sua forma atual, este parece ser adequado apenas para uma avaliação informal de crianças com dificuldade de leitura (Pinheiro et al., 2017).
Instrumento de Avaliação Neuropsicológica Breve Infantil (NEUPSILIN-Inf) (Salles et al., 2011)	Avaliar diferentes funções neuropsicológicas, incluindo a linguagem escrita, em crianças de 6 a 12 anos de idade, frequentando do 1º ao 7º anos do EF.	É um instrumento de rastreio neuropsicológico, que, por meio de tarefas de leitura e escrita de palavras e pseudopalavras permite apenas fazer um levantamento inicial dessas habilidades. Apresenta ainda uma tarefa de compreensão de leitura de palavras e de sentenças e uma tarefa de escrita de uma frase e cópia de uma frase.	Apresenta evidências de validade e fidedignidade (Pawlowski et al., 2008).

Continua

QUADRO 7.1
Instrumentos publicados no Brasil que avaliam a leitura e/ou a escrita em crianças abrangendo os anos iniciais do EF

Instrumento	Objetivo	Características	Estudos psicométricos
Teste de Desempenho Cognitivo-Linguístico (TDCL) (Capellini et al., 2008)	Avaliação da leitura/escrita, além de outras funções cognitivas.	Apresenta uma parte aplicada de forma coletiva e outra de forma individual. A versão coletiva é composta por cinco subtestes: reconhecimento do alfabeto em sequência, cópia de formas, aritmética, escrita sob ditado e memória de curta duração. A versão individual é composta por 10 subtestes: leitura de palavras e pseudopalavras, habilidade fonológica (rima e aliteração), habilidade matemática, processamento auditivo, processamento visual, velocidade de processamento, sequenciamento, habilidade motora e reversão (Capellini et al., 2007).	O TDCL, nas versões coletiva e individual, mostrou-se um instrumento sensível para crianças de 7 a 10 anos de idade (antigas 1ª a 4ª séries) para ser utilizado como triagem das dificuldades de aprendizagem em âmbito escolar (Capellini et al., 2007).
Provas de Habilidades Metalinguísticas e de Leitura (PROHMELE) (Cunha & Capellini, 2009)	Avaliar habilidades metalinguísticas e de leitura em crianças do 1º ao 4º anos escolares.	O protocolo é dividido em duas partes. As provas de habilidades metalinguísticas incluem habilidades silábicas – identificação de sílabas inicial, final e medial, segmentação, adição, substituição, subtração e combinação de sílabas – e habilidades fonêmicas – identificação de fonemas inicial, final e medial, segmentação, adição, substituição e combinação de fonemas. A segunda parte inclui leitura de palavras reais e de pseudopalavras.	O desempenho no teste aumenta com a escolarização, e o instrumento permite diferenciar o desempenho de crianças com e sem dificuldades em habilidades metacognitivas e leitura (Cunha & Capellini, 2009).
Prova de Leitura e de Escrita de Palavras (PLEP) (Lúcio et al., 2018)	Avaliar a leitura e a escrita de palavras em crianças.	É composto por 48 palavras de baixa frequência apresentadas em um cartão.	Validação fatorial e seleção de itens na tarefa de decodificação de palavras baseadas nos níveis de dificuldade e de discriminação obtidos pela teoria de resposta ao item (Lúcio et al., 2018).
História "A coisa" (Salles & Parente, 2004)	Avaliar a compreensão leitora de texto narrativo em crianças do 1º ao 3º anos do EF.	Consiste na leitura e reconto da história "A coisa" (com aproximadamente 200 palavras). Os recontos podem ser classificados em cinco categorias, conforme o grau de compreensão (Corso et al., 2015).	Normas de desempenho estão disponíveis no trabalho publicado por Corso et al. (2015). Além da escolarização, os dados normativos foram divididos pelo tipo de escola da criança (pública ou privada).

EF, ensino fundamental.

Além dos apresentados no Quadro 7.1, em Seabra et al. (2013) há uma série de tarefas e instrumentos de avaliação das habilidades de leitura e escrita para crianças. A Coleção *Avaliação neuropsicológica cognitiva* é composta por três volumes e se caracteriza por disponibilizar instrumentos que podem ser aplicados tanto por profissionais da área clínica quanto por profissionais da área de educação, em acordo com o entendimento da neuropsicologia como área de conhecimento e atuação interdisciplinar. O terceiro volume, especificamente, avalia leitura, escrita e aritmética (Araújo, 2016). Fonseca et al. (2016) também apresentam tarefas de linguagem para avaliação de crianças, incluindo algumas relativas à linguagem escrita.

Como já mencionado, não se teve a pretensão de esgotar a literatura da área, mas, sim, de mencionar alguns exemplos de instrumentos que podem ser utilizados para avaliação da leitura e da escrita em crianças nos primeiros anos do EF no contexto brasileiro. Para mais revisões acerca da avaliação de habilidades precursoras da leitura/escrita ou dessas habilidades em si, indicamos Becker e Salles (2018), Salles e Piccolo (2018) e Salles et al. (2018).

Muito embora os instrumentos de avaliação das habilidades de leitura e escrita sejam relevantes, é importante que estes não sejam as fontes únicas de informação acerca do processo de alfabetização infantil. A fim de elaborar uma avaliação infantil compreensiva, é essencial contar com mais informações advindas dos mais diversos atores envolvidos nesse contexto, como a família, a escola e os fatores da própria criança.

Conforme já ressaltado, variáveis familiares e escolares devem ser consideradas preditores importantes do sucesso nessa etapa do desenvolvimento das crianças. Ainda, outros fatores como o próprio interesse da criança por atividades de leitura e escrita, ansiedade de leitura, motivação para aprender e autoeficácia são relevantes para a alfabetização (Chen et al., 2018; Piccolo et al., 2018). O sucesso na alfabetização é codeterminado pelas habilidades individuais da criança (p. ex., cognitivas e psicológicas/comportamentais) e os diversos componentes externos a ela em interação que agem direta ou indiretamente sobre a aprendizagem infantil (Fletcher et al., 2019).

O processo de avaliação neuropsicológica infantil abrangeria, portanto, etapas importantes como a anamnese, a observação da criança, a formulação de hipóteses, o estabelecimento de um plano de avaliação (incluindo aspectos da criança, da família e da escola), investigação da necessidade de avaliações complementares e hipótese diagnóstica. A partir disso, estabelece-se o início da intervenção, no caso das dificuldades de aprendizagem, para investigar a evolução do quadro e o possível diagnóstico de transtorno específico de aprendizagem, como dislexia, conforme abordagem da RTI (Fletcher et al., 2019).

CONSIDERAÇÕES FINAIS

Há diversos preditores para a alfabetização bem-sucedida de crianças. Promovê-los antes mesmo do período de inserção da criança na educação formal e ao longo do EF é de suma importância para que se formem condições ideais/propícias para a aprendizagem de habilidades de leitura e escrita. Ainda, ressalta-se que a literatura aponta para a importante contribuição de fatores biológicos (de funcionamento cerebral e genéticos), ou seja, preditores biológicos de habilidades leitoras e de escrita, os quais interagem com as demais variáveis (cognitivas, emocionais e ambientais) aqui apontadas (Fletcher et al., 2019; Snowling & Hulme, 2020). No entanto, a abordagem desses preditores não foi o foco do presente capítulo.

Em contexto clínico, a avaliação compreensiva do processo de alfabetização abrangendo múltiplas fontes de informação e integrando esses diversos preditores possibilita bons resultados e promove a construção de uma base adequada para o posterior delineamento de intervenções efetivas. Além disso, uma cultura de avaliação e monitoramento das habilidades das crianças no contexto escolar traz inúmeros benefícios para o processo de alfabetização e resultados posteriores.

Por fim, medidas de leitura e escrita aplicadas ao contexto de aprendizagem escolar, quando apresentam boas bases teóricas e evidências psicométricas, são relevantes para embasar decisões pedagógicas efetivas para a alfabetização das crianças e transformam-se em instrumentos de identificação/prevenção de dificuldades de aprendizagem precocemente. Com isso, torna-se possível pensar em um trajeto de alfabetização de sucesso para as nossas crianças.

REFERÊNCIAS

Almeida, R. P., Piza, C. J. M. T., Cardoso, T. S. G., & Miranda, M. C. (2016). Prevenção e remediação das dificuldades de aprendizagem: Adaptação do modelo de resposta à intervenção em uma amostra brasileira. *Revista Brasileira de Educação, 21*(66), 611-630.

Araújo, A. A. (2016). Resenha: A coleção 'avaliação neuropsicológica cognitiva': Disponibilização de instrumentos no contexto nacional. *Revista Psicopedagogia, 33*(102), 396-398.

Bartholo, T. L., Koslinski, M. C., Costa, M., Tymms, P., Merrell, C., & Barcellos, T. M. (2020). The use of cognitive instruments for research in early childhood education: Constraints and possibilities in the Brazilian context. *Pro-Posições, 31*, 1-24.

Basso, F., Miná, C. S., Piccolo, L. R., & Salles, J. F. (2018). *Coleção Anele 5 – Avaliação da fluência de leitura textual – AFLeT*. Vetor.

Batista, M., & Pestun, M. S. V. (2019). O Modelo RTI como estratégia de prevenção aos transtornos de aprendizagem. *Psicologia Escolar e Educacional, 23*, 1-8.

Becker, N., & Salles, J. F. (2018). Indicadores de risco para dificuldade/transtorno de aprendizagem da leitura em crianças pré-escolares. In N. M. Dias & A. G. Seabra (Orgs.). *Neuropsicologia com pré-escolares: Avaliação e intervenção* (Part. 3, Cap. 10, pp. 205-220). Pearson.

Bryce, C. I., Bradley, R. H., Abry, T., Swanson, J., & Thompson, M. S. (2019). Parents' and teachers' academic influences, behavioral engagement, and first- and fifth-grade achievement. *School of Psychology, 34*(5), 492-502.

Buckingham, J., Wheldall, K., & Beaman-Wheldall, R. (2013). Why poor children are more likely to become poor readers: The school years. *Australian Journal of Education, 57*(3), 190-213.

Capellini, S. A., Silva, C., Gonzaga, J., Galhardo, M. T., Cruvinel, P., & Smythe, I. (2007). Desempenho cognitivo-linguístico de escolares de 1ª a 4ª séries do ensino público municipal. *Revista Psicopedagogia, 24*(73), 30-44.

Capellini, A., Oliveira, A. M., & Cuetos F. (2010). *PROLEC – Provas de avaliação dos processos de leitura*. Casa do Psicólogo.

Capellini, A. S., Smythe I., & Silva, C. (2008). *Protocolo de avaliação de habilidades cognitivo – linguísticas – Livro do profissional e do professor*. Fundepe.

Cardoso, C. V., & Mota, M. M. P. E. (2015). Home-literacy e os precursores da alfabetização. *Estudos e Pesquisas em Psicologia, 15*(2), 708-724.

Catts, H. W., Nielsen, D. C., Bridges, M. S., Liu, Y. S., & Bontempo, D. E. (2013). Early identification of reading disabilities within an RTI framework. *Journal of Learning Disabilities, 48*(3), 281-297.

Chang, I. (2019). Influences of executive function, language comprehension, and fluency on reading comprehension. *Journal of Early Childhood Research, 18*(4), 1476718X1987576.

Chen, Q., Kong, Y., Gao, W., & Mo, L. (2018). Effects of socioeconomic status, parent–child relationship, and learning motivation on reading ability. *Frontiers in Psychology, 9*, 1297.

Corso, H. V., Corso, L. V., & Salles, J. F. (2019). Intervenção em habilidades de compreensão de leitura. In C. O. Cardoso, & N. M. Dias (Orgs). *Intervenção neuropsicológica infantil: Da estimulação precoce-preventiva à reabilitação* (pp. 337-356). Pearson.

Corso, H. V., Piccolo, L. R., Miná, C. S., & Salles, J. F. (2015). Normas de desempenho em compreensão de leitura textual para crianças de 1º ano a 6ª Série. *Psico, 46*(1), 68-78.

Corso, H. V., Piccolo, L. R., Miná, C. S., & Salles, J. F. (2017). *Coleção Anele 2 – Avaliação da compreensão da leitura textual – COMTEXT*. Vetor.

Cunha, V. L. O., & Capellini, S. A. (2009). *PROHMELE – Provas de habilidades metalinguísticas e de leitura*. Revinter.

Dias, N. M., Seabra, A. G., & Montiel, J. M. (2014). Instrumentos de avaliação de componentes da leitura: Investigação de seus parâmetros psicométricos. *Avaliação Psicológica, 13*(2), 235-245.

Ehri, L. C., Nunes, S. R., Stahl, S. A., & Willows, D. M. (2001). Systematic phonics instruction helps students learn to read: Evidence from the national reading panel's meta-analysis. *Review of Educational Research, 71*(3), 393-447.

Fletcher, J. M., Lyons, G. R., Fuchs, L. S., & Barnes, M. A. (2019). *Learning disabilities: From Identification to Intervention* (2. ed.). The Guilford Press.

Fonseca, R. P., Prando, M. L., & Zimmermann, N. (2016). *Tarefas para avaliação neuropsicológica (1): Avaliação de linguagem e funções executivas em crianças*. Mennon.

Förster, N., Kawohl, E., & Souvignier, E. (2018). Short- and long-term effects of assessment-based differentiated reading instruction in general education on reading fluency and reading comprehension. *Learning and Instruction, 56*, 98-109.

Francis, D. A., Caruana, N., Hudson, J. L., & McArthur, G. M. (2018). The association between poor reading and internalising problems: A systematic review and meta-analysis. *Clinical Psychology Review, 67*, 45-60.

Galuschka, K., & Schulte-Körne, G. (2016). The diagnosis and treatment of reading and/or spelling disorders in children and adolescents. *Deutsches Aerzteblatt International, 113*(16), 279-286.

Harrington, E. M., Trevino, S. D., Lopez, S., & Giuliani, N. R. (2020). Emotion regulation in early childhood: Implications for socioemotional and academic components of school readiness. *Emotion, 20*(1), 48-53.

Hulme, C., & Snowling, M. J. (2016). Reading disorders and dyslexia. *Current Opinion in Pediatrics, 28*(6), 731-735.

Justi, C. N. G., & Roazzi, A. (2012). A contribuição de variáveis cognitivas para a leitura e a escrita no português brasileiro. *Psicologia Reflexão e Crítica, 25(3)*, 605-14.

Instituto Nacional de Estudos e Pesquisas Educacionais Anísio Teixeira (INEP). (2018). *Relatório do 2º ciclo de monitoramento das metas do Plano Nacional de Educação.*

Levy, B. A., Gong, Z., Hessels, S., Evans, M. A., & Jared, D. (2006). Understanding print: Early reading development and the contributions of home literacy experiences. *Journal of Experimental Child Psychology, 93(1)*, 63-93.

Li, Y., Xu, L., Liu, L., Lv, Y., Wang, Y., & Huntsinger, C. S. (2016). Can preschool socioeconomic composition moderate relationships between family environment and Chinese children's early academic and social outcomes? *Children and Youth Services Review, 60, 1-10.*

Lima, M., Piccolo, L. R., Basso, F. P., Júlio-Costa, A., Lopes-Silva, J. B., Haase, V. G., & Salles, J. F. (2019). Neuropsychological and environmental predictors of reading performance in Brazilian children. *Applied Neuropsychology: Child, 9*, 1-12.

Lonigan, C. J. (2015). Literacy Development. *Handbook of Child Psychology and Developmental Science, 1-43.*

Lúcio, P. S., Cogo-Moreira, H., Kida, A. S. B., Pinheiro, A. M. V., Mari, J. J., & Avila, C. R. B. (2018). Word decoding task: Item analysis by IRT and within-group norms. *Psicologia: Teoria e Pesquisa, 34*, 1-9.

Ministério da Educação (MEC), & Secretaria Nacional de Alfabetização (SEALF). (2019). *PNA – Política nacional de alfabetização.* http://portal.mec.gov.br/images/banners/caderno_pna_final.pdf

National Early Literacy Panel (NELP). (2008). *Developing early literacy: Report of the national early literacy panel – A scientific synthesis of early literacy development and implications for intervention.*

Oliveira, A. G., Conceição, M. C. P., Figueiredo, M. R., Campos, J. L. M., Santos, J. N., & Martins-Reis, V. O. (2016). Associação entre o desempenho em leitura de palavras e a disponibilidade de recursos no ambiente familiar. *Audiology – Communication Research, 21*, 1-7.

O'Neill, S., Thornton, V., Marks, D. J., Rajendran, K., & Halperin, J. M. (2016). Early language mediates the relations between preschool inattention and school-age reading achievement. *Neuropsychology, 30*(4), 398-404.

Pawlowski, J., Fonseca, R. P., Salles, J. F., Parente, M. A. M. P., & Bandeira, D. R. (2008). Evidências de validade do Instrumento de Avaliação Neuropsicológica Breve Neupsilin. *Arquivos Brasileiros de Psicologia, 60*(2), 101-116.

Pazeto, T. C. B., León, C. B. R., & Seabra, A. G. (2017). Avaliação de habilidades preliminares de leitura e escrita no início da alfabetização. *Revista Psicopedagogia, 34*(104), 137-147.

Peng, P., Wang, T., Wang, C., & Lin, X. (2019). A meta-analysis on the relation between fluid intelligence and reading/mathematics: Effects of tasks, age, and social economics status. *Psychological Bulletin, 145*(2), 189-236.

Piccolo, L. R., Oliveira, S. L. S., Koltermann, G., & Salles, J. F. (2017). Ansiedade de leitura e as dislexias do desenvolvimento. In J. F. Salles, & A. L. Navas (Orgs.), *Dislexia do desenvolvimento e adquiridas* (pp. 235-243). Pearson.

Pinheiro, A. M. V., & Costa, A. E. B. (2015). EACOL – Escala de avaliação da competência em leitura pelo professor: Construção por meio de critérios e de concordância entre juízes. *Psicologia: Reflexão e Crítica, 28*(1), 77-78.

Pinheiro, A. M. V., Vilhena, D. A., & Santos, M. A. C. (2017). PROLEC-T – Prova de compreensão de texto: Análise de suas características psicométricas. *Temas em Psicologia, 25*(3), 1067-1080.

Pinto, A. I., Pessanha, M., & Aguiar, C. (2013). Effects of home environment and center-based child care quality on children's language, communication, and literacy outcomes. *Early Childhood Research Quarterly, 28*(1), 94-101.

Puglisi, M. L., Hulme, C., Hamilton, L. G., & Snowling, M. J. (2017). the home literacy environment is a correlate, but perhaps not a cause, of variations in children's language and literacy development. *Scientific Studies of Reading, 21*(6), 498-514.

Rodrigues, J. C., & Salles, J. F. (2013). Tarefa de escrita de palavras/pseudopalavras para adultos: Abordagem da neuropsicologia cognitiva. *Letras De Hoje, 48*(1), 50-58.

Rodrigues, J. C., Nobre, A. P., Guaer, G., & Salles, J. F. (2015). Construção da tarefa de leitura de palavras e pseudopalavras (TLPP) e desempenho de leitores proficientes. *Temas em Psicologia, 23*(2), 413-429.

Rumberger, R. W., & Palardy, G. (2005). Does segregation still matter? The impact of student composition on academic achievement in high school. *Teachers College Record, 107*(9), 1999-2045.

Santos, A. A. A., Boruchovitch, E., & Oliveira, K. L. (2009). *Cloze: Um instrumento de diagnóstico e intervenção.* Casa do Psicólogo.

Santos, A. A. A., & Monteiro, R. M. (2016). Validade do cloze enquanto técnica de avaliação da compreensão de leitura. *Estudos Interdisciplinares em Psicologia, 7*(2), 86-100.

Salles, J. F., Fonseca, R. P., Parente, M. A. M. P., Cruz-Rodrigues, C., Melo, C. B., Barbosa, T., & Miranda, M. C. (2011). Coleção *NEUPSILIN-Inf – Instrumento de avaliação neuropsicológica breve infantil.* Vetor.

Salles, J. F., & Parente, M. A. M. P. (2004). Compreensão textual em alunos de segunda e terceira séries: Uma abordagem cognitiva. *Estudos de Psicologia, 9*(1), 71-80.

Salles, J. F., & Piccolo, L. R. (2018). Avaliação das habilidades e dificuldades de leitura e escrita. In L. Tisser (Org.), *Avaliação neuropsicológica infantil* (pp.201-228). Sinopsys.

Salles, J. F., Piccolo L. R., & Miná, C. S. (2017). *Coleção Anele 1 – Avaliação de leitura de palavras e pseudopalavras isoladas – LPI.* Vetor.

Salles, J. F., Rodrigues, J. C., & Corso, H. V. (2018). Leitura e escrita. In L. F. Malloy-Diniz, D. Fuentes, P. Mattos, & N. Abreu (Orgs.), *Avaliação Neuropsicológica* (2. ed., pp. 123-131). Artmed.

Seabra, A. G., Dias, N. M., & Capovilla, F. C. (2013). *Avaliação neuropsicológica cognitiva (3): Leitura, escrita e aritmética.* Memnon.

Seabra A. G., & Capovilla, F. C. (2010). *Teste de competência de leitura de palavras e pseudopalavras (TCLPP).* Memnon.

Snowling, M. J., & Hulme, C. (2020). Annual research review: Reading disorders revisited – the critical importance of oral language. *Journal of Child Psychology and Psychiatry, 62*(5), 635-653.

Speece, D. L., Schatschneider, C., Silverman, R., Case, L. P., Cooper, D. H., & Jacobs, D. M. (2011). Identification of Reading problems in first grade within a response-to-intervention framework. *The Elementary School Journal, 111*(4), 585-607.

Stanovich, K. E. (2009). Matthew effects in reading: Some consequences of individual differences in the acquisition of literacy. *Journal of Education, 189*(1-2), 23-55.

Stappen, C. V., & Van Reybroeck, M. (2018). Phonological awareness and rapid automatized naming are independent phonological competencies with specific impacts on word reading and spelling: An intervention study. *Frontiers in Psychology, 9,* 320.

Stein, L. M., Giacomoni, C. H., & Fonseca, R. P. (2019). TDE II – *Teste de desempenho escolar* (2. ed.). Vetor.

Stuebing, K. K., Barth, A. E., Trahan, L. H., Reddy, R. R., Miciak, J., & Fletcher, J. M. (2015). Are child cognitive characteristics strong predictors of responses to intervention? A meta-analysis. *Review of Educational Research, 85*(3), 395-429.

Van Bergen, E., Van Zuijen, T., Bishop, D., & De Jong, P. F. (2016). Why are home literacy environment and children's reading skills associated? What parental skills reveal. *Reading Research Quarterly, 52*(2), 147-160.

Vernon-Feagans, L., Mokrova, I. L., Carr, R. C., Garrett-Peters, P. T., & Burchinal, M. R. (2018). Cumulative years of classroom quality from kindergarten to third grade: Prediction to children's third grade literacy skills. *Early Childhood Research Quarterly, 47,* 531-540.

Viapiana, V. F., Giacomoni, C. H., Stein, L. M., & Fonseca, R. P. (2016). Evidências de validade do subteste aritmética do TDE-II: Da psicometria moderna à neuropsicologia cognitiva. *Revista Neuropsicologia Latinoamericana, 8*(2), 16-26.

Vilhena, D. A., & Pinheiro, A. M. V. (2016). Versión revisada de la escala de evaluación de la competencia de lectura por el profesor: Validación final y estandarización. *Universitas Psychologica, 15*(4), 1-13.

Vilhena, D. A., Sucena, A., Castro, S. L., & Pinheiro, A. M. V. (2016). Reading test-sentence comprehension: An adapted version of lobrot's lecture 3 test for Brazilian Portuguese. *Dyslexia, 22*(1), 47-63.

Whitehurst, G. J., & Lonigan, C. J. (2008). Child development and emergent literacy. *Child Development, 69*(3), 848-872.

8

MAPEAMENTO DA APRENDIZAGEM E DO DESEMPENHO ACADÊMICO PELO TESTE DE DESEMPENHO ESCOLAR (TDE II)

Vanisa Fante Viapiana
Claudia Hofheinz Giacomoni
Lilian Milnitsky Stein
Rochele Paz Fonseca

A aprendizagem, embora ocorra a cada dia ao longo da história de um indivíduo, em geral é associada ao desafiador período de escolarização formal. No presente capítulo, visa-se a apresentar uma das ferramentas mais utilizadas para mapeamento do tripé de habilidades básicas da aprendizagem escolar, recentemente reestruturada: o Teste de Desempenho Escolar (TDE II) (Stein et al., 2019). Ressalta-se que essa ferramenta jamais será autossuficiente se utilizada isoladamente, mas é útil e aplicável se inserida em um contexto clínico-educacional amplo, juntamente com outras técnicas e ferramentas, para a caracterização quantitativo-qualitativa do nível de leitura, de escrita e de matemática para fins de demandas escolares.

UMA BREVE INTRODUÇÃO SOBRE O DESEMPENHO ESCOLAR E A HISTÓRIA DO TDE

O desempenho escolar não está associado exclusivamente às notas de um estudante nas disciplinas escolares. A literatura científica tem discutido a relação do desempenho escolar com as competências emocionais (Franco et al., 2017), comportamentais (Cattelino et al., 2019) e cognitivas (Gonçalves et al., 2017), além de relacionar a aprendizagem escolar com fatores genéticos (Rimfeld et al., 2016), estilos de personalidade (Steinmayr et al., 2018), nível econômico da família e envolvimento dos pais na educação (Zhang et al., 2020), bem como a interação da família e da escola (Alves et al., 2017). Nesse sentido, o desempenho escolar é compreendido como um fenômeno multifatorial bastante complexo.

Socialmente, aprender a ler, escrever e fazer cálculos são consideradas as aprendizagens mais efetivas da vida estudantil (Gonçalves et al., 2019). Não se pode esquecer de que leitura, escrita e matemática são as bases, os alicerces, das demais disciplinas até a universidade ou o ensino técnico, para conteúdos como de ciências, história, geografia, física e química, na medida em que instruções e materiais escritos precisam ser lidos e compreendidos.

Desse modo, uma forma de operacionalizar e mensurar o desempenho escolar é avaliar as habilidades relacionadas à escrita, à leitura e à aritmética (Rebelo, 1993), as quais são compreendidas como a base para o sucesso escolar (Gonçalves et al., 2019; Spencer et al., 2019). Inicialmente, deve-se ponderar um efeito de retroalimentação de todos os fatores que impactam a aprendizagem escolar, exemplificados anteriormente, e a relação da aprendizagem com desfechos de saúde e de desenvolvimento cultural, social e econômico de uma sociedade (Mackenzie, 2018; Silva et al., 2020). Desse modo, a avaliação do desempenho escolar é fundamental nos contextos de saúde, educação, e formação/consolidação de políticas públicas. Por isso, é amplamente realizada por médicos, fonoaudiólogos, psicólogos e esferas governamentais, além dos professores.

Neste contexto, se faz necessária a utilização de instrumentos de avaliação válidos, fidedignos e que permitam interpretações normativas (American Education Research Association [AERA], American Psychological Association [APA], & National Councilon Measurement in Education [NCME], 2014). No entanto, a história da avaliação do desempenho escolar no Brasil é marcada por uma grande carência de instrumentos cientificamente construídos (Stein & Giacomoni, 2019).

O TDE, em sua primeira e tradicional edição (Stein, 1994), foi desenvolvido com o objetivo de suprir a carência de instrumentos para avaliação do desempenho escolar (Stein & Giacomoni, 2019). Ainda hoje, é o único instrumento brasileiro que permite a avaliação das três áreas básicas da aprendizagem escolar, principalmente em sua segunda versão, com medidas de eficiência cognitiva – relação entre quantidade de acertos ou acurácia e tempo ou velocidade de processamento (Fonseca et al., 2019). A primeira versão do TDE, criado por Lilian Stein em 1994, foi considerada padrão-ouro para avaliação educacional de crianças da 1ª à 6ª séries (no antigo sistema curricular brasileiro) (Knijnik et al., 2013) por mais de 20 anos (Silva et al., 2020). Embora o TDE continuasse sendo amplamente utilizado na literatura científica e na prática clínica e educacional (Knijnik et al., 2013), alguns estudos indicavam a necessidade de revisão de propriedades psicométricas e de atualização devido às mudanças do sistema educacional brasileiro (Athayde et al., 2014; Giacomoni et al., 2015; Knijnik et al., 2013). Adicionalmente, como a linguagem é dinâmica, os estímulos verbais mereciam também ser revisitados e atualizados, após passados 25 anos desde a primeira versão.

Do ponto de vista psicométrico, observou-se que o subteste Leitura carecia de itens extremamente fáceis e também de itens difíceis, com o intuito de avaliar apropriadamente estudantes de todos os níveis de habilidade (Athayde et al., 2014). Já o subeste Escrita do TDE discriminava satisfatoriamente estudantes entre a 1ª e a 3ª séries e menos adequadamente estudantes de 4ª, 5ª e 6ª séries (Giacomoni et al., 2015). Por outro lado, um estudo realizado recentemente com 2.226 crianças do 2º ao 5º anos relatou evidências de validade e fidedignidade do subteste Aritmética (Silva et al., 2020). No entanto, cabe considerar que todos os itens do teste não englobavam os conteúdos escolares ministrados até o 9º ano do ensino fundamental brasileiro. Desse modo, identificou-se a necessidade de atualizar o TDE para o contexto atual do ensino brasileiro.

Em 2019, foi lançado o TDE II (Stein et al., 2019). Um dos objetivos da nova versão do instrumento é colaborar com a avaliação e consequente evolução dos processos educacionais e de aprendizagem no Brasil. Foram necessários alguns anos de pesquisas sobre as habilidades básicas de leitura, escrita e aritmética, a partir da constituição de uma equipe técnica formada por *experts* em psicolinguística – fonoaudiologia e letras –, neuropsicologia da linguagem oral, escrita, matemática, funções executivas e psicometria.

BREVE DESCRIÇÃO DO TDE II, SUA ADMINISTRAÇÃO E APLICABILIDADE

O TDE II é um instrumento de avaliação breve do desempenho escolar, composto por três subtestes: subteste Escrita; subteste Aritmética e subteste Leitura. Cada subteste tem duas versões. Os subtestes Leitura e Escrita possuem uma versão para ser aplicada em estudantes de 1º a 4º anos e outra versão para estudantes de 5º a 9º anos. Já o subteste Aritmética possui uma versão para estudantes de 1º a 5º anos e outra para estudantes de 6º a 9º anos. Essas divisões foram realizadas a partir de estudos empíricos com análises fatoriais apresentadas nos estudos de construção dos subtestes (Athayde et al., 2016; Athayde et al., 2019; Viapiana, Mendonça, et al., 2016).

Os subtestes Leitura e Escrita têm como objetivo avaliar a decodificação e a codificação de palavras, respectivamente. Incluem palavras isoladas regulares e irregulares da língua portuguesa, e mais e menos familiares às crianças e adolescentes (Machado et al., no prelo). Desse modo, no subteste Escrita, o avaliador dita uma lista de palavras para que o examinando as escreva, e no subteste Leitura é solicitado que o examinando leia uma lista de palavras. Orienta-se que o subteste Leitura seja gravado para permitir uma correção posterior com maior precisão.

Já o subteste Aritmética varia em relação ao conteúdo na versão de 1º a 5º anos e na versão de 6º a 9º anos. A primeira versão inclui itens de processamento numérico, contagem, transcodificação, resolução e problemas orais, cálculos simples e multidígitos envolvendo as quatro operações aritméticas (adição, subtração, multiplicação e divisão) e ainda noções de frações. A versão de 6º a 9º anos inclui cálculos simples e multidígitos envolvendo as quatro operações aritméticas, noções e operações com frações, processamento de números decimais, fracionários e inteiros, potenciação, radiciação e expressões numéricas.

O TDE II pode ser aplicado de forma individual ou coletiva, com exceção do subteste Leitura, que é aplicado apenas individualmente. Sugere-se que os três subtestes sejam aplicados para se ter um panorama geral do desempenho escolar, embora seja possível selecionar um ou outro subteste para cumprir objetivos específicos (Stein et al., 2019). Na aplicação individual, mantém-se a ordem: Escrita, Aritmética e Leitura. O avaliador é orientado a sentar-se ao lado do respondente para acompanhar seus acertos e erros e respeitar os critérios de interrupção (10 erros para Leitura e Escrita e seis erros para Aritmética). Na aplicação coletiva dos subtestes Escrita e Aritmética, sugere-se a presença de pelo menos dois aplicadores para o gerenciamento da avaliação, para que haja melhores condições de supervisão e o preenchimento seja válido.

O TDE II possibilita a avaliação da proficiência em leitura, escrita e cálculos a partir de três tipos de escores: total de acertos em cada subteste; tempo despendido para realização de cada subteste e eficiência cognitiva (acertos × 60/tempo). Além das análises individualizadas de acertos e tempo, o escore de eficiência possibilita a análise da relação entre acurácia (número de acertos) e velocidade de processamento (tempo despendido para realização da tarefa) (Bruyer & Brybaert, 2011). O escore de eficiência cognitiva auxilia o raciocínio clínico mostrando, por exemplo, se a quantidade de acertos está adequada mesmo em face de um tempo muito acelerado, ou ao contrário, muito lentificado de realização da tarefa (Fonseca et al, 2019). O escore de eficiência possibilita ter uma medida mais assertiva e objetiva da relação entre o quanto o avaliado acerta e quanto tempo leva para alcançar a *performance* obtida.

Há, ainda, para os subtestes Escrita e Leitura, a possibilidade de um quarto escore: total de palavras escritas ou lidas por minuto. Tal índice abrange um panorama geral do número de itens realizados, tanto corretos quanto incorretos, no tempo total despendido. Para fins de ilustração, apresentamos quatro perfis principais de eficiência cognitiva, cuja análise apenas a partir dos escores totais isolados ora de acurácia (quantidade de acertos), ora de tempo, poderiam prejudicar ou limitar o raciocínio clínico e/ou educacional:

1. indivíduos que acertam muito ou dentro do esperado, com velocidade/eficiência cognitiva/tempo necessário de execução da tarefa dentro do esperado ou, ainda, rápidos;
2. indivíduos que acertam muito ou dentro do esperado, mas para tanto precisam lentificar-se (reduzida eficiência cognitiva);
3. indivíduos que erram muito ou acertam menos do que o esperado e são muito rápidos (padrão sugestivamente mais impulsivo);
4. indivíduos erram muito ou acertam menos do que o esperado e, ainda, lentificam-se muito ou necessitam de maior tempo para execução da tarefa do que o esperado.

O TDE II não tem por objetivo ser uma ferramenta autossuficiente para o diagnóstico diferencial no contínuo da aprendizagem. A ideia de um contínuo de aprendizagem condiz com uma visão dimensional da aprendizagem escolar que varia da ausência de dificuldade até os transtornos específicos de aprendizagem, passando pelas dificuldades de aprendizagem que não caracterizam um transtorno do neurodesenvolvimento (Fig. 8.1).

Para o diagnóstico de um transtorno específico de aprendizagem com prejuízo predominante em leitura (especificador 1), em expressão escrita (especificador 2) e/ou em matemática (especificador 3), o TDE II pode ser muito útil. Pode ser conduzido em no máximo uma sessão, é ecologicamente muito semelhante a uma situação de mapeamento escolar e tem normas para escrita e leitura de palavras reais com diferentes representações psicolinguísticas e níveis de dificuldades. Além de ter itens aritméticos prototípicos de conteúdos escolares distribuídos ao longo do ensino fundamental I, tornando-se um instrumento amplamente aplicável. As normas para acurácia, tempo/velocidade e eficiência por ano escolar *versus* tipo de escola contribuem para a verificação do critério B das características dos Transtornos Específicos de Aprendizagem (habilidades de leitura e/ou escrita e/ou matemática quantitativamente abaixo do esperado para a faixa etária) do DSM-5 (*Manual Diagnóstico e Estatístico de Transtornos Mentais*, 5ª ed.) (APA 2013, 2014), unindo-se a uma análise qualitativa pormenorizada das estratégias utilizadas e dos tipos de erros.

Para uma revisão de tais critérios, principalmente da necessidade de se identificar dificuldades significativas (percentil < ou igual a 5) em acurácia e em velocidade (nesse caso, recomenda-se o escore de eficiência para minimização de falsos negativos), sugere-se a leitura da obra *Leitura, escrita e matemática: do desenvolvimento aos transtornos específicos de aprendizagem*, Instituto ABCD, de Mousinho et al. (2020). Recomenda-se, ainda, complementação com tarefas de pseudopalavras (para um mapeamento mais detalhado da rota fonológica), além daquele já oportunizado no TDE II com as palavras menos regulares e irregulares. Sugerem-se também tarefas com palavras menos frequentes/familiares, compreensão sintática e textual, produção textual, resolução oral e com apoio escrito de problemas matemáticos.

A análise quantitativa e nomotética dos três escores (acerto, tempo e eficiência cognitiva) fortalece a aplicabilidade do TDE II no campo da pesquisa e na prática em educação e saúde. É comum o uso do TDE (e, provavelmente, do TDE II, daqui para a frente), em estudos científicos que buscam compreender diferentes variáveis relacionadas ao desempenho escolar ou que precisem controlar o efeito do nível de evolução escolar para a compreensão do desenvolvimento cognitivo.

Podem-se elencar pelo menos três instâncias em que a avaliação do desempenho escolar pode ser realizada: político-governamental, escolar e individual (Sartori, 2016). Em um sentido macro, o TDE II pode ser utilizado como ferramenta para avaliação do desempenho escolar por esferas governamentais. A avaliação do desempenho escolar é realizada por instâncias governamentais com o objetivo de acessar informações para (re)formulação de políticas públicas (Cavalcanti, 2007) de saúde e educação. Já no âmbito escolar, o TDE II pode ser utilizado para avaliar o processo de aprendizagem de turmas escolares, a fim de que os professores possam analisar se os métodos de ensino estão ade-

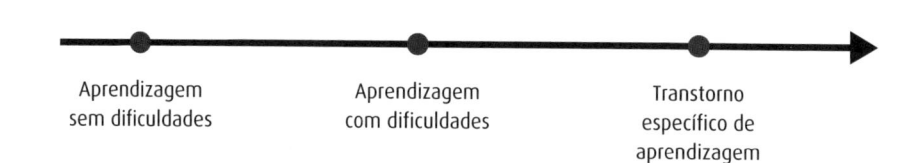

Aprendizagem sem dificuldades — Aprendizagem com dificuldades — Transtorno específico de aprendizagem

FIGURA 8.1 / Contínuo da aprendizagem.

quados e promover melhorias nos processos de aprendizagem (Ritchey & Coker, 2013).

Além disso, o TDE II é amplamente utilizado no âmbito clínico da avaliação psicológica, neuropsicológica e psicopedagógica. Qualquer profissional das áreas da saúde e da educação com treinamento prévio sobre as formas padronizadas de aplicação e correção do TDE II pode aplicá-lo. Sugere-se, ainda, que os profissionais interessados busquem cursos especializados para orientá-los em uma interpretação mais válida e útil para sua prática profissional.

Nesse contexto, o TDE II tem a função de colaborar com a realização de diagnósticos diferenciais de dificuldades de aprendizagem e transtornos do neurodesenvolvimento, como os transtornos específicos da aprendizagem (Silva et al., 2020). Ele também proporciona subsídios para o planejamento terapêutico e de orientações para a equipe escolar. Com o intuito de aprofundar a interpretação dos escores do TDE II, sugere-se a observação de estratégias cognitivas, padrões e tipo de erros cometidos, além da análise do comportamento do avaliando.

PROPRIEDADES PSICOMÉTRICAS DO TDE II

O TDE II foi construído com base nos pressupostos da psicometria clássica (teoria clássica dos testes – TCT) e moderna (teoria de resposta ao item – TRI). Com o intuito de quantificar os processos de aprendizagem em leitura, escrita e aritmética, foi necessário atender a critérios relativos à cientificidade que garantissem subsídios de validade (Mendonça, 2019). A validação de um teste diz respeito ao acúmulo de evidências capazes de respaldar o uso do instrumento, e podem ser divididas em: 1) evidências baseadas no conteúdo dos testes; 2) evidências baseadas nos processos de resposta; 3) evidências baseadas na estrutura interna e 4) evidências baseadas na relação com outras variáveis (AERA, APA, & NCME, 2014).

Como forma de garantir evidências baseadas no conteúdo, a construção do TDE II foi realizada a partir de etapas independentes para cada um dos subtestes. O desenvolvimento dos subtestes Leitura e Escrita passou por diferentes etapas de avaliação por juízes *experts* das áreas da fonoaudiologia, psicopedagogia, psicologia, neuropsicologia, etc. Os juízes estabeleceram a pertinência e adequação dos itens, além de ordená-los quanto ao nível de dificuldade (com base teórica). O mesmo ocorreu durante o processo de desenvolvimento do subteste Aritmética, o qual foi realizado com o apoio de juízes *experts* da área da matemática e pedagogia, além de uma análise sistemática dos conteúdos de aritmética ministrados em cada ano escolar a partir da avaliação de livros didáticos indicados pelo Ministério da Educação (MEC). Para mais informações sobre a construção do TDE II, ver Athayde et al. (2016) e Viapiana et al. (2016).

Uma versão preliminar de cada subteste foi testada em estudantes de ensino fundamental de escolas públicas e privadas da região metropolitana de Porto Alegre; 661 crianças e adolescentes responderam ao subteste Leitura, 684, ao subteste Escrita e 302, ao subteste Aritmética. Inicialmente, avaliou-se a dimensionalidade do subteste, através de análises fatoriais de eixos principais. As análises estatísticas fatoriais mostraram que cada subteste do TDE II avaliava duas dimensões diferentes, de acordo com a dificuldade dos itens (Athayde et al., 2016; Athayde et al., 2019; Viapiana et al., 2016). Por exemplo, no subteste Leitura havia itens adequados para avaliar a habilidade de leitura de crianças do 1º ao 4º anos do ensino fundamental, e outros itens adequados para avaliar habilidades de leitura de estudantes do 5º ao 9º anos (Athayde et al., 2014). Em função disso, cada subteste foi dividido em duas versões.

Posteriormente, utilizou-se a TRI, abordagem estatística, que possibilita a estimação do traço latente (proficiência) responsável pelas manifestações comportamentais ou de desempenho (Andrade et al., 2010; DeMars, 2010; Embretson & Reise, 2000). Analisaram-se separadamente as diferentes versões de cada subteste do TDE II. A partir dos pressupostos da TRI, foram selecionados os itens mais discriminativos e necessários à avaliação do contínuo das habilidades de leitura, escrita e aritmética (i.e., itens fáceis, medianos e difíceis para cada faixa escolar respondente). O conjunto de itens selecionados estatisticamente foi reavaliado por juízes *experts*, que propuseram pequenas alterações e concordaram com a distribuição de itens.

Após a finalização do processo de construção do TDE II, novas análises estatísticas foram realizadas, a partir do banco de normatização do instrumento (677 estudantes do ensino fundamental). Tais análises tiveram como objetivo assegurar que as propriedades psicométricas do TDE II, de validade interna e fidedignidade, encontravam-se em parâmetros adequados. As duas versões do subteste Leitura apresentaram evidências de estrutura unidimensional, conforme os índices de ajustes obtidos na análise fatorial confirmatória. Todas as cargas fatoriais foram positivas, variando de 0,72 a 0,33 na versão do 1º ao 4º anos e de 0,36 a 0,82 na versão do 5º ao 9º anos.

As duas versões apresentam um excelente índice de fidedignidade (alfa de Cronbach = 0,99 na versão do 1º ao 4º anos; alfa de Cronbach = 0,90 na versão do 5º ao 9º anos). Na versão do 1º ao 4º anos, as estimativas de habilidade dos participantes por meio da TRI variaram de -1,57 a 1,13, com média de 0,37 (desvio-padrão [DP] = 0,50) e obtiveram 98,1% de informação sob a curva de informação do teste. Na versão do 5º ao 9º anos, as estimativas de habilidade dos participantes por meio da TRI variaram de -3,13 a 1,13, com média de -0,09 (DP = 0,52) e obtiveram 93,8% de informação sob a curva de informação do teste. De acordo com essas estimativas, o subteste tem maior capacidade de discriminar estudantes com baixos níveis de habilidades do que com altos índices de habilidades, reforçando sua capacidade de triagem do desempenho escolar.

No que se refere ao subteste Escrita, ambas as versões, tanto para os anos iniciais como para os anos finais, apresentaram evidências de estrutura unidimensional, conforme os índices de ajustes obtidos na análise fatorial confirmatória. Todas as cargas fatoriais foram positivas (variando de 0,41 a 0,83 na versão de 1º a 4º anos e de 0,36 a 0,82 na versão de 5º a 9º anos). As duas versões apresentam um excelente índice de fidedignidade (alfa de Cronbach = 0,97 na versão do 1º ao 4º anos; alfa de Cronbach = 0,93 na versão do 5º ao 9º anos). Na versão do 1º ao 4º anos, as estimativas de habilidade dos participantes por meio da TRI variaram de -2,04 a 2,20, com média de 0,38 (DP = 0,74) e obtiveram 96,1% de informação sob a curva de informação do teste. Na versão do 5º ao 9º anos, as estimativas de habilidade dos participantes variaram de -2,38 a 2,00, com média de 0,07 (DP = 0,92) e obtiveram 84,8% de informação sob a curva de informação do teste. Essas estimativas mostram que o teste foi capaz de informar sobre o desempenho de participantes com diferentes níveis de habilidade de escrita.

As duas versões do subteste Aritmética também apresentaram evidências de estrutura unidimensional, conforme os índices de ajustes obtidos na análise fatorial confirmatória. Todas as cargas fatoriais foram positivas (variando de 0,72 a 0,33 na versão do 1º ao 5º anos e de 0,16 a 0,74 na versão do 6º ao 9º anos). As duas versões apresentam um excelente índice de fidedignidade (alfa de Cronbach = 0,94 na versão do 1º ao 5º anos; alfa de Cronbach = 0,90 na versão do 6º ao 9º anos).

Na versão do 1º ao 5º anos, as estimativas de habilidade dos participantes por meio da TRI variaram de -2,18 a 2,37, com média de 0,16 (DP = 1,01) e obtiveram 90,8% de informação sob a curva de informação do teste. Na versão do 6º ao 9º anos, as estimativas de habilidade dos participantes variaram de -2,48 a 2,19, com média de 0,21 (DP = 1,13) e obtiveram 87,8% de informação sob a curva de informação do teste. Essas estimativas mostram que o teste foi capaz de informar sobre o desempenho de participantes com diferentes níveis de habilidade de aritmética.

Ao investigarmos as evidências de validade do TDE II (em relação a outras variáveis), estudos baseados em análises de correlação mostraram que as versões do subteste Escrita do TDE II se correlacionam (com magnitude de correlação moderada a alta, r = 0,38 a 0,92) com os subtestes de Escrita de palavras do Instrumento de Avaliação Neuropsicológica Breve Infantil (Neupsilin-Inf) (Salles et al., 2016) e do Instrumento de Avaliação Neuropsicológica Breve (Neupsilin) (Fonseca et al., 2009; Sartori,

2016); assim como as versões do subteste Aritmética apresentaram correlação positiva de moderada a alta (r = 0,70 a 0,87) com o subteste Aritmética da Escala Wechsler de Inteligência para Crianças (WISC-IV) (Rueda et al., 2012; Viapiana, Giacomoni et al., 2016). À luz da neuropsicologia cognitiva, os três subtestes mostraram correlações positivas com variáveis teoricamente associadas ao desempenho escolar, tais com medidas de linguagem oral, atenção, memória de trabalho, controle inibitório e flexibilidade cognitiva (Gonçalves et al., 2017; Viapiana, Giacomoni et al., 2016).

O TDE II E AS PESQUISAS RECENTES NOS CONTEXTOS CLÍNICO E NÃO CLÍNICO

Importantes grupos e laboratórios de pesquisa no Brasil vêm fazendo a transição do uso do TDE para o do TDE II desde sua publicação em 2019. Os estudos normativos do TDE II mostraram a necessidade de interpretar os resultados de forma diferente para estudantes de escolas públicas e privadas (Fonseca et al., 2019).

Outros estudos têm sido conduzidos, à luz da psicologia cognitiva e da neuropsicologia, com o objetivo de compreender os processos de aprendizagem e desempenho escolar de grupos de crianças em desenvolvimento típico. Abreu et al. (2017) avaliaram 258 estudantes do 1º ao 9º anos do ensino fundamental de escolas brasileiras públicas e privadas, com idade média de 10,33 anos (DP = 2,52).

As autoras encontraram correlações positivas entre um teste de atenção seletiva e concentrada (Teste dos Sinos) (Fonseca et al., 2018) e o total de acertos do subteste Leitura (tanto da versão para 1º a 4º anos quanto da versão de 5º a 9º anos) e com as versões dos anos iniciais dos subtestes Escrita e Aritmética. Esses resultados sugerem que a discriminação visual e a atenção seletiva estão associadas e podem ser preditivas do desempenho na leitura de palavras, avaliado pelo TDE (Abreu et al., 2017).

Os resultados dos subtestes Escrita e Aritmética podem ser analisados pela relação entre atenção seletiva e executiva. Entende-se que as funções executivas são demandadas na aprendizagem de novas habilidades. Sendo assim, os anos iniciais do ensino fundamental demandariam mais dos processos atencionais controlados, enquanto os anos finais envolveriam mais processos automatizados (Abreu et al., 2017).

Outro estudo que utilizou o TDE II para avaliar o poder preditivo de diferentes componentes de funções executivas no desempenho de leitura, escrita e matemática foi o de Gonçalves et al. (2017). Foram avaliados 302 escolares do 1º ao 9º anos do ensino fundamental no que se refere a componentes de inibição, flexibilidade cognitiva, memória de trabalho e iniciação/velocidade de processamento, além do desempenho escolar.

Análises de regressão linear indicaram que a memória de trabalho fonológica e a velocidade de acesso lexical são preditores para leitura, escrita e aritmética desde os anos iniciais até os finais do ensino fundamental. Já o controle inibitório foi preditor do desempenho de leitura, escrita e aritmética do TDE II nos anos iniciais, diferentemente da flexibilidade cognitiva, que apresentou poder preditivo do desempenho escolar de estudantes dos anos finais do ensino fundamental.

É possível que as crianças mais jovens recrutem mais controle executivo para responder o TDE II, enquanto as mais velhas dependam mais de raciocínio estratégico, uma vez que respondem a itens que mesclam a necessidade de conhecimentos básicos automatizados e maior nível de complexidade em leitura, escrita e aritmética (Gonçalves et al., 2017). Para uma revisão da relação das funções executivas e da aprendizagem escolar ver Capítulo 12, Avaliação de funções executivas.

Uma pesquisa sobre os efeitos do Programa de Estimulação Neuropsicológica da Cognição em Escolares (PENcE), com ênfase em funções executivas (Cardoso et al., 2019) foi realizada com 113 crianças do 3º e 4º anos. Os autores mostraram que os escores no subteste Aritmética melhoraram após a estimulação das funções executivas. Além desses estudos, uma pesquisa realizada com 215 estudantes do 1º ao 4º anos do ensino fundamental, avaliados com o TDE II, indicou correlações baixas a moderadas (0,26 a 0,59) entre o desempenho no TDE II e a escolaridade da mãe e o nível socioeconômico da família segundo a Associação Brasileira de Empresas de Pesquisa (ABEP) (Fabretti, 2017).

No contexto clínico, estamos conduzindo estudos com o objetivo de avaliar o processamento de habilidades escolares básicas em transtornos de neurodesenvolvimento, como o transtorno de déficit de atenção/hiperatividade (TDAH). Recebemos crianças com suspeita de TDAH encaminhadas por médicos (psiquiatras e neuropediatras) que atendem na rede pública de saúde. As crianças passam por um processo de avaliação neuropsicológica que inclui entrevistas com os pais e avaliação da atenção, linguagem, memória, funções executivas e habilidades escolares. A avaliação neuropsicológica contribui para a confirmação ou exclusão das hipóteses diagnósticas e para o encaminhamento para programas de intervenção adequados à necessidade de cada criança.

Avaliamos 26 crianças e adolescentes que atenderam a critérios diagnósticos para TDAH e 56 crianças em desenvolvimento típico. A idade média da amostra foi de 10,23 (DP = 2,36) e não houve diferenças de idade entre os grupos (p = 0,12). As crianças do grupo controle passaram pelos mesmos procedimentos de avaliação que as crianças com TDAH. Os grupos se diferenciaram nos escores de tempo dos subtestes Leitura ($p \leq 0,01$) e Escrita ($p < 0,01$) (o grupo com TDAH demandou mais tempo) e acurácia da leitura (as crianças no grupo com TDAH erraram mais). O mais interessante foi que crianças com TDAH apresentaram menor eficiência cognitiva (escore do TDE II que relaciona acurácia e velocidade para responder cada subteste) para leitura ($p \leq 0,01$), escrita ($p \leq 0,01$) e aritmética ($p \leq 0,01$).

Desse modo, percebemos que a análise da eficiência cognitiva para leitura, escrita e aritmética possibilita o mapeamento mais sensível do desempenho escolar, em especial quando avaliamos crianças com TDAH, que podem demandar maior esforço cognitivo para manter atenção e controlar respostas impulsivas e, assim, diminuir a eficiência nas tarefas escolares (Rocco et al., 2020).

O CASO DE PEDRO

Para ilustrar o papel do TDE II na prática clínica, será apresentado o caso de Pedro (nome fictício), que passou por um processo de avaliação neuropsicológica flexível, proposto em um projeto de pesquisa aprovado pelo Comitê de Ética e Pesquisa da Pontifícia Universidade Católica do Rio Grande do Sul (PUCRS) (Fonseca, no prelo). Demanda inicial: Pedro tinha 10 anos e estava no 5º ano do ensino fundamental em uma escola pública. Ele foi encaminhado para a avaliação neuropsicológica pelo neuropediatra responsável. Pedro tinha o diagnóstico prévio de TDAH tipo combinado e fazia uso de metilfenidato há aproximadamente dois anos. No entanto, as queixas escolares continuavam. Tanto os pais quanto a professora diziam que Pedro continuava apresentando alto nível de distração e desatenção em relação às atividades escolares, o que parecia dificultar o processo de aprendizagem. Embora conseguisse atingir notas para passar de ano e mostrasse ser um menino bastante esperto, tinha dificuldades persistentes na leitura, escrita e aritmética.

Resultados da avaliação cognitiva

Na Escala Wechsler de Inteligência Abreviada (WASI) (Trentini et al., 2014), Pedro apresentou nível intelectual dentro do esperado (QI = 100 – médio). Obteve resultados discrepantes em tarefas verbais e não verbais, evidenciando maior facilidade em raciocínio abstrato e atenção a detalhes (subteste Raciocínio Matricial, escore T = 58) em relação à habilidade de reter informações verbais e de conhecimento de mundo (subteste Vocabulário, escore T = 43).

Pedro apresentou desempenho adequado (médio a médio superior) em tarefas que demandavam atenção e velocidade de processamento: Bateria Psicológica da Atenção (Rueda, 2013); Teste Hayling (Siqueira et al., 2016); Teste dos Cinco Dígitos (Paula & Malloy-Diniz, 2015); e Procurar Símbolos, do WISC-IV (Rueda et al., 2012). Esse desempenho não se verificou apenas no subteste Código, do WISC-IV (Rueda et al., 2012), o qual envolve o processamento/velocidade grafopsicomotor. Ele teve um desempenho dentro do esperado na maior parte das tarefas de funções executivas: controle inibitório, memória de trabalho e flexibilidade cognitiva. Embora tenha apresentado dificuldades em atividades que demandavam habilidades verbais, como tarefas de fluência verbal e o Teste de Aprendizagem Auditivo Verbal de Rey (Paula & Malloy-Diniz, 2015), que avalia memória episódica verbal.

Avaliação de leitura, escrita e matemática

O TDE II foi utilizado como um instrumento de avaliação das habilidades escolares básicas. Os resultados quantitativos são descritos na Tabela 8.1. Observa-se que Pedro apresentou dificuldades significativas quando comparado a outras crianças do seu ano escolar/tipo de escola. A avaliação quantitativa indicou dificuldades na escrita de palavras (o escore de tempo teve de ser invalidado, uma vez que ele respondeu o teste rapidamente, devido ao critério de interrupção dos 10 erros consecutivos). Na aritmética, mesmo se dedicando por um longo tempo à tarefa, teve menos acertos do que o esperado. Por fim, na leitura mostrou prejuízos importantes na fluência leitora; mesmo lentificando o processo de leitura, cometeu mais erros do que o esperado. Tal desempenho justifica os déficits importantes na eficiência cognitiva para ler, escrever e realizar atividades aritméticas.

A análise qualitativa dos subtestes do TDE II auxiliou na compreensão das reais dificuldades de Pedro. Realizou-se a análise dos tipos de erros do subteste Escrita, a partir do crivo de correção proposto no Manual do TDE II. Foram observados erros de conversão grafema-fonema (p. ex., compoção, em vez de composição) e regras contextuais (alguem, em vez de alguém) não mais esperados para a escolaridade de Pedro. Além disso, o menino cometeu muitos erros por irregularidades de língua (esplorar em vez de explorar) (Fig. 8.2). Tais padrões de erro parecem estar relacionados à ex-

TABELA 8.1
Desempenho de Pedro no TDE II

TDE II	Pontos brutos	Percentil	Interpretação
Escrita			
Total de acertos	1	1	Abaixo do esperado
Tempo (segundos)	149,63	< 99	Muito acima do esperado
Escore de eficiência	0,40	Entre 1 e 5	Déficit grave
Aritmética			
Total de acertos	23	25	Alerta para déficit
Tempo (segundos)	1.995,30	≥ 1	Déficit grave
Escore de eficiência	0,69	≥ 1	Déficit grave
Leitura			
Total de acertos	20	Entre 5 e 10	Déficit grave a moderado
Tempo (segundos)	121,41	Entre 20 e 25	Déficit leve a alerta para déficit
Escore de eficiência	9,88	Entre 1 e 5	Déficit grave

FIGURA 8.2 / Subteste Escrita do TDE II de Pedro.

pode-se pensar que Pedro apresentou falhas no entendimento conceitual da matemática (como observado no item 506 – ____ = 375) (Geary, 2004).

Já na avaliação qualitativa do subteste Leitura, observa-se a predominância da leitura pela rota fonológica (a identificação de sílabas; é realizada a decodificação de letras associadas aos seus respectivos sons/correspondência grafema-fonema). A presença de palavras regulaposição inadequada/insuficiente à aprendizagem formal, talvez devido ao próprio TDAH durante a alfabetização, ou à dificuldade de automatizar a escrita (i.e., manter as palavras no léxico mental e não escrever exclusivamente codificando sílabas pela rota fonológica).

No subteste Aritmética, Pedro apresentou um adequado processamento numérico (contagem, ordem e sequência, e escrita arábica) e realizou com acurácia cálculos simples envolvendo as quatro operações matemáticas. No entanto, observou-se a necessidade de estímulos concretos (usou os dedos). O uso de estímulos concretos auxilia na transição das representações não simbólicas para a simbolização numérica. O uso de tais estratégias ao longo do ensino fundamental pode sugerir dificuldades de memória de trabalho (habilidade de armazenamento temporário e manipulação de informações em mente) (Diamond, 2013; Geary, 2004).

Observa-se que a maior dificuldade de Pedro foi percebida na realização de cálculos multidígitos. Ele cometeu erros associados a dificuldades de organização visuoespacial do cálculo e manipulação de informações na memória de trabalho (Fig. 8.3). Além disso,

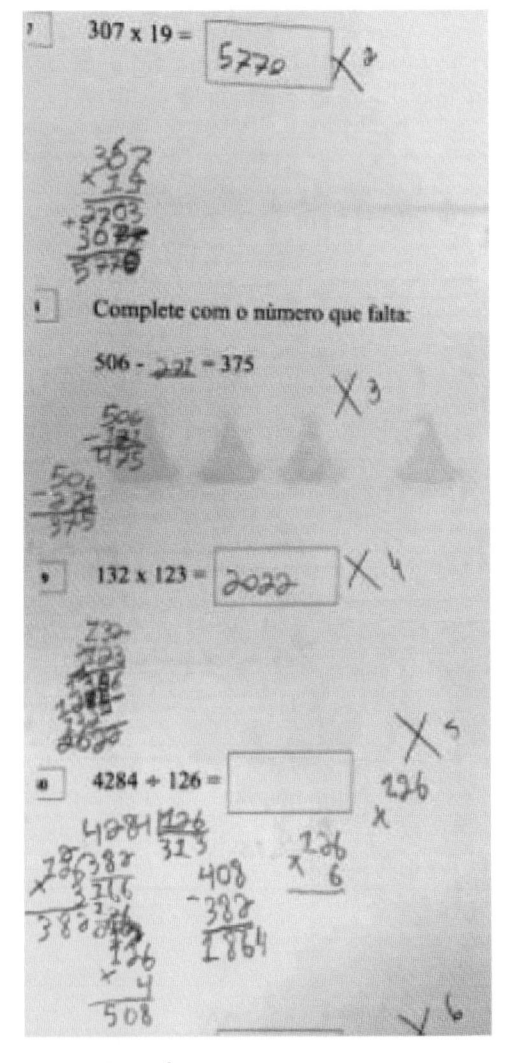

FIGURA 8.3 / Subteste Aritmética TDE II de Pedro.

TABELA 8.2
Avaliação de habilidades escolares complementares ao TDE II

	Pontos brutos	Pontuação padrão	Interpretação
Escrita de frase espontânea (Neupsilin-Inf)	1	Z = -1,62	Déficit
Aritmética (WISC-IV)	16	EP = 8	Médio inferior
DNE – Informações presentes	19	P = 50	Média
DNE – Informações essenciais	13	P = 50	Média
DNE – Reconto integral	8	P = 50	Média
DNE – Questões de compreensão	8	P = 50	Média
DNE – Momento do processamento da inferência	4	P = 95	Acima da média
DNE – Tempo de leitura	147,85	P = 5	Déficit
DNE – Índice de velocidade de leitura	66,95	P = 5	Déficit

DNE, discurso narrativo escrito (Prando et al., 2016); EP, escore ponderado; P, percentil; Z, padronização do escore bruto – média do grupo normativo/desvio-padrão do grupo normativo.

res e irregulares permite a análise das estratégias de leitura (com base no modelo de dupla rota para leitura). Assim, podem-se identificar dificuldades de leitura associadas à rota fonológica e à lexical (evocação de palavras familiares de forma automática, como se fosse uma "memória fotográfica" da palavra à qual já fomos expostos muitas vezes e automatizamos, ou procedurizamos) (Machado et al., no prelo).

Além do TDE II, Pedro respondeu a outras tarefas que envolvem diferentes níveis de processamento de escrita, aritmética e leitura, conforme a Tabela 8.2.

Observou-se que Pedro sabia ler, escrever e fazer cálculos simples. No âmbito da escrita, além das trocas ortográficas evidenciadas no TDE II, apresentou dificuldade para organizar as palavras em uma frase, utilizando recursos como a vírgula e o espaçamento entre as palavras (Fig. 8.4). A desorganização visuoespacial observada no Aritmética do TDE II também foi observada na tarefa de escrita de uma frase. Além disso, pode-se perceber grande dificuldade na fluência leitora: Pedro precisava de muito mais tempo que crianças da sua idade para ler, pois lia exclusivamente pela rota fonológica. Embora lesse com dificuldade, conseguiu compreender a história lida. Entende-se que o conteúdo da história ofereceu pistas para Pedro compreendê-la e que ele pode ter prejuízos em leituras de textos escolares que costumam ter níveis maiores de dificuldade.

Avaliação comportamental e clínica

Durante a avaliação das habilidades escolares e cognitivas, Pedro foi cooperativo e solícito. Em

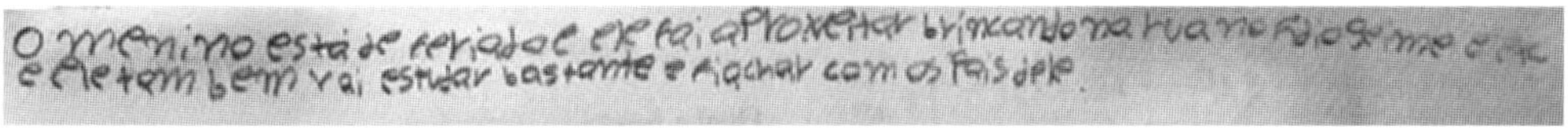

FIGURA 8.4 / Escrita da frase espontânea de Pedro.

alguns momentos, porém, foi possível notar sinais de desatenção, e a avaliadora precisou repetir instruções e chamar sua atenção para as atividades. Quando foi solicitado que ele lesse, ele relatou à avaliadora "que não era bom nisso". Durante a aplicação, ele pediu desculpas para a avaliadora, pois tentava adivinhar o final das palavras e precisava voltar e fazer autocorreções. Segundo o relato dos pais, Pedro frequentemente apresentava comportamentos evitativos ante a realização de tarefas escolares em casa, ou seja, tentava se opor ao pedido dos pais para que realizasse as tarefas e preferia fazer qualquer outra coisa em vez das atividades escolares.

De acordo com a avaliação clínica, Pedro apresentou sintomas característicos de TDAH, predominantemente desatenção, conforme diagnóstico prévio. No entanto, a partir da avaliação realizada pelo TDE II e complementada por outros instrumentos, notou-se que Pedro apresentava prejuízos em leitura (fluência leitora), escrita (ortografia e grafia) e matemática (em cálculos que exigem organização visuoespacial). Tais dificuldades podem representar lacunas na aprendizagem escolar secundárias ao próprio TDAH ou ser indícios de transtorno específico da aprendizagem. Conforme o modelo de resposta à intervenção, Pedro foi encaminhado para acompanhamento psicopedagógico, com foco nas dificuldades apontadas pelo TDE II, para posteriormente ser reavaliado e confirmar ou descartar tal hipótese diagnóstica.

CONSIDERAÇÕES GERAIS SOBRE O TDE II: FORÇAS E FRAQUEZAS

De modo sintético, o TDE II tem sido muito útil nas avaliações clínicas fonoaudiológica, psicopedagógica, neuropsicológica e psicológica. Também é utilizado em escolas por equipes de professores, orientadores e gestores educacionais que visam a um mapeamento caracterizador de perfil e/ou de nível de aprendizagem no início dos anos como de planejamento para acompanhamentos periódicos, tanto individual quanto coletivamente (para turmas e séries/anos escolares). O TDE II pode ser utilizado para três fins:

1. como triagem ou rastreio, caso seja aplicado com uma análise apenas baseada nos escores principais para verificação de casos que necessitam de acompanhamento mais próximo ou avaliação complementar expandida;
2. como instrumento de avaliação clínico-educacional breve da aprendizagem básica, quando é empregado juntamente com análises quantitativa e qualitativa complementares, já embasando uma intervenção inicial; e/ou
3. como instrumento amplo, que permite todo um mapeamento pormenorizado, integrando uma bateria expandida com frases, textos e problemas matemáticos, para o planejamento, a condução e a verificação de desfechos periódicos de intervenções detalhadas para tipos de palavras, características psicolinguísticas de maior estimulação de rota fonológica ou de rota lexical, por conteúdo aritmético, entre outros.

O TDE II é um instrumento construído com base nos conteúdos escolares ensinados na escola brasileira, de acordo com a nova organização escolar do ensino fundamental de nove anos, capaz de avaliar crianças com e sem dificuldades de aprendizagem ao longo dessa fase. É uma ferramenta construída nos mais altos padrões psicométricos e destaca-se por possuir validade ecológica. As tarefas apresentadas para as crianças são totalmente similares às desenvolvidas no ambiente escolar. Além disso, permite também avaliar como o estudante utiliza as estratégias de aprendizagem e se comporta ante as demandas escolares (motivação, ansiedade, etc.). O TDE II respeita as diferenças de escolas públicas e privadas, oferecendo pontos de corte adequados a diferentes realidades.

O TDE II não tem por objetivo ser uma ferramenta autossuficiente para o diagnóstico diferencial no contínuo da aprendizagem. É um instrumento de rastreio das habilidades básicas de leitura, escrita e aritmética. Indica-se que, para uma avaliação ainda mais ampla das habilidades de leitura e escrita, esta seja realizada com tarefas complementares, que envolvam compreensão leitora e organização de texto escrito. Pode-se complementar a avaliação matemática com tarefas de resolução de problemas específicos da matéria dada em cada ano escolar. Salienta-se, ainda, a importância de se unir a análise quanti-qualitativa mais pormenorizada possível dos achados oriundos dos três subtestes do TDE II com uma análise documental complementar. Cadernos, resultados de exercícios feitos em aula, tarefas de casa e instrumentos avaliativos podem ser consultados e analisados em termos de resultados, bem como ferramentas de auxílio de planejamento de estratégias com o mapeamento derivado do TDE II.

REFERÊNCIAS

Abreu, E. S., FanteViapiana, V., Hess, A. R. B., Gonçalves, H. A., Sartori, M. S., Giacomoni, C. H., ... Fonseca, R. P. (2017). Relação entre atenção e desempenho em leitura, escrita e aritmética em crianças. *Revista Avaliação Psicológica*, 16(4), 458-467.

Alves, A. F., Gomes, C. M. A., Martins, A., & Almeida, L. S. (2017). Cognitive performance and academic achievement: How do family and school converge? *European Journal of Education and Psychology*, 10(2), 49-56.

American Educational Research Association (AERA), American Psychological Association (APA), & National Council on Measurement in Education (NCME) (2014). *Standards for educational and psychological testing*. Washington: American Educational Research Association Publications.

American Psychiatric Association (APA). (2013). *Diagnostic and statistical manual of mental disorders: DSM-V* (5th. ed.). American Psychiatric Association.

American Psychiatric Association (APA). (2014). *Manual diagnóstico e estatístico de transtornos mentais: DSM-5* (5. ed.). Artmed.

Andrade, J. M. D., Laros, J., & Gouveia, V. V. (2010). O uso da teoria de resposta ao item em avaliações educacionais: Diretrizes para pesquisadores. *Avaliação Psicológica*, 9(3), 421-435.

Athayde, M. L., Giacomoni, C. H., Zanon, C., & Stein, L. M. (2014). Evidências de validade do subteste de leitura do teste de desempenho escolar. *Psicologia – Teoria e Prática*, 16(2), 131-140.

Athayde, M. L., Giacomoni, C. H., Mendonça, E. J., Fonseca, R. P., & Stein, L. M. (2016). Desenvolvimento do subteste de escrita do teste de desempenho escolar II. *Avaliação Psicológica*, 15(3), 371-382.

Athayde, M. L., Mendonça, E. J. F., Fonseca, R. P., Stein, L. M., & Giacomoni, C. H. (2019). Desenvolvimento do subteste de leitura do teste de desempenho escolar II. *Psico-USF, Bragança Paulista*, 24(2), 245-257.

Bruyer, R., & Brysbaert, M. (2011). Combining speed and accuracy in cognitive psychology: Is the inverse efficiency score (IES) a better dependent variable than the mean reaction time (RT) and the percentage of errors (PE)? *Psychologica Belgica*, 51(1), 5-13.

Cardoso, C. D., Seabra, A., Gomes, C., & Fonseca, R. P. (2019). A program for the neuropsychological stimulation of cognition in students: Impact, effectiveness, and transfer effects on student cognitive performance. *Frontiers in Psychology*, 10, 1-16.

Cattelino, E., Morelli, M., Baiocco, R., & Chirumbolo, A. (2019). From external regulation to school achievement: The mediation of self-efficacy at school. *Journal of Applied Developmental Psychology*, 60, 127-133.

Cavalcanti, P. A. (2007). Sistematizando e comparando os enfoques de avaliação e de análise de políticas públicas: Uma contribuição para a área educacional. [Tese de doutorado não-publicada]. Universidade Estadual de Campinas.

DeMars, C. (2010). *Item response yheory*. Oxford University.

Diamond, A. (2013). Executive Functions. *Annual Review of Psychology*, 64(1), 135-168. https://doi.org/10.1146/annurev-psych-113011-143750

Embretson, S. E., & Reise, S. P. (2000). *Item response theory for psychologists*. Quality of Life Research.

Fabretti, R. R. (2017). *Desempenho escolar no Ensino Fundamental: Principais variáveis associadas*. http://hdl.handle.net/10183/177007

Fonseca, R. P. (no prelo). *Executivas e aprendizagem no transtorno bipolar e TDAH na infância e adolescência*. [Projeto de pesquisa]. Pontifícia Universidade Católica do Rio Grande do Sul. CAEE 12233419.0.0000.5336.

Fonseca, R. P., Parente, M. A. M. P., Ortiz, K. Z., Soares, E. C. S., Scherer, I. C., Gauthier, I., & Joanette, Y. (2018). *Teste de cancelamento dos sinos*. Vetor.

Fonseca, R. P., Esteves, C., Giacomoni, C. H., & Stein, L. M. (2019). Dados normativos da aplicação individual do teste de desempenho escolar II (TDEII). In L. M. Stein, C. H. Giacomoni, & R. P. Fonseca (Orgs.), *TDE II – Teste de desempenho escolar* (2. ed., pp. 105-152). Vetor.

Fonseca, R. P., Salles, J. F, & Parente, M. A. M. P. (2009). *Instrumento de avaliação psicológica breve – NEUPSILIN*. Vetor.

Franco, M. G., Beja, M. J., Candeias, A., & Santos, N. (2017). Emotion understanding, social competence and school achievement in children from primary school in Portugal. *Frontiers in Psychology*, 8, 1-15.

Geary, D. C. (2004). Mathematics and learning disabilities. *Journal of Learning Disabilities*. 37(1).

Giacomoni, C. H., Athayde, M. de L., Zanon, C., & Stein, L. M. (2015). Teste do desempenho escolar: Evidências de validade do subteste de escrita. *Psico-USF*, 20(1), 133-140.

Gonçalves, H. A., Viapiana, V. F., Sartori, M. S., Giacomoni, C. H., Stein, L. M, & Fonseca, R. F. (2017). Funções executivas predizem o processamento de habilidades básicas de leitura, escrita e matemática? *Neuropsicologia Latinoamericana*, 9(3), 42-54.

Gonçalves, H. A., Viapiana, V. F., Abreu., E. S. Sartori, M. S., & Fonseca, R. P. (2019). Desempenho escolar e desenvolvimento cognitivo e linguístico. In L. M. Stein, C. H.

Giacomoni, & R. P. Fonseca (Orgs.), *TDE II – Teste de desempenho escolar* (2. ed., pp. 19-26). Vetor.

Gonçalves, H. A., Viapiana, V. F., Moojen, S. M. P., Sartori, M. S. & Fonseca, R. P. (2019). Fundamentos teóricos do desempenho escolar: Da escola à clínica e da clínica à escola. In L. M. Stein, C. H. Giacomoni, & R. P. Fonseca (Orgs.), *TDE II – Teste de desempenho escolar* (2. ed., pp. 27-34). Vetor.

Knijnik, L. F., Giacomoni, C., & Stein, L. M. (2013). Teste de Desempenho Escolar: um estudo de levantamento. *Psico-USF, 18*(3), 407-416.

Machado, P. O., Salem, A. A. G. G., Colling, A. P. C., Rodrigues, A. C. R. B. G., Viapiana, V. F., & Fonseca, R. P. (no prelo). Como o TDE II pode ser útil na avaliação da aprendizagem por psicopedagogos? Estudos de casos reais. In A. M. Soares, F. C. Capovilla, F. B. Assumpção F. B. & S. A. Capellini (Orgs.), *Tratado de psicopedagogia*. Editora Artesã.

Mackenzie, S. L. C. (2018). Writing for public health: Strategies for teaching writing in a school or program of public health. *Public Health Reports, 133*(5), 614-618.

Mendonça, E. J. (2019). Pilares psicométricos do teste de desempenho escolar II. In L. M. Stein, C. H. Giacomoni, & R. P. Fonseca (Orgs.), *TDE II – Teste de desempenho escolar* (2. ed., pp. 35-37). Vetor.

Mousinho, R. Alves, L. M., Navas, A. L., Salgado-Azoni, C. A., Celeste, L. C., Capellini, S. A., Avila, C. B., & Santos, F. H. (2020). Leitura, Escrita e Matemática: do desenvolvimento aos transtornos específicos de aprendizagem. Instituto ABCD.

Paula, J. J., & Malloy-Diniz, L. F. (2015). *FDT- Teste dos Cinco Dígitos – Manual técnico*. Hogrefe.

Prando, M. L., Santos, R. M. Jacobsen, G. M, Gonçalves, H. A., Siqueira, L., Pagliarin, K. C., Moraes, A. L., Pureza, J., Pagliarin, K. C., & Fonseca, R. P. (2016). Discurso narrativo escrito. In R. P. Fonseca, M. L. Prando., & N. Zimmerman (Orgs.), *Avaliação de linguagem e funções executivas em crianças* (Vol. 1, pp. 66-87). Editora Memnon.

Rebelo, J. A. S. (1993). *Dificuldades da leitura e da escrita em alunos do ensino básico*.

Rimfeld, K., Ayorech, Z., Dale, P. S., Kovas, Y., & Plomin, R. (2016). Genetics affects choice of academic subjects as well as achievement. *Scientific Reports, 6*, 1-9.

Ritchey, K. D., & Coker Jr, D. L. (2013). An investigation of the validity and utility of two curriculum-based measurement writing tasks. *Reading & Writing Quarterly, 29*(1), 89-119.

Rocco, P., Rodrigues, A. C. R. B., Martin, J., Souza, M., Rocco, B. J., Viapiana, V. F., & Fonseca, R. P. (2020). Eficiência Cognitiva para Ler, Escrever e Calcular pode estar prejudicada no TDAH? Anais do 19º Congresso Internacional Brasileiro de Neuropsicologia.

Rueda, F. J. M., Noronha, A. P. P., Sisto, F. F., Santos, A. A. A., & Castro, N. R. (2012). *WISC-IV – Escala Wechsler de inteligência para crianças* (4. ed.). Casa do Psicólogo.

Rueda, F. J. M. (2013) *Bateria psicológica da atenção*. Vetor.

Salles, J. F., Fonseca, R. P., Parente, M. A. M. P., Cruz-Rodrigues, C. C., Mello, C. B., Barbosa, T., & Miranda, M. C. (2016). *Instrumento de Avaliação Neuropsicológica Breve Infantil (NEUPSILIN-Inf)*. Vetor.

Sartori, M. S. (2016). *Teste de desempenho escolar (TDE-II): Validação do subteste de escrita e construção do sistema de correção do subteste de escrita*. [Dissertação de mestrado não-publicada]. Pontifícia Universidade Católica do Rio Grande do Sul.

Silva, E. D. O., Aranha, R. C., Júlio-costa, A., Las-Casas, D. C., Ferreira, F. O., Paiva, G. M., ... Haase, V. G. (2020). Para que serve o subteste de aritmética do teste de desempenho escolar? *Neuropsicologia Latinoamericana, 12*(2), 74-101.

Siqueira, L. S., Gonçalves, H. A., Pagliarin, K. C., Prando, M. L., Jacobsen, G. M., Pureza, J., Moraes, A. L., & Fonseca, R. P. (2016) Teste hayling infantil. In R. P. Fonseca, M. L. Prando., & N. Zimmermman (Orgs.), *Avaliação de linguagem e funções executivas em crianças* (Vol. 1, pp. 106-137). Memnon.

Spencer, M., Richmond, M. C., & Cutting, L. E. (2020). Considering the role of executive function in reading comprehension: A structural equation modeling approach. *Scientific Studies of Reading, 24*(3), 179-199.

Stein, L. M. (1994). *Teste do desempenho escolar*. Casa do Psicólogo.

Stein, L. M., & Giacomoni, C. H. (2019). Perspectiva histórica do TDE ao TDE II. In L. M. Stein, C. H. Giacomoni, & R. P. Fonseca (Orgs.), *TDE II – Teste de desempenho escolar* (2. ed., pp. 15-18). Vetor.

Stein, L. M., Giacomoni, C. H., & Fonseca, R. P. (2019). *TDE II – Teste de desempenho escolar* (2. ed.). Vetor.

Steinmayr, R., Weidinger, A. F., & Wigfield, A. (2018). Does students' grit predict their school achievement above and beyond their personality, motivation, and engagement? *Contemporary Educational Psychology, 53*, 106-122.

Trentini. C. M., Yates, D. B., & Heck, V. S. (2014). *WASI – Escala Wechsler abreviada de inteligência – Manual*. Casa do Psicólogo.

Viapiana, V. F., Mendonça, E. J., Fonseca, R. P., Giacomoni, C. H., & Stein, L. M. (2016). Development of the arithmetic subtest of the school achievement test – second edition. *Psicologia: Reflexão e Crítica, 29*(1).

Viapiana, V. F., Giacomoni, C. H., Stein, L. M., & Fonseca, R. P. (2016). Evidências de validade do subteste aritmética do TDE-II: Da psicometria moderna à neuropsicologia cognitiva. *Revista Neuropsicologia Latinoamericana, 8*(2), 16-26.

Zhang, F., Jiang, Y., Ming, H., Ren, Y., Wang, L., & Huang, S. (2020). Family socio-economic status and children's academic achievement: The different roles of parental academic involvement and subjective social mobility. *British Journal of Educational Psychology, 90*(3), 561-579.

9
AVALIAÇÃO DE INTELIGÊNCIA: APLICAÇÃO NO ESPAÇO ESCOLAR

Carmen Flores-Mendoza

O presente capítulo trata de um amplo construto psicológico que repercute na vida individual e de grupo das pessoas. Trata-se da inteligência, o construto mais bem investigado na psicologia (Flores-Mendoza & Nascimento, 2001). Sua medição tem produzido um acúmulo considerável de informação, que permite inferir que, à semelhança do que ocorre nas ciências físicas com os conceitos centrais de energia, massa e outros, já se pode dizer que as ciências humanas também dispõem de um construto unificador comum (Lynn & Vanhanen, 2012). Nesse sentido, a inteligência é a variável unificadora, ubíqua nas investigações comportamentais e especialmente conspícua nos estudos sobre diferenças de rendimento escolar. Como veremos a seguir, a associação entre inteligência e aprendizagem/processamento é tão robusta que a variável educação passou a ser considerada uma medida *proxy* da inteligência humana (Kaufman et al., 2012; Rindemann, 2018), isto é, o desempenho escolar seria uma medida indireta da inteligência, assim como altura/peso o seria para a saúde física dos estudantes.

EDUCAÇÃO E INTELIGÊNCIA, AS DUAS FACES DA MESMA MOEDA

A suspeita de que a variação na aprendizagem acompanha a variação da inteligência remonta aos primórdios da psicologia científica, o que estimulou governos, como o da França, a solicitar, em 1904, a elaboração de um sistema de avaliação mental que permitisse identificar crianças para o ensino especial. Tal solicitação viria a ser o impulsor da criação do primeiro teste de inteligência para fins educacionais no mundo, o bem conhecido teste Stanford-Binet. É interessante observar o que dizia Lewis Terman (1916), o adaptador dessa escala para os Estados Unidos, no início do século passado, a respeito da classificação intelectual. Terman dizia que as crianças não se agrupavam de forma binária (grupo com atraso mental e grupo normal). Os estudos indicavam muitos graus de inteligência, que variavam desde o retardo mental até a genialidade, e mesmo aqueles classificados como "normais" apresentavam grandes diferenças individuais. Essas diferenças se refletiam no grau de facilidade ou dificuldade das crianças em beneficiar-se do ensino. Portanto, investigadores como Terman defendiam desde aquela época a necessidade de averiguar se a dificuldade escolar da criança obedecia ao grau de habilidade cognitiva ou à precariedade do ensino escolar.

Passado um século desde a criação e o uso massivo dos testes de inteligência, incontáveis estudos indicam que qualquer que seja a medida cognitiva, ela se correlaciona significativamente com o desempenho escolar e, portanto, explica parte da variação do desempenho escolar. Tal constatação foi oficialmente reconhecida por renomados pesquisadores em inteligência (Neisser et al., 1996; Gottfredson, 1997).

Qual seria o grau de associação entre inteligência e desempenho escolar? Considerando-se que a estatística de associação é a correlação e ela varia entre -1 a +1, há desde estudos apontando correlação 0 (Maia & Fonseca, 2002) até estudos que apontam correlação moderada a alta (Ribeiro & Freitas, 2018; Primi et al., 2010). A que se deve tamanha variação das correlações? No fim das contas, é relevante avaliar a inteligência em contextos escolares? A seguir serão abordados cinco fatores que podem afetar as associações, os quais devem ser de conhecimento dos psicólogos que trabalham em contextos educacionais.

Quando o critério externo não demanda cognição de ordem superior

Citaremos aqui o caso da leitura. A leitura apresenta duas fases: codificação/decodificação e compreensão. A primeira fase tem característica de desenvolvimento cognitivo de ordem inferior. Vamos explicar por quê. Em todas as sociedades letradas, entre 95 a 98% das crianças conseguem alfabetizar-se, e esse estágio se alcança por volta do terceiro ou quarto ano do ensino formal, ou talvez antes, se os estudantes provêm de ambientes altamente estimuladores. Quando o estudante não alcança a alfabetização, isso geralmente se deve a graus severos de deficiência intelectual ou a dificuldades específicas (p. ex., dislexia). Nessa primeira fase da aquisição da leitura, os testes de inteligência pouco predizem a alfabetização, tampouco têm relevância se considerado que quase a maioria absoluta das crianças consegue alfabetizar-se. Portanto, o resultado de ausência ou baixa correlação entre alfabetização e inteligência não é incomum. Depois do domínio da codificação/decodificação, se desenvolve a segunda fase – compreensão da leitura. Esta apresenta maior demanda cognitiva e, portanto, uma maior associação com a inteligência deverá aparecer nos estudos.

Quando varia a complexidade da medida cognitiva

Os testes cognitivos podem ser simples (p. ex., memorização, atenção, discriminação perceptual) ou muito complexos (p. ex., raciocínio, silogismo). Quanto maior for a demanda cognitiva do teste, maior será sua associação com o desempenho escolar (ver Fig. 9.1).

A relação entre as pontuações do Teste de Desempenho Escolar (Stein, 1994) com o teste Raven Escala Colorida (Agelini et al., 1999) e com o teste Dígitos em uma amostra de 173 escolares do 3º, 4º e 5º anos do ensino fundamental, está representada na Figura 9.1. Os dados provêm do projeto *Estudo longitudinal da inteligência e da personalidade*, conduzido entre 2002 e 2012 pelo Laboratório de Avaliação das Diferenças Individuais da Universidade Federal de Minas Gerais (UFMG). A correlação no primeiro par é de 0,447 ($p = 0,0001$) e no segundo par é de 0,224 ($p = 0,003$). Por que essa diferença de correlações? Porque enquanto o teste Raven Escala Colorida demanda raciocínio abstrato, o teste Dígitos demanda apenas memória. Portanto, se espera que o teste de raciocínio (maior demanda cognitiva) se associe mais intensamente que o de memória (menor demanda cognitiva) com o teste de desempenho escolar.

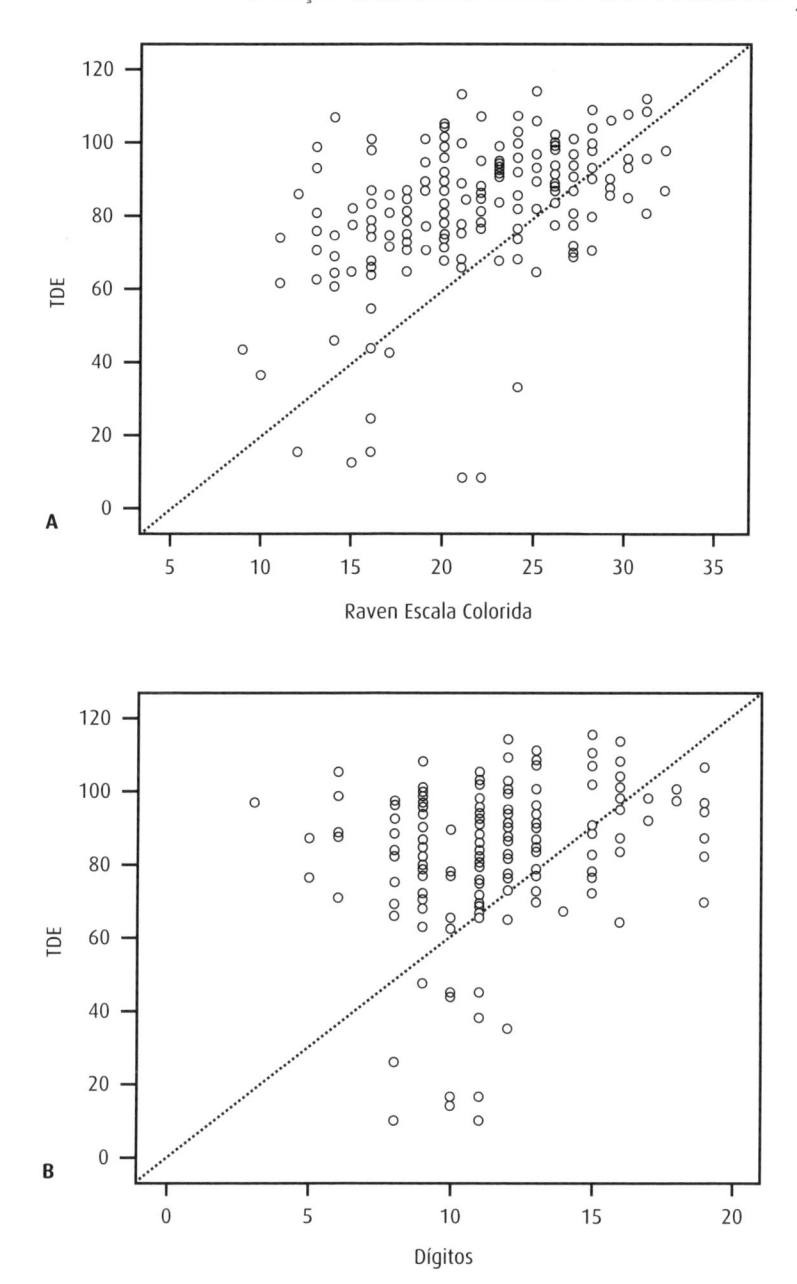

FIGURA 9.1 / Gráficos de dispersão: Teste de Desempenho Escolar × Raven Escala Colorida (A) e Teste de Desempenho Escolar × Dígitos (B).
TDE, Teste de Desempenho Escolar.

Quando varia a precisão do critério externo

A associação também é afetada pela precisão da medida do desempenho escolar. Isto é, se a medida do rendimento escolar for a nota dada pelos professores, a subjetividade da avaliação afetará a associação com a inteligência. Veja a Figura 9.2.

Na Figura 9.2A, se apresenta a correlação entre a pontuação no teste Raven Escala Geral e no Programa Internacional de Avaliação de Estudantes (PISA) e na Figura 9.2B, a correlação entre o mesmo teste de inteligência Raven e as notas dadas pelos professores a uma amostra de 146 alunos do ensino médio. Os dados provêm de um estudo solicitado por uma escola de ensino médio ao Laboratório de Avaliação das Diferenças Individuais da UFMG. A correlação no primeiro par é de 0,279, significativa ($p = 0,001$). A correlação no segundo par é de 0,131, não significativa ($p = 0,114$). Diferentemente de uma prova objetiva como o PISA, as notas escolares dadas pelos professores tendem a ser menos objetivas e, portanto, elas são mais imprecisas. Isso afeta a correlação com os testes de inteligência. Outro exemplo pode ser observado no manual da Escala Wechsler de Inteligência para Crianças, 4ª edição (WISC-IV) (Rueda et al., 2013). As correlações entre as notas dadas pelos professores para matemática e português e os subtestes do WISC-IV variam de 0,13 (correlação não significativa) até 0,37 (correlação significativa). Das 30 correlações estimadas (15 para matemática e 15 para português), 19 (63,3%) foram correlações abaixo de 0,30. Entretanto, quando se utilizou uma medida objetiva de desempenho escolar, como o Teste Cloze, para verificação de compreensão de leitura, as correlações com os subtestes do WISC-IV aumentaram consideravelmente.

Das 15 correlações estimadas, apenas três estavam abaixo de 0,30 e sete estavam acima de 0,40. Na segunda versão do Teste Cloze, encontrou-se apenas uma correlação abaixo de 0,30, enquanto 82% das correlações foram acima de 0,40. Trata-se de resultados que mostram mais uma vez que a precisão da medida relativa ao desempenho escolar afeta a correlação com a inteligência. Contudo, observe que no primeiro exemplo (Fig. 9.1A) o coeficiente de correlação entre a inteligência e o desempenho escolar foi baixo (0,279). Isso se deve a outros dois motivos que costumam afetar as correlações e que são explicados logo a seguir.

Restrição de amplitude por escolaridade

A associação entre inteligência e desempenho escolar/acadêmico diminui à medida que aumenta o grau de escolaridade das pessoas. O que significa isso? A psicologia diferencial nos informa que, conforme aumenta o grau de escolaridade, aumenta também a demanda cognitiva. Nesse sentido, há maior probabilidade de que pessoas com maior facilidade cognitiva continuem a buscar níveis de instrução cada vez mais altos. Portanto, seguindo esse postulado, a heterogeneidade cognitiva do grupo diminui na medida em que aumenta o grau de escolaridade. Dito em outras palavras, haveria menor heterogeneidade cognitiva na universidade do que no ensino médio, assim como menor heterogeneidade no ensino médio do que no ensino fundamental. Se há menor heterogeneidade, haverá menor associação entre inteligência e desempenho escolar/acadêmico. Assim, a baixa correlação (0,279) observada na Figura 9.1A pode ter sido efeito de seletividade acadêmica (alunos de ensino médio) que restringe a amplitude das pontuações, como também efeito de uma outra variável que veremos logo a seguir.

Seletividade da amostra

Amostras que passaram por um processo de seleção são cognitivamente mais homogêneas que aquelas que não passaram por nenhum processo seletivo. A homogeneidade cognitiva se traduz em menor variabilidade dos escores, e isso afeta as correlações (ver Fig. 9.3).

Na Figura 9.3, à esquerda, se observa uma concentração de dados, e à direita, uma dispersão. O lado esquerdo da figura representa a re-

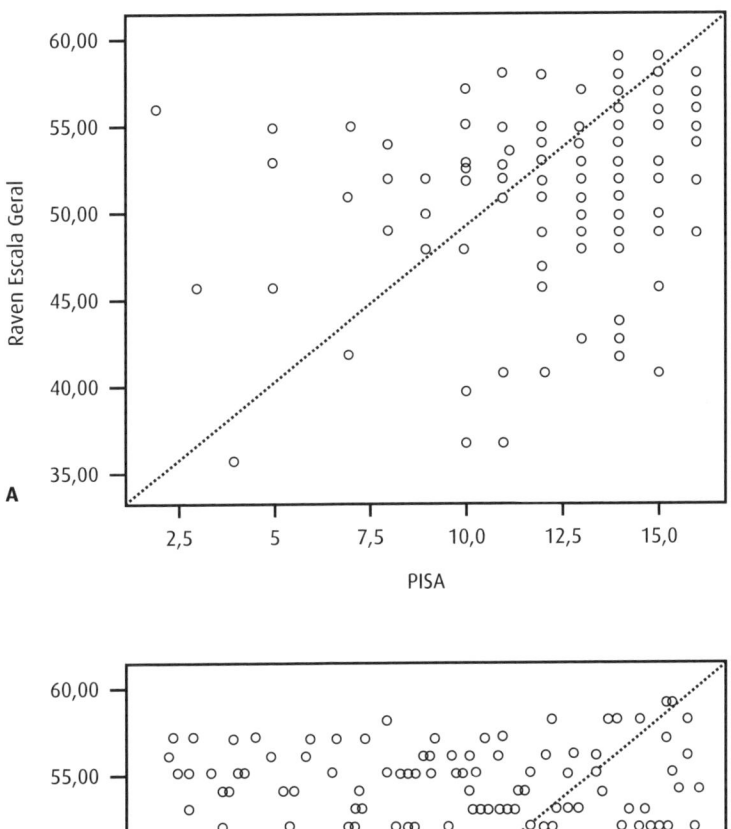

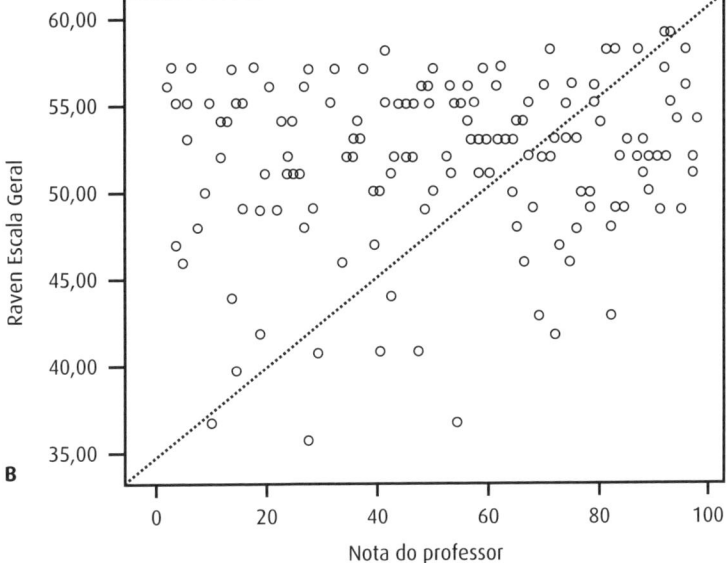

FIGURA 9.2 / Gráfico de dispersão de Raven Escala Geral × prova PISA (A) e Raven Escala Geral × Notas do professor (B).
PISA, Programa Internacional de Avaliação de Estudantes.

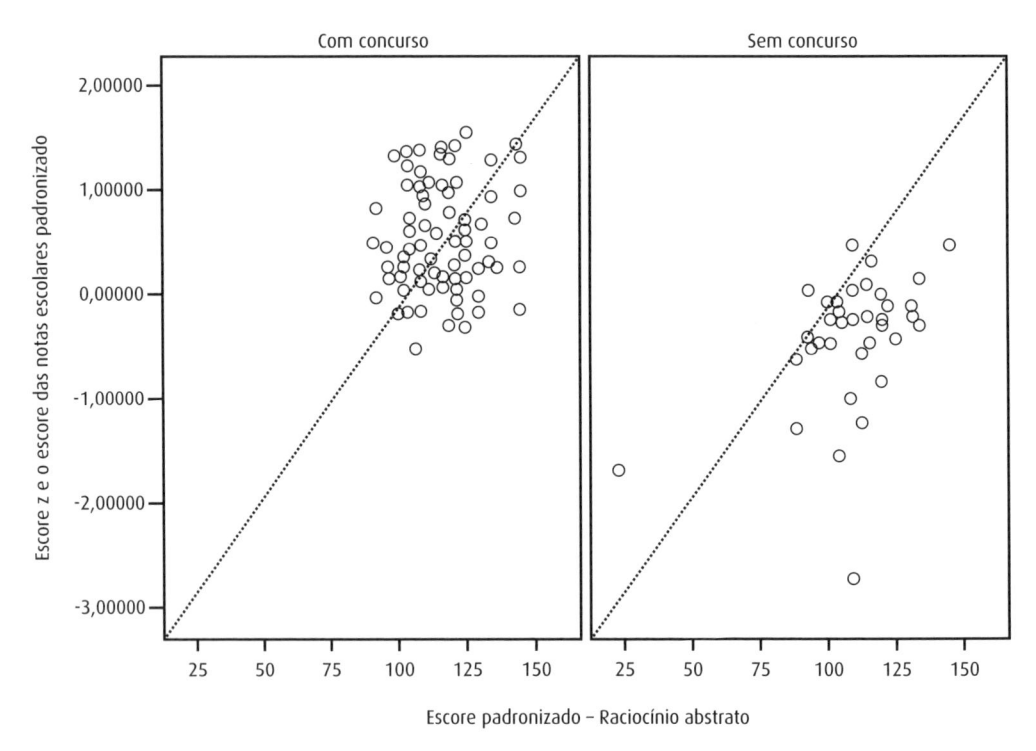

FIGURA 9.3 / Gráfico de dispersão de Raciocínio Abstrato × Notas escolares no grupo de alunos que realizaram seleção para ingresso na escola (à esquerda) e de Raciocínio Abstrato × Notas escolares no grupo de alunos com entrada automática na escola (à direita).

lação entre nota escolar e um teste de raciocínio em um grupo de alunos que realizou concurso para o ingresso em uma escola técnica, enquanto o lado direito da figura mostra o desempenho de alunos que não realizaram o concurso para a mesma escola técnica. A razão pela qual parte dos alunos tinha ingressado automaticamente era que eles provinham da escola de ensino fundamental com a qual a universidade pública, que alberga também a escola técnica, tinha convênio. O efeito de seletividade se revelou nas correlações. No caso do grupo que ingressou por concurso ($N = 88$), o coeficiente de correlação entre o teste de raciocínio abstrato da Bateria de Provas de Raciocínio (BPR-5) e o escore fatorial extraído de 11 notas escolares foi 0, enquanto o coeficiente de correlação entre essas mesmas variáveis foi de 0,421 ($p = 0,008$) no grupo que ingressou sem concurso ($N = 45$). Havia menos variabilidade cognitiva no grupo que ingressou por concurso do que no grupo que ingressou sem concurso.

Eis o caso também do estudo de Primi et al. (2002) realizado com 960 alunos ingressantes em uma universidade. Nesse estudo se observavam correlações significativas, porém baixas, entre as notas padronizadas obtidas durante o processo seletivo e/ou desempenho acadêmico na universidade e os testes de raciocínio. Mais ainda, a ausência de correlações significativas se observou justamente no grupo de estudantes com maior efeito de seleção (estudantes de medicina).

O que acontece quando se estima a associação entre desempenho escolar e inteligência em uma amostra que não foi selecionada por nenhum critério, em uma faixa restrita de idade, de forma a evitar efeito desenvolvimental, em uma amostra relativamente representativa da sociedade de onde foi extraída e na qual administraram-se medidas objetivas? Obtém-se um coeficiente de correlação moderado ou alto. Eis o que obtivemos quando correlacionamos o desempenho de 455 estudantes do 8º ano do ensino fundamental, 58% do sexo feminino, com idade entre 14 e 15 anos, 70% de escolas públicas que responderam à prova PISA e ao teste Raven Escala Geral. A correlação de Pearson, estatisticamente significativa, foi de 0,599 (95% intervalo de confiança [IC], 0,537-0,655). A correlação de Spearman foi de 0,664 (ver Fig. 9.4).

A Figura 9.4 se refere a dados brasileiros de um estudo transcultural realizado pelo Laboratório de Avaliação das Diferenças Individuais (Flores-Mendoza, et al., 2015). Portanto, quando o profissional fizer a leitura de um estudo sobre inteligência e desempenho escolar, recomenda-se primeiramente identificar se existiu algum fator que possa ter afetado os cálculos de associação.

A robusta associação entre inteligência e desempenho escolar, reconhecida por uma ampla academia (Neisser et al., 1996), não apenas permitiu considerar o desempenho escolar como uma medida *proxy* da inteligência, como também originou um novo termo nas ciências sociais e humanas: capital cognitivo (Rinderman, 2018). Esse novo termo abrange características da inteligência e do desempenho escolar e diz respeito à capacidade de resolver problemas por meios cognitivos, entre eles o raciocínio indutivo e dedutivo e a capacidade de aprender e usar corretamente conhecimento relevante. Essas capacidades dirigem e são dirigidas pela modernização cultural e tecnológica das sociedades. Apesar das políticas educacionais ignorarem o papel que cumpre a inteligência no desempenho dos estudantes (Maranto & Wai, 2020), certamente o aumento da complexidade tecnológica obrigará a que

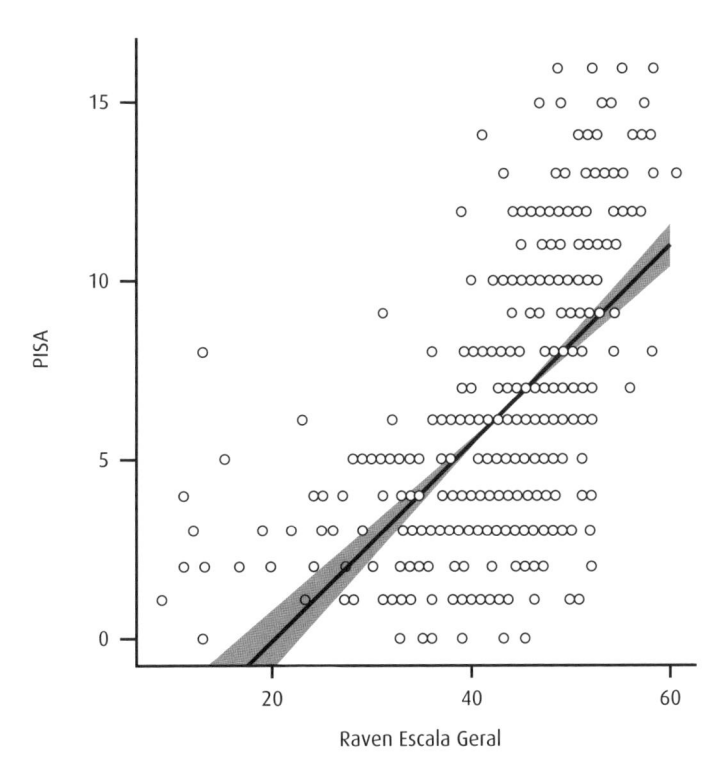

FIGURA 9.4 / Gráfico de dispersão dos escores no teste Raven Escala Geral e na prova PISA.
PISA, Programa Internacional de Avaliação de Estudantes.

as investigações em educação e desenvolvimento humano incorporem o capital cognitivo como variável preditora.

O PSICÓLOGO E A AVALIAÇÃO DA INTELIGÊNCIA NO CONTEXTO ESCOLAR

Se a associação entre inteligência e rendimento escolar é tão robusta, isso significa que o psicólogo escolar deveria avaliar as diferenças intelectuais de todos os alunos na escola onde atua? A resposta é não, quando se trata dos primeiros anos da educação compulsória. A menos que se trate de uma investigação de larga escala e para fins específicos, não há necessidade de o psicólogo sair por aí avaliando a inteligência de todos os alunos para saber quantos irão se alfabetizar. A razão é simples: as dificuldades e as facilidades extremas de aprendizagem irão ocorrer em uma parcela muito pequena da população escolar (algo em torno de 5%), e essa parcela está relacionada às extremidades da distribuição da inteligência: deficiência intelectual e superdotação/altas habilidades.

Em princípio, entre 90 e 95% dos escolares apresentarão variações de aprendizagem que não irão impactar severamente a aquisição da escolaridade básica. E, quando há uma porcentagem considerável de alunos que não aprende o que se espera que aprendam, geralmente são fatores não cognitivos os que estão por trás dessa dificuldade. Obviamente existem problemas específicos de aprendizagem (p. ex., discalculia, dislexia, disgrafia), entretanto eles tampouco superam a barreira dos 6%. Ainda que haja estimativas superiores a essa barreira e sugestões de considerá-las como transtornos de neurodesenvolvimento (especialmente dislexia), não há evidências de que os cérebros das crianças com tais transtornos sejam definitivamente diferentes dos daquelas sem problemas de aprendizagem (Protopapas & Parrila, 2019). Nesse sentido, provavelmente as altas taxas divulgadas se devam mais a um problema de diagnóstico. Inclusive, Protopapas e Parrila (2018, p. 1) chegam a propor que se considere a dislexia como "uma das muitas expressões para as usuais diferenças individuais nos resultados do desenvolvimento normal" (tradução nossa).

A afirmação de que os testes de inteligência não deveriam ser utilizados de forma rotineira e em grande escala durante os primeiros anos da educação compulsória não é uma posição nova. O psicólogo americano Arthur Jensen, referência clássica no estudo das diferenças individuais em inteligência, já a defendia no final da década de 1970 (Jensen, 1980). Naquela época, Jensen destacava o caráter obrigatório e, portanto, não seletivo do ensino básico. Todas as crianças devem frequentar a escola e adquirir as competências/habilidades/conhecimentos escolares básicos. Não se conhece nenhum país de cultura ocidental cuja maioria dos seus cidadãos não tenha alcançado as habilidades da educação básica. Não há, portanto, justificativa técnica para a administração dos testes de inteligência em grande escala nos primeiros anos de alfabetização. A esse respeito, o psicólogo deve considerar que a meta da escola é o rendimento e o progresso escolar dos alunos. Portanto, os testes e as provas escolares referenciados à norma (comparação da aprendizagem do aluno com a média de um dado grupo) e à critério (análise do progresso ou aprendizagem do aluno de um ou vários conteúdos, tendo como critério de comparação a aprendizagem anterior do aluno e como critério de avaliação o desempenho esperado pelo plano de estudo) serviriam bem a esse propósito.

Então, em quais casos ou situações se deve avaliar a inteligência no contexto escolar? Pode-se dizer que o uso legítimo dos testes para avaliação da inteligência está vinculado a essa pequena porção da população que apresenta dificuldade em aprender, como é caso da deficiência intelectual leve. Os casos moderados ou severos não precisam de confirmação com uso de testes de inteligência, pois, nesses graus, a deficiência é notória para qualquer agente educacional, inclusive os pais. Esse é um ponto que abordaremos logo depois. A outra parcela da população seria aquela que apresenta altas habilidades/superdotação, especialmente aquela que provém de baixo nível socioeconômico e que é dificilmente reconhecida como cognitivamente superior em seu ambiente próximo.

Em ambos os casos, de deficiência intelectual e de altas habilidades/superdotação, o professor demanda informação especializada que lhe permita entender o nível incomum de aprendizagem do estudante. Trata-se, portanto, de uma demanda de avaliação psicológica individualizada.

O caso da deficiência intelectual

A intensidade da deficiência intelectual é proporcionalmente inversa à porcentagem de pessoas que a possui e ao nível das habilidades e competências escolares. Isto é, entre a população com deficiência intelectual, a forma leve é a de maior porcentagem de pessoas (85%), diminuindo na medida que aumenta a intensidade da deficiência. Também, à medida que se intensifica a deficiência intelectual, diminuem as habilidades de comunicação, aprendizagem com a experiência e a independência de vida diária (National Academies of Sciences, Engineering, and Medicine, 2015). Estudos de revisão mostram que as crianças com deficiência intelectual leve não apresentam déficits fonológicos e podem desempenhar-se relativamente bem na leitura de palavras, podendo alcançar um nível básico de alfabetização (Di Biasi et al., 2018). A suspeita de deficiência intelectual será sentida pelo professor quando as atividades escolares envolverem raciocínio ou compreensão, como é o caso de composição de uma redação ou de realização de cálculo matemático (não simples contagem de números). Por isso, na maioria das vezes, a forma leve da deficiência intelectual será notada pelo ambiente somente durante a escolarização. Daí o legítimo uso de testes de inteligência pelo psicólogo especialista em avaliação psicológica.

O caso da superdotação/ altas habilidades

O alto desempenho cognitivo ou superdotação é a segunda situação que justifica a medição da inteligência em contexto escolar/educacional.

Entretanto, o psicólogo deve estar atento à falta de resposta a quatro questões centrais que rodeiam o alto desempenho cognitivo. Essas quatro questões são magnificamente explicadas por Bélanger e Gagné (2006). São elas: a) forma de expressão (sistema de habilidades/comportamentos agrupados ou sistema de habilidades independentes), b) número de habilidades; c) grau de correlação entre as habilidades que caracterizam a superdotação; e d) ponto de corte. A incerteza nas respostas a essas questões afeta inclusive o cálculo da proporção de superdotados existente no país. Dessas quatro questões, vamos explicar e exemplificar as três últimas por terem implicações diretas na prática de avaliação do psicólogo escolar/educacional (a primeira questão constitui excelente tema de investigação).

Número de habilidades

É notório que há pessoas de alto desempenho em variadas habilidades cognitivas e não cognitivas. Por exemplo, José apresenta desempenho acima da média em arremessar a bola em direção à cesta. Maria se destaca em piano e xadrez. Pedro se destaca pelo desenho. Talita se destaca em composição de poemas e oratória. Getúlio se destaca em equações de segundo grau e Rodrigo impressiona com o canto. Quais dessas habilidades são as mais importantes para identificar e classificar superdotação? Segundo a Teoria dos Três Anéis de Renzulli (1977), habilidade acima da média, compromisso com a tarefa (motivação) e alta criatividade constituem características da superdotação. Gagné (1998) propõe quatro tipos de superdotação (habilidade intelectual, criatividade, habilidade socioafetiva e habilidade sensório-motora). Já Gardner (1994) propõe que as pessoas podem apresentar variações de desempenho em oito tipos de inteligência (linguística, musical, lógico-matemática, espacial, corporal-sinestésica, naturalística, intrapessoal e interpessoal).

Dependendo do número de habilidades que se considere importante para o diagnóstico/classificação de superdotação, haverá efeito na avaliação psicológica e na estimativa da proporção de alunos que possuem superdotação.

Quanto mais habilidades são consideradas importantes para o diagnóstico da superdotação, maior será a proporção de pessoas a serem classificadas como tais e maior será o número de testes a serem administrados.

Para entender a afirmação prévia, imagine que você considera um bom chefe de cozinha aquele que se destaca em qualquer uma das seguintes habilidades: calcular custo da comida rapidamente, guardar ingredientes para outros pratos, controlar o tamanho das porções, estimar o número de cremes possíveis a partir de ovos e leite, utilizar temperos de forma variada. Já seu colega alega que somente utilizar temperos de forma variada é o que caracteriza um bom chefe de cozinha. Em um processo de seleção, você utilizaria cinco critérios e vários materiais para a avaliação, enquanto seu colega utilizaria apenas um critério. Nesse exemplo, se espera que uma porcentagem maior de candidatos seja aprovada no seu processo seletivo, pois as pessoas têm mais possibilidades de se destacar em qualquer um dos cinco critérios, enquanto uma porcentagem menor de candidatos passaria no processo seletivo do seu colega, pois existe apenas um critério para se destacar. Da mesma forma, na questão da superdotação quanto maior é o número de habilidades consideradas, maior é o número de pessoas que receberão a classificação de superdotação.

Correlação entre as habilidades

Outro fator que afeta a identificação das altas habilidades/superdotação é a correlação entre as habilidades. Se o psicólogo aceita habilidades independentes (pequena correlação entre elas), maior é a probabilidade de as pessoas receberem a classificação de superdotação. Se o psicólogo aceita habilidades dependentes (moderada a alta relação entre elas), menor é a probabilidade de as pessoas receberem a classificação de superdotação. Nesse sentido, considere o exemplo anterior (habilidades para selecionar um bom chefe de cozinha). Se os cinco critérios tiverem entre si uma correlação alta (p. ex., 0,80), então tanto faz usar um ou outro critério, pois eles irão se comportar como se fossem um mesmo critério. Assim, um menor número de candidatos será aprovado, pois os cinco critérios irão selecionar as mesmas pessoas.

Entretanto, se os cinco critérios forem independentes (p. ex., correlação entre 0,10 e 0,20), então um número maior de candidatos será aprovado. Os cinco critérios irão selecionar diferentes pessoas. Caso haja um plano pedagógico da escola para a identificação e estimulação de alunos de alto desempenho, o psicólogo escolar/educacional deve, portanto, estar atento não apenas ao número de habilidades que considera importantes para a superdotação como também ao grau de correlação que essas habilidades apresentam.

Ponto de corte

Não existe um consenso acadêmico sobre o ponto de corte (em termos de porcentagem) para considerar o alto desempenho. Os testes de inteligência geralmente estimam entre 2 a 2,5% de pessoas que alcançam no mínimo um QI de 130. Eis o caso do WISC-IV (Rueda et al., 2013) ou do BPR-5 (Almeida & Primi, 2000), que estimam em 2% a população que alcança QI 130 (percentil 98). Entretanto, há teóricos que propõem 10% (Gagné, 1998) ou 20% (Renzulli, 1986). O ponto de corte para superdotação dependerá dos fatores previamente explicados. Por exemplo, Bélanger e Gagné (2006) oferecem tabelas de probabilidades de porcentagens considerando esses fatores. Assim, por exemplo, se queremos identificar 10% de alunos que se destacam simultaneamente nas três habilidades propostas por Renzulli e cuja média de correlação é de 0,30, seria necessário um ponto de corte de 36,4% para cada habilidade. Isto é, o psicólogo teria que selecionar os 36,4% de maior QI, os 36,4% de maior criatividade e os 36,4% de maior motivação para alcançar 10% de alunos que se destacam simultaneamente nos três domínios! Se, pelo contrário, a escola deseja selecionar os 2% com maior desempenho em três habilidades (raciocínio abstrato, raciocínio verbal e raciocínio espacial) com média de correlação de 0,50 (p. ex., BPR-5), seria necessário identificar os 11,6% com maior desempenho em raciocínio abstrato, 11,6% em raciocínio verbal e 11,6% em raciocínio espacial para alcançar os 2% de alunos que se destacam nas três habilidades. Se, em vez de três, se escolhessem somente duas habilidades (p. ex., raciocínio verbal e numérico, habilidades muito apreciadas pelos professores), com a mesma correlação de 0,50, então seria necessário selecionar os 7,1% de alunos com maior desempenho para cada habilidade a fim de alcançar 2% de estudantes com maior desempenho nas duas habilidades.

Os três fatores mencionados, portanto, devem ser do conhecimento do psicólogo quando este decide utilizar testes de inteligência em contextos educacionais para identificar superdotação em escolas. Por outro lado, quando aplicadas em contextos individualizados, as baterias de testes de inteligência (p. ex., WISC-IV, WASI [Escala Wechsler de Inteligência Abreviada], BPR-5) encurtam o caminho ao determinar, por meio de estabelecimento de normas, o ponto de corte para a classificação do alto desempenho cognitivo.

O caso das diferenças de pontuação entre medidas cognitivas para um mesmo indivíduo

Um desafio constante para o psicólogo escolar surge quando, em situações de avaliação individualizada, encontra diferenças significativas entre as provas cognitivas administradas a um mesmo estudante. No caso das escalas Wechsler, existem as tabelas de valores críticos para possíveis discrepâncias entre os índices fatoriais. Por exemplo, uma diferença de 15 pontos entre o índice de compreensão verbal e o índice de velocidade de processamento (sendo maior a compreensão verbal) somente foi apresentada por 19,5% da amostra de normatização da escala. Portanto, a maioria de crianças (80,5%) não apresentou discrepância igual ou maior a 15 pontos (Rueda et al., 2013). Esse tamanho de discrepância (qualquer que seja a idade do avaliando entre 6 e 16 anos) é estatisticamente significativo ($p = 0,05$).

Já que a diferença é significativa, deveria o psicólogo descartar a avaliação? Depende do nível de habilidade. Se a criança tiver um desempenho final equivalente a um QI menor ou igual a 79, essa discrepância, de fato, é muito rara. Somente 10,7% das crianças nesse nível de habilidade apresenta tal magnitude de discrepância. Nesse caso, uma outra avaliação é aconselhável. Entretanto, se o desempenho final da criança for equivalente a um QI igual ou maior a 120, então essa discrepância é mais comum. Quase 30% das crianças nesse nível de habilidade apresenta tal magnitude de discrepância. Apesar de a diferença ser estatisticamente significativa na população em geral, a velocidade de processamento nem sempre acompanha o desempenho verbal em se tratando de sujeitos de alto desempenho cognitivo. Aqui tem-se uma evidência de que, dependendo do nível de habilidade, algumas diferenças entre tipos de habilidades serão mais comuns do que outras.

Uma outra observação a respeito das discrepâncias entre medidas cognitivas administradas a um mesmo indivíduo é o peso das medidas na inteligência geral (chamada também pelos psicólogos diferencialistas de fator g) (ver Fig. 9.5).

Na Figura 9.5 se observam os pesos de nove medidas cognitivas na inteligência geral (ou fator g). O estudo é de Jardim (2006), conduzido em uma amostra de 164 crianças com idade entre 9 e 10 anos. Especificamente se observa que a medida de destreza manual tem um peso menor, e a medida de sinônimos tem um peso maior na inteligência geral. Esse tipo de resultados é útil ao psicólogo que avalia inteligência ou funções cognitivas. Por exemplo, se um adolescente obteve percentil 98 no teste Raven Escala Geral (ver normas em Flores-Mendoza et al., 2014), o qual equivale ao QI 130, mas obteve um percentil 75, que equivale ao QI 110, no teste de atenção, pode-se afirmar que, apesar do resultado em atenção, sua inteligência geral deve estar bem acima da média. Essa inferência é possível quando se considera que a inteligência fluida (aspecto medido pelas matrizes progressivas de Raven) tem maior peso no fator g do que atenção.

No caso de a discrepância ser notada em tarefas que compõem uma bateria, como é o

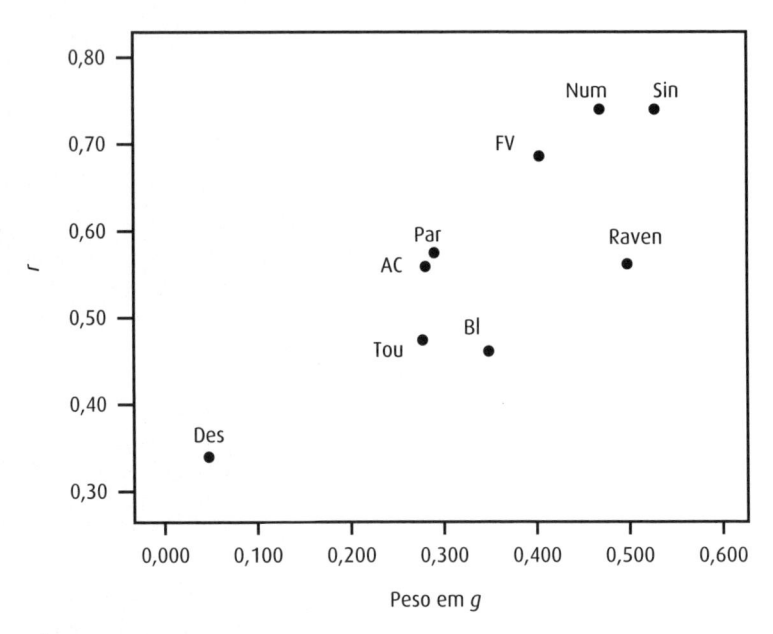

FIGURA 9.5 / Gráfico de dispersão dos pesos em g de nove medidas cognitivas (r é a correlação entre a medida cognitiva e um questionário de conhecimento geral).

Des, Teste de Destreza Manual; Tou, Teste Toulouse; Bl, Teste de Blocos; AC, Teste de Atenção Concentrada; Par, Teste de Partes; FV, Teste de Fluência Verbal; Raven, Matrizes Progressivas; Num, Teste de Números; Sin, Teste de Sinônimos.

caso das escalas Wechsler, o mesmo raciocínio se aplica. Por exemplo, se uma criança obteve um QI total de 122, uma pontuação composta de 125 nos índices de compreensão verbal e de organização perceptual, 120 no índice de memória operacional, mas 89 em velocidade de processamento, pode-se inferir que a inteligência geral da criança está acima da média. Observe na Figura 9.5 que as medidas que mais pesam na inteligência geral são as verbais e as de raciocínio abstrato, medidas similares às que compõem os índices de compreensão verbal e organização perceptual. As medidas que menos pesam na inteligência geral são as de atenção e coordenação motora-manual, habilidades requeridas também nos subtestes que compõem o índice de velocidade de processamento. Portanto, mesmo que a criança tenha tido um escore composto de 89 em velocidade de processamento, o psicólogo deve considerar seu alto desempenho nos índices que mais pesam no fator g.

Outras situações de avaliação da inteligência em contexto escolar

Outra demanda para o psicólogo constitui a avaliação da inteligência em alunos com deficiência física e/ou sensorial. Entre as deficiências mais desafiadoras para a avaliação da inteligência estão a paralisia cerebral com tetraplegia e as deficiências sensoriais múltiplas (surdocegueira). Geralmente, nessas condições, os testes tradicionais de inteligência não funcionam. O mais razoável seria a avaliação funcional (o mesmo serviria para os casos de deficiência moderada a profunda). É o caso do sistema de avaliação *Callier-Azusa Scale* (Stillman, 1985), o qual avalia desenvolvimento motor, habilidades perceptuais, habilidades da vida diária, desenvolvimento da linguagem, socialização e habilidades de comunicação (simbolismo, recepção, intenção, reciprocidade). Esse tipo de avaliação fornece informação útil para os educadores e poderia substituir os testes de inteligência. A esse respeito, o psicólogo deve considerar que pais, professores e terapeutas necessitam de informação do antes e depois das intervenções educativas e/ou reabilitadoras. Por isso, as avaliações funcionais são de maior importância para os casos de extrema deficiência física ou mental.

CONSIDERAÇÕES FINAIS

A avaliação da inteligência é uma das atividades realizadas com frequência pelo psicólogo com diversas finalidades, entre elas, a educacional, foco do presente capítulo. A relação entre inteligência e desempenho escolar está fartamente mostrada em inúmeros estudos. A variação na intensidade dessa relação ocorre por fatores aqui explicados, como idade do grupo de estudo, complexidade da medida cognitiva, precisão do critério externo, restrição de amplitude por escolaridade e seletividade da amostra. Quando esses fatores são afastados, uma moderada a alta relação aparece. Entretanto, essa constatação da psicologia científica não outorga autorização para uso excessivo dos testes de inteligência nos primeiros anos da escolaridade compulsória, a menos que a avaliação e mensuração esteja atrelada a um plano de investigação com objetivos bem definidos.

Na prática do psicólogo escolar, dois tipos de desempenho intelectual justificam a necessidade de avaliação da inteligência. São eles a deficiência intelectual, especialmente a leve, e a superdotação. Em ambas as situações, existem critérios técnicos, aqui explicados, para os quais o psicólogo deve estar atento antes de aplicar e interpretar os testes de inteligência. Em outras situações, como no caso das deficiências físicas e sensoriais severas, as avaliações de adaptação funcional são bem mais recomendáveis do que as avaliações por meio de testes tradicionais de inteligência. Aquelas fornecem o tipo de informação que realmente os educadores/terapeutas precisam. Recomenda-se, portanto, ponderação e conhecimento para o uso de testes de inteligência em contexto escolar.

Finalmente, cabe destacar que, diferentemente da prática profissional de avaliação cognitiva, em que se requer parcimônia, a investigação sobre diferenças individuais em inteligência necessita de um grande impulso das políticas públicas de educação, considerando-se o atual consenso entre diversas áreas do saber de que inteligência e desempenho escolar são aspectos vitais do desenvolvimento social e da qualidade de vida dos cidadãos.

REFERÊNCIAS

Almeida, L. S., & Primi, R. (2000). *BPR-5 – Baterias de prova de raciocínio*. Casa do Psicólogo.

Angelini, A. L., Alves, I. C. B., Custódio, E. M., Duarte, W. F., & Duarte, J. L. M. (1999). *COM-RAVEN – Matrizes progressivas coloridas de Raven*. Pearson.

Bélanger, J., & Gagné, F. (2006). Estimating the size of the gifted/talented population from multiple identification criteria. *Journal for the education of the gifted, 30*(2), 131-163.

Di Biasi, F. D., Buono, S., Citta, S., Costanzo, A. A., & Zoccolotti, P. (2018). Reading deficits in intellectual disabilities are still an open question: A narrative review. *Brain Sciences, 8*(8), 146.

Flores-Mendoza, C., & Nascimento, E. (2001). Inteligência: o construto melhor investigado em psicologia. *Boletim de Psicologia, 51*(114), 37-64.

Flores-Mendoza, C., Widaman, K. F., Bacelar, T. D., & Lele, A. J. (2014). Propriedades psicométricas do Raven geral no contexto de Minas Gerais. *Arquivos Brasileiros de Psicologia, 66*(2), 1-16.

Flores-Mendoza, C., Mansur-Alves, M., Ardila, R., Rosas, R. D., Guerrero-Leiva, M., Maqueo, M., ... León, A. (2015). Fluid intelligence and school performance and its relationship with social variables in Latin American samples. *Intelligence, 49,* 66-83.

Gagné, F. (1998). A proposal for subcategories within the gifted or talented populations. *Gifted Child Quarterly, 42*(2), 87–95.

Gardner, H. (1994). *Frames of mind: The theory of multiple intelligences*. BasicBooks.

Gottfredson, L. S. (1997). Mainstream science on intelligence: An editorial with 52 signatories, history, and bibliography. *Intelligence, 24*(1), 13-23.

Jardim, G. L (2006). *Inteligência e conhecimento geral e atual de crianças escolares com altas habilidades cognitivas*. [Dissertação de mestrado não publicada]. Universidade Federal de Minas Gerais.

Jensen, A. (1980). *Bias in mental testing*. Free.

Kaufman, S. B., Reynolds, M. R., Liu, X., Kaufman, A. S., & McGrew, K. S. (2012). Are cognitive g and academic achievement g one and the same g? An exploration on the Woodcock–Johnson and Kaufman tests. *Intelligence, 40*(2), 123–138.

Lynn, R., & Vanhanen, T. (2012). *Intelligence: A unifying construct for the social sciences*. Ulster Institute for Social Research.

Maia, A. C., & Fonseca, L. (2002). Quociente de inteligência e aquisição de leitura: Um estudo correlacional. *Psicologia: Reflexão e Crítica, 15*(2), 261-270.

Maranto, R., & Wai, J. (2020). Why intelligence is missing from American education policy and practice, and what can be done about It. *Journal of Intelligence, 8*(1), 2.

National Academies of Sciences, Engineering, and Medicine (NASEM) (2015). *Mental disorders and disabilities among low-income children*. National Academies.

Neisser, U., Boodoo, G., Bouchard, T. J., Boykin, A. W., Brody, N., Ceci, S. J., ... Urbina, S. (1996). Intelligence: Knows and unknowns. *American Psychologist, 51*(2), 77-101.

Primi, R., Ferrão, M. E., & Almeida, L. S. (2010). Fluid intelligence as a predictor of learning: A longitudinal multilevel approach applied to math. *Learning and Individual Differences, 20*(5), 446–451.

Protopapas, A., & Parrila, R. (2019). Is dyslexia a brain disorder? *Brain Sciences, 8*(4), 61.

Renzulli, J. S. (1977). The enrichment triad model: A guide for developing defensible programs for the gifted and talented. *Gifted Child Quarterly, 20*(2), 303-326.

Renzulli, J. S. (1986). The three-ring conception of giftedness: A developmental model for creative productivity. In R. J. Sternberg & J. E. Davidson (Eds.), *Conceptions of giftedness* (pp. 53–92). Cambridge University.

Ribeiro, D. O., & Freitas, P. M. (2018). Inteligência e desempenho escolar em crianças entre 6 e 11 anos. *Psicologia em Pesquisa, 12*(1), 84-91.

Rindermann, H. (2018). *Cognitive capitalism: Human capital and the wellbeing of nations paperback*. Cambridge University.

Rueda, F. J. M., Noronha, A. P. P., Sisto, F. F., Santos, A. A. A., & Castro, N. R. (2013). *WISC-IV – Escala Wechsler de inteligência para crianças* (4. ed.). Casa do Psicólogo.

Stein, L. M. (1994). *TDE – Teste de desempenho escolar: Manual de aplicação e interpretação*. Casa do Psicólogo.

Stillman, R. D. (1985). *Callier-Azusa Scale (H): Scales for the assessment of communicative abilities*. University of Texas at Dallas, Callier Center for Communication Disorders.

Terman, L. M. (1916). *The measurement of intelligence: An explanation of and a complete guide for the use of the Stanford revision and extension of the Binet-Simon Intelligence Scale*. Houghton Mifflin.

10
AVALIAÇÃO DE ESTUDANTES COM ALTAS HABILIDADES NO CONTEXTO ESCOLAR

Denise de Souza Fleith
Renata Muniz Prado

A concepção de altas habilidades, ou superdotação, como um fenômeno inato, unitário, monolítico e estático, atrelado especialmente ao conceito de quociente intelectual (QI), não encontra mais eco nos modelos teóricos ou nos resultados de estudos empíricos contemporâneos. A nova tendência na conceituação das altas habilidades privilegia sua natureza plural, dinâmica e contextual (Dai, 2020). Trata-se de um fenômeno que deve ser concebido como um processo em desenvolvimento, que envolve vários domínios, além de fatores cognitivos e não cognitivos, e emerge a partir das inter-relações que se estabelecem entre indivíduo e ambiente, em oposição à noção de uma habilidade "pronta" ou "absoluta", que o indivíduo tem ou não e que se mantém constante e estável ao longo da vida (Fleith, 2018). É um estado relativo, que se manifesta em certas pessoas, em determinadas circunstâncias e em certos momentos (Renzulli, 1986, 2016).

A maneira de se conceber um fenômeno tem implicações. Impacta, por exemplo, a escolha de procedimentos e instrumentos para sua avaliação, subsidia decisões acerca de diretrizes governamentais, projetos político-pedagógicos e encaminhamentos profissionais. No caso das altas habilidades, Acar et al. (2016) sinalizam que as práticas de identificação são respostas operacionais a questões cruciais acerca da natureza do fenômeno e influenciam as decisões relativas à inclusão ou exclusão de estudantes em programas e serviços especializados.

Defendemos que a realização da avaliação do estudante superdotado não seja restrita aos consultórios de psicologia. Silverman e Gilman (2020) e Dixson et al. (2020) fazem um chamamento para que o psicólogo escolar atue na avaliação desse grupo de alunos. Segundo os autores, esse profissional desempenha um papel-chave no processo de identificação e planejamento educacional de estudantes com altas habilidades. Salientam, contudo, a necessidade de o psicólogo escolar nortear sua prática com base em evidências de maneira a desenvolver eficazmente esse papel.

O objetivo deste capítulo é discutir o processo de avaliação de estudantes com altas habilidades no contexto escolar, refletindo acerca de fatores que podem contribuir ou dificultar a atuação do psicólogo escolar e propondo procedimentos e instrumentos embasados cientificamente para que a avaliação ocorra de maneira eficiente e fidedigna. O capítulo está estruturado em quatro seções. Inicialmente, são apresentadas concepções e características associadas às altas habilidades. Na segunda seção, são discutidos objetivos e princípios que devem reger a sistemática de identificação e avaliação do estudante superdotado. Na terceira seção, busca-se elencar precauções necessárias a uma condução apropriada da avaliação, antevendo possíveis desafios a serem enfrentados pelo psicólogo escolar durante o processo. Na última seção, são examinados procedimentos e instrumentos a serem empregados na avaliação da superdotação no contexto escolar, amparados em estudos teóricos e empíricos.

Sabemos que o processo de avaliação não apenas facilita o reconhecimento do potencial e do perfil do estudante com altas habilidades, mas também monitora seu progresso e desenvolvimento, além de avaliar em que medida programas e serviços destinados a esses estudantes vão ao encontro de suas necessidades e características (Cao et al., 2017). Espera-se que este capítulo possa tornar visível a relevância do conhecimento psicológico e, consequentemente, do papel do psicólogo para a compreensão e identificação das altas habilidades no contexto escolar.

CONCEPÇÃO E CARACTERIZAÇÃO DAS ALTAS HABILIDADES

Com o intuito de propor um modelo teórico-prático, que salientasse não somente as características do indivíduo, mas a importância da sua relação com o ambiente, Renzulli elaborou o Modelo dos Três Anéis (Renzulli, 1986, 2016). Essa concepção revolucionou a área e hoje é um dos modelos mais utilizados no mundo, inclusive no Brasil (Carneiro & Fleith, 2017). É importante salientar que, nesse referencial, a superdotação não é vista como um estado absoluto ou fixo de ser, mas como um conjunto de comportamentos de superdotação. E modelo também não faz distinção entre o uso dos termos talento, superdotação ou altas habilidades. Renzulli amplia a visão unitária do fenômeno e apresenta em sua teoria duas categorias de talentos: o acadêmico e o produtivo-criativo.

A superdotação acadêmica é o tipo mais valorizado em um contexto tradicional de aprendizagem. Geralmente permanece estável ao longo do tempo, apesar de existir em graus variáveis. Os alunos que apresentam esse comportamento aprendem rapidamente, possuem um excelente rendimento acadêmico, são facilmente identificados em testes padronizados e se beneficiam de adaptações curriculares, como aceleração ou avanço de ano escolar. A superdotação produtivo-criativa está relacionada ao uso da criatividade e envolvimento do indivíduo no desenvolvimento de ideias e produtos originais. Produtores de conhecimento ou pessoas que revolucionaram uma área estão mais propícias a apresentar esse tipo de talento.

O uso de testes padronizados ou instrumentos de avaliação cognitiva não é a melhor estratégia para identificar esse grupo, e menos ainda para compreendê-lo. Os superdotados produtivo-criativos não se adaptam facilmente ao sistema tradicional de ensino e ao currículo regular. O ambiente de aprendizagem ideal para esse grupo deve focar na resolução de problemas e aplicação de conhecimentos, promoção de sua autonomia e liberdade para explorar seus interesses (Renzulli, 2016).

Nessa perspectiva, comportamentos de superdotação são frutos da interação dinâmica de três anéis ou dimensões: habilidade acima da média, envolvimento com a tarefa e criatividade. Renzulli (1986, 2016) defende que não é necessária a presença homogênea desses três componentes; eles devem interagir em algum grau para que um alto nível de produtividade criativa possa emergir. Esses anéis devem ser considerados na sua inter-relação com os fatores ambientais e de personalidade.

Habilidade acima da média pode ser definida de duas formas: geral e específica. A habilidade geral consiste na capacidade de processar informação e integrar experiências que resultem em respostas apropriadas e adaptativas a novas situações e de se engajar em pensamento abstrato. Alguns exemplos são raciocínio verbal e numérico, relações espaciais, memória e fluência verbal. A habilidade específica trata da capacidade de adquirir conhecimento e técnica, e pode ser identificada na maneira como o indivíduo se expressa na vida real, e não em situação de avaliação ou testagem. As habilidades específicas podem se expressar em uma diversidade de domínios, como química, balé, fotografia, composição musical, etc.

O envolvimento com a tarefa corresponde à dimensão motivacional que leva ao alto nível de interesse, entusiasmo e perseverança diante da atividade realizada. O indivíduo que apresenta essa característica sente-se autodeterminado e competente para realizar seus objetivos e estabelece um padrão de excelência de desempenho. É reconhecido como autoconfiante, persistente, perspicaz, disciplinado, comprometido, esforçado e trabalha arduamente em seus projetos ou áreas de interesse, muitas vezes por um período extenso de tempo e mesmo diante de obstáculos que poderiam inibir sua produção.

A terceira dimensão refere-se à criatividade e diz respeito à abertura a novas experiências, curiosidade, sensibilidade, pensamento independente e divergente. Vale ressaltar que um indivíduo superdotado não é igual a outro. Isso significa que nem todos os estudantes apresentarão necessariamente as mesmas características. No Quadro 10.1 são apresentadas as características mais comumente identificadas nessas pessoas.

Também é importante indagar quem será superdotado no longo prazo. A presença desse conjunto de características na infância ou adolescência não determinará, de maneira definitiva, um alto desempenho, sucesso, ou destaque na idade adulta. Apesar da identificação e acesso a atendimentos especializados, poucas crianças superdotadas tornam-se adultos eminentes. Por outro lado, muitos indivíduos que deram contribuições inovadoras à sociedade nunca foram reconhecidos ou apresentaram características de superdotação na infância.

Casos como esses levaram os pesquisadores da área a buscar na ciência psicológica um melhor entendimento do processo de desenvolvimento de talentos em longo prazo, não apenas na idade escolar. Nessa direção, foi proposto o Megamodelo de Desenvolvimento de Talentos (Subotnik et al., 2011), fundamentado em cinco princípios:

1. Habilidades, gerais ou específicas, são importantes e podem ser desenvolvidas.
2. Cada área ou domínio do talento tem diferentes trajetórias de desenvolvimento.
3. Em cada fase do processo de desenvolvimento do talento, oportunidades devem ser fornecidas, bem como aproveitadas e comprometidas pelo indivíduo talentoso.
4. Variáveis psicossociais (p. ex., motivação, otimismo, autorregulação, foco, presença de mentores e acesso a oportunidades) são fatores determinantes no desenvolvimento bem-sucedido de talentos.
5. Eminência é o resultado esperado da educação do superdotado.

De acordo com esse modelo, a infância é associada à identificação do potencial. Nesse período, a ênfase deveria ser na exposição a atividades para o enriquecimento, tanto no ensino formal quanto extracurricular. Já na adolescência, percebe-se maior engajamento em uma área específica. Nessa fase, deve-se investir no potencial manifestado e nos interesses apresentados, além de oferecer desafios e recompensas. No entanto, é somente durante a fase adulta que a produtividade criativa e de excelência poderá emergir. Contudo, identificar potenciais talentos é uma tarefa que perpassa qualquer domínio do conhecimento e etapa de desenvolvimento.

OBJETIVOS E PRINCÍPIOS DA AVALIAÇÃO DAS ALTAS HABILIDADES

O objetivo central do processo de avaliação do aluno superdotado é mapear e estimar suas características cognitivas, sociais, emocionais e acadêmicas à luz dos contextos nos quais ele interage. A finalidade não é apontar, de forma definitiva, se o aluno apresenta ou não altas habilidades, como uma espécie de carimbo em uma folha de papel (Fleith, 2018). Ao contrário, o propósito da avaliação é identificar habilidades cognitivas, atributos de personalidade, habilidades interpessoais, interesses, estilos de aprendizagem e de expressão, potencialidades e limitações, com vistas a sinalizar possibilidades de encaminhamentos e intervenções.

QUADRO 10.1
Características de estudantes superdotados (National Association for Gifted Children [NAGC], 2020c)

Características cognitivas	Características criativas	Características afetivas	Características comportamentais
Grande poder de abstração.	Criatividade e inventividade.	Intensidade emocional incomum.	Espontaneidade.
Interesse em resolver problemas e aplicar conceitos.	Senso de humor aguçado.	Sensibilidade ou empatia com os sentimentos dos outros.	Grande entusiasmo por áreas ou tarefas de seu interesse.
Leitura voraz e precoce.	Capacidade de fantasiar.	Altas expectativas de si e dos outros, muitas vezes levando a sentimentos de frustração.	Foco intenso em suas paixões – resiste a mudanças de atividades quando absorvido em seus próprios interesses.
Amplo vocabulário.	Abertura a estímulos, interesses amplos.	Maior autoconsciência, acompanhada de sentimentos de ser diferente.	Alto nível de energia: precisa de pouco sono ou tempo de inatividade.
Curiosidade intelectual.	Intuição.	Necessidade de apoio emocional.	Questionamento: faz perguntas constantemente.
Pensamento crítico, ceticismo, autocrítica.	Flexibilidade.	Necessidade de consistência entre valores abstratos e ações pessoais.	Curiosidade insaciável.
Comportamento persistente e direcionado a objetivos.	Independência de atitude e comportamento social.	Níveis avançados de julgamento moral.	Impulsividade, humor.
Independência no trabalho e estudo.	Autoaceitação e despreocupação com as normas sociais.	Idealismo e senso de justiça.	Perseverança: forte determinação em áreas de interesse.
Diversidade de interesses e habilidades.	Compromisso estético e moral com o trabalho realizado.		Altos níveis de frustração, principalmente quando há dificuldade em atender aos padrões de desempenho (impostos por si ou por outros).

De acordo com Dai (2020), o foco da avaliação deve ser identificar pontos fortes e necessidades individuais, de maneira a orientar a escola acerca de quais estratégias educacionais poderiam favorecer o desenvolvimento do estudante, de seus talentos e de uma aprendizagem significativa.

Segundo Dai (2020), em qualquer proposta de avaliação de estudantes superdotados, contexto, individualidade e pragmatismo são aspectos a serem considerados. Assim, o psicólogo escolar deve analisar os dados obtidos tendo como pano de fundo a história pessoal do indivíduo, suas experiências pessoais e contexto sociocultural no qual ele se insere. Vale lembrar ainda que os superdotados não constituem um grupo homogêneo. Não existe um perfil único que caracterize de maneira uniforme os sujeitos com altas habilidades. Cada pessoa é única e representa uma combinação diferente de inteligência, personalidade, habilidades, estilos e desempenho.

Avaliar e identificar envolve também uma decisão prática, que pode ser tomada mesmo em cenários de incerteza. Na dúvida se o estudante apresenta ou não indicadores de altas habilidades, o psicólogo escolar deve decidir a favor da criança ou do jovem, adotando o princípio da beneficência. Isso porque indivíduos superdotados podem não apresentar muitas das características usualmente associadas às altas habilidades em função de um ambiente pouco estimulador e desafiador. Além disso, o acesso limitado a experiências educacionais significativas pode camuflar as potencialidades de um aluno superdotado. Algumas características manifestam-se apenas quando o sujeito está engajado em alguma atividade de seu interesse (Fleith, 2018).

Sabe-se que o fenômeno da superdotação "não é uma coisa a ser localizada na mente, mas uma forma de excelência que se manifesta de muitas maneiras em uma variedade de domínios e contextos" (Dai, 2020, p. 9). Tampouco podemos afirmar que existe uma fórmula capaz de identificar 100% quem é ou não superdotado. Para evitar equívocos no processo de avaliação, é preciso, portanto, que o psicólogo escolar balize sua prática a partir de alguns princípios (Fleith, 2016, 2018):

1. Qualquer prática deve ser ancorada em uma concepção fundamentada teórica e empiricamente. Nesse sentido, o psicólogo, orientado pela literatura científica da área, deve ter clareza de qual referencial de altas habilidades embasará sua atuação. É a concepção que vai direcionar a escolha dos procedimentos e instrumentos a serem utilizados na avaliação.
2. Não existe apenas um critério que determine as altas habilidades. Da mesma forma, não há uma única maneira de se identificar o aluno superdotado ou um instrumento-chave que forneça todas as respostas.
3. O psicólogo escolar deve selecionar procedimentos e instrumentos de avaliação que possibilitem a identificação do maior número de estudantes com potencial. Isso implica evitar práticas que possam excluir minorias ou indivíduos em condições de vulnerabilidade. Estudos têm apontado a influência de variáveis como raça, nível socioeconômico e gênero no processo de identificação das altas habilidades (Elhoweris et al., 2005; Garland, 2013; Grissom & Redding, 2016; Prado & Fleith, 2018).
4. Habilidade e desempenho escolar não são sinônimos. Nem sempre o aluno superdotado apresenta bom rendimento na escola. Fatores como desmotivação, desinteresse, tédio e pressão do grupo podem influenciar negativamente a *performance* escolar, produzindo o fenômeno denominado *underachievement*. Em um processo de identificação, é essencial reconhecer alunos que têm potencial, independentemente de seu desempenho acadêmico.
5. O processo de avaliação deve privilegiar o uso de múltiplos instrumentos e procedimentos (observação, testes, elaboração de produtos, análise de portfólio, situações-problema, jogos, brincadeiras, etc.) e informações obtidas de diferentes fontes (p. ex., aluno, professores, ex-professores, pais, colegas, etc). Plucker et al. (2017) recomendam o uso de diferentes abordagens no processo de identificação, como testes não padronizados e medidas de criatividade, de forma a não enviesar os resultados em favor de um grupo (tal como estudante branco, de classe média).
6. Deve-se evitar uma compreensão estática da avaliação. É preciso avaliar as potencialidades do indivíduo considerando as oportunidades e experiências de aprendizagem às quais ele teve acesso e sua trajetória de desenvolvimento (Dai, 2020). O foco da avaliação não deve ser somente no desempenho "demonstrado" (p. ex., notas escolares, prêmios, publicações, etc), mas também na busca de potencialidades, altos

níveis de motivação e formas produtivas de pensar ou *productive mindsets* (Subotnik et al., 2011).
7. O psicólogo deve manter ao longo de todo o processo de avaliação psicológica uma postura crítica, ética, consciente e reflexiva. Eventuais limitações do próprio processo de avaliação devem ser consideradas pelo profissional.
8. Avaliação pela avaliação não tem sentido. A atribuição do rótulo de superdotado a um indivíduo não tem valor ou importância se não for contextualizada a partir de um planejamento educacional, orientação a pais e professores ou encaminhamento a programas ou serviços especializados. É fundamental refletir sobre as consequências (positivas e/ou negativas) de uma avaliação, de forma a se evitar rótulos, estigmas ou profecias autorrealizadoras que venham perpetuar mitos acerca do superdotado.
9. O processo de avaliação deve ser contínuo e planejado no sentido de ajudar os alunos superdotados a conhecer e entender o seu potencial. Mesmo após o encaminhamento a um programa ou serviço, é preciso acompanhar o indivíduo e avaliar em que medida o que foi proposto atende às suas necessidades e interesses. As habilidades superiores nem sempre estão "prontas", totalmente desenvolvidas e "visíveis". Os encaminhamentos podem diferir, dependendo do momento vivenciado pelo estudante.

Renzulli e Reis (2016) sugerem as seguintes questões como ponto de partida para reflexão acerca do processo de avaliação e identificação do estudante superdotado:

- O sistema de identificação selecionado aplica-se à diversidade de estudantes do ambiente escolar?
- Como os estudantes identificados serão nomeados?
- O sistema selecionado é economicamente viável em termos de recursos pessoais, materiais e financeiros a serem empregados?
- O sistema é flexível o bastante para identificar talentos em diferentes domínios?
- O sistema é flexível o bastante para ser reformulado no caso de o desempenho do aluno indicar necessidade de revisão do processo de avaliação?
- O sistema proposto está em consonância com a legislação que rege o sistema educacional?

Ademais, consideramos relevante analisar em que medida a cultura escolar é sensível à causa do superdotado, uma vez que é comum a prevalência de ideias estereotipadas, como a de que o superdotado tem recursos suficientes para se desenvolver sozinho, não sendo necessário identificá-lo e prover oportunidades e experiências significativas que estimulem seu potencial (Alencar & Fleith, 2001). Defendemos ser parte do processo de identificação a conscientização da comunidade escolar acerca de quem são os estudantes com altas habilidades, suas características e necessidades e das razões para se investir na elaboração e implementação de uma sistemática de identificação desses indivíduos no contexto da escola.

De acordo com Dai (2020), cabe ao psicólogo escolar ser proativo, e não meramente reativo, no que se refere à formulação de um projeto de avaliação de alunos superdotados. Ao invés de encaminhar o estudante a um serviço de avaliação fora dos muros da escola, como tradicionalmente tem sido feito, o psicólogo deveria ter um papel protagonista de incluir essa prática no seu rol de atribuições profissionais. O objetivo final seria o de intencionalmente promover o desenvolvimento de talentos na escola, a partir de sua identificação, em vez de deixar que isso aconteça "naturalmente" ou ao acaso. Segundo Dixson et al. (2020), uma das atribuições principais do psicólogo escolar é ajudar todos os estudantes a desenvolverem ao máximo suas potencialidades, inclusive os superdotados.

Para além dos princípios que devem nortear a atuação do psicólogo no processo de avaliação das altas habilidades no contexto escolar, atenção deve ser dada às precauções a serem tomadas frente aos desafios impostos à complexa e multidimensional sistemática de identificação do superdotado, tema a ser tratado na próxima seção.

AVALIAÇÃO DE ESTUDANTES COM ALTAS HABILIDADES: DESAFIOS E CUIDADOS

A avaliação do aluno com altas habilidades não se resume ao atendimento individual, exclusivamente na "sala do psicólogo". Não se trata tampouco de fazer um psicodiagnóstico do aluno. Temos, inclusive, evitado a adoção do termo diagnóstico por entender que não é possível "diagnosticar" a presença ou ausência de altas habilidades, como se estivéssemos em um consultório médico. A nossa opção é pelo termo identificação, que abre possibilidades de reconhecimento e desenvolvimento de habilidades, estilos, características, interesses e potencialidades. É importante que o psicólogo tenha clareza do porquê e de como proceder à avaliação de altas habilidades no contexto escolar e em que medida ele se sente preparado para essa tarefa.

Ao estruturar o processo de avaliação das altas habilidades e selecionar procedimentos e instrumentos a serem empregados, o psicólogo deve considerar (Anache & Reppold, 2010; Fleith, 2018; NAGC, 2020a; Silverman & Gilman, 2020):

1. a diversidade socioeconômica, cultural, étnica e racial presente no contexto escolar, evitando, assim, uma postura elitista, que privilegie alguns segmentos da população estudantil;
2. o fato de o talento poder se manifestar em um domínio específico, e não de maneira geral;
3. o fato de o talento se expressar em um domínio pouco valorizado no ambiente escolar, como liderança ou criatividade;
4. a necessidade de se analisar, do ponto de vista tanto quantitativo quanto qualitativo, comportamentos e respostas fornecidas pelo estudante, buscando articular os dados com as observações feitas ao longo do processo de avaliação;
5. o papel da família na identificação e desenvolvimento das altas habilidades, esclarecendo e orientando-a acerca do fenômeno e do processo de avaliação;
6. a possibilidade de o efeito de teto (*ceiling effect*) no uso de instrumentos psicométricos, reduzindo a variabilidade nos dados (p. ex., os superdotados podem alcançar resultados muito elevados e pouco diferenciados).

Para Renzulli e Reis (2016), deve-se evitar uma avaliação que não considere de fato múltiplos critérios. Segundo os autores, há casos em que, embora sejam utilizadas várias fontes de informação, algumas são mais valorizadas e consideradas do que outras, mascarando a contribuição das demais. Por exemplo, a indicação de professores é utilizada para determinar que alunos irão realizar o teste de QI. No final, o que vale é apenas o resultado do teste, e não a indicação do docente. O que parece ser uma avaliação de múltiplos critérios acaba sendo uma "cortina de fumaça" para uma avaliação mais tradicional, que considera somente o QI.

Renzulli e Reis (2016) sugerem, ainda, balancear avaliação objetiva e subjetiva. Geralmente, testes e escalas psicométricas são descritos como medidas objetivas, porque baseiam-se na *performance* do indivíduo, em vez de no julgamento dos outros, e são frequentemente utilizados em processos de identificação. Por outro lado, são consideradas medidas subjetivas indicação de pais, professores, colegas, autoindicação, portfólio e notas escolares, porque implicam julgamentos pessoais que podem estar sujeitos a vieses. Contudo, essas medidas possibilitam a avaliação de outros indicadores da superdotação, como criatividade, interesse e liderança. Também Acar et al. (2016) propõem o uso de medidas quantitativas e qualitativas, de maneira a reduzir o número de estudantes não identificados em função do uso exclusivo de medidas quantitativas. Vale lembrar que a opção por critérios múltiplos nunca deve ser utilizada com vistas a tornar o processo de identificação mais "engessado", exigindo, por exemplo, que a criança "seja aprovada" em todos eles (Silverman & Gilman, 2020).

Segundo Pfeiffer (2013), muitos estudantes superdotados somente manifestam suas potencialidades mais tarde na sua trajetória de vida. O autor denomina-os de *late bloomers*.

Daí a necessidade de que o processo de avaliação seja recorrente e não realizado em um único momento da história escolar do estudante. Alencar e Fleith (2001) lembram que potencialidades podem se manifestar somente quando os alunos estão engajados em alguma atividade que seja motivadora ou desafiadora. Não é raro o superdotado mascarar seu potencial por receio de ser excluído do grupo de pares ou sofrer *bullying*. Atitudes negativas em relação à escola, baixas expectativas do professor e pressões exercidas pelo grupo de colegas podem levar a um desempenho escolar aquém do seu potencial e, assim, suas potecialidades podem passar despercebidas. As expectativas que pais e professores constroem acerca do desempenho desse aluno também têm consequências sobre o seu comportamento. Expectativas extremamente altas, e por vezes irrealistas, podem gerar no aluno ansiedade, angústia, desinteresse, esquiva e aversão à área de talento (Fleith, 2018).

Pfeiffer (2013) menciona ainda que, no caso de um estudante identificado precocemente não demonstrar progressos ou não estar se beneficiando do programa ou serviço para o qual foi encaminhado, é preciso que o psicólogo escolar analise o que pode ter ocorrido e apresente possibilidades de nova intervenção, que atenda ao discente. Nesse sentido, a avaliação não pode ser vista como uma prática isolada, descontextualizada e linear. O autor recomenda que as escolas realizem anualmente avaliações para identificação de estudantes com talentos incomuns e aqueles já identificados sejam reavaliados a cada dois anos, de maneira a se investigar se eles continuam a se beneficiar de programas e serviços para os quais foram indicados. Para Pfeiffer (2013), uma nova atribuição do psicólogo escolar seria monitorar o progresso de estudantes identificados com altas habilidades e continuar a busca por talentos emergentes entre os integrantes do corpo discente.

Por fim, vale lembrar que pessoas, e não instrumentos, tomam decisões (Renzulli & Reis, 2016). Independentemente do número e dos tipos de instrumentos selecionados, eles somente oferecem dados e informações, não tomam decisões. Nesse sentido, é preciso refletir acerca do peso atribuído a cada medida antes do início do processo de avaliação e de quem fornecerá informações sobre o avaliado (professores, pais, colegas?), de forma a orientar os informantes, por exemplo, no preenchimento de questionários, escalas, etc. Isso implica planejamento dos passos a serem dados. Contudo, por se tratar de um processo dinâmico, mudanças podem ser efetuadas quando necessárias.

Avaliar as altas habilidades, sem dúvida, é uma tarefa complexa, considerando que se trata de um fenômeno em desenvolvimento, que abarca uma variedade de perfis, e não existe uma fórmula mágica que identifique, sem margem de erro, quem é ou não superdotado. Na próxima seção, serão analisados alguns procedimentos e instrumentos que podem auxiliar o psicólogo na avaliação das altas habilidades no contexto escolar.

AVALIAÇÃO DAS ALTAS HABILIDADES NO CONTEXTO ESCOLAR: PROCEDIMENTOS E INSTRUMENTOS

Descreveremos o sistema de identificação, denominado Grupo de Talentos (*Talent Pool*), desenvolvido por Renzulli (1986, 2016; Renzulli & Reis, 2016), por estar em consonância com o referencial teórico dos Três Anéis (Renzulli, 1986, 2016), utilizado em grande parte nos programas de atendimento a superdotados no Brasil (Carneiro & Fleith, 2017). Uma característica desse sistema é que ele não predetermina quais são os alunos superdotados, evitando rotulá-los. Ao contrário, ele possibilita a inclusão contínua de alunos em programas que oferecem oportunidades para experiências de aprendizagem avançada e criativa. O primeiro passo é identificar um grupo de estudantes, denominado Grupo de Talentos. Esse grupo é constituído por 15 a 20% da população escolar com uma ou mais habilidades acima da média, em contraste com o critério tradicional e mais conservador de 3 a 5% de altas habilidades na população estudantil.

O sistema de identificação consiste em seis etapas e envolve informações de natureza psicométrica (testes de inteligência, aptidão e criatividade), de desenvolvimento (indicação de pais, professores e do próprio indivíduo), sociométrica (indicação de colegas) e de desempenho (desempenho em tarefas escolares e extraescolares). O Passo 1 envolve indicação baseada em resultados em testes de inteligência (geralmente, mas não exclusivamente, a Escala Wechsler de Inteligência [WISC]) e de aptidão, cujo ponto de corte usualmente é o percentil 92, bem como no desempenho acadêmico. Renzulli e Reis (2016) recomendam aos programas que focalizam as artes, liderança e esportes que eliminem ou minimizem esse passo e façam uso de outros indicadores que atestem altas habilidades nessas áreas.

A etapa seguinte, Passo 2, envolve indicação de professores. Essa etapa permite ao docente indicar alunos que apresentam características que não são comumente avaliadas por testes, tais como criatividade, interesses e motivação. Um instrumento que tem sido utilizado nessa etapa é Escalas de Avaliação de Características de Estudantes Superiores (SRBCSS, do inglês *Scales for Rating the Behavioral Characteristics of Superior Students*) (Renzulli et al., 2002). Vale salientar que esse instrumento foi traduzido para a língua portuguesa, mas ainda não há estudos concluídos sobre evidências de validade para o contexto brasileiro. Essa escala avalia características de aprendizagem, criatividade, motivação, liderança, artísticas, musicais, de artes dramáticas, de comunicação e de planejamento, além de indicadores de alto desempenho em matemática, leitura, tecnologia e ciência. Os seguintes itens ilustram o conteúdo dessas escalas:

- Tem um vocabulário inusitadamente avançado para a sua idade ou ano escolar; usa termos de uma forma significativa. Seu comportamento verbal caracteriza-se por riqueza de expressão, elaboração e fluência (aprendizagem).

- Necessita de pouca motivação externa para dar continuidade a um trabalho que o excita e o agrada (motivação).

- Demonstra grande curiosidade sobre muitas coisas; está constantemente fazendo perguntas (criatividade).

- Demonstra autoconfiança tanto no seu relacionamento com colegas de sua idade, como no seu relacionamento com adultos. Sente-se "à vontade" quando solicitado a mostrar os seus trabalhos ou fazer uma exposição para a classe (liderança).

- Tende a selecionar a arte como meio de expressão para atividades livres ou projetos em sala de aula (artes).

- É sensível ao ritmo da música; responde com movimentos corporais a mudanças no tempo da música (música).

- Usa gestos e expressões faciais de forma efetiva para comunicar seus sentimentos (artes dramáticas).

- Encontra vários modos de expressar ideias, de forma a se fazer entender pelos outros (comunicação).

- Determina quais informações ou recursos são necessários para realizar uma tarefa (planejamento).

Na literatura brasileira, é possível encontrar algumas escalas de características do estudante superdotado validadas no país. Por exemplo, Freitas et al. (2017) apresentaram evidências de validade da Escala de Identificação de Dotação e Talento. O instrumento avalia três dimensões: capacidades intelectuais, sociais e criatividade (42 itens), capacidades psicomotoras (7 itens) e capacidades artísticas (6 itens). Exemplos de itens: frequentemente termina as tarefas antes dos colegas; é capaz de generalizar regras aprendidas com grande facilidade; tem grande quantidade de ideias; coopera com colegas e professores sem nenhuma dificuldade; é capaz de usar o próprio corpo na solução de problemas e no enfrentamento de desafios com facilidade; é capaz de se expressar com facilidade por meio de movimentos corporais; pode-se dizer que é muito bom "de ouvido"; possui grande facilidade para reconhecer melodias, timbres e ritmos; é muito sensível a diferentes expressões artísticas de outras pessoas. Os itens são respondidos pelos professores por meio de uma escala de 4 pontos, variando de nunca (1) a sempre (4).

Delou (2015) propôs uma Lista Básica de Indicadores de Superdotação como parâmetros para observação de alunos em sala de aula no contexto brasileiro. Especialistas da área analisaram características de altas habilidades e chegaram a um consenso envolvendo 24 comportamentos a serem observados no contexto escolar no que diz respeito à inteligência geral, pensamento criador, capacidade de liderança e capacidade motora. Essa lista pode ser usada de maneira grupal ou individual.

Na primeira, é importante que o professor considere a turma por inteiro, identificando peculiaridades de cada estudante. O objetivo é evitar expressões como "na minha turma ninguém é superdotado". Após o levantamento grupal, a forma individual deve ser utilizada em observações específicas de cada aluno. Nessa modalidade, os itens são respondidos em uma escala de 3 pontos, variando de nunca a sempre. Exemplos de comportamentos observáveis da lista são: o aluno demonstra prazer em realizar ou planejar quebra-cabeça e problema em forma de jogos; o aluno sente prazer em superar os obstáculos ou as tarefas consideradas difíceis; o aluno mantém e defende suas próprias ideias; o aluno produz ideias, faz associações diferentes, encontrando novas alternativas para situações e problemas; o aluno usa os objetos que já têm uma função definida de diferentes maneiras; o aluno faz contatos sociais e inicia conversas com facilidade, faz amigos facilmente; o aluno tem coordenação, agilidade, habilidade para participar satisfatoriamente de exercícios e jogos.

Purcell e Renzulli (1998) recomendam ainda a criação de um portfólio de talento para os alunos. O portfólio envolve coleta, registro e categorização de informações, considerando habilidades, pontos fortes, interesses, estilos de aprendizagem e de expressão dos estudantes. Exemplares, cópias ou fotografias de produções dos discentes, bem como prêmios recebidos, também podem ser incorporados ao portfólio. Essas informações possibilitam ao professor elaborar o perfil do aluno e decidir que tipo de atendimento pode ser recomendado. Chagas et al. (2007) sugerem várias atividades que podem fornecer esses dados, como, por exemplo, o mapa de interesses. Pede-se ao aluno para completar as seguintes frases: "Três palavras que parecem comigo são..."; "Sinto-me desafiado quando..."; "Eu gostaria de aprender mais..."; "Aprendo melhor quando..."; "O que eu faço melhor é..."; etc. As autoras também propõem um guia detalhado para exploração dos talentos, estilos e habilidades dos alunos.[1]

O Passo 3 envolve formas alternativas, como autoindicação, indicação de pais e colegas e testes de criatividade. Nesse procedimento, os alunos da turma são solicitados a indicar, por exemplo, quem é o melhor artista/cantor/ginasta da sala; quem tem mais senso de humor, as ideias mais originais, e mais respeito pelos pares; quem escolheriam para ajudá-lo no dever de matemática/ciências/estudos sociais/língua portuguesa; quem gostariam de ter como líder ao realizar um trabalho em grupo e quem é o melhor aluno da sala.

No caso da autoindicação, o estudante deve assinalar em qual (is) área (a) possui talento ou habilidade especial, apresentar justificativas e descrever projetos ou produtos que apoiem sua autonomeação. A autoindicação é mais apropriada para estudantes do ensino médio, ao passo que a indicação de colegas pode ser útil para encaminhamento a programas que focalizem em um talento específico, como música, tecnologia ou artes dramáticas. Aos pais, pode ser solicitado que sinalizem o quão frequente (nunca; algumas vezes; frequentemente; quase sempre) seu filho: gasta mais tempo e energia do que seus pares em um tópico de seu interesse; trabalha bem sozinho, necessitando de poucas instruções e supervisão; sugere maneiras imaginativas de fazer as coisas, mesmo que suas sugestões não sejam práticas; usa materiais comuns de maneira não esperada; identifica humor em situações ou eventos que não

---

[1] Essa e outras atividades podem ser acessadas no *link*: http://portal.mec.gov.br/seesp/arquivos/pdf/altashab3.pdf.

são tão obviamente engraçados para a maioria das crianças de sua idade; gosta de brincar com ideias, criando situações que provavelmente não vão ocorrer, etc. Os pais devem apresentar exemplos que ilustrem os itens assinalados (Renzulli & Reis, 1997).

Quanto à avaliação da criatividade, o psicólogo escolar pode lançar mão de testes como o Teste Torrance de Pensamento Criativo, validado para o Brasil por Wechsler (2004a, 2004b), e o Teste de Criatividade Figural Infantil (Nakano et al., 2011). Uma alternativa é propor atividades em sala de aula que requeiram respostas originais, diferentes e inovadoras. O livro *Toc, toc... Plim, plim!: Lidando com as emoções, brincando com o pensamento através da criatividade* (Virgolim et al., 2016) fornece uma série de exercícios que exigem do aluno o uso de habilidades de pensamento criativo, como:

1. Liste o maior número possível de semelhanças e diferenças que pode haver entre o Lobo Mau e o Patinho Feio, o noticiário da televisão e a novela brasileira, o automóvel e a carroça, o bandido e a polícia, o repórter e o médico.
2. O presidente da república promulgou uma lei proibindo todas as professoras de passar dever de casa para os alunos. Liste quatro coisas ruins sobre esse assunto. É o verão mais quente do planeta e você ganhou 10 dias de férias em uma praia deslumbrante, com tudo pago. Dê quatro bons motivos para você detestar essa notícia.
3. Desenhe formas diferentes de dizer "obrigado (a)" a alguém.
4. Represente com desenhos palavras e emoções, como alto, baixo, medo, calma.
5. Imagine que você inventou uma pílula que permite às pessoas respirarem dentro d'água. Liste todas as consequências dessa sua nova invenção. Desenhe a que você achou mais interessante.

O Passo 4 (válvula de segurança número 1) inclui indicações especiais, como as de professores que acompanharam o aluno em anos anteriores. Essa etapa é importante no sentido de se evitar vieses em casos extremos – professores que indicam muitos alunos para programas ou, ao contrário, pouco indicam. No Passo 5, pais e alunos são notificados sobre a inserção da criança ou do jovem no Grupo de Talentos e informados a respeito da filosofia, dos procedimentos e atividades e do tipo de atendimento a ser recomendado para desenvolvimento do talento. Nessa etapa, os pais devem ser encorajados a participar do processo de desenvolvimento de comportamentos de superdotação em parceria com a escola. Contudo, conforme recomendam Renzulli e Reis (1997), não se deve dizer aos pais que o filho foi encaminhado para determinado atendimento porque ele é superdotado, mas porque ele apresenta um potencial que merece ser desenvolvido.

O Passo 6 (válvula de segurança número 2) baseia-se na informação da ação, na qual os professores são orientados a identificar alunos que têm um interesse diferente em algum tópico escolar. Essa etapa é mais uma forma de garantir a participação de alunos que apresentam indicadores de altas habilidades, mas que não foram identificados nas fases anteriores. Os professores da sala de aula regular são orientados a observar estudantes com alto nível de interesse em algum tópico e reportar essa informação, por meio da mensagem de informação da ação, para o professor do programa para superdotados.

Na mensagem de informação da ação, solicita-se ao professor que forneça uma breve descrição da situação na qual observou o alto nível de interesse, envolvimento com a tarefa ou criatividade do aluno, bem como que dê sugestões de atividades em níveis avançados que possam focalizar o interesse do aluno em uma experiência investigativa (Renzulli & Reis, 1997).

Worrell et al. (2019) mencionam uma nova abordagem para identificar especialmente estudantes oriundos de grupos sub-representados, que guarda semelhança com o Passo 6 do Grupo de Talentos: adotar um currículo desafiador para jovens aprendizes, de forma a identificar potenciais. Segundo os autores, essa abordagem inverte a ordem tradicional de primeiro identificar o aluno com altas habilidades para depois propor estratégias que atendam às suas necessidades e interesses.

Vale lembrar que os professores e pais precisam ter acesso ao conhecimento embasado cientificamente sobre altas habilidades para que estejam atentos aos comportamentos, manifestações e produtos que emergem em sala de aula, e possam contribuir para identificar o aluno superdotado.

A avaliação das altas habilidades no contexto escolar não é uma tarefa que dependa exclusivamente do psicólogo escolar, mas do seu trabalho colaborativo com a comunidade escolar e a família. Para Almeida et al. (2013), a tarefa de avaliação e identificação do aluno com altas habilidades não se resume à recolha dos dados, muito menos à mera aplicação de instrumentos psicológicos e educacionais. O grande desafio passa pela síntese, organização e interpretação da informação recolhida. Nem sempre essa confluência emerge e, algumas vezes, vários pontos de dissonância são observados na informação obtida. Tais convergências e divergências são importantes para a avaliação, fazendo os profissionais da escola sentirem-se mais responsáveis nas suas afirmações e forneçam pistas acerca da especificidade de interesses, aprendizagens ou comportamentos mais observáveis em certos contextos ou interações sociais. É importante destacar o papel do psicólogo e da equipe escolar na criação de condições para emergência de talentos entre os estudantes da instituição. Isso deve fazer parte da missão da escola e deve ser feito ano após ano. No caso dos estudantes já identificados como superdotados, vale avaliar em que medida estão sendo atendidos em suas necessidades no contexto escolar (Pfeiffer, 2013).

CONSIDERAÇÕES FINAIS

É verdade que todas as crianças têm pontos fortes e atributos positivos, mas nem todas as crianças são superdotadas. Conforme assinala a NAGC (2020b), esse "rótulo", em um ambiente escolar, indica que, em comparação com outras crianças ou jovens da mesma idade ou ano escolar, o superdotado possui uma habilidade elevada para aprender e aplicar esse aprendizado em uma ou mais áreas, seja do currículo formal, dos esportes ou das artes, entre outras. Essa capacidade avançada envolve alta motivação e requer modificações no currículo para garantir que essas crianças sejam desafiadas, não se desmotivem e aprendam ao longo da sua trajetória escolar.

Ser superdotado não indica que um estudante é melhor que outro, mas que possui demandas diferenciadas, portanto precisa ser identificado e atendido conforme suas necessidades de aprendizado. É importante destacar que, no Brasil, o atendimento ao superdotado é previsto legalmente, e este faz parte do público-alvo da educação especial (Ministério da Educação [MEC], 2008).

Sabemos que o processo de identificação e avaliação é complexo, mas imprescindível a um adequado atendimento ao superdotado. Esse caminho é facilitado ao adotarmos uma prática baseada em evidências e substituirmos ideias estereotipadas por conhecimento técnico e científico atualizado. Conforme foi apresentado neste capítulo, diversos estudos e teorias oferecem respostas e direcionamentos no que tange ao investimento no desenvolvimento do potencial humano em um contexto escolar.

A escola é um local privilegiado para a identificação e promoção do talento, e os psicólogos escolares são agentes significativos de mudança nessa direção. Também é papel do psicólogo, nesse contexto, sensibilizar a comunidade escolar acerca da relevância do processo de identificação de alunos com comportamentos de superdotação e atuar intencionalmente em prol de uma cultura escolar de sucesso, que seja favorável ao desenvolvimento de potencialidades de superdotados, bem como de todo o corpo estudantil.

REFERÊNCIAS

Acar, S., Sen, S., & Cayirdag, N. (2016). Consistency of the performance and nonperformance methods in gifted education: A multilevel meta-analytic review. *Gifted Child Quarterly, 60*(2), 81-101.

Alencar, E. M. L. S., & Fleith, D. S. (2001). *Superdotados: Determinantes, educação e ajustamento*. EPU.

Almeida, L. S., Fleith, D. S., & Oliveira, E. P. (2013). *Sobredotação: Respostas educativas*. Associação para o Desenvolvimento da Investigação em Psicologia da Educação.

Anache, A. A., & Reppold, C. T. (2010). Avaliação psicológica: Implicações éticas. In Conselho Federal de Psicologia (CFP) (Ed.), *Avaliação psicológica: Diretrizes na regulamentação da profissão* (pp. 57-85). CFP.

Cao, T. H., Jung, J. Y., & Lee, J. (2017). Assessment in gifted education: A review of the literature from 2005 to 2016. *Journal of Advanced Academics, 28*(3), 163-203.

Carneiro, L. B., & Fleith, D. S. (2017). Panorama brasileiro do atendimento ao aluno superdotado. *Revista de Estudos e Investigacion en Psicología y Educación, Extra*(11), 259-263.

Chagas, J. F., Maia-Pinto, R. R., & Pereira, V. L. P. (2007). Modelo de enriquecimento escolar. In D. D. Fleith (Ed.), *A construção de práticas educacionais para alunos com altas habilidades/superdotação* (pp. 55-79). Ministério da Educação.

Dai, D. Y. (2020). Assessing and accessing high human potential: A brief history of giftedness and what it means to school psychologists. *Psychology in the Schools, 57*(10), 1514-1527.

Delou, C. M. (2015). Lista básica de indicadores de superdotação: Parâmetros de observação de alunos em sala de aula. In L. M. S. Lehmann & L. G. Coutinho (Eds.), *Psicologia e educação: Interfaces* (Vol. 9, pp. 71-93). EDUFF.

Dixson, D. D., Olszewski-Kubilius, P., Subotnik, R., & Worrell, F. C. (2020). Developing academic talent as a practicing school psychologist: From potential to expertise. *Psychology in the Schools, 57*(10), 1582-1595.

Elhoweris, H., Mutua, K., Alsheikh, N., & Holloway, P. (2005). Effect of children's ethnicity on teachers' referral and recommendation decisions in gifted and talented programs. *Remedial and Special Education, 26*(1), 25-31.

Fleith, D. S. (2016). Avaliação psicológica no contexto escolar: Implicações para a atuação do psicólogo escolar. In M. V. Dazzani & V. L. T. Souza (Eds.), *Psicologia escolar crítica: Teoria e prática nos contextos educacionais* (pp. 161-172). Alínea.

Fleith, D. S. (2018). Identificação e avaliação de alunos superdotados: Reflexões e recomendações. In L. S. Almeida & A. Rocha (Eds.), *Uma responsabilidade coletiva! Sobredotação* (pp. 79-103). Centro de Estudos e Recursos em Psicologia.

Freitas, M. F. R. L., Schelini, P. W., & Pérez, E. R. (2017). Escala de identificação de dotação e talento: Estrutura e consistência internas. *Psico-USF, 22*(3), 473-484.

Garland, S. (2013). Ending racial inequality in gifted education. *The Hechinger Report*. https://hechingerreport.org/ending-racial-inequality-in-gifted-education/

Grissom, J. A., & Redding, C. (2016). Discretion and disproportionality: Explaining the underrepresentation of high-achieving students of color in gifted programs. *AERA Open, 2*(1), 1-25.

Ministério da Educação (MEC). (2008). *Política nacional de educação especial na perspectiva da educação inclusiva*. http://portal.mec.gov.br/arquivos/pdf/politicaeducespecial.pdf

Nakano, T. C., Wechsler, S. M., & Primi, R. (2011). *Coleção TCFI- Teste de criatividade figural infantil*. Vetor.

National Association for Gifted Children (NAGC). (2020a). *Identification*. http://www.nagc.org/resources-publications/gifted-education-practices/identification

National Association for Gifted Children (NAGC). (2020b). *Myths about gifted students*. https://www.nagc.org/myths-about-gifted-students

National Association for Gifted Children (NAGC). (2020c). *Traits of giftedness*. https://www.nagc.org/resources-publications/resources/my-child-gifted/common-characteristics-gifted-individuals/traits

Pfeiffer, S. I. (2013). *Serving the gifted: Evidence-based clinical and psychoeducational practice*. Routledge.

Plucker, J. A., McWilliams, J., & Guo, J. (2017). Smart contexts for 21st century talent development. In J. A. Plucker, A. N. Rinn & M. C. Makel (Eds.), *From giftedness to gifted education: Reflecting theory in practice* (pp. 227-248). Prufrock.

Prado, R. M., & Fleith, D. S. (2018). Female leadership talent development: The Brazilian context. *Avances en Psicología Latinoamericana, 36*(2), 363-372.

Purcell, J. H., & Renzulli, J. S. (1998). *Total talent portfolio*. Creative Learning.

Renzulli, J. S. (1986). The three-ring conception of giftedness: A developmental model for creative productivity. In R. J. Sternberg & J. E. Davidson (Eds.), *Conceptions of giftedness* (pp. 53-92). Cambridge University Press.

Renzulli, J. S. (2016). The three-ring conception of giftedness: A developmental model for creative productivity. In S. Reis (Ed.), *Reflections on gifted education: Critical works by Joseph S. Renzulli and colleagues* (pp. 55-90). Prufrock.

Renzulli, J. S., & Reis, S. M. (1997). *The schoolwide enrichment model* (2nd ed.). Creative Learning.

Renzulli, J. S., & Reis, S. M. (2016). Defensible and doable: A practical, multiple-criteria gifted program identification system. In S. Reis (Ed.), *Reflections on gifted education: Critical works by Joseph S. Renzulli and colleagues* (pp. 91-128). Prufrock.

Renzulli, J. S., Smith, L. H., White, A. J., Callahan, C. M., Hartman, R. K., & Westberg, K. L. (2002). *Scales for rating the behavioral characteristics of superior students – Revised*. Creative Learning.

Silverman, L., & Gilman, B. J. (2020) Best practices in gifted identification and assessment: Lessons from the WISC-IV. *Psychology in the Schools, 57*(10), 1569-1581.

Subotnik, R. F., Olszewski-Kubilius, P., & Worrell, F. C. (2011). Rethinking giftedness and gifted education: A proposed direction forward based on psychological science. *Psychological Science in the Public Interest, 12*(1), 3-54.

Virgolim, A. M. R., Fleith, D. S., & Neves-Pereira, M. S. (2016). *Toc toc... plim plim! Lidando com as emoções, brincando com o pensamento através da criatividade* (13. ed.). Papirus.

Wechsler, S. M. (2004a). *Avaliação da criatividade por palavras – Teste de Torrance: Versão brasileira* (2. ed.). LAMP/PUC-Campinas.

Wechsler, S. M. (2004b). *Avaliação da criatividade por figuras – Teste de Torrance: Versão brasileira* (2. ed.). LAMP/PUC-Campinas.

Worrell, F. C., Subotnik, R., Olszewski-Kubilius, P., & Dixson, D. D. (2019). Gifted students. *Annual Review of Psychology, 70*(1), 551-576.

11
AVALIAÇÃO PSICOLÓGICA DA DEFICIÊNCIA INTELECTUAL E O PAPEL DO PSICÓLOGO ESCOLAR[1]

Sílvia Cristina Marceliano Hallberg
Thais Selau
Denise Ruschel Bandeira

Ainda que as avaliações psicológicas para fins clínicos não sejam diretamente realizadas em instituições de ensino, psicólogos que atuam nesses espaços devem possuir conhecimento atualizado sobre a deficiência intelectual (DI) e as particularidades envolvidas na sua avaliação. Tal conhecimento pode auxiliar o profissional na identificação de sinais precoces do quadro, na indicação de atendimento especializado e no apoio ao trabalho junto à equipe pedagógica.

O presente capítulo propõe uma revisão das principais características, processos e instrumentos presentes na avaliação psicológica da DI. É dada ênfase à aplicação dessas informações à prática do psicólogo escolar.

CARACTERIZAÇÃO DA DEFICIÊNCIA INTELECTUAL

Caracterizada por limitações significativas no funcionamento intelectual e no comportamento adaptativo (CA), observadas antes dos 22 anos de idade, a DI é uma condição bastante heterogênea, de curso variado e múltiplas causas (Schalock et al., 2021; Associação Americana de Psiquiatria [APA], 2014; World Health Organization [WHO], 2020). Trata-se do distúrbio de desenvolvimento mais comum no mundo, ocupando o primeiro lugar entre as condições crônicas que limitam a plena funcionalidade do indivíduo ao longo da vida. Sua ocorrência varia de 1 a 3% da população mundial, e sua incidência tende a ser maior em países de renda baixa e média (Harris, 2006; Maulik et al., 2011).

A DI é mais prevalente na população masculina, e as razões para isso incluem doenças genéticas, que tendem a afetar predominantemente os meninos (Bhaumik et al., 2017). É frequentemente mal diagnosticada e está relacionada ao acesso precário aos serviços de saúde (Salvador-Carulla et al., 2011). No Brasil, a presença da DI é estimada em 0,8% da população, e somente 30% dos deficientes intelectuais no país frequentam algum serviço de reabilitação (Instituto Brasileiro de Geografia e Estatística [IBGE], 2015).

As manifestações da DI possuem ampla variabilidade, incluindo atrasos nas aquisições escolares, prejuízos comunicacionais, pobre avaliação de riscos, problemas de juízo crítico

---

[1] O presente trabalho foi realizado com apoio da Coordenação de Aperfeiçoamento de Pessoal de Nível Superior (Capes).

e de autocontrole da conduta e das emoções. Comportamentos desadaptativos, como birras agressões físicas e/ou verbais, além de condutas disruptivas, autolesivas, estereotipadas e/ou repetitivas, também são comuns em crianças e adolescentes com DI, correspondendo às principais razões para indicação de tratamento comportamental. A credulidade costuma ser uma característica muito prevalente, envolvendo ingenuidade em situações sociais e tendência a ser facilmente conduzido pelos outros. As lesões acidentais costumam ser frequentes, assim como há maior vulnerabilidade à exploração e ao abuso físico e sexual (APA, 2014; Emerson et al., 2001; Heyvaert et al., 2010).

Além dessas manifestações, comorbidades clínicas são frequentes em pessoas com DI. Paralisia cerebral e epilepsia, por exemplo, podem ocorrer de três a quatro vezes mais nesses indivíduos do que na população geral e tendem a aumentar conforme a gravidade da DI. Os distúrbios mentais comórbidos também são comuns, incluindo esquizofrenia, transtorno de déficit de atenção/hiperatividade (TDAH); transtornos do humor; transtornos de ansiedade; transtorno do espectro autista (TEA); transtorno do movimento estereotipado e transtorno do controle de impulsos (APA, 2014; Bhaumik et al., 2017; Harris, 2006). Platt et al. (2018) comparam a presença de transtornos psiquiátricos em 6.256 adolescentes norte-americanos sem e com diagnóstico de DI. Estes últimos tiveram uma prevalência significativamente maior de transtornos mentais, e houve uma forte associação entre DI e fobia específica, agorafobia e transtorno bipolar (Platt et al., 2018).

Outro dado relevante para uma melhor caracterização da DI é que ela possui diferentes níveis de gravidade. A classificação de gravidade auxilia na melhor compreensão das dificuldades e potencialidades funcionais da pessoa com DI e na indicação dos suportes necessários (Schalock & Luckasson, 2015).

CLASSIFICAÇÃO DE GRAVIDADE

São quatro as categorias de gravidade da DI: leve, moderada, grave e profunda (APA, 2014; WHO, 2020). A maioria dos casos de DI possui classificação leve (85%), seguida da moderada (10%), grave (4%) e profunda (1%) (King et al., 2009).

Os especificadores de gravidade não são mais determinados pelo grau de prejuízos em funcionamento intelectual, e sim pelos déficits no CA. Assim, os níveis de gravidade da DI são definidos com base no CA, e não mais em escores de coeficiente intelectual (QI) (APA, 2014; WHO, 2020).

O CA representa o conjunto de habilidades conceituais, sociais e práticas que são aprendidas e executadas pelas pessoas em suas vidas cotidianas (Schalock et al., 2021). Corresponde ao desempenho autossuficiente das atividades diárias que são necessárias para a vida pessoal e social (Sparrow et al., 2016). Trata-se de quão bem uma pessoa alcança padrões de sua comunidade em termos de independência pessoal e responsabilidade social em comparação a outras com idade e antecedentes socioculturais similares (APA, 2014).

O CA compreende três domínios: conceitual, social e prático. O domínio conceitual envolve competência em termos de memória, linguagem, leitura, escrita, raciocínio matemático, aquisição de conhecimentos práticos, solução de problemas e julgamento em situações novas. O domínio social abarca a percepção de pensamentos, sentimentos e experiências dos outros, empatia, habilidades de comunicação interpessoal, habilidades de amizade e julgamento social. O domínio prático abarca a capacidade de aprendizagem e autogestão em todos os cenários da vida, inclusive cuidados pessoais, responsabilidades profissionais, controle do dinheiro, recreação, autocontrole comportamental e organização de tarefas escolares e profissionais (APA, 2014).

Prejuízos significativos em CA, no contexto da DI, são determinados quando pelo menos um de seus domínios (conceitual, social ou prático) está suficientemente prejudicado, a ponto de ser necessário apoio contínuo para que a pessoa tenha desempenho adequado em um ou mais contextos, tais como na escola, no local de trabalho ou em casa (Schalock et al., 2021; APA, 2014).

Os prejuízos nas competências conceituais, sociais e práticas são singulares, variando de indivíduo a indivíduo e também de acordo com a gravidade da DI. A seguir, são fornecidos os principais indicadores comportamentais que podem ser usados pelo psicólogo escolar na determinação da presença e gravidade dos déficits em CA.

INDICADORES COMPORTAMENTAIS DE PRESENÇA E GRAVIDADE DOS DÉFICITS EM COMPORTAMENTO ADAPTATIVO

O Quadro 11.1 apresenta uma síntese de indicadores comportamentais de presença e gravidade dos déficits em CA. É importante frisar que a aplicação desses indicadores não visa à confirmação diagnóstica, mas sim ao levantamento de sinais de alerta para DI, que devem ser mais bem investigados em avaliação psicológica e/ou médica. Assim, o psicólogo escolar pode utilizar essas informações para embasar a recomendação de atendimento especializado junto aos pais e à equipe pedagógica da escola.

Na DI leve, notam-se dificuldades em aprender habilidades acadêmicas que envolvam leitura, escrita e matemática. Esses atrasos começam a aparecer no início da idade escolar e perduram pela vida adulta. Alunos que não acompanham a aprendizagem da turma nos anos iniciais já apresentam indícios da necessidade de encaminhamento para avaliação psicológica. Percebe-se, também, uma abordagem concreta para soluções de problemas, em detrimento do pensamento abstrato, e prejuízo nas funções executivas, principalmente na habilidade de planejamento, em comparação com indivíduos na mesma faixa etária. Essas dificuldades podem ser percebidas, por exemplo, na organização do material escolar (perder materiais, esquecer cadernos) ou na organização pessoal de compromissos (não saber a diferença entre dia/semana ou mês/ano e não associar horários com compromissos).

Comunicação, conversação e linguagem também são mais concretas e imaturas do que o esperado para a idade. Além disso, o julgamento social deficiente e a limitada compressão do risco em situações sociais podem expor o indivíduo ao perigo por excesso de confiança

QUADRO 11.1
Síntese dos indicadores comportamentais de presença e gravidade dos déficits em comportamento adaptativo

Gravidade da DI	Indicadores comportamentais
Leve	Atrasos na aprendizagem de habilidades acadêmicas podem ser percebidos desde o início da vida escolar. Percebem-se pensamentos concretos para solução de problemas e linguagem imatura para a idade. Nos cuidados pessoais básicos, o indivíduo pode funcionar de acordo com a idade. Apoios costumam ser necessários em atividades mais complexas.
Moderada	Notam-se prejuízos nas habilidades acadêmicas desde o período pré-escolar. O progresso na aprendizagem é lento e é necessário apoio contínuo. A linguagem também apresenta diferenças no nível de complexidade. O indivíduo é capaz de dar conta dos próprios cuidados pessoais, porém é necessário um período prolongado de ensino.
Grave	Desde muito cedo no desenvolvimento, percebe-se pouca compreensão de conceitos abstratos. A linguagem falada é bastante limitada, e o indivíduo necessita de apoio para todas as atividades cotidianas, incluindo cuidados pessoais básicos.
Profunda	Os atrasos conceituais, sociais e práticos são graves. No geral, o indivíduo depende de outros para todos os aspectos de vida diária. A ocorrência de prejuízos físicos e sensoriais é frequente. Além disso, comportamentos mal-adaptativos podem estar presentes.

DI, deficiência intelectual.
Fonte: APA (2014); Tassé et al. (2019); Teixeira et al. (2018).

em estranhos (credulidade). Ou seja, ele não sabe em quem confiar ou não evita situações nas quais outras pessoas podem tirar vantagens. Na escola, pode não entender quando outras crianças estão zombando dele ou considerar como amigos colegas que não retribuem a amizade.

Nos cuidados pessoais e atividades da vida diária, o indivíduo pode funcionar de acordo com a idade. Ou seja, a criança aprende a se vestir, não precisa de auxílio para cuidados de higiene e é capaz de ajudar nas tarefas domésticas. Apoios costumam ser necessários em atividades mais complexas da vida adulta, como controle do dinheiro, cuidados de saúde e decisões legais.

Na DI de nível de gravidade moderada, notam-se prejuízos nas habilidades acadêmicas desde o período pré-escolar. O progresso na aprendizagem de leitura, escrita, matemática e compreensão de tempo e dinheiro é lento e atrasado em relação aos colegas da mesma idade. É necessário apoio contínuo para a realização de tarefas conceituais cotidianas, mesmo na idade adulta.

A linguagem e comunicação também apresentam diferenças marcadas no nível de complexidade em relação aos pares. Nos trabalhos em grupo, na escola, por exemplo, a criança tem dificuldade em acompanhar a discussão entre os colegas. O indivíduo é capaz de manter amizades bem-sucedidas, mas o julgamento social e a capacidade de tomar decisões são limitados. É comum que indivíduos com DI moderada não compreendam quais perguntas ou comentários não devem ser feitos nas diferentes situações sociais, pois podem constranger ou magoar outras pessoas. Observa-se, também, dificuldade em modificar o comportamento de acordo com a situação social, como se acalmar ao entrar em uma biblioteca ou auditório, por exemplo.

O indivíduo é capaz de dar conta dos próprios cuidados pessoais, como alimentação e higiene, porém é necessário um período prolongado de ensino e uso de lembretes. Na idade adulta, pode manter um emprego que envolva poucas habilidades conceituais e comunicativas, com o apoio considerável de supervisores.

Na DI grave, os atrasos desenvolvimentais são bastante acentuados. Nota-se, desde muito cedo no desenvolvimento, pouca compreensão da linguagem escrita ou de conceitos que envolvam números, quantidade e tempo. A linguagem falada também é bastante limitada. O indivíduo necessita de apoio para todas as atividades cotidianas, incluindo cuidados pessoais básicos, e a aquisição de habilidades em todos os domínios envolve ensino prolongado e apoio contínuo. Em casos de DI grave, é comum que os pais observem atrasos e procurem profissionais de saúde antes mesmo da inserção da criança na escola. Nesse sentido, é importante a compreensão das dificuldades e potencialidades de cada indivíduo para melhor inclusão no ambiente escolar.

Na DI profunda, os atrasos conceituais, sociais e práticos são graves. No geral, o indivíduo depende de outros para todos os aspectos de seu cuidado, incluindo higiene, saúde e segurança. A ocorrência concomitante de prejuízos físicos e sensoriais é barreira frequente à participação nas atividades domésticas, recreativas e profissionais. Além disso, comportamentos mal-adaptativos podem estar presentes, como autolesão.

ETIOLOGIA

A DI possui etiologias diversas, incluindo fatores ambientais e genéticos. Os fatores ambientais possuem maior contribuição para o desenvolvimento de DI leve e moderada. Em contrapartida, as manifestações mais graves estão frequentemente associadas a causas genéticas (Bhaumik et al., 2017; Brue & Wilmshurst, 2016; Gilissen et al., 2014; Harris, 2006; Switzky & Greenspan, 2006). Embora muitos casos de DI possuam etiologia desconhecida, a investigação de uma causa específica é importante para a prevenção de possíveis problemas de saúde associados, que podem prejudicar o funcionamento físico e psicológico da criança. Além disso, existe a possibilidade de a causa identificada ser tratável, permitindo minimizar os efeitos da DI ou mesmo impedir seu aparecimento (Schalock et al., 2021; Boat & Wu, 2015).

Um estudo de coorte realizado no sul do Brasil acompanhou crianças com DI desde o nascimento para investigar a etiologia da deficiência. Os resultados apontaram que para cerca de 40% das crianças a DI foi atribuída a fatores ambientais, enquanto 20% foi atribuída a fatores genéticos (Karam et al., 2016).

Entre os fatores ambientais, estão incluídas as deficiências nutricionais (p. ex., deficiência pré-natal de iodo); as infecções cerebrais na infância; a lesão cerebral traumática e as infecções maternas (p. ex., rubéola e citomegalovírus). Complicações pré-natais e pós-natais (p. ex., complicações de prematuridade, como hipoxemia e hemorragia periventricular) também podem causar DI.

Outro fator ambiental importante é a exposição a substâncias tóxicas (p. ex., exposição pré-natal ou pós-natal ao chumbo, exposição pré-natal ao álcool). A abstinência de álcool durante a gestação é a forma mais conhecida de se evitar a DI (Harris, 2006). A síndrome alcoólica fetal (SAF), causada pela ingestão de álcool durante a gravidez, está associada tanto à DI quanto a níveis baixos de QI. A prevalência mundial da síndrome é de 0,5 a 2 para cada 1.000 nascidos. Os bebês afetados apresentam características físicas distintas, que incluem cabeça pequena, lábio superior e fissura palpebral subdesenvolvida e espaço muito amplo entre os olhos. Essas características físicas podem se tornar menos visíveis ao longo do tempo. Os bebês podem apresentar baixo peso ao nascer, problemas cardíacos, oftalmológicos e auditivos.

Em crianças, a SAF está associada a irritabilidade, hiperatividade, comprometimentos no funcionamento motor e no CA. As crianças ainda exibem prejuízos no desenvolvimento de funções executivas, como o controle inibitório, a flexibilidade cognitiva e a capacidade de planejamento. Alterações hipocampais também são evidenciadas, desencadeando déficits de memória de curto e longo prazos. Essas alterações contribuem para maior risco de problemas com a lei na adolescência e na vida adulta (Brue & Wilmshurst, 2016; Santoro et al., 2019).

Quanto aos fatores genéticos, devido aos recentes avanços em tecnologias de testagem de genitores, um diagnóstico genético específico já é possível em cerca de metade dos casos de DI. Esses avanços tecnológicos também revelaram novas síndromes genéticas que anteriormente haviam escapado ao reconhecimento clínico (Amor, 2018). Estima-se que existam aproximadamente 800 síndromes genéticas associadas à DI (Purugganan, 2018). A seguir, apresentamos alguns dos tipos mais comuns de DI relacionadas a causas genéticas e cromossômicas.

Síndrome de Down (SD)

Com uma taxa de prevalência anual mundial de 1 em cada 1.000 nascimentos, trata-se de uma das anormalidades cromossômicas mais prevalentes no mundo. No Brasil, estima-se a ocorrência de 1 a cada 700 nascimentos. Responsável por cerca de 25% dos casos de atraso intelectual, a SD resulta de anomalias no cromossomo 21 e está associada a mais de 80 condições clínicas, como cardiopatia congênita, demência precoce, perda auditiva e deficiências imunológicas.

Alguns traços típicos da síndrome incluem baixa estatura, mãos e pés curtos e largos, características faciais planas, olhos amendoados, baixo tônus muscular e língua saliente. Os fenótipos comportamentais incluem prejuízos em CA, déficts atencionais e atrasos no desenvolvimento das habilidades motoras. Deficiências linguísticas também são encontradas na maioria dos casos (atrasos na aquisição da gramática, linguagem expressiva e articulação).

Embora exista ampla variabilidade nos níveis de QI em SD, grande parte das crianças exibe limitações na capacidade intelectual. Somente algumas pontuam QI entre 85-90 e podem não preencher critérios diagnósticos para DI (Brue & Wilmshurst, 2016; Federação Brasileira das Associações de Síndrome de Down [FBASD], 2020; Garzuz, 2009).

Síndrome do X frágil (SXF)

A taxa mundial de ocorrência da SXF é estimada em 1 a cada 4.000 nascimentos para os homens e 1 a cada 6.000 para as mulheres. O prejuízo intelectual varia de leve a grave. Alguns traços típicos da síndrome compreendem face alongada, testa, queixo e orelhas proeminentes, pés achatados e hiperextensibilidade das articulações. O fenótipo comportamental inclui hiperatividade, oscilação de humor, irritabilidade, agressividade e déficits sociais.

Além da DI, a SXF possui alta comorbidade com transtornos de ansiedade, TDAH e transtorno da aprendizagem. Ainda, cerca de 60% dos meninos e 20% das meninas afetadas pela SXF possuem TEA comórbido (Brue & Wilmshurst, 2016; Salcedo-Arellano et al., 2020).

Síndrome de Williams-Beuren (SWB)

É causada por uma alteração no cromossomo 7. A prevalência é de 1 em 7.500 nascimentos. Há grande variabilidade clínica na síndrome, o que atrasa e dificulta o diagnóstico. Indivíduos com SWB são vulneráveis a problemas cardíacos e diabetes. A maioria dos casos apresenta DI leve a moderada.

Outras características associadas à SWB incluem hipersensibilidade ao som, olhos inchados, nariz curto, boca larga, bochechas, lábios e queixo pequenos, além de hipersociabilidade. Essa hipersociabilidade é um traço marcante nas pessoas com SWB e é expressa através de comportamento extrovertido, amabilidade, empatia e fala eloquente. As habilidades verbais se mostram muito desenvolvidas. Há, entretanto, prejuízos visuoespaciais significativos, dificuldades motoras, em resolução de problemas e para lidar com números (Garzuz, 2009; Oliveira, 2019).

Síndrome de Prader-Willi (SPW)

De apresentação complexa, a síndrome é causada por um defeito no cromossomo 15, que é transmitido pelo pai. A taxa de prevalência mundial está na faixa de 1 em 15.000 a 30.000 nascimentos. A SPW acarreta atrasos nos marcadores do desenvolvimento observados logo após o nascimento. Deficiências cognitivas e prejuízos em comunicação e socialização são identificados nos primeiros anos de escolarização. A maioria das crianças com SPW se enquadra na classificação leve de DI.

Alguns traços típicos da síndrome incluem baixa estatura, mãos e pés pequenos. A síndrome é muitas vezes acompanhada por uma tríade de sintomas, incluindo: comportamento desadaptativo (impulsividade, birras, mudanças de humor, agressão e alimentação compulsiva), características obsessivo-compulsivas e *skin picking* (comportamento de beliscar, espremer ou morder de forma recorrente a própria pele, produzindo lesões). O comer compulsivo pode resultar em ganho de peso, e controles comportamentais são frequentemente necessários para combater a obesidade (Brue & Wilmshurst, 2016; Garzuz, 2009; Oliveira, 2019; Passone et al., 2018).

ATRASO GLOBAL DO DESENVOLVIMENTO E DEFICIÊNCIA INTELECTUAL NÃO ESPECIFICADA

Além da DI, o psicólogo escolar deve atentar a outros dois diagnósticos a ela relacionados: o atraso global do desenvolvimento (AGD) e a deficiência intelectual não especificada. O primeiro é reservado a crianças menores de 5 anos com atrasos significativos em duas ou mais áreas do desenvolvimento, como a fala e a linguagem, a motricidade e o funcionamento social, entre outras. O diagnóstico é aplicado a crianças jovens demais para participar de testes padronizados de inteligência.

Essa é uma categoria diagnóstica que requer reavaliações após um período de tempo (APA, 2014). Por isso, psicólogos que trabalham em espaços de educação infantil devem orientar os pais para que busquem nova avaliação quando o aluno estiver em idade para ingressar no ensino fundamental. Embora alguns atrasos em marcadores desenvolvimentais possam ser transitórios, estima-se que aproximadamente dois terços das crianças com AGD serão diagnosticadas com DI após os 5 anos de idade (Purugganan, 2018).

O diagnóstico de deficiência intelectual não especificada é reservado a pessoas maiores de 5 anos de idade e que também não puderam realizar avaliações sistemáticas do funcionamento intelectual devido a prejuízos sensoriais ou físicos associados, ou devido a comportamentos problemáticos graves ou em casos de comorbidade com transtorno mental. Trata-se de uma categoria usada em circunstâncias excepcionais e que, assim como no caso do AGD, requer reavaliações após um período de tempo (APA, 2014).

AVALIAÇÃO PSICOLÓGICA DA DEFICIÊNCIA INTELECTUAL

As avaliações psicológicas de casos envolvendo DI objetivam fornecer informações para auxílio diagnóstico e para orientação de intervenções terapêuticas. No Brasil, essas avaliações ocorrem em *settings* clínicos e não dentro das instituições de ensino. Entretanto, o trabalho do psicólogo escolar é essencial na identificação de sinais de alerta para DI e na indicação do atendimento especializado. Sabe-se que intervenções precoces e continuadas podem melhorar a qualidade de vida e o nível de autonomia da criança com DI (APA, 2014; Tassé et al., 2012). Nesse sentido, a identificação precoce desses sinais é especialmente importante para profissionais inseridos na educação infantil. O psicólogo escolar é responsável ainda por fornecer uma escuta psicológica aos pais que estão em processo de investigação de DI.

Além disso, o psicólogo inserido em espaços educacionais tem um papel importante como observador do desenvolvimento das competências acadêmicas, sociais e da autonomia da criança. Durante o processo de avaliação psicológica, o avaliador busca fontes diversas de informação que auxiliem suas conclusões. Nesse sentido, o psicólogo inserido na escola, através de observação clínica do aluno e da escuta aos pais e à equipe pedagógica, é capaz de fornecer informações valiosas para subsidiar o diagnóstico e planejamento de intervenções. O psicólogo escolar saberá responder dúvidas a respeito da aprendizagem da criança, nível de autonomia dentro do ambiente escolar, relação com os pares (sociabilidade) e destacar os pontos fortes e as dificuldades do aluno que está em processo de avaliação.

Após a finalização do processo de avaliação psicológica e com acesso ao laudo psicológico, o psicólogo inserido em espaços de ensino tem a função de traduzir à equipe educacional as informações contidas nos documentos psicológicos e auxiliar na transformação dessas informações em ações pedagógicas. Sabe-se que é garantido pela Lei nº 13.146 (2015) o direito à educação inclusiva. Assim, um dos desafios do psicólogo escolar será estabelecer junto à equipe um plano adequado às necessidades de cada aluno.

O objetivo principal das ações pedagógicas para a pessoa com DI deve ser o bem-estar e o desenvolvimento da pessoa atendida, visando a atingir o nível máximo de independência. Nesse sentido, a lei de inclusão prevê modificações no ambiente que favoreçam a inclusão de todos os estudantes e acesso a serviços de apoio especializado, como um monitor individualizado para atender às dificuldades da criança com deficiência, entre outros suportes necessários.

PROCEDIMENTOS E INSTRUMENTOS

A DI é detectada pela presença de limitações significativas no funcionamento intelectual e no CA antes dos 18 anos de idade (Schalock et al., 2021; APA, 2014; WHO, 2020). Uma vez levantada a hipótese de uma pessoa apresentar DI, tanto o funcionamento intelectual quanto o CA devem ser avaliados, considerados em conjunto e medidos igualmente. Não há priorização ou sequência prescrita para o exame desses construtos na investigação da DI (Tassé et al., 2016).

Um diagnóstico válido deve ser feito por meio de um julgamento clínico e do uso de medidas psicométricas adequadas e individualmente administradas. Além disso, deve-se levar em conta a diversidade cultural e linguística, bem como as diferenças nos fatores de comunicação, sensoriais, motores e comportamentais (Schalock et al., 2021; APA, 2014; Harris, 2013; Shalock et al., 2010; WHO, 2020).

O critério de limitações significativas no funcionamento intelectual para o diagnóstico da DI é operacionalizado através de um escore de QI que é aproximadamente dois desvios-padrão abaixo da média, considerando o erro padrão de medida para os testes específicos utilizados e as forças e limitações dos instrumentos. No Brasil, atualmente, há 31 testes de inteligência com parecer favorável no Sistema de Avaliação de Testes Psicológicos do Conselho Federal de Psicologia (Satepsi) e, assim, passíveis de serem utilizados por psicólogos na avaliação das funções intelectuais. Entre eles, destacam-se as Escalas Wechsler como as mais conhecidas e amplamente utilizadas, consideradas padrão-ouro na avaliação da inteligência (Nascimento et al., 2018). Constam com parecer favorável no Satepsi a Escala de Inteligência Wechsler Abreviada (WASI) (Trentini et al., 2014) e a Escala de Inteligência Wechsler para Crianças (WISC-IV) (Wechsler, 2013). Para os pré-escolares, destaca-se o Teste Não Verbal de Inteligência Geral – SON-R 2 ½-7 [a]. Disponível para uso no Brasil, o instrumento afere inteligência não verbal e pode ser aplicado em indivíduos entre 2 anos e meio e 7 anos e 11 meses (Jacob & Tellegen, 2015).[2]

O critério de limitações em CA é preenchido quando pelo menos um de seus domínios (conceitual, social ou prático) está suficientemente prejudicado, a ponto de ser necessário apoio contínuo para que o indivíduo tenha desempenho adequado em um ou mais contextos, tais como escola, local de trabalho, casa ou comunidade (Schalock et al., 2021; APA, 2014; Salvador-Carulla et al., 2011; WHO, 2020). A operacionalização desse critério é apontada na ocorrência de um desempenho que é aproximadamente dois desvios-padrão abaixo da média em um dos três domínios de CA, ou numa pontuação geral de medida padronizada de habilidades conceituais, sociais e práticas. O erro padrão de mensuração dos testes e os pontos fortes e limitações dos instrumentos devem ser considerados na interpretação da pontuação (Schalock et al., 2021; APA, 2014; WHO, 2020).

Para avaliação de CA, a literatura preconiza observação comportamental direta; informações fornecidas por múltiplas fontes; entrevistas e uso de medidas individualizadas, culturalmente adaptadas e psicometricamente adequadas (Schalock et al., 2021; APA, 2014; Saulnier & Klaiman, 2018; WHO, 2020). Essas medidas padronizadas podem ser empregadas tanto com informantes (pais ou membros da família, professor ou provedor de cuidados) quanto com o próprio paciente, na medida do possível (APA, 2014; Tassé et al., 2012, 2018). A literatura indica que medidas administradas por autorrelato não devem ser utilizadas no contexto diagnóstico da DI (Harrison & Oakland, 2015; Saulnier & Klaiman, 2018; Tassé et al., 2012). Nesses cenários, pessoas que passam várias horas do dia na companhia do examinando são as melhores informantes sobre suas habilidades adaptativas (Harman & Smith-Bonahue, 2017).

Professores são fontes importantes de informações sobre CA. Inclusive, algumas escalas de CA podem ser respondidas por professores. O psicólogo escolar pode orientar o professor sobre como melhor observar o CA de seus alunos, sobre como registrar essas observações e sobre como preencher as escalas de CA.

Exemplos de escalas de CA que podem ser respondidas por professores são a Vineland Adaptative Behavior Scales – 3ª edição (VABS-III) e a Adaptive Behavior Assessment System – 3ª edição (ABAS-III). A VABS-III é administrada individualmente, por meio de uma entrevista. É adequada para medir CA de indivíduos de 0 a 90 anos de idade ou mais. Além de avaliar o CA e seus três domínios (conceitual, social e prático), também informa sobre habilidades motoras e comportamento desadaptativo.

O tempo de administração da VABS-III varia de acordo com a forma usada, pois ela possui protocolos de entrevista abrangentes (40 a 50 minutos de duração) e de curta aplicação (8 a 10 minutos de duração). A VABS-III não possui estudos com amostra brasileira.

---

[2] Para revisão completa, acesse satepsi.cfp.org.br

A ABAS-III é igualmente administrada individualmente, por meio de uma entrevista, e mede CA de indivíduos de 0 a 89 anos de idade. Sua aplicação demora entre 15 e 20 minutos. Pais, familiares, professores, funcionários de creches, supervisores, conselheiros ou outras pessoas familiarizadas com as atividades diárias da pessoa avaliada podem ser os respondentes. Além disso, o formulário adulto pode ser administrado por autorrelato.

A ABAS-III abrange os três domínios adaptativos: conceitual, social e prático. Cada formulário avalia 9 ou 10 áreas de habilidades, com base na faixa etária. Os itens se concentram em atividades diárias necessárias para atender às demandas ambientais, cuidar de si e interagir com os outros de maneira eficaz e independente. A ABAS-III possui estudos com amostra brasileira (Harrison & Oakland, 2015; Teixeira et al., 2018).

Outra alternativa, em processo de publicação, é o Inventário Dimensional de Avaliação do Desenvolvimento Infantil (IDADI), que avalia atrasos no desenvolvimento de crianças de 0 a 72 meses de idade e também pode ser respondido por professores. Uma das dimensões medidas pelo inventário é o CA, e o instrumento possui estudos com amostra brasileira (Silva et al., 2020).

Outros estudos pertinentes ao tema estão em curso no Brasil. Selau et al. (2020) estão desenvolvendo a Escala de Funcionamento Adaptativo para Deficiência Intelectual (EFA-DI). Construída para avaliar o CA de indivíduos com DI entre 7 a 15 anos de idade, a medida se encontra em processo de validação (Selau et al., 2020). Hallberg (2019) está adaptando e validando a Diagnostic Adaptive Behavior Scale (DABS). De propriedade da Associação Americana de Deficiência Intelectual e Desenvolvimento (AAIDD, do inglês American Association on Intellectual and Developmental Disabilities), a escala fornece informações confiáveis e válidas sobre limitações em habilidades adaptativas de indivíduos entre 4 e 21 anos de idade (Hallberg, 2019). Tanto a EFA-DI quanto a DABS possuem estudos com amostra brasileira. Esses instrumentos, entretanto, não podem ser respondidos diretamente por professores.

CONSIDERAÇÕES FINAIS

O presente capítulo propôs uma revisão sobre as principais características, processos e instrumentos presentes na avaliação psicológica da DI. O psicólogo escolar possui um papel importante na identificação de sinais precoces do atendimento especializado e no apoio ao trabalho junto à equipe pedagógica.

A identificação de sinais de alerta para DI deve ser aplicada por meio de observação clínica do aluno, escuta a pais e à equipe pedagógica. Depois de indicada a avaliação especializada, o psicólogo escolar é capaz de fornecer informações valiosas para subsídio diagnóstico e planejamento de intervenções. São exemplos dessas informações as questões relativas aos atrasos nas habilidades escolares, nível de autonomia dentro do ambiente escolar, relação com os pares (sociabilidade), além dos pontos fortes e dificuldades do aluno que está em processo de avaliação.

Após a finalização do processo de avaliação psicológica e com acesso ao laudo psicológico, o psicólogo inserido em espaços de ensino pode auxiliar na tradução para a equipe educacional das informações contidas nos documentos psicológicos e auxiliar na aplicação desses resultados em ações pedagógicas.

REFERÊNCIAS

Amor, D. J. (2018). Investigating the child with intellectual disability. *Journal of Paediatrics and Child Health, 54*(10), 1154-1158.

Associação Americana de Psiquiatria (APA). (2014). *Manual diagnóstico e estatístico de transtornos mentais: DSM-V* (5. ed.). Artmed.

Bhaumik, S., Tromans, S., Gangadharan, S. K., Kapugama, C., Michael, D. M., Wani, A., Michael, G., Kian, R., & Ventriglio, A. (2017). Intellectual disability psychiatry: a competency-based framework for psychiatrists. *International Journal of Culture and Mental Health, 10*(4), 468-476.

Boat, T. F., & Wu, J. T. (2015). *Mental disorders and disabilities among low-income children*. National Academies Press.

Brue, A. W., & Wilmshurst, L. (2016). Prevalence, causes, issues, and comorbid disorders. In A. W. Brue & L. Wilmshurst (Eds.), *Essentials of intellectual disability assessment and identification* (pp. 17-29). Wiley.

Emerson, E., Kiernan, C., Alborz, A., Reeves, D., Mason, H., Swarbrick, R., Mason, L., & Hatton, C. (2001). The prevalence of challenging behaviors: A total population study. *Research in Developmental Disabilities, 22*(1), 77-93.

Federação Brasileira das Associações de Síndrome de Down (FBASD). (2020). *Síndrome de Down*. http://federacao-down.org.br/

Garzuzi, Y. (2009) *Comparação dos fenótipos comportamentais de crianças e adolescentes com síndrome de Prader-Willi, síndrome de Williams-Beuren e síndrome de Down*. [Dissertação de mestrado não publicada]. Universidade Presbiteriana Mackenzie.

Gilissen, C., Hehir-Kwa, J. Y., Thung, D. T., Van de Vorst, M., Van Bon, B. W., Willemsen, M. H., ... Leach, R. (2014). Genome sequencing identifies major causes of severe intellectual disability. *Nature, 511*(7509), 344-347.

Hallberg, S. C. M. (2019). *Adaptação transcultural para o português brasileiro, evidências de validade e estimativa de fidedignidade da Diagnostic Adaptive Behavior Scale (DABS)*. [Tese de doutorado não publicada]. Universidade Federal do Rio Grande do Sul.

Harman, J. L., & Smith-Bonahue, T. M. (2017). A escala de comportamento adaptativo Bayley-III. In L. G. Weiss, T. Oakland & G. P. Aylward (Eds.), *Bayley-III – Uso clínico e interpretação* (pp. 147-166). Pearson.

Harris, J. C. (2006). *Intellectual disability understanding its development, causes, classification, evaluation, and treatment*. Oxford University Press.

Harris, J. C. (2013). New terminology for mental retardation in DSM-V and ICD-11. *Current Opinion in Psychiatry, 26*(3), 260-262.

Harrison, P. L., & Oakland, T. (2015). *ABAS-3: Adaptive behavior assessment system* (3th ed.). WPS.

Heyvaert, M., Maes, B., & Onghena, P. (2010). A meta-analysis of intervention effects on challenging behaviour among persons with intellectual disabilities. *Journal of Intellectual Disability Research, 54*(7), 634-649.

Instituto Brasileiro de Geografia e Estatística (IBGE). (2015). *Pesquisa nacional de saúde 2013: Ciclos de vida: Brasil e grandes regiões*. https://biblioteca.ibge.gov.br/visualizacao/livros/liv94522.pdf.

Karam, S. M., Barros, A. J., Matijasevich, A., Santos, I. S., Anselmi, L., Barros, F., ... Black, M. (2016). Intellectual disability in a birth cohort: Prevalence, etiology, and determinants at the age of 4 years. *Public Health Genomics, 19*(5), 290-297.

King, B. H., Toth, K. E., Hodapp, R. M., & Dykens, E. M. (2009). Intellectual disability. In B. J. Sadock, V. A. Sadock & P. Ruiz (Eds.), *Comprehensive textbook of psychiatry* (9th ed., pp. 3444-3474). Lippincott Williams & Wilkins.

Laros, J. A., & Tellegen, P. J. (2015). *SON-R 2 ½ – 7 [a] – Teste não verbal de inteligência*. Hogrefe.

Lei nº 13.146, de 6 de julho de 2015 (2015). Institui a Lei Brasileira de inclusão da pessoa com deficiência (Estatuto da Pessoa com deficiência). http://www.planalto.gov.br/ccivil_03/_ato2015-2018/2015/lei/l13146.htm

Maulik, P. K., Mascarenhas, M. N., Mathers, C. D., Dua, T., & Saxena, S. (2011). Prevalence of intellectual disability: a meta-analysis of population-based studies. *Research in Developmental Disabilities, 32*(2), 419-36.

Nascimento, E., Figueiredo, V. L. M., Araujo, J. M. G. (2018). Escala Wechsler de inteligência para crianças (WISC IV) e Escala Wechsler de inteligência para adultos (WAIS). In C. S. Hutz, D. R. Bandeira & C. M. Trentini (Orgs.), *Avaliação psicológica da inteligência e da personalidade* (Cap. 5.1, pp. 89-102). Artmed.

Oliveira, F. R. (2019). *Caracterização genético/clínica de pacientes com suspeita da síndrome de Williams-Beuren (SWB) no centro-oeste brasileiro*. [Dissertação de mestrado não publicada]. Universidade Federal de Goiás.

Passone, C. B. G., Pasqualucci, P. L., Franco, R. R., Ito, S. S., Mattar, L. B. F., Koiffmann, C. P., Soster, L. A., Carneiro, J. D. A., Cabral Menezes-Filho, H., & Damiani, D. (2018). Síndrome de Prader Willi: O que o pediatra geral deve fazer – Uma revisão. *Revista Paulista de Pediatria, 36*(3), 345-352.

Platt, J. M., Keyes, K. M., McLaughlin, K. A., & Kaufman, A. S. (2018). Intellectual disability and mental disorders in a US population representative sample of adolescents. *Psychological Medicine, 49*(6), 952-961.

Purugganan, O. (2018). Intellectual Disabilities. *Pediatrics in Review, 39*(6), 299-309.

Salcedo-Arellano, M. J., Randi, J. H., &, Martínez-Cerdeño, V. (2020) Fragile X syndrome: Clinical presentation, pathology and treatment, *Gaceta Medica de Mexico, 156*(1), 60-66.

Santoro, T., Souza, M., Leite, C. P., Zenicola, F. F., Lins, A. V., Grossi, H. T., & Nunes, C. P. (2019). Síndrome fetal alcoólica, atualizações e prevenção. *Revista Cadernos de Medicina, 2*(33), 64-72.

Salvador-Carulla, L., Reed, G. M., Vaez-Azizi, L. M., Cooper, S., Martinez-Leal, R., Bertelli, M., ... Saxena, S. (2011). Intellectual developmental disorders: Towards a new name, definition and framework for "mental retardation/intellectual disability" in ICD-11. *World Psychiatry, 10*(3), 175-180.

Saulnier, C. A., & Klaiman, C. (2018). Introduction and history of adaptive behavior. In C. A. Saulnier & C. Klaiman (Eds.), *Essentials of adaptive behavior assessment of neurodevelopmental disorders* (pp. 1-16). Wiley.

Schalock, R. L., Luckasson, R., & Tassé, M. J. (2021). *Intellectual disability: Definition, diagnosis, classification, and systems of supports*. (12. ed.). American Association on Intellectual and Development Disabilities.

Schalock, R. L., Borthwick-Duffy, S. A., Bradley, V. J., Buntinx, W. H. E., Coulter, D. L., Craig, E. M., ... Yeager, M. H. (2010). *Definition, Classification, and Systems of Supports* (11th ed.). American Association on Intellectual and Development Disabilities.

Schalock, R. L., & Luckasson, R. (2015). A systematic approach to subgroup classification in intellectual disability. *Intellectual and Developmental Disabilities, 53*(5), 358-366.

Selau, T., Silva, M. A., & Bandeira, D. R. (2020). Construção e evidências de validade de conteúdo da escala de funcionamento adaptativo para deficiência intelectual (EFA-DI). *Avaliação Psicológica, 19*(3), 333-341.

Silva, M. A., Mendonça, E. J., Mônego, B. G., & Bandeira, D. R. (2020). Instruments for multidimensional assessment of child development: a systematic review. *Early Child Development and Care, 190*(8), 1257-1271.

Sparrow, S. S., Cicchetti, D. V., & Saulnier, C. A. (2016). *Vineland adaptive behavior scales* (3rd ed.). Pearson.

Switzky, H. N., & Greenspan, S. (2006). *What is mental retardation? Ideas for an evolving disability in the 21st century*. American Association on Intellectual and Developmental Diisabilities.

Tassé, M. J., Balboni, G., Navas, P., Luckasson, R., Nygren, M. A., Belacchi, C., ... Kogan, C. S. (2019). Developing behavioural indicators for intellectual functioning and adaptive behaviour for ICD-11 disorders of intellectual development. *Journal of Intellectual Disability Research, 63*(5), 386-407.

Tassé M. J., Schalock R. L., Balboni G., Bersano H., Borthwick-Duffy S. A., Spreat S., ... Zhang, D. (2012) The construct of adaptive behaviour: Its conceptualization, measurement, and use in the field of intellectual disability. *American Journal on Intellectual and Developmental Disabilities, 117*(4), 291-303.

Tassé, M. J., Luckasson, R., & Schalock, R. L. (2016). The relation between intellectual functioning and adaptive behavior in the diagnosis of intellectual disability. *Intellectual And Developmental Disabilities, 54*(6), 381-390.

Tassé, M. J., Schalock, R. L., Balboni, J., Bersani, H. A. Jr, Borthwick-Duffy, S. A., Spreat, S., ... & Zhang, D. (2018). *Diagnostic adaptive behavior scale user's manual*. American Association on Intellectual and Development Disabilities.

Teixeira, M. C., Tafla, T. L., Santos, A. P., & Carreiro, L. R. R. (2018). Deficiência intelectual: Contribuições para sua identificação e avaliação. In C. A. H. Amato, D. Brunoni & P. S. Boggio (Orgs.), *Distúrbios do desenvolvimento: Estudos interdisciplinares* (pp. 78-87). Memnon.

Trentini, C. M., Yates, D. B., & Heck, V. S. (2014). *WASI – Escala Wechsler abreviada de inteligência: Manual*. Casa do Psicólogo.

Wechsler, D. (2013). *WISC IV – Escala Wechsler de inteligência para crianças: Manual técnico*. Pearson.

World Health Organization (WHO). (2020). *International classification of diseases for mortality and morbidity statistics (ICD11)*. https://www.who.int/classifications/icd/en/.

12

AVALIAÇÃO DE FUNÇÕES EXECUTIVAS NA NEUROPSICOLOGIA ESCOLAR

Nicolle Zimmermann
Bruna Evaristo Scheffer
Ana Carolina Rost de Borba Galimberti Rodrigues
Rochele Paz Fonseca

A cognição humana e o desenvolvimento cognitivo e socioemocional nas fases pré-escolar e escolar vão aumentando de complexidade com o avanço da idade e com o aumento das demandas de novos estímulos, informações e aquisição/consolidação de habilidades. Nesse processo, destacam-se as funções executivas (FEs), responsáveis por orquestrar as demais habilidades cognitivas e socioemocionais a partir de um gerenciamento de energia cognitiva. A avaliação das FEs no contexto escolar e clínico é um componente fundamental para a compreensão dos componentes adaptativos e desadaptativos envolvidos no manejo de habilidades acadêmicas e socioemocionais por parte de crianças e adolescentes (Best et al., 2011; Liu et al., 2018).

Por essas habilidades serem indissociáveis da manifestação do comportamento humano nos níveis de análise cognitivo, comportamental e emocional, entende-se que sua avaliação permite a compreensão dos níveis de resiliência e eficiência de processamento da informação de alta complexidade associados à funcionalidade diária. Neste capítulo, os conceitos e aplicações das FEs no contexto da aprendizagem escolar serão explorados, bem como as principais ferramentas de investigação clínica e escolar.

FUNÇÕES EXECUTIVAS

As FEs são consideradas funções cognitivas de ordem superior, responsáveis pela operação coordenada e flexível de uma série de processos cognitivos e emocionais de alto nível, como habilidades de organização, iniciação, planejamento e monitoramento de comportamentos adequados para se cumprir objetivos e metas (Packwood et al., 2011; Snyder et al., 2015). Consideradas habilidades de controle cognitivo, as FEs são recrutadas para executar tarefas automáticas quando nosso "piloto automático" não é suficiente para dar conta de demandas mais complexas ou desafiadoras. Essa descrição aplica-se a muitas atividades que desempenhamos em diferentes âmbitos da vida e fases do ciclo vital (p. ex., aprender a ler e escrever, a dirigir, a fazer a declaração de imposto de renda, entre outros), o que provavelmente contribui para que atualmente as FEs sejam as funções cognitivas mais estudadas na neuropsicologia.

Na infância e na adolescência, o interesse pelas FEs é pautado em grande parte pelas evidências de que diferenças individuais nessas habilidades, desde a infância, predizem uma ampla gama de desfechos desenvolvimentais, incluindo prontidão escolar (Blair & Razza,

2007), desempenho escolar (Gonçalves et al., 2017; León et al., 2013) competências socioemocionais (Reis & Sampaio, 2018; Zelazo & Cunningham, 2007), melhor saúde física, sucesso laboral, maior *status* socioeconômico (Hackman et al., 2015) e menores índices de abuso de substâncias (Gustavson et al., 2017) e de imprudências criminais na idade adulta (Moffitt et al., 2011).

Frequentemente o poder preditivo das FEs é equiparado ao do quociente de inteligência (QI), fomentando discussões quanto à associação entre inteligência e FEs, principalmente no que concerne à inteligência fluida. Diamond (2013) discute a inteligência fluida como sinônimo de dois subcomponentes de alta complexidade das FEs, raciocínio e resolução de problemas. Dessa forma, não é estranho observar correlações entre medidas de inteligência fluida (p. ex., Matrizes de Raven [Raven, 1947; Simões, 2000]) e medidas independentes de FEs (Conway et al., 2003; Duncan et al., 2012; Goitia et al., 2017; Kane & Engle, 2002; Zelazo & Müller, 2002). Entretanto, diversos estudos ressaltam que as associações entre FEs e inteligência são fracas. Assim, embora apresentem similaridades, são processos distintos, com evidências insuficientes para serem considerados a mesma coisa (Birney et al., 2006; Crinella & Yu, 2000; Friedman et al., 2006). Portanto, apesar de a inteligência fluida cobrir o que e o quanto um indivíduo é capaz de fazer, as EFs é que descrevem como alguma coisa é feita (Godoy et al., 2014).

MODELOS TEÓRICOS

Recentemente foi publicada a primeira obra primorosamente escrita sobre modelos e aplicações das FEs (Dias & Malloy-Diniz, 2020). Seus autores, pioneiros no tema, retratam uma das críticas mais essenciais no estudo das FEs: a dificuldade conceitual que caracteriza a neuropsicologia e as ciências cognitivas dessas habilidades cognitivas tão complexas e em intersecção com todos os demais domínios mentais.

Dominar diferentes modelos teóricos é fundamental para que o clínico compreenda os métodos de avaliação das FEs e interprete adequadamente os resultados das avaliações. Por outro lado, o constante investimento em pesquisas e desenvolvimento de medidas de avaliação retroalimenta o desenvolvimento de modelos mais acurados e representativos do funcionamento das FEs. Assim, ao longo dos anos, diversos modelos teóricos foram propostos na tentativa de desenvolver uma estrutura explicativa coerente das FEs (Jurado & Rosselli, 2007). O Quadro 12.1 apresenta os diferentes modelos e abordagens interpretativas do processamento das funções executivas.

Por bastante tempo, uma discussão central no estudo das FEs foi se elas seriam um construto unitário (Munakata, 2001; Posner & Rothbart, 2007; Zelazo & Muller, 2002) ou se elas funcionariam como um grupo de componentes independentes (Diamond, 2013; Karr et al., 2018; Miyake et al., 2000). Por meio de estudos com análises fatoriais e um modelo de equação estrutural, as funções executivas têm sido consideradas multidimensionais com componentes interrelacionados, mas simultaneamente distintos um do outro. Nessa perspectiva, três componentes principais (flexibilidade cognitiva, inibição e atualização ou monitoramento) são vistos como igualmente importantes no conjunto das FEs. Outros modelos mais recentes aprimoraram a lógica de unidade e diversidade de Miyake e colaboradores (2000), sugerindo, no entanto, um panorama de interação hierárquica entre os componentes executivos, com algumas FEs servindo como base ou pré-requisito para as demais (Diamond, 2013; Miyake & Friedman, 2012; Snyder et al., 2015).

O modelo de Miyake e Friedman (2012) sugere que funções básicas de memória de trabalho e flexibilidade cognitiva são resultado do arranjo entre um fator de FEs comum (unidade) e um fator específico a cada componente executivo (diversidade). Nas análises de regressão realizadas no modelo de Miyake e Friedman (2012), o componente de inibição não foi identificado como um fator específico das FEs, o que posteriormente levou à hipótese de que uma FE comum entre todas seria o controle inibitório, que funcionaria como um alicerce subjacente às demais FEs (Snyder et al., 2015).

QUADRO 12.1
Evolução dos modelos teóricos ao longo dos anos

Autores	Teoria
Luria (1968)	Ideia da existência de três unidades funcionais no cérebro humano, sendo a terceira, localizada nos lobos frontais, responsável pelo planejamento, regulação e monitoramento do comportamento.
Norman & Shallice (1986)	Modelo do Sistema Supervisor Atencional, segundo o qual o processamento executivo seria dividido em dois sistemas, um envolvido na regulação das ações aprendidas ou automáticas (processos automáticos) e outro, no dos comportamentos novos ou não rotineiros (processos controlados).
Baddeley (2000); Baddeley & Hitch (1994)	Sistema de armazenamento/gerenciamento temporário da informação, que considera a memória de trabalho composta de um sistema com cinco componentes: executivo central (controle atencional e regulação dos processos cognitivos); dois subsistemas auxiliares (alça fonológica e esboço visuoespacial); e retentor episódico (integração da memória de trabalho com memórias episódicas de longo prazo).
Miyake et al. (2000)	Modelo psicométrico, que identificou três componentes principais das FEs: flexibilidade mental, atualização/memória de trabalho e inibição. Embora correlacionados, os três componentes são construtos separados, funcionando de forma unitária e diversificada simultaneamente.
Zelazo, Ou & Muller, (2005)	Classificação de componentes executivos como "frios" e "quentes". Os componentes frios envolveriam pouca ou nula excitação emocional, ao passo que os componentes quentes seriam mediados por aspectos emocionais.
Diamond (2013)	FEs envolvendo três componentes principais: flexibilidade cognitiva, memória de trabalho e controle inibitório. A partir desses componentes principais, surgiriam as habilidades mais complexas, como planejamento, raciocínio e resolução de problemas.
Miyake & Friedman (2012)	Combinação entre uma FE comum às demais (unidade) e um fator específico a cada componente executivo (diversidade). Hipótese do controle inibitório como o fator comum mediador subjacente às demais FEs.

Entretanto, Friedman e Miyake (2017) sugeriram que o fator de FEs comum refletiria, na verdade, as diferenças individuais na capacidade de manter metas, assim como usar essas metas para influenciar o gerenciamento do processamento contínuo para alcançá-las. Os autores argumentam que a manutenção e implementação de objetivos é um requisito geral de todas as tarefas de FEs, que pode ser particularmente importante para tarefas de inibição, portanto esse mecanismo poderia muito bem explicar por que todos os escores das tarefas carregam no fator FE comum, mas as tarefas de inibição não carregam como um fator específico.

Já o modelo de Diamond (2013) talvez seja o mais famoso modelo hierárquico. A autora aponta a memória de trabalho e o controle inibitório como componentes base da flexibilidade cognitiva, com as três funções juntas fornecendo aporte para o desenvolvimento de habilidades mais complexas, como planejamento e raciocínio lógico.

Em suma, de acordo com Dias e Malloy-Diniz (2020), apesar das divergências e de ainda haver falta de consenso acerca do modelo que explica melhor as FEs, algumas convergências podem ser inferidas. As FEs abrangem um repertório de recursos cognitivos que orientam nossa funcionalidade cotidiana, monitoram e regulam comportamentos e habilidades socioemocionais e são multidimensionais. Recomendamos a leitura de Dias e Malloy-Diniz

(2020) para quem tem interesse em avaliar FEs, principalmente no contexto da aprendizagem, uma vez que a escolarização proporciona situações novas, menos familiares, que exigem mais motivação e sustentação de atenção, exigindo sair diariamente do "piloto automático" e da "zona de conforto" ou de habituação.

AS FUNÇÕES EXECUTIVAS NA APRENDIZAGEM ESCOLAR

A relação entre FEs e aprendizagem é altamente investigada a fim de se compreender como esses domínios se relacionam e qual a importância de boas FEs para o desempenho acadêmico. Pesquisas demonstram que um pobre desenvolvimento de FEs pode prejudicar o desempenho escolar e aumentar o risco de evasão escolar (Diamond, 2016). Por outro lado, outras pesquisas demonstram que o desenvolvimento de FEs na primeira infância prevê diretamente o desempenho acadêmico (Sjöwall et al., 2017). Ainda nesse sentido, há diversos estudos que elucidam essa relação, explicando que há uma variação entre 20% e 60% na *performance* escolar (Roebers, 2017).

Partindo do pressuposto que FEs são domínios cognitivos que nos auxiliam a monitorar e adaptar comportamentos a fim de atingir um objetivo, as FEs seriam como mediadores no processo de aprendizagem, visto que em um ambiente escolar se espera que os alunos prestem atenção, sigam regras e foquem em diferentes atividades cognitivas e comportamentais (Diamond & Lee, 2011; Samuels et al., 2016). Estudos teóricos e empíricos sustentam a ideia que conecta FEs e aprendizagem, mais especificamente habilidades aritméticas e literacia (Samuels et al., 2016). Nessa mesma lógica, outros estudos demonstram que, para que as crianças se beneficiem em contextos escolares, é necessário que elas tenham a capacidade de prestar atenção, evitar distratores e se manter em tarefas desafiadoras (Blair & Rave, 2015).

É na escola que as habilidades aritméticas, de leitura e escrita são desenvolvidas e consolidadas. Pesquisas sugerem que componentes da literacia são fundamentais para o desenvolvimento de conhecimentos matemáticos, pois as crianças precisam de vocabulário (memória semântica) para aprender números e completar tarefas aritméticas que são baseadas na linguagem (Purpura et al., 2011). As FEs são fundamentais em tarefas aritméticas, porque estas exigem que os alunos alternem a atenção de forma flexível dos problemas mais procedimentais para os problemas mais conceituais e, então, que possam inibir regras anteriormente aprendidas (Schmitt et al., 2017).

Observa-se ainda que as FEs são demandadas na alfabetização, por exemplo, em processos como consciência fonológica, no qual as crianças devem manter na mente os sons da letra para poder combinar e separar sons e palavras (Schmitt et al., 2017). No desempenho de leitura, observa-se que há a necessidade de fazer o processamento e o armazenamento simultâneo de informações. Isto é, para a compreensão de um texto, primeiro ocorre o processamento visual das palavras, a combinação das palavras com as representações fonológicas, ortográficas e semânticas e, por fim, a combinação desses processamentos com as informações do contexto para construir uma lógica do que foi lido (Peng et al., 2018). A memória de trabalho estaria trabalhando nesse processo com a manutenção das informações relevantes na memória de curto prazo, recuperando as informações na memória de longo prazo e manipulando e integrando todas essas informações a fim de formar uma representação do que foi descrito no texto (Van Den Broek et al., 2015).

Em uma recente metanálise, Jacob e Parkinson (2015) revisaram a associação entre FEs e desempenho acadêmico em crianças e adolescentes de 2 a 18 anos. Seus resultados demonstram que há uma relação moderada entre FEs e desempenho acadêmico, sendo semelhantes tanto para o desempenho de leitura como para matemática. Os resultados são consistentes com outra metanálise, que analisou entre 16 e 18 estudos, encontrando uma associação significativa entre a capacidade de flexibilidade cognitiva das crianças em seu desempenho em leitura e matemática (Yeniad, 2013).

Na Figura 12.1, é apresentada as manifestações comuns no ambiente escolar nos dife-

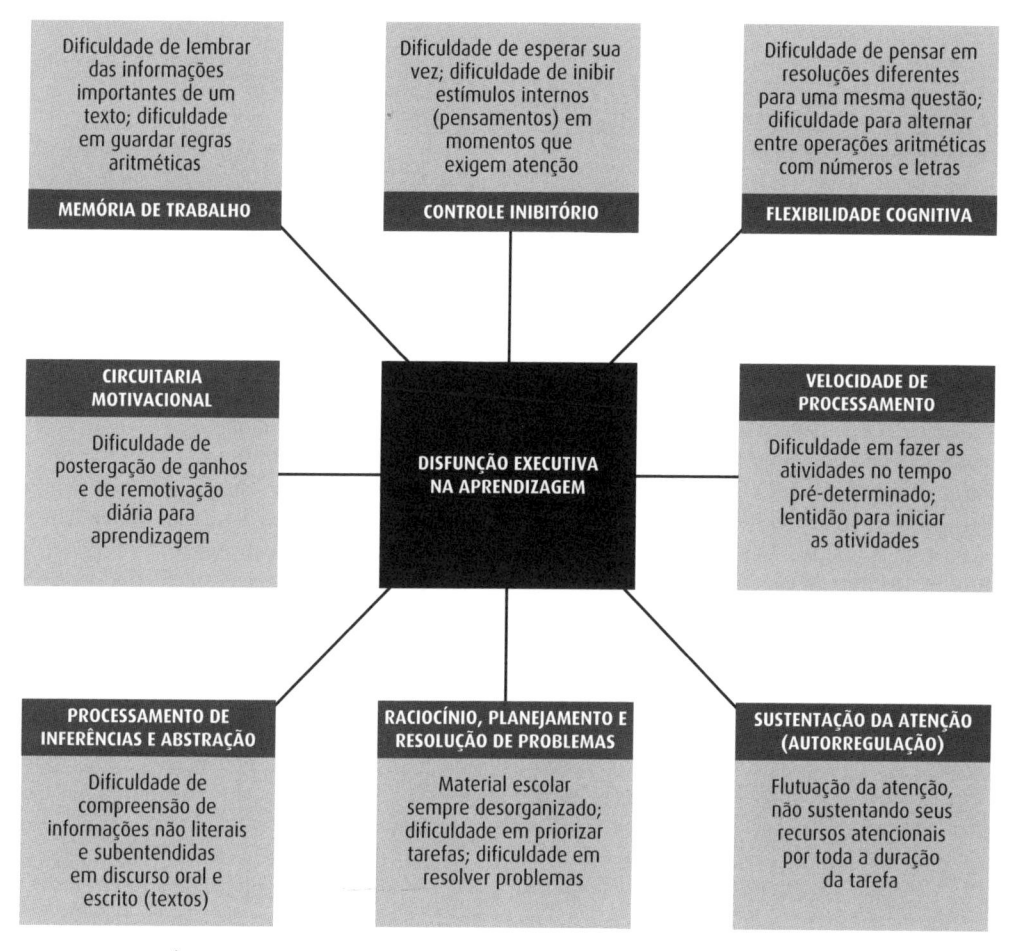

FIGURA 12.1 / Disfunção executiva na aprendizagem.

MEMÓRIA DE TRABALHO: Dificuldade de lembrar das informações importantes de um texto; dificuldade em guardar regras aritméticas

CONTROLE INIBITÓRIO: Dificuldade de esperar sua vez; dificuldade de inibir estímulos internos (pensamentos) em momentos que exigem atenção

FLEXIBILIDADE COGNITIVA: Dificuldade de pensar em resoluções diferentes para uma mesma questão; dificuldade para alternar entre operações aritméticas com números e letras

CIRCUITARIA MOTIVACIONAL: Dificuldade de postergação de ganhos e de remotivação diária para aprendizagem

DISFUNÇÃO EXECUTIVA NA APRENDIZAGEM

VELOCIDADE DE PROCESSAMENTO: Dificuldade em fazer as atividades no tempo pré-determinado; lentidão para iniciar as atividades

PROCESSAMENTO DE INFERÊNCIAS E ABSTRAÇÃO: Dificuldade de compreensão de informações não literais e subentendidas em discurso oral e escrito (textos)

RACIOCÍNIO, PLANEJAMENTO E RESOLUÇÃO DE PROBLEMAS: Material escolar sempre desorganizado; dificuldade em priorizar tarefas; dificuldade em resolver problemas

SUSTENTAÇÃO DA ATENÇÃO (AUTORREGULAÇÃO): Flutuação da atenção, não sustentando seus recursos atencionais por toda a duração da tarefa

---

rentes componentes das FEs que podem se encontrar com disfunções.

FUNÇÕES EXECUTIVAS QUENTES E FRIAS

A distinção entre FEs quentes, ou afetivas, e FEs frias, ou puramente cognitivas/racionais, é uma análise dimensional relevante em contextos clínicos. O desenvolvimento de FEs quentes e frias deve ser também compreendido no contexto pré-escolar e escolar. Segundo Semenov e Zelazo (2018), as FEs são essenciais para a educação, podendo ser naturalmente estimuladas por atividades estruturadas para cada idade, que oportunizem prática e engajamento.

Em termos neurobiológicos, o córtex orbitofrontal (COF) é envolvido no processamento de FEs quentes, enquanto o córtex pré-frontal dorso-lateral (CPF-DL) é relacionado com FEs frias. O CPF-DL apresenta conexões com regiões como tálamo, núcleo caudado, hipocampo e com áreas de associação primárias e secundárias que fazem ser um local crítico para a integração das FEs com funções sensoriais e mnemônicas (não fortemente relacionadas à emoção/motivação).

Em função do envolvimento com a regulação de funções emocionais, o COF tem conexões importantes com o sistema límbico, especialmente com a amígdala, sendo importante na integração entre FEs, afeto/motivação e informações neutras (Nejati et al., 2018). Nessa visão sobre a divisão das FEs na dimensionalidade emocional/racional, é importante notar que as FEs quentes também dão suporte ao bom funcionamento racional. Como exemplo, a FE quente intitulada flexibilidade afetiva é descrita como a capacidade de se engajar e desengajar do processamento emocional quando necessário.

Em situações em que a criança se encontra altamente ativada emocionalmente, é necessário que ela consiga flexibilizar o seu foco de processamento das informações (interno ou externo) para outros estímulos neutros, obtendo funcionalidade em suas tarefas, apesar da ativação emocional. Em um estudo, uma medida de flexibilidade afetiva em conjunto com o nível de escolaridade materna foi preditora da regulação emocional em crianças, enquanto uma outra medida de flexibilidade cognitiva pura não foi considerada significativa (Martins et al., 2020). Esse achado explicita que, apesar da relação entre FEs com regulação emocional, medidas tradicionais de FEs frias não apresentam a mesma força de associação que medidas de FEs quentes (Poon, 2018).

Alguns componentes das FEs quentes descritos são: flexibilidade afetiva, motivação, tomada de decisão e postergação da gratificação. Outro aspecto importante de ser notado é a influência da valência emocional no processamento das FEs. Faces alegres induzem a um melhor humor e funcionamento otimizado das FEs em crianças, possivelmente devido à elevação do nível de dopamina no córtex pré-frontal (Poon, 2018; Zimmerman et al., 2016). Em relação ao efeito da idade no desenvolvimento das FEs quentes, a literatura aponta que essas tendem a se desenvolver desde a pré-escola (Garon, 2016; Pureza et al., 2013). Na adolescência, os achados entre os estudos são heterogêneos; alguns descrevem um desempenho menor aos 14 e 15 anos (Smith et al., 2012) ou 17 anos na tomada de decisão afetiva (Poon, 2018). A avaliação das FEs quentes ainda é incipiente em termos de técnicas padronizadas disponíveis no Brasil.

A investigação das FEs com paradigmas verbais e não-verbais é um aspecto fundamental no processo de avaliação psicológica/neuropsicológica. A linguagem é pensada como uma função que possibilita a criação e uso de categorias que desacoplam a informação do contexto e possibilitam o seu uso nas memórias de trabalho e episódica. A capacidade de descrever a própria experiência torna objetivo e consciente o que é subjetivo, possibilitando a fala autodirecionada que rege o controle da ação (Vallotton & Ayoub, 2011).

Assim, é um consenso que o desenvolvimento da linguagem e das FEs é relacionado e estas têm uma relação recíproca, bidirecional, nos anos pré-escolares (Gooch et al., 2016). O vocabulário é considerado um preditor da autorregulação em pré-escolares, especialmente em meninos (McCrimmon et al., 2012). A relação entre linguagem e FEs, no entanto, não parece ser causal no desenvolvimento. Apesar disso, existem evidências de que crianças com atrasos no desenvolvimento da linguagem costumam apresentar disfunções nas FEs (Gooch et al., 2016).

No neurodesenvolvimento humano, diferentes transtornos podem afetar o desenvolvimento da linguagem e das funções visuoespaciais. Por esse motivo, pode-se esperar uma dissociação importante entre medidas verbais e não verbais de FEs nas avaliações. Como exemplo, em um estudo foi evidenciada a dissociação do desempenho verbal *versus* visual nas FEs em adolescentes com transtorno do espectro autista leve (síndrome de Asperger). A amostra apresentou prejuízos nas FEs com um viés de desempenho específico quanto à modalidade visual e um prejuízo mais leve nas FEs mediadas pelo processamento verbal (McCrimmon et al., 2012).

Outro estudo, com crianças com déficit específico de linguagem, apontou diferenças significativas em diversas medidas de FEs verbais em comparação ao grupo-controle. Porém, tais diferenças foram explicadas por déficits no *span* verbal de curto prazo. Não foram encontradas diferenças entre os grupos em uma medida não verbal de FEs (McCrimmon et al., 2012). Dessa forma, a avaliação das FEs deve levar em conta os prejuízos primários verbais ou não verbais, considerando o diagnóstico clínico/cognitivo de base, podendo a disfunção executiva ser um quadro secundário em alguns casos.

A disfunção executiva é um quadro neuropsicológico caracterizado por déficits em uma ou mais FEs e que apresenta correlatos funcionais na vida dos pacientes diretamente ou indiretamente identificáveis (Rabinovici et al., 2015). Por exemplo, é possível que um aluno apresente um quadro disexecutivo caracterizado pela dificuldade de autorregulação da motivação para estudar e, em função disso, se engaje pouco em atividades obrigatórias e que não sejam intrinsecamente motivadoras para ele. Outro caso ilustrativo poderia ser o de um aluno com impulsividade, que agride verbal ou fisicamente e não consegue inibir suas respostas, consideradas inadequadas, em função da dificuldade de parar e pensar antes de agir.

A inflexibilidade do pensamento também pode caracterizar um quadro disexecutivo, como não aceitar *feedbacks* sobre o próprio comportamento, não considerar a ideia dos outros em trabalhos escolares, ter um padrão altamente exigente e fixo de desempenho consigo e com os outros. As etiologias que poderiam explicar tais sintomas podem ser diversas: depressão, ansiedade, falta de modelagem de disciplina consistente, limites realistas, orientação parental e escolar, transtorno de déficit de atenção/hiperatividade (TDAH), entre outros quadros psiquiátricos e neurológicos.

No desenvolvimento infantil, além da saúde neurológica (quadros de epilepsia, tumores cerebrais, lesões cerebrais adquiridas, entre outros) (Braakman et al., 2011; Modi et al., 2018; Treble-Barna et al., 2017) e psiquiátrica (TDAH, depressão, ansiedade, transtorno de estresse pós-traumático) (Bikic et al., 2018; Gonçalves et al., 2013), é fundamental considerar o papel do ambiente na modelagem e manifestação de sintomas que envolvem a disfunção executiva. Fatores genéticos, ambientais e biológicos que afetam as circuitarias cerebrais envolvidas nas FEs interagem de forma complexa em todos os quadros que podem envolver a manifestação de uma disfunção executiva.

O diagnóstico desse quadro neuropsicológico deve ser fundamentalmente clínico e corroborado por tarefas que sejam sensíveis para a disfunção executiva examinada. Por exemplo, determinados paradigmas clássicos, desenvolvidos para a avaliação de lesões cerebrais, podem não ser sensíveis para identificar prejuízos em pacientes com doenças psiquiátricas e inteligência acima da média (Snyder et al., 2015). Um aspecto importante sobre a relação das FEs com o estresse é que existe uma relação bidirecional entre tais fatores. A disfunção executiva leva ao maior estresse, em função dos problemas e dificuldades dela decorrentes, enquanto o estresse é um fator que pode prejudicar o funcionamento das FEs e causar um quadro de disfunção executiva. É um consenso que eventos estressantes são considerados fatores de risco transdiagnóstico para psicopatologias (Snyder et al., 2019).

INSTRUMENTOS PARA AVALIAÇÃO DE FUNÇÕES EXECUTIVAS NAS FASES PRÉ-ESCOLAR E ESCOLAR

A disponibilidade de tarefas de avaliação das FEs para crianças e adolescentes tem aumentado nas últimas décadas, indicando o investimento de pesquisadores para gerar ferramentas que permitam operacionalizar da melhor maneira possível o mapeamento dessas essenciais habilidades cognitivas e metacognitivas. Em grande parte, os inúmeros métodos de avaliação descritos na literatura são justificados pela multidimensionalidade do constructo que envolve as FEs, bem como pelo desejo ávido dos pesquisadores e clínicos de conhecer em maior profundidade o tema, em vista da vasta implicação das FEs no desenvolvimento psicológico (Hermida et al., 2015). Quanto ao uso de testes e tarefas de FEs, a interpretação dos achados deve considerar as limitações da validade ecológica das tarefas de FEs, que costumam ser baixas, a impureza das tarefas, a demanda ambiental (subdemanda ou hiperdemanda) e aspectos culturais (Snyder et al., 2015, 2019).

ENTREVISTA CLÍNICA COM ÊNFASE EM FUNÇÕES EXECUTIVAS

A entrevista clínica na infância e na adolescência deve incluir uma investigação do funcionamento executivo e das contingências ambientais e genéticas para o desenvolvimento destas. Para tal, a seguir serão descritos pontos de investigação que podem ser explorados em diferentes períodos do desenvolvimento infantil e adolescente. As FEs na infância e na adolescência encontram-se em pleno desenvolvimento, portanto a não apresentação de uma determinada habilidade não representa necessariamente um atraso ou déficit. É importante o conhecimento do psicólogo e do neuropsicólogo sobre as habilidades executivas em diferentes faixas etárias e de escolaridade. No entanto, tais parâmetros podem apresentar variações culturais e individuais.

Salientamos que tal variabilidade sociocultural, individual e, até mesmo, de heterogeneidade clínica de manifestação ou de fenótipos baseia-se em uma interação de fatores ao redor e subjacentes ao desenvolvimento e às oportunidades de evolução de autonomia, independência e funcionalidade. Contam aí estilos parentais, ocorrência de demanda cotidiana de recrutamento de FEs, modelagem parental e docente, entre outras variáveis. Apresentamos a seguir algumas sugestões de questões norteadoras do mapeamento executivo nas entrevistas clínicas e/ou educacionais.

PROTOCOLO DE ENTREVISTA SEMI-ESTRUTURADA DE FUNÇÕES EXECUTIVAS (PESEFES)

Este protocolo, desenvolvido pelas autoras deste capítulo, tem por objetivo guiar a investigação ecológica das FEs por meio da avaliação das funções de planejamento, inibição, motivação, tomada de decisão, monitoramento, flexibilidade e habilidades parentais e aspectos ambientais para o desenvolvimento das FEs em conjunto com as demais técnicas de avaliação neuropsicológica.

Planejamento

1. A criança/adolescente costuma espontaneamente ou por meio de estímulos elencar a sequência de um planejamento futuro (programação do dia, da aula, de uma atividade, de um jogo)?
2. A criança/adolescente costuma contar histórias ou acontecimentos com início, meio e fim?
3. A criança/adolescente executa brincadeiras (construir uma casinha de lençóis, na árvore ou de bonecos; realizar uma exposição de artes; organizar a ordem de um campeonato; planejar uma maquete; criar uma coreografia; criar histórias em quadrinhos; realizar com ajuda ou de forma independente receitas de que gosta) ou atividades (organizar uma festa para os amigos; comprar um presente para um amigo com o dinheiro arrecadado da turma; arrecadar dinheiro para um fim específico; buscar informações para realizar uma viagem ou desejo)?

Inibição

1. A criança/adolescente consegue interromper a realização de uma atividade ou brincadeira para ouvi-lo (a) quando você pede?
2. A criança/adolescente tem facilidade em "deixar um assunto de lado" quando você explica que o plano/ideia não poderá ser realizado?
3. A criança/adolescente consegue inibir seus impulsos de comportamentos prejudiciais, como xingar, bater, empurrar ou gritar?
4. A criança/adolescente tolera de forma aceitável perdas, provocações de pares ou frustrações (quando algo não acontece como ela espera ou ela recebe um "não")?

5. A criança/adolescente consegue realizar atividades escolares mesmo com as interferências e distratores do ambiente escolar e doméstico?
6. A criança/adolescente consegue postergar atividades prazerosas e realizar atividades obrigatórias primeiro?
7. A criança/adolescente consegue não mexer no celular enquanto realiza suas atividades obrigatórias?

Motivação

1. A criança/adolescente toma iniciativa para realizar o que gosta e o que é obrigatório?
2. A criança/adolescente se sente motivado(a) e mostra empolgação na realização de atividades novas ou rotineiras?
3. A criança/adolescente precisa de incentivo constante para a realização de atividades prazerosas e/ou obrigatórias?

Tomada de decisão

1. A criança/adolescente costuma tomar decisões vantajosas para si? Consegue decidir em questões básicas, como roupas e alimentos, o que traz mais benefícios em curto e longo prazos?

Monitoramento

1. A criança/adolescente costuma monitorar seus próprios planos?
2. A criança/adolescente percebe quando um erro foi cometido? E, se percebe, ela corrige?
3. A criança/adolescente apresenta o hábito de revisar o que responde em instrumentos de avaliação escolar ou em conversas diárias?

Flexibilidade

1. A criança/adolescente consegue mudar de ideia quando necessário?
2. A criança/adolescente consegue flexibilizar os seus estados de humor (p. ex., modificar o seu foco de atenção após sentir uma emoção desagradável)?
3. A criança/adolescente mostra que consegue realizar associações e aproximações de ideias/conceitos/nomes/objetos de forma espontânea?
4. A criança/adolescente consegue alternar entre tarefas ou atividades com facilidade?
5. A criança/adolescente consegue pensar sob "a lente" do outro e mudar seu jeito de se comportar, sentir e/ou pensar a partir do que sabe do outro?

Habilidades parentais e aspectos ambientais para o desenvolvimento das FEs

1. Os pais/cuidadores estabelecem uma rotina consistente e clara em termos de horários saudáveis e regras para refeições, sono, lazer e estudo?
2. Os pais/cuidadores conseguem frustrar os filhos, mostrando assertividade com afeto?
3. Os pais/cuidadores são bons modelos pessoais de organização, planejamento, resistência à distração, tolerância à frustração, flexibilidade cognitiva, regulação emocional, tomada de decisão e inibição?
4. O ambiente é/foi considerado seguro, estável, confiável e previsível para a criança/adolescente?
5. Os pais/cuidadores estão vigilantes e conhecem as necessidades emocionais da criança/adolescente?
6. Os pais/cuidadores dão tempo livre para a criança/adolescente desenvolver e realizar seus próprios interesses?
7. Os pais/cuidadores dão limites claros para o uso de dispositivos eletrônicos?
8. Os pais/cuidadores confiam na capacidade da criança/do adolescente em lidar com frustrações?
9. Os pais/cuidadores entendem a necessidade da criança/do adolescente de ter suporte quanto ao planejamento e resistência às tentações/distrações?

INSTRUMENTOS PADRONIZADOS PARA AVALIAÇÃO DAS FES

Além da entrevista e da observação clínica, instrumentos padronizados podem ser utilizados para a avaliação das FEs. Esses instrumentos auxiliam na avaliação de tais componentes, sem o viés de opinião de cada observador ou entrevistado, além de oportunizar uma medida específica da habilidade avaliada de forma padronizada e experimental. Entende-se que tais métodos são complementares no processo de avaliação. No Quadro 12.2, com o objetivo de fornecer um panorama geral, apresentamos diversas medidas de avaliação das FEs disponíveis e validadas para o uso na população brasileira.

QUADRO 12.2
Medidas de avaliação de funções executivas

Instrumento	Finalidade	Faixa etária	Forma de aplicação	Profissionais
Escala				
Escala de Transtorno do Déficit de Atenção e Hiperatividade (ETDAH-AD) (Benczik, 2013)	Auxilia no processo diagnóstico do TDAH.	Crianças, adolescentes, adultos e idosos (2 a 87 anos).	Individual ou coletiva, tempo de duração livre, com versão para crianças e adolescentes, e versão para os pais.	Psicólogos, neuropsicólogos, fonoaudiólogos, psicopedagogos e pedagogos.
Testes padronizados				
Five Digit Test (FDT) (Sedó et al., 2015)	Avalia velocidade de processamento, controle inibitório e flexibilidade cognitiva. Paradigma alternativo ao *Stroop Test*, com menor impacto educacional e sociocultural, por não estar relacionado ao processo de leitura.	Crianças, adolescentes, adultos e idosos (6 a 92 anos).	Individual, presencial, com manual, caderno de estímulos, folha de respostas, lápis e cronômetro. Duração de 5 a 10 minutos.	Psicólogos.
Teste Wisconsin de Classificação de Cartas (WCST) (Heaton et al., 2005 adaptado por Oliveira et al., 2019)	Avalia habilidades de raciocínio, flexibilidade cognitiva e planejamento estratégico.	Crianças, adolescentes, adultos e idosos (6 anos e 6 meses a 89 anos).	Individual, com manual, folha de aplicação e cartões de estímulos. Tempo de duração médio de 30 minutos.	Psicólogos.

Continua

QUADRO 12.2
Medidas de avaliação de funções executivas

Instrumento	Finalidade	Faixa etária	Forma de aplicação	Profissionais
Teste de Nomeação Automática (TENA) (Silva et al., 2018)	Avalia nomeação automática. Avalia indiretamente eficiência cognitiva para prontidão escolar (velocidade basal de processamento).	Crianças (3 a 9 anos).	Presencial, individual, com manual, pranchas de treinamento e estímulos e folhas de respostas. Duração média de 15 minutos.	Psicólogos, neuropsicólogos, fonoaudiólogos, psicopedagogos e pedagogos.
Tarefas clínicas padronizadas				
Teste das Trilhas (TMT, do inglês Trail Making Test) (Reitan & Wolfson, 1995 com normas brasileiras Seabra & Dias, 2012a)	Avalia flexibilidade cognitiva e controle inibitório em uma tarefa automática.	Crianças e adolescentes (6 a 15 anos) e adultos (a partir de 18 anos).	Individual, presencial, com manual, folha de aplicação, lápis e cronômetro. Duração média de 10 minutos.	Psicólogos, neuropsicólogos, fonoaudiólogos, psicopedagogos e pedagogos.
Discurso Narrativo Escrito (DNE) (Prando et al., 2016a)	Avalia compreensão leitora, memória de trabalho e processamento de inferência.	Crianças e adolescentes (6 a 12 anos). Considera-se que crianças de 6 e 7 anos não necessariamente aprenderam a ler, portanto, nesses casos, a tarefa não deve ser aplicada.	Individual, com manual de aplicação, caderno de estímulo, gravador e cronômetro. O tempo de aplicação depende da automatização da leitura do avaliando.	Psicólogos, neuropsicólogos, fonoaudiólogos, psicopedagogos e pedagogos.
Discurso Narrativo Oral Infantil (DNOI) (Prando et al., 2016b)	Avalia memória verbal de curto prazo, memória de trabalho verbal e processamento de inferências.	Crianças e adolescentes (6 a 12 anos) e adultos (a partir de 18 anos).	Individual, com manual de aplicação, lápis, gravador e cronômetro. O tempo de duração varia entre 10 e 15 minutos.	Psicólogos, neuropsicólogos, fonoaudiólogos, psicopedagogos e pedagogos.
Torre de Londres (TOL) (Shallice, 1982; Krikorian et al., 1994; normas brasileiras Menezes et al., 2012)	Paradigma de avaliação de FEs com enfoque em componentes de planejamento e resolução de problemas.	Adolescentes de 11 a 14 anos e jovens adultos.	Presencial, com manual de aplicação, torre com cavilhas e discos para aplicação. O tempo de duração da tarefa varia de acordo com as estratégias de resolução dos pacientes.	Psicólogos, neuropsicólogos, fonoaudiólogos, psicopedagogos e pedagogos.

Continua

QUADRO 12.2
Medidas de avaliação de funções executivas

Instrumento	Finalidade	Faixa etária	Forma de aplicação	Profissionais
Tarefas de Fluência Verbal para Crianças (Jacobsen et al., 2016)	Avalia velocidade de processamento, acesso a memória semântica e controle inibitório.	Crianças e adolescentes (6 a 12 anos) e adultos (a partir de 18 anos).	Sua aplicação ocorre de forma presencial, com manual de aplicação, folha de respostas, gravador, cronômetro e lápis. O tempo varia de acordo com o tipo da tarefa de fluência (2 minutos ou 2 minutos e meio).	Psicólogos, neuropsicólogos, fonoaudiólogos, psicopedagogos e pedagogos.
Teste Hayling para Crianças (Siqueira et al, 2016)	Avalia sinais de desatenção, impulsividade, velocidade de processamento, memória semântica, linguagem e flexibilidade cognitiva.	Crianças e adolescentes (6 a 12 anos).	Presencial, com folha de aplicação, cronômetro e lápis. O tempo de aplicação varia de acordo com o tempo de resposta do paciente.	Psicólogos, neuropsicólogos, fonoaudiólogos, psicopedagogos e pedagogos.
Teste de Atenção por Cancelamento (Seabra & Dias, 2012b)	Avalia atenção seletiva e atenção alternada.	Crianças e adolescentes (5 a 14 anos).	Individual ou coletiva, com folhas de aplicação, lápis e cronômetro. Tem três tarefas, com um minuto de duração por tarefa.	Psicólogos; neuropsicólogos; fonoaudiólogos, psicopedagogos e pedagogos.
Tarefa *Span* de Blocos-Corsi (Dias & Mecca, 2019)	Avalia o componente visuoespacial da memória de trabalho.	Crianças (4 a 10 anos).	Individual, com os blocos de aplicação. O tempo de duração é determinado pelo desempenho do avaliando.	Psicólogos, neuropsicólogos, fonoaudiólogos, psicopedagogos e pedagogos.
Tarefa *Span* de Dígitos (Dias & Mecca, 2019)	Baseado no paradigma *Span* de dígitos, avalia memória de trabalho auditiva.	Crianças (4 a 10 anos).	Individual, com manual de aplicação e lápis. Tem duração de 5 minutos.	Psicólogos, neuropsicólogos, fonoaudiólogos, psicopedagogos e pedagogos.

FEs, funções executivas.

CONSIDERAÇÕES FINAIS

A partir da síntese apresentada neste capítulo, procuramos abordar o que há de imprescindível na atualização do exame das FEs em crianças e adolescentes. Para usarmos qualquer ferramenta clínica, a interpretação dos achados quanti-qualitativos é totalmente dependente do conhecimento sobre construtos operacionalizados, aplicabilidades e limitações de cada instrumento. Nenhum instrumento é autossuficiente.

Para a avaliação psicológica e neuropsicológica das FEs, é essencial estarmos cientes do limite da validação ecológica dos instrumentos de desempenho disponíveis, inclusive os internacionais. Os fatos de termos uma instrução estruturada, um examinador/clínico mediando com suas próprias FEs as FEs de seus pacientes, de os testes terem duração curta e serem aplicados em um ambiente/recorte do contexto cotidiano justificam a reduzida validade ecológica dos instrumentos de avaliação das FEs. Por isso, a observação clínica associada ao uso de diferentes técnicas, como inventários com informantes e análise de documentos (p. ex., redes sociais, histórico de trânsito, de compras e funcionamento no trabalho e/ou escola, entre outros), completa de modo fundamental a avaliação neuropsicológica. Além disso, possibilita uma interpretação mais acurada a partir de uma hipótese inicial. Por exemplo, se é de disfunção executiva, desenvolvimento típico ou de reserva de FEs.

Outro aspecto importante a ser considerado é o desafio de avaliar FEs pela impuridade ou "sujeira inerente" das medidas de FEs, pois por serem complexas, acabam demandando muitos outros subprocessos cognitivos, como linguagem, memórias, entre outros. Adicionalmente, a demanda recrutada por cada tarefa varia muito com o desenvolvimento, havendo menos normas adequadas para cada faixa etária, principalmente para crianças pré-escolares (Mix et al., 2017).

Por fim, destacamos que é necessário investimento em protocolos de observação de FEs ao longo do ciclo vital. No que concerne à idade de indivíduos aprendizes, em geral os instrumentos são desenvolvidos ou adaptados para crianças escolares, pré-escolares e adolescentes, nessa ordem, havendo, ainda, uma grande demanda para adultos e idosos com dificuldades de aprendizagem no meio laboral e social, assim como no acadêmico, onde novas demandas surgem e as FEs são chamadas emergencialmente.

REFERÊNCIAS

Baddeley, A. (2000). The episodic buffer: A new component of working memory? *Trends in cognitive sciences, 4*(11), 417-423.

Baddeley, A. D., & Hitch, G. J. (1994). Developments in the concept of working memory. *Neuropsychology, 8*(4), 485.

Benczik, E. B. P. (2013). *Escala de transtorno do déficit de atenção e hiperatividade: ETDAH-AD*. Vetor.

Best, J. R., Miller, P. H., & Naglieri, J. A. (2011). Relations between executive function and academic achievement from ages 5 to 17 in a Large, representative national sample. *Learning and Individual Differences, 21*(4), 327-336.

Bikic, A., Leckman, J. F., Christensen, T. Ø., Bilenberg, N., & Dalsgaard, S. (2018). Attention and executive functions computer training for attention-deficit/hyperactivity disorder (ADHD): Results from a randomized, controlled trial. *European Child & Adolescent Psychiatry, 27*(12), 1563-1574.

Birney, D. P., & Sternberg, R. J. (2006). Intelligence and cognitive abilities as competencies in development. *Lifespan cognition: Mechanisms of change*, 315-330.

Blair, C., & Raver, C. C. (2015). School readiness and self-regulation: A developmental psychobiological approach. *Annual review of psychology, 66*, 711-731.

Blair, C., & Razza, R. P. (2007). Relating effortful control, executive function, and false belief understanding to emerging math and literacy ability in kindergarten. *Child development, 78*(2), 647-663.

Braakman, H. M. H., Vaessen, M. J., Hofman, P. A. M., Hall, M. H. J. A. D., Backes, W. H., Vles, J. S. H., & Aldenkamp, A. P. (2011). Cognitive and behavioral complications of frontal lobe epilepsy in children: A review of the literature. *Epilepsia, 52*(5), 849-856.

Conway, A. R., Kane, M. J., & Engle, R. W. (2003). Working memory capacity and its relationto general intelligence. *Trends in Cognitive Sciences, 7*(12), 547-552.

Crinella, F. M., & Yu, J. (2000). Brain mechanisms and intelligence. Psychometric g and executive function. *Intelligence, 27*, 1-29.

Diamond, A. (2013). Executive functions. *Annual review of psychology, 64*, 135-168.

Diamond, A. (2016). Why improving and assessing executive functions early in life is critical. In J. A. Griffin, P. McCardle & L. S. Freund (Eds.), *Executive function in preschool-age children: Integrating measurement, neurodevelopment, and translational research* (pp. 11-43). American Psychological Association.

Diamond, A., & Lee, K. (2011). Interventions shown to aid executive function development in children 4 to 12 years old. *Science, 333*(6045), 959-964.

Dias, N., & Malloy-Diniz, L. (2020). *Funções executivas: Modelos e aplicações*. Pearson.

Dias, N. M., & Mecca, T. P. (2019) *Avaliação neuropsicológica cognitiva (4): Memória de trabalho*. Memnon.

Duncan, J., Schramm, M., Thompson, R., & Dumontheil, I. (2012). Task rules, working memory, and fluid intelligence. *Psychonomic Bulletin & Review, 19*(5), 864-870.

Friedman, N. P., & Miyake, A. (2017). Unity and diversity of executive functions: Individual differences as a window on cognitive structure. *Cortex, 86,* 186-204.

Friedman, N. P., Miyake, A., Corley, R. P., Young, S. E., DeFries, J. C., & Hewitt, J. K. (2006). Not all executive functions are related to intelligence. *Psychological Science, 17*(2), 172-179.

Garon, N. (2016). A review of hot executive functions in preschoolers. *Journal of Self-Regulation and Regulation, 2,* 56-81.

Godoy, S., Dias, N. M., & Seabra, A. G. (2014). Executive and non-executive cognitive abilities in teenagers: Differences as a function of intelligence. *Psychology, 5*(18), 2018-2032.

Goitia, B., Manes, F., Torralva, T., Sigman, M., Duncan, J., Cetkovich, M., & Roca, M. (2017). The relationship between executive functions and fluid intelligence in euthymic bipolar disorder patients. *Psychiatry research, 257,* 346-351.

Gooch, D., Thompson, P., Nash, H. M., Snowling, M. J., & Hulme, C. (2016). The development of executive function and language skills in the early school years. *Journal of Child Psychology and Psychiatry and Allied Disciplines, 57*(2), 180-187.

Gonçalves, H. A., Mohr, R. M., Moraes, A. L., Siqueira, L. S., Prando, M. L., & Fonseca, R. P. (2013). Componentes atencionais e de funções executivas em meninos com TDAH: Dados de uma bateria neuropsicológica flexível. *Jornal Brasileiro de Psiquiatria, 62*(1), 13-21.

Gonçalves, H. A., Viapiana, V. F., Sartori, M. S., Giacomoni, C. H., Stein, L. M., & Fonseca, R. P. (2017). Funções executivas predizem o processamento de habilidades básicas de leitura, escrita e matemática? *Neuropsicologia Latinoamericana, 9*(3), 42-54.

Gustavson, D. E., Stallings, M. C., Corley, R. P., Miyake, A., Hewitt, J. K., & Friedman, N. P. (2017). Executive functions and substance use: Relations in late adolescence and early adulthood. *Journal of abnormal psychology, 126*(2), 257.

Hackman, D. A., Gallop, R., Evans, G. W., & Farah, M. J. (2015). Socioeconomic status and executive function: Developmental trajectories and mediation. *Developmental science, 18*(5), 686-702.

Heaton, R. K., Chelune, G. J., Talley, J. L., Kay, G. G., & Curtiss, G. (2005). *Teste Wisconsin de classificação de cartas: Manual revisado e ampliado.* Casa do Psicólogo.

Hermida, M. J., Segretin, M. S., Prats, L. M., Fracchia, C. S., Colombo, J. A., & Lipina, S. J. (2015). Cognitive neuroscience, developmental psychology, and education: Interdisciplinary development of an intervention for low socioeconomic status kindergarten children. *Trends in Neuroscience and Education, 4*(1-2), 15-25.

Jacob, R., & Parkinson, J. (2015). The potential for school-based interventions that target executive function to improve academic achievement: A review. *Review of educational research, 85*(4), 512-552.

Jacobsen, G., Prando, M. L., Pureza, J., Gonçalves, H. A., Siqueira, L. de S., Moraes, A. L., & Fonseca, R. P. (2016). Tarefas de fluência verbal livre, fonêmica e semântica para crianças. In R. P. Fonseca, M. L. Prando & N. Zimmermann (Eds.), *Avaliação de linguagem e funções executivas em crianças* (Vol. 1, pp. 26-45). Memnon.

Jurado, M. B., & Rosselli, M. (2007). The elusive nature of executive functions: a review of our current understanding. *Neuropsychology review, 17*(3), 213-233.

Kane, M. J., & Engle, R. W. (2002). The role of prefrontal cortex in working-memory capacity, executive attention, and general fluid intelligence: An individual-differences perspective. *Psychonomic Bulletin & Review, 9*(4), 637-671.

Karr, J. E., Areshenkoff, C. N., Rast, P., Hofer, S. M., Iverson, G. L., & Garcia-Barrera, M. A. (2018). The unity and diversity of executive functions: A systematic review and re-analysis of latent variable studies. *Psychological bulletin, 144*(11), 1147.

Krikorian, R., Bartok, J., & Gay, N. (1994). Tower of London procedure: a standard method and developmental data. *Journal of clinical and Experimental Neuropsychology, 16*(6), 840-850.

León, C. B. R., Rodrigues, C. C., Seabra, A. G., & Dias, N. M. (2013). Funções executivas e desempenho escolar em crianças de 6 a 9 anos de idade. *Revista Psicopedagogia, 30*(92), 113-120.

Liu, R., Blankenship, T. L., Broomell, A. P. R., Garcia-Meza, T., Calkins, S. D., & Bell, M. A. (2018). Executive function mediates the association between toddler negative affectivity and early academic achievement. *Early Education and Development, 29*(5), 641-654.

Luria, A. R. (1968). *The mind of a mnemonist.* Basic Books.

Modi, A. C., Vannest, J., Combs, A., Turnier, L., & Wade, S. L. (2018). Pattern of executive functioning in adolescents with epilepsy: A multimethod measurement approach. *Epilepsy and Behavior, 80,* 5-10.

Martel, M., Nikolas, M., & Nigg, J. T. (2007). Executive function in adolescents with ADHD. *Journal of the American Academy of Child and Adolescent Psychiatry, 46*(11), 1437-1444.

Martins, E. C., Mărcuș, O., Leal, J., & Visu-Petra, L. (2020). Assessing hot and cool executive functions in preschoolers: Affective flexibility predicts emotion regulation. *Early Child Development and Care, 190*(11), 1667-1681.

McCrimmon, A. W., Schwean, V. L., Saklofske, D. H., Montgomery, J. M., & Brady, D. I. (2012). Executive functions in Asperger's syndrome: An empirical investigation of verbal and nonverbal skills. *Research in Autism Spectrum Disorders, 6*(1), 224-233.

Menezes, A., Dias, N. M., & Seabra, A. G. (2012). Evidências de validade do teste da torre de Londres. In A. Seabra & N. M. Dias (Eds.), *Avaliação neuropsicológica cognitiva: Atenção e funções executivas* (pp. 101-105). Memnon.

Mix, K. S., Levine, S. C., Cheng, Y. L., Young, C. J., Hambrick, D. Z., & Konstantopoulos, S. (2017). The latent structure of spatial skills and mathematics: A replication of the two-factor model. *Journal of Cognition and Development, 18*(4), 465-492.

Miyake, A., & Friedman, N. P. (2012). The nature and organization of individual differences in executive functions: Four general conclusions. *Current directions in psychological science, 21*(1), 8-14.

Miyake, A., Friedman, N. P., Emerson, M. J., Witzki, A. H., Howerter, A., & Wager, T. D. (2000). The unity and diversity of executive functions and their contributions to complex "frontal lobe" tasks: A latent variable analysis. *Cognitive psychology, 41*(1), 49-100.

Moffitt, T. E., Arseneault, L., Belsky, D., Dickson, N., Hancox, R. J., Harrington, H., ... Caspi, A. (2011). A gradient of childhood self-control predicts health, wealth, and public safety. *Proceedings of the national Academy of Sciences, 108*(7), 2693-2698.

Müller, U., Jacques, S., Brocki, K., & Zelazo, P. D. (2009). The executive functions of language in preschool children. In A. Winsler, C. Fernyhough & I. Montero (Eds.), *Private speech, executive functioning, and the development of verbal self-regulation* (pp. 53-68). Cambridge University.

Munakata, Y. (2001). Graded representations in behavioral dissociations. *Trends in Cognitive Sciences, 5*(7), 309-315.

Nejati, V., Salehinejad, M. A., & Nitsche, M. A. (2018). Interaction of the left dorsolateral prefrontal cortex (l-DLPFC) and right orbitofrontal cortex (OFC) in Hot and cold executive functions: Evidence from transcranial direct current stimulation (tDCS). *Neuroscience, 369*, 109-123.

Norman, D. A., & Shallice, T. (1986). Attention to action. In R. J. Davidson, G. E. Schwartz & D. Shapiro (Eds.), *Consciousness and self-regulation* (pp. 1-18). Springer.

Oliveira, M, S., Trentini C., Argimon, I. L., Rigoni, M. S., Silva-Filho, J. H., Monego, B. G., & Barboza, L. (2019). *WCST – Teste wisconsin de classificação de cartas: Manual revisado e ampliado* (2. ed.). Hogrefe.

Poon, K. (2018). Hot and cool executive functions in adolescence: Development and contributions to important developmental outcomes. *Frontiers in Psychology, 8*, 1-18.

Packwood, S., Hodgetts, H. M., & Tremblay, S. (2011). A multiperspective approach to the conceptualization of executive functions. *Journal of Clinical and Experimental Neuropsychology, 33*(4), 456-470.

Peng, P., Barnes, M., Wang, C., Wang, W., Li, S., Swanson, H. L., ... Tao, S. (2018). A meta-analysis on the relation between reading and working memory. *Psychological bulletin, 144*(1), 48.

Posner, M. I., & Rothbart, M. K. (2007). Research on attention networks as a model for the integration of psychological science. *Annual Review of Psychology, 58*, 1-23.

Prando, M. L., Santos, R. M., Jacobsen, G. M., Gonçalves, H. A., Siqueira, L. S., Moraes, A. L., ... Fonseca, R. P. (2016a). Discurso narrativo escrito infantil (DNEI). In R. P. Fonseca, M. L. Prando & N. Zimmermann (Orgs.), *Avaliação de linguagem e funções executivas em crianças* (pp. 138-172). Memnon.

Prando, M. L., Jacobsen, G. M., Gonçalves, H. A., Siqueira, L. S., Moraes, A. L., Puzera, J. R., ... Fonseca, R. P. (2016b). Discurso narrativo escrito oral (DNOI). In R. P. Fonseca, M. L. Prando & N. Zimmermann (Orgs.), *Avaliação de linguagem e funções executivas em crianças* (pp. 106-137). Memnon.

Pureza, J. R., Gonçalves, H. A., Branco, L., Grassi-Oliveira, R., & Fonseca, R. P. (2013). Executive functions in late childhood: Age differences among groups. *Psychology and Neuroscience, 6*(1), 79-88.

Purpura, D. J., Hume, L. E., Sims, D. M., & Lonigan, C. J. (2011). Early literacy and early numeracy: The value of including early literacy skills in the prediction of numeracy development. *Journal of experimental child psychology, 110*(4), 647-658.

Rabinovici, G. D., Stephens, M. L., & Possin, K. L. (2015). Executive dysfunction. *Continuum Lifelong Learning in Neurology, 21*(3), 646-659.

Raven, J. C. (1947). Coloured Progressive Matrices Sets A, Ab, B. Oxford Psychologists.

Reis, R. M. A., & Sampaio, L. R. (2018). Funções executivas, habilidades sociais e comportamento distributivo na infância. *Avances en Psicología Latinoamericana, 36*(3), 511-525.

Reitan, R. M., & Wolfson, D. (1995). Influence of age and education on neuropsychological test results. *The Clinical Neuropsychologist, 9*(2), 151-158.

Roebers, C. M. (2017). Executive function and metacognition: Towards a unifying framework of cognitive self-regulation. *Developmental review, 45*, 31-51.

Samuels, W. E., Tournaki, N., Blackman, S., & Zilinski, C. (2016). Executive functioning predicts academic achievement in middle school: A four-year longitudinal study. *The Journal of Educational Research, 109*(5), 478-490.

Seabra, A. G., & Dias, N. M. (2012). *Avaliação neuropsicológica cognitiva (1): Atenção e funções executivas*. Memnon.

Seabra, A. G., & Dias, N. M., (2012). Teste de atenção por cancelamento. In A. G. Seabra & N. M. Dias (Orgs.), *Avaliação neuropsicológica cognitiva (1): Atenção e funções executivas*. Memnon.

Sedó, M., Paula, J. J., & Malloy-Diniz, L. F. (2015). *O teste dos cinco dígitos*. Hogrefe.

Schmitt, S. A., Geldhof, G. J., Purpura, D. J., Duncan, R., & McClelland, M. M. (2017). Examining the relations between executive function, math, and literacy during the transition to kindergarten: a multi-analytic approach. *Journal of Educational Psychology, 109*(8), 1120.

Semenov, A. D., & Zelazo, P. D. (2018). The development of hot and cool executive function: A foundation for learning in the preschool years. In L. Meltzer (Ed.), *Executive function in education: From theory to practice* (pp. 82-104). Guilford.

Shallice, T. (1982). Specific impairments of planning. *Philosophical Transactions of the Royal Society of London B, 298*(1089), 199-209

Silva, P. B., Mecca, T. P., & Macedo, E. C. (2018). *TENA – Teste de nomeação automática*. Hogrefe.

Simões, M. R. (2000). *Investigações no âmbito da aferição nacional do teste das matrizes progressivas coloridas de Raven (M.P.C.R.)*. Fundação Calouste Gulbenkian

Siqueira, L. S., Gonçalves, H. A., Pagliarin, K. C., Prando, M. L., Jacobsen, G. M., Pureza, J., ... Fonseca, R. P. (2016). Teste Hayling infantil: Aplicação, registro, pontuação e dados normativos. In R. P. Fonseca, M. L. Prando & N. Zimmermann (Eds.), *Tarefas para avaliação neuropsicológica (1): Avaliação de linguagem e funções executivas em crianças* (pp. 66-87). Memnon.

Sjöwall, D., Bohlin, G., Rydell, A. M., & Thorell, L. B. (2017). Neuropsychological deficits in preschool as predictors of ADHD symptoms and academic achievement in late adolescence. *Child Neuropsychology, 23*(1), 111-128.

Smith, D. G., Xiao, L., & Bechara, A. (2012). Decision making in children and adolescents: Impaired Iowa gambling task performance in early adolescence. *Developmental Psychology, 48*(4), 1180-1187.

Snyder, H. R., Friedman, N. P., & Hankin, B. L. (2019). Transdiagnostic mechanisms of psychopathology in youth: Executive functions, dependent stress, and rumination. *Cognitive Therapy and Research, 43*(5), 834-851.

Snyder, H. R., Miyake, A., & Hankin, B. L. (2015). Advancing understanding of executive function impairments and psychopathology: Bridging the gap between clinical and cognitive approaches. *Frontiers in Psychology, 6*, 328.

Treble-Barna, A., Zang, H., Zhang, N., Taylor, H. G., Yeates, K. O., & Wade, S. (2017). Long-term neuropsychological profiles and their role as mediators of adaptive functioning after traumatic brain injury in early childhood. *Journal of Neurotrauma, 34*(2), 353-362.

Vallotton, C., & Ayoub, C. (2011). Use your words: The role of language in the development of toddlers' self-regulation. *Early Childhood Research Quarterly, 26*(2), 169-181.

Van den Broek, P., Mouw, J. M., & Kraal, A. (2015). Individual differences in reading comprehension. In P. Van den Broek, J. M. Mouw & A. Kraal (Eds.), *Handbook of individual differences in reading* (pp. 156-168). Routledge.

Yeniad, N., Malda, M., Mesman, J., Van IJzendoorn, M. H., & Pieper, S. (2013). Shifting ability predicts math and reading performance in children: A meta-analytical study. *Learning and Individual Differences, 23*, 1-9.

Zelazo, P. D., & Cunningham, W. A. (2007). Executive function: mechanisms underlying emotion regulation. In J. J. Gross (Ed.), *Handbook of emotion regulation* (pp. 135-158). Guilford.

Zelazo, P. D., & Müller, U. (2002). The balance beam in the balance: Reflections on rules, relational complexity, and developmental processes. *Journal of Experimental Child Psychology, 81*(4), 458-465.

Zelazo, P. D., Qu, L., & Müller, U. (2005). Hot and cool aspects of executive function: Relations in early development. In W. Schneider, R. Schumann-Hengsteler & B. Sodian (Eds.), *Young children's cognitive development: Interrelationships among executive functioning, working memory, verbal ability, and theory of mind* (pp. 71-93). Erlbaum.

Zimmerman, D. L., Ownsworth, T., O'Donovan, A., Roberts, J., & Gullo, M. J. (2016). Independence of hot and cold executive function deficits in high-functioning adults with autism spectrum disorder. *Frontiers in Human Neuroscience, 10*, 1-14.

13
DIAGNÓSTICO NEUROPSICOLÓGICO DOS TRANSTORNOS DA APRENDIZAGEM

Vitor Geraldi Haase
Júlia Beatriz Lopes Silva
Ricardo Moura

Este capítulo tem o objetivo de discutir o papel da neuropsicologia no diagnóstico dos transtornos da aprendizagem escolar. O exame neuropsicológico pode fornecer importantes informações quanto à inteligência da criança e ao seu desempenho escolar. Além disso, subsidia o diagnóstico diferencial e permite identificar as comorbidades mais frequentes, tais como dislexia, discalculia, transtorno de déficit de atenção/hiperatividade (TDAH) e transtornos internalizantes. Ao longo do capítulo, serão abordadas as contribuições da neuropsicologia ao diagnóstico de dislexia do desenvolvimento, disgrafia e disortografia, discalculia e transtorno não verbal da aprendizagem.

O QUE SÃO OS TRANSTORNOS ESPECÍFICOS DE APRENDIZAGEM E COMO DIAGNOSTICÁ-LOS

Conteúdos escolares, tais como a lectoescrita e a matemática, são artefatos culturais de aquisição relativamente recente na evolução da Humanidade. Correspondem a habilidades cognitivas que Geary (2005) denomina de biologicamente secundárias. São habilidades cuja aquisição, na maioria das vezes, não ocorre de forma espontânea, exigindo prática deliberada e intervenção pedagógica.

Historicamente, o processo de universalização do ensino fundamental conduziu à construção de currículos diferenciados e hierarquizados conforme o ano escolar. A variabilidade interindividual no ritmo de amadurecimento das crianças, das suas características de personalidade e habilidade cognitiva torna muito difícil que o currículo para um ano escolar se adapte às necessidades de todas crianças de uma determinada idade (Murray, 2008, 2020). Algumas estimativas indicam que apenas dois terços das crianças conseguem acompanhar o currículo correspondente à sua faixa etária (Haase et al., 2020, Räsänen, Haase et al., 2019).

O problema é agravado no Brasil pela má qualidade do ensino oferecido em grande parte das instituições e pelas diferenças socioeconômicas (Gomides et al., 2020). Os dados do Programa Internacional de Avaliação de Estudantes (PISA) referentes a 2018 indicam que apenas 68% dos adolescentes brasileiros apresentam habilidades matemáticas minimamente compatíveis com o exercício da cidadania na sociedade cognitiva (Organization for Economic Cooperation and Development [OECD], 2019).

O percentil 75 de desempenho em matemática dos jovens em escolas públicas corresponde ao percentil 25 daqueles em escolas privadas (Moraes & Belluzzo, 2014).

A principal causa de dificuldades de aprendizagem é relacionada à didática (Gaidoschik, 2019; Räsänen, Daland et al., 2019). Entretanto, há um grupo de cerca de 8% a 10% de crianças cujas dificuldades de aprendizagem são graves e persistentes, apesar dos melhores esforços pedagógicos e de levas sucessivas de intervenções de intensidade crescente (Räsänen, Daland et al., 2019). São essas crianças que podem receber o diagnóstico de transtorno específico da aprendizagem, a partir de uma perspectiva nosológica (Butterworth, 2019).

Segundo as concepções nosológicas contemporâneas, os transtornos da aprendizagem são específicos porque a inteligência geral é preservada, e constituem uma forma de transtorno do neurodesenvolvimento porque há evidências de alterações no processo de desenvolvimento cerebral (American Psychiatric Association [APA], 2013). As evidências indicam que crianças com dificuldades de aprendizagem da lectoescrita apresentam disfunções em redes neurais relacionadas ao processamento fonológico (Castles et al., 2018) e crianças com dificuldades em matemática apresentam disfunções em redes neurais relacionadas ao processamento fonológico e ao senso numérico (Landerl, 2019; Simmons & Singleton, 2008).

A abordagem nosológica dos transtornos da aprendizagem tem sido criticada, por inúmeras razões, como uma forma de "medicalização da educação" (Frias & Júlio-Costa, 2013). A abordagem nosológica tem vantagens no sentido de estabelecer critérios diagnósticos, identificar, e estabelecer a prevalência dos transtornos da aprendizagem, contribuindo para o planejamento das necessidades assistenciais. O maior problema na abordagem nosológica é a ausência de marcadores neurocognitivos que permitam identificar confiavelmente as crianças que apresentam dificuldades mais graves e resistentes à intervenção (Hale et al., 2010).

Ao menos duas estratégias diagnósticas principais têm sido empregadas: o diagnóstico clínico-psicométrico e a resposta à intervenção (Hale et al., 2010). De acordo com a American Psychiatric Association (2013), o diagnóstico clínico-psicométrico, tal como formulado pela nosologia psiquiátrica, considera que um transtorno daa aprendizagem pode ser caracterizado quando a criança:

1. apresenta dificuldades persistentes;
2. apresenta desempenho abaixo de um ponto de corte psicométrico, do percentil 5 ao 10;
3. apresenta inteligência normal;
4. não apresenta outras causas primárias, tais como déficit neurossensorial grave, problemas motivacionais ou emocionais, falta de estimulação ou oportunidade educacional; e
5. apresenta comprometimento funcional significativo.

A estratégia clínico-psicométrica atende à necessidade prática de formular uma hipótese diagnóstica inicial e uma indicação terapêutica a partir do exame em um momento específico (Hale et al., 2010). Entretanto, a estratégia clínico-psicométrica se reveste de alguns problemas:

1. como a inteligência e o desempenho escolar são altamente correlacionados, pode ocorrer regressão à média quando as duas medidas são comparadas, induzindo resultados falso-positivos nas crianças com inteligência mais alta e falso-positivos nas crianças com inteligência mais baixa;
2. o ponto de corte estatístico é arbitrário, uma vez que não existem diferenças qualitativas nos mecanismos de aprendizagem entre crianças com aprendizagem típica e atípica;
3. os testes psicométricos de desempenho consistem apenas em avaliações somativas que procuram situar o desempenho do indivíduo na distribuição populacional e não fornecem evidências que permitam formular estratégias de intervenção individualizadas e eficientes;
4. na falta de marcadores cognitivos ou biológicos específicos, os transtornos da aprendizagem são definidos de forma negativa, ou seja, por aquilo que não são; e

5. o juízo de comprometimento funcional pode ser muito subjetivo.

A estratégia de resposta à intervenção (RTI) é uma alternativa à abordagem clínico-psicométrica (Fuchs et al., 2019; Hale et al., 2010). O modelo de RTI consiste em implementar um sistema de diagnóstico precoce das dificuldades de aprendizagem. Existem instrumentos que permitem reconhecer no jardim da infância crianças que estão apresentando ou estão sob risco de apresentar dificuldades de aprendizagem. Essas crianças são então encaminhadas para uma série de intervenções e reavaliações sucessivas, conforme a necessidade.

Um modelo de RTI frequentemente utilizado prescreve três níveis de intervenção: em sala de aula; extraclasse, em pequenos grupos; individualizada. Cada intervenção é implementada em um semestre, sendo a criança reavaliada após a intervenção. Se as dificuldades persistem, a criança progride para o nível seguinte de intervenção. As crianças que não respondem à intervenção podem então ser diagnosticadas como tendo algum transtorno da aprendizagem. Nos países nórdicos e do Extremo-Oriente, a percentagem de crianças que apresenta dificuldades resistentes aos melhores esforços pedagógicos pode ser de até 10% (Haase & Krinzinger, 2019; Räsänen, Daland et al., 2019), correspondente à prevalência dos transtornos da aprendizagem.

De um modo geral, os países com melhor desempenho acadêmico adotam, formal ou informalmente, uma filosofia de resposta à intervenção (Haase & Krinzinger, 2019). As principais vantagens da RTI são aliar diagnóstico precoce com prevenção e intervenção, circunscrevendo a resolução das dificuldades de aprendizagem ao ambiente escolar. As desvantagens do modelo de RTI são:

1. custo elevado;
2. necessidade de formação de recursos humanos;
3. confusão entre diagnóstico e tratamento;
4. necessidade de aderir a uma filosofia educacional informada por evidências científicas; e
5. potencial atraso do acesso a recursos de saúde nos casos em que as dificuldades de aprendizagem são um sinal de alerta para outras condições médicas.

Em contraposição ao diagnóstico somativo, característico da abordagem clínico-psicométrica, o modelo de RTI pode ser implementado a partir de um diagnóstico formativo (Griffin, 2018). A estratégia de diagnóstico formativo consiste em caracterizar uma trajetória de desenvolvimento de um domínio conceitual e procedimental (Freitas et al., 2021). A estratégia permite identificar relações hierárquicas entre determinados conceitos e habilidades. Um modelo bastante utilizado é o de ondas sobrepostas (Siegler, 1999). Não existe uma relação hierárquica estrita entre os diversos níveis de uma trajetória, mas os conceitos e habilidades de um determinado nível começam a se desenvolver antes dos de outros. O desenvolvimento dos níveis subsequentes se inicia mais tarde, mas existe uma sobreposição parcial com os níveis posteriores, como as ondas que se esvaem na praia.

O diagnóstico formativo com base em modelos de trajetória tem sido adotado com sucesso em programas de RTI para dificuldades de aprendizagem da matemática (Clements & Sarama, 2009; Freitas et al., 2021; Sarama & Clements, 2009). A maioria das crianças com discalculia apresenta dificuldades com alguns conceitos numérico-aritméticos fundamentais, tais como a cardinalidade, a composição aditiva, o valor posicional, etc. O reconhecimento dessas dificuldades conceituais específicas e sua localização qualitativa em uma trajetória de desenvolvimento permite identificar as intervenções que se fazem necessárias, ou seja, o próximo passo na trajetória de desenvolvimento.

O PAPEL DA NEUROPSICOLOGIA NO DIAGNÓSTICO DOS TRANSTORNOS ESPECÍFICOS DA APRENDIZAGEM

O diagnóstico de transtornos da aprendizagem é eminentemente clínico (APA, 2013), mas a neuropsicologia contribui para ele de forma essencial (Pennington et al., 2019). O exame neuropsicológico fornece informações precisas quanto à inteligência da criança e seu desempenho escolar. O exame neuropsicológico subsidia o diagnóstico diferencial e permite identificar as comorbidades mais frequentes, tais como aquelas entre dislexia, discalculia, TDAH e transtornos internalizantes. O padrão de comorbidades fornece indícios quanto aos mecanismos cognitivos subjacentes, além de indicar necessidades de intervenção. O exame neuropsicológico auxilia também a elucidar o papel que a ansiedade de leitura ou matemática desempenha nas dificuldades da criança.

Definir o perfil neuropsicológico da criança, identificando domínios comprometidos e preservados, é importante para identificar os subtipos de transtornos da aprendizagem. Por exemplo, as dificuldades de leitura podem estar relacionadas a uma imprecisão ou lentidão na leitura de palavras, mas podem comprometer simultânea ou isoladamente a compreensão leitora (Castles et al., 2018). Se a dificuldade for com a leitura de palavras, o prejuízo pode estar relacionado com as rotas fonológica, lexical ou com ambas as rotas.

As dificuldades de aprendizagem da matemática também são uma condição heterogênea. A coocorrência com dislexia, muitas vezes, se associa a dificuldades com o processamento fonológico. A coocorrência com TDAH pode, muitas vezes, ser associada a déficits no funcionamento executivo. A coocorrência com transtorno não verbal da aprendizagem é indicativa de um papel importante para o processamento visuoespacial e visoconstrutivo. Finalmente, a discalculia pode ocorrer de forma isolada, comprometendo o senso numérico, ou seja, aspectos muito básicos do processamento numérico não simbólico e simbólico (Haase et al., 2012).

A maioria dos casos de transtornos da aprendizagem tem uma etiologia multifatorial, resultando da interação de múltiplas influências genéticas e ambientais (Carvalho & Haase, 2019a; Plomin, 2019). A correlação genética entre os diversos tipos de transtornos é muito alta, podendo explicar a comorbidade, mas há casos que são devidos a etiologias específicas (Carvalho & Haase, 2019b), e o exame neuropsicológico pode subsidiar o diagnóstico ao identificar perfis específicos de comprometimento.

Por exemplo, crianças com síndrome de Klinefelter, Noonan e Duchenne, entre outras, apresentam comprometimentos principalmente verbais, os quais podem se manifestar como dislexia ou dislexia associada à discalculia. Já crianças com síndrome de Turner, síndrome velocardiofacial (Del22q11.2), síndrome de Williams, entre outras, apresentam um perfil de comprometimento compatível com o transtorno não verbal da aprendizagem. A síndrome fetal alcoólica, por sua vez, associa-se a um perfil misto de dificuldades de aprendizagem. O exame neuropsicológico é importantíssimo para formular a hipótese diagnóstica nos casos em que não existe deficiência intelectual e/ou as dismorfias são mais leves (Carvalho & Haase, 2019b).

Os resultados do exame neuropsicológico devem ser interpretados à luz de um modelo biopsicossocial (Haase, 2017), identificando três tipos de fatores de risco:

1. as dificuldades da criança podem estar relacionadas ao processamento de informação (inteligência, funções executivas, memória de trabalho), ao conhecimento (procedimentos de correlação grafema-fonema, discriminação de magnitudes, etc.) ou à motivação e personalidade (impulsividade, neuroticismo, etc.) (Willingham, 2011);
2. os fatores de risco familiares podem ser caracterizados nos níveis cognitivo (crenças, atitudes, *coping*, etc.), comportamental (reforçamento diferencial dos comportamentos inadequados e negligência dos comportamentos adequados) e contextual (recursos disponíveis e acomodação de interesses e conflitos na família) (Haase et al., 2009); e
3. os fatores de risco escolares podem estar relacionados à qualidade do currículo, à didática, aos recursos materiais e humanos e à própria filosofia educacional (Simplício & Haase, 2020; Willingham, 2011).

São muito influentes as abordagens pedagógicas baseadas na aprendizagem por descoberta. Essas abordagens não produzem bons resultados com crianças que apresentam transtornos do desenvolvimento e da aprendizagem (Kroesbergen & Van Luit, 2003). Crianças com dificuldades de aprendizagem respondem melhor à instrução. A informação à educação por evidências, adotando o modelo de RTI, se afirmou como um paradigma que associa reconhecimento precoce, prevenção e intervenção, circunscrevendo as dificuldades de aprendizagem ao ambiente escolar. Um possível efeito colateral da filosofia de RTI é retardar o acesso de crianças com comorbidades, incluindo síndromes genéticas, a recursos diagnósticos (Carvalho & Haase, 2019b).

De qualquer forma, em um país no qual dois terços dos jovens apresentam dificuldades de aprendizagem, não há recursos materiais e humanos, tampouco indicação, para realizar um exame neuropsicológico em todas as crianças. O atendimento às necessidades educacionais de crianças com dificuldades de aprendizagem pode se beneficiar de um modelo de RTI associado a critérios que permitam identificar sinais de alerta, indicativos da necessidade de realizar um exame neuropsicológico.

COMO A NEUROPSICOLOGIA PODE CONTRIBUIR PARA O DIAGNÓSTICO DE DISLEXIA DO DESENVOLVIMENTO NO BRASIL

A dislexia do desenvolvimento (DL) é um transtorno do neurodesenvolvimento que impacta a acurácia e a fluência de leitura de palavras isoladas e apresenta prevalência estimada entre 5 a 20% (Wagner et al., 2020). Como mencionado, diversas abordagens diagnósticas podem ser empregadas, o que impacta a taxa de prevalência do transtorno. De acordo com Fletcher et al. (2018), a utilização de um critério de desempenho de 1,5 desvios-padrão abaixo da média associa-se a uma estimativa de prevalência entre 3 a 7%. Por outro lado, um ponto de corte mais leniente, como desempenho abaixo do percentil 25 de determinado teste, pode gerar prevalência de 17,4% de crianças em idade escolar com DL (Shaywitz et al., 1992).

A operacionalização das dificuldades apresentadas por disléxicos deve ser realizada, majoritariamente, através da utilização de testes de leitura de palavras isoladas. Infelizmente, a maior parte dos instrumentos disponíveis comercialmente no Brasil analisam a precisão da leitura, sem enfatizar a velocidade (Quadro 13.1). Especialmente no caso de idiomas regulares, como o português brasileiro, no qual há uma alta taxa de transparência nas relações grafema-fonema, espera-se que disléxicos consigam decodificar adequadamente, mas com detrimento da fluência (Wimmer, 2006).

É importante ressaltar que a DL é um transtorno heterogêneo em relação ao prejuízo de leitura apresentado (Friedmann & Coltheart, 2018; Giofrè et al., 2019). De acordo com o modelo de dupla rota (Coltheart et al., 2001), duas dislexias centrais relevantes podem ser derivadas: dislexia fonológica (ou sublexical), relacionada ao prejuízo na rota fonológica, a qual impacta a leitura de palavras novas e pseudopalavras, e dislexia lexical (ou de superfície), associada a prejuízos na leitura de palavras irregulares. Entre 53% e 76% dos disléxicos apresentam um perfil de dislexia mista, com comprometimento das duas rotas de leitura (Castles & Coltheart, 1993; Peterson et al., 2013; Zoubrinetzky et al., 2014).

No contexto brasileiro, testes de leitura têm objetivado avaliar esses subtipos de dislexia, através da utilização de itens regulares, irregulares e de pseudopalavras. Dezenas de diferentes subtipos de dislexia já foram reportados na literatura (Friedmann & Coltheart, 2018), associados a prejuízos em níveis específicos do modelo cognitivo de leitura de dupla rota. Entretanto, no contexto brasileiro clínico e de pesquisa, a maior parte das descrições dos prejuízos apresentados por crianças com dificuldades de leitura ainda se limitam aos subtipos com prejuízo na rota lexical e fonológica (Peixoto et al., 2019).

Para que seja identificado o padrão de comprometimento de leitura, é essencial que seja realizada uma análise qualitativa dos erros apresentados, assim como é importante a presença nos testes de estímulos que sejam sensíveis aos déficits associados aos diversos subtipos (p. ex., palavras que gerem um anagrama

QUADRO 13.1
Instrumentos disponíveis no mercado brasileiro para avaliação de palavras isoladas

Instrumento	Faixa etária	Descrição	Referência
Teste de Desempenho Escolar II (TDE II – Subteste de Leitura)	1º ao 9º anos do ensino fundamental	A criança deve ler 36 itens na versão para alunos do 1º ao 4º anos e 33 itens para alunos do 5º ao 9º anos.	Stein et al. 2019
		Os itens variam em relação ao nível de dificuldade, grau de abstração, classificação gramatical, extensão lexical, estrutura silábica e grau de familiaridade das palavras.	
		O examinador deve registrar o tempo de leitura da lista.	
Avaliação Neuropsicológica de Leitura e Escrita (Anele)	Volume 1: 1º ao 7º anos do ensino fundamental.	Volume 1: 39 palavras e 20 pseudopalavras.	Salles et al., 2017
		Volume 4: 47 palavras e 24 pseudopalavras.	
	Volume 4: adolescentes de 10 a 13 anos de escolas privadas	Os itens deste teste variam quanto a frequência de ocorrência na língua, regularidade, extensão e lexicalidade e a criança deve ler em voz alta, sem controle de tempo.	
Provas de Avaliação dos Processos de Leitura (Prolec)	2º ao 5º anos do ensino fundamental	Possui subtestes que avaliam diversos processos importantes para a leitura, como identificação de letras e decisão lexical e três provas de leitura de palavras. É composto por 29 itens na prova de leitura de palavras; 30 itens na prova de leitura de pseudopalavras; 39 palavras e 21 pseudopalavras na prova de leitura de palavras e pseudopalavras.	Capellini et al., 2010

que seja outra palavra real, como acatar e atacar), para identificar dislexia de posição de letras, por exemplo (Güven & Friedmann, 2019; Kohnen et al., 2012).

Em relação aos mecanismos cognitivos subjacentes à aprendizagem da leitura, a visão hegemônica, segundo a World Health Organization (WHO), a International Dyslexia Association (IDA) e o National Institute of Child Health (NICHD) dos Estados Unidos, é referente ao déficit central do processamento fonológico (IDA, 2002). De acordo com Wagner e Torgesen (1987), os principais componentes do processamento fonológico associados à aquisição da leitura são os seguintes:

1. resgate lexical, relacionado ao resgate de uma palavra escrita de seu referente lexical por meio da recodificação em um sistema representacional fonológico;
2. memória de trabalho/memória de curto prazo fonológica, associada à retenção temporária de representações fonológicas; e
3. consciência fonológica, ou seja, a habilidade de perceber e manipular os fonemas que constituem as palavras.

A importância de cada um desses subcomponentes do processamento fonológico na leitura oral de palavras pode variar de acordo com o idioma. No caso do português brasileiro, o resgate lexical, avaliado frequentemente por tarefas de nomeação seriada rápida tem sido um preditor consistente da dislexia do desenvolvimento (Silva et al., 2020; Michalick-Triginelli & Cardoso-Martins, 2015). Nesse sentido, é importante que, além da leitura propriamente dita, também seja avaliado o processamento fonológico. O Quadro 13.2 apresenta alguns instrumentos, comercializados ou experimentais, disponíveis para a avaliação de cada subcomponente do processamento fonológico.

Além disso, é importante ressaltar que, na avaliação neuropsicológica, devem ser avaliados outros prejuízos que podem impactar a leitura, como atenção e velocidade de processamento (Holderbaum & Lima, 2017).

COMO A NEUROPSICOLOGIA PODE CONTRIBUIR PARA O DIAGNÓSTICO DE DISGRAFIA E DISORTOGRAFIA NO BRASIL

Existe uma alta taxa de comorbidade entre transtornos de leitura e transtornos de escrita, que varia de 48% a 50%, conforme o critério diagnóstico (Landerl & Moll, 2010). Entretanto, de acordo com a Classificação Estatística Internacional de Doenças e Problemas Relacionados com a Saúde (CID-10), dificuldades específicas de escrita afetam 8% da população e, mais recentemente, Döhla e Heim (2016) estimaram que entre 7% e 15% das crianças em idade escolar apresentam algum tipo de transtorno do desenvolvimento da escrita.

Segundo Galuschka e Schulte-Körne (2016), as dificuldades que podem ser observadas no início da aprendizagem da escrita referem-se, principalmente, a prejuízos no estabelecimento da relação entre fonemas e grafemas, além de déficits no aprendizado da grafia ortograficamente correta das palavras. Os autores enfatizam a importância da avaliação de problemas visuais, que podem afetar 6,7% da população que apresenta dificuldade de leitura e escrita, além de problemas auditivos, que podem impactar o desenvolvimento da linguagem oral e escrita.

É importante pontuar divergências terminológicas referentes aos transtornos de escrita. Alguns autores sugerem diferentes perfis de dificuldades no caso da disgrafia e da disortografia. Enquanto a disgrafia seria um déficit primariamente motor, gerando produção escrita marcada por mistura de letras (maiúsculas e minúsculas e/ou letras bastão com letra cursiva), traçado de letra ininteligível, traçado

QUADRO 13.2
Instrumentos para avaliação do processamento fonológico

Subcomponente do processamento fonológico	Instrumento	Referência
Consciência fonológica	Consciência Fonológica: Instrumento de Avaliação Sequencial (Confias)	Moojen et al., 2015
	Tarefa de Supressão de Fonemas	Barbosa-Pereira et al., 2020
Resgate lexical	Teste de Nomeação Automática (Tena)	Silva et al., 2018
Memória Fonológica	Subteste de Dígitos da Escala Wechsler de Inteligência para Crianças (WISC-IV)	Rueda et al., 2013
	Repetição de Pseudopalavras	Santos e Bueno, 2003

de letra incompleto, dificuldade para realizar cópias e falta de respeito à margem do caderno (Ciasca et al., 2003), a disortografia estaria associada principalmente às dificuldades ortográficas, como trocas de letras (p. ex., ruim escrito como ruin) (Ponçadilha, 2016). Recentemente, McCloskey e Rapp (2017) sugeriram a unificação dos prejuízos de planejamento motor e ortográficos dentro da nomenclatura de disgrafia do desenvolvimento (DD), a qual será adotada no presente capítulo.

Em comparação com pesquisas sobre dislexia, existem menos estudos sobre dificuldades de escrita, particularmente sobre a variabilidade de suas causas (Dohlä et al., 2018), entretanto algumas habilidades cognitivas já foram apontadas como relevantes para a construção do conhecimento ortográfico. Consciência fonêmica e memória fonológica (Campbell & Butterworth, 1985), *span* de atenção visual (Valdois et al., 2003), memória visual (Goulandris & Snowling, 1991), ordenação de elementos dentro de uma sequência (Romani et al., 1999) e déficits no controle motor (Smits-Engelsman et al., 2001) já foram descritos como mecanismos prejudicados na DD. Interessantemente, dentre os preditores da leitura, a consciência fonêmica e a habilidade de estabelecer correspondência grafema-fonema foram os únicos preditores compartilhados com a escrita, especialmente em ortografias mais transparentes (Vaessen & Blomert, 2013), entretanto, pode não haver diferença significativa na comparação entre crianças com DD e típicas nessas habilidades (Bigozzi et al., 2016).

Não existe um instrumento padrão-ouro para o diagnóstico de DD (Biotteau et al., 2019) e, nesse sentido, é importante que seja realizada uma avaliação qualitativa da legibilidade do traçado e de erros ortográficos. O Quadro 13.3 apresenta a descrição de instrumentos disponíveis em português para avaliação da escrita.

Por fim, especialmente diante do quadro de escassez de instrumentos para a avaliação formal, é importante que o neuropsicólogo realize uma observação do comportamento do estudante, de modo a analisar estratégias utilizadas no processo da escrita, assim como uma coleta de informações de fontes complementares, como relatos de professoras.

COMO A NEUROPSICOLOGIA PODE CONTRIBUIR PARA O DIAGNÓSTICO DE DISCALCULIA DO DESENVOLVIMENTO NO BRASIL

A discalculia do desenvolvimento (DC) é um transtorno do desenvolvimento caracterizado por dificuldades importantes em atividades matemáticas, como aritmética, leitura e escrita

QUADRO 13.3
Instrumentos disponíveis no mercado brasileiro para avaliação da escrita

Instrumento	Faixa etária	Descrição	Referência
Teste de Desempenho Escolar II (TDE II) – Subteste de Escrita	1º ao 9º anos do ensino fundamental	A versão do 1º ao 4º anos é composta por 40 palavras, e a versão do 5º ao 9º, por outros 40 itens. As palavras variam em relação à complexidade silábica e familiaridade e são apresentadas de forma hierarquizada quanto à dificuldade.	Stein et al., 2019
Avaliação Neuropsicológica Cognitiva, volume 3: Prova de Escrita sob Ditado	Dos 6 aos 11 anos	O examinador dita 36 itens que variam em relação a lexicalidade, regularidade das correspondências grafofonêmicas, frequência e comprimento, sendo 24 palavras reais e 12 pseudopalavras.	Seabra et al., 2013

de números e estimação de quantidades, entre outros. A prevalência estimada varia entre 3% e 6,5% das crianças em idade escolar (Shalev & Gross-Tsur, 2001). Assim como o diagnóstico de muitos outros transtornos, frequentemente ele é baseado na discrepância entre o desempenho em testes padronizados de matemática e a inteligência geral da criança.

Vale ressaltar que, segundo a versão mais recente do Manual Diagnóstico e Estatístico de Transtornos Mentais (DSM-5), a discrepância a ser avaliada nos transtornos da aprendizagem é entre o desempenho e a idade (APA, 2013). Em nenhum dos casos os manuais oferecem um ponto de corte que operacionalize essa discrepância, mas na literatura são comumente observados valores como 1 desvio-padrão ou 1,5 desvios-padrões abaixo da média populacional. É importante notar também que o critério adotado interfere no perfil neuropsicológico observado nos casos ou amostras (Murphy et al., 2007).

Estima-se que apenas 30% das crianças com DC não possuam qualquer comorbidade (Desoete, 2008). As principais comorbidades da DC são dislexia do desenvolvimento e TDAH, com taxas de comorbidade de 40% para a primeira (Lewis et al., 1994) e entre 25% e 42% para o segundo (Desoete, 2008).

De acordo com Rubinsten e Henik (2009), diferentes déficits cognitivos podem ser a causa de dificuldades no aprendizado da matemática. Segundo os autores, os casos puros decorrem de um único déficit nas representações abstratas do número. Adicionalmente, manifestações clínicas compatíveis com DC também podem ser decorrentes de déficits na memória de trabalho e mecanismos atencionais, no processamento visuoespacial e nas representações fonológicas. A comorbidade entre DC e TDAH seria explicada pela coocorrência de déficits no processamento de números e em processos atencionais. Por sua vez, a comorbidade com a DL se deve a um único déficit no giro angular, que levaria a um déficit na associação de símbolos (números arábicos, palavras) a um significado.

A heterogeneidade do perfil neuropsicológico e das manifestações clínicas da DC é um dos grandes complicadores do seu diagnóstico, não sendo possível com apenas um teste, mas exigindo uma avaliação detalhada. A dificuldade com o diagnóstico é ainda maior quando há escassez de testes validados especificamente para o diagnóstico da DC, como ocorre atualmente no Brasil. Testes padronizados que avaliem conteúdo matemático escolar, como operações aritméticas, compreensão dos códigos numéricos (transcodificação numérica) e frações são de importância central para o diagnóstico. Alguns exemplos podem ser encontrados no Quadro 13.4. Para traçar um perfil detalhado que permita, por exemplo, o planejamento de estratégias de reabilitação, é necessário realizar uma avaliação mais ampla, englobando funções cognitivas, como linguagem, atenção e processamento visuoespacial.

COMO A NEUROPSICOLOGIA PODE CONTRIBUIR PARA O DIAGNÓSTICO DE TRANSTORNO NÃO VERBAL DA APRENDIZAGEM NO BRASIL

O transtorno não verbal da aprendizagem (TNVA) é um transtorno da aprendizagem caracterizado por dificuldades na matemática, no processamento visuoespacial, na coordenação motora, na percepção sensorial e nas habilidades sociais, ao mesmo tempo em que estão preservadas algumas habilidades de linguagem (Rourke, 1989; Forrest, 2004). O TNVA surgiu na literatura científica ainda no começo do século XX, no entanto, a sua definição e caracterização sindrômica começaram a ser estabelecidas a partir da década de 1970. O TNVA não se situa entre os transtornos da aprendizagem mais frequentes, como a DL e a DC (Rourke, 1989; Pennington, 2008), o que se reflete na ausência de estudos de prevalência, embora esta seja estimada em pelo menos 1% das crianças em idade escolar. Essa baixa prevalência é um dos principais problemas enfrentados pelos pesquisadores no estudo da síndrome (Forrest, 2004).

Um modelo neuropsicológico importante para a compreensão do TNVA foi proposto por Rourke, que defendia uma hierarquia entre os déficits, sendo alguns deles mais básicos

QUADRO 13.4
Instrumentos disponíveis no mercado brasileiro para avaliação da matemática

Instrumento	Faixa etária	Descrição	Referência
Teste de Desempenho Escolar II (TDE II) – Subteste de Aritmética	1º ao 9º anos do ensino fundamental	É composto por duas versões. A Versão A contém 37 itens desenvolvidos para estudantes do 1º ao 5º anos do ensino fundamental e abrange aspectos iniciais do processamento numérico, como contagem, escrita de números arábicos, sequência numérica, magnitude simbólica, problemas orais de operações aritméticas simples, números decimais e frações. Já a Versão B contém 43 itens e é direcionada para a avaliação de estudantes do 6º ao 9º anos. Essa versão avalia operações básicas em cálculos multidígitos, operações com frações, operações com números inteiros, potenciação e radiciação.	Stein et al., 2019
Avaliação Neuropsicológica Cognitiva, volume 3: Prova de Aritmética	6 a 11 anos	A prova é composta por dois fatores: processamento numérico e cálculos. As tarefas incluem escrita de números, escrita de sequências numéricas crescente e decrescente, comparação de grandezas numéricas, cálculos escritos e verbais e resolução de problemas matemáticos.	Seabra et al., 2013
Coruja PROMAT	1º ao 5º anos (6 a 13 anos)	Inclui uma série de tarefas que avaliam representações não simbólicas de magnitude, contagem, representações simbólicas de magnitudes, linha numérica, correspondência numérica, escrita e leitura de numerais arábicos, fatos numéricos e resolução de problemas verbais e escritos.	Weinstein, 2016
Tarefas de Transcodificação Numérica (TTNs)	1º ao 4º anos	Os participantes são instruídos a escrever na forma arábica os números ditados em voz alta pelo aplicador (p. ex., cento e cinquenta → 150). Os itens das TTNs foram elaborados de modo a impor diferentes graus de dificuldades aos participantes. A dificuldade de cada item reflete a sua complexidade sintática, a qual foi indexada pela quantidade de regras de transcodificação definidas pelo modelo ADAPT.	Moura et al., 2015

ADAPT, Modelo Assemântico de Desenvolvimento Processual da Transcodificação.

e outros mais complexos, derivados dos déficits básicos (Rourke, 1989; Rourke et al., 2005). Os déficits primários afetam domínios mais fundamentais da cognição, como o processamento tátil-perceptual e habilidades inferenciais. Já os déficits secundários e terciários, que derivam dos primários, envolvem prejuízos em processos cognitivos mais complexos, como a atenção e a memória tátil-perceptual (Rourke et al., 2005).

A mesma lógica é aplicada às habilidades verbais, que, preservadas, favorecem um desempenho adequado em tarefas e situações que envolvam, por exemplo, a leitura de palavras isoladas, a memorização de palavras no processo de alfabetização (ainda que esta possa ocorrer tardiamente em comparação com sujeitos normais), e mesmo em determinadas atividades de aritmética, especialmente aquelas baseadas em habilidades verbais (Forrest, 2004). As crianças com TNVA geralmente se amparam nas habilidades verbais para solucionar problemas de diversas naturezas (Rourke, 1995).

Esse padrão específico de competências e déficits, característico do transtorno, acarreta prejuízos acadêmicos e psicossociais (Rourke et al., 2005; Forrest, 2004). As crianças com TNVA geralmente exibem desempenho escolar insuficiente em ciências, caligrafia, interpretação de textos e, especialmente, na aprendizagem da matemática, o que, inclusive, configura a discalculia como uma importante comorbidade.

A principal questão relacionada ao TNVA é a falta de clareza a respeito de sua validade interna. A alta heterogeneidade em suas manifestações clínicas, a baixíssima prevalência e a falta de uma associação clara entre os seus sintomas têm sido grandes empecilhos para a inclusão do TNVA nos principais manuais de diagnóstico neuropsicológico e livros-texto. Um exemplo interessante é o livro *Diagnosing learning disorders: a neuropsychological framework*, de Bruce Pennington, que em sua segunda edição (Pennington, 2008) trazia o TNVA na sessão de transtornos que ainda carecem de evidências de validade. Entretanto, a versão mais recente (Pennington et al., 2019) não traz mais um capítulo dedicado ao transtorno, indicando que há hoje um consenso na comunidade científica em relação à ausência de evidências robustas sobre a validade nosológica do TNVA.

O diagnóstico de TNVA é realizado clinicamente, a partir da presença de uma série de critérios, que, segundo Rourke e colaboradores (Rourke, 1995; Rourke et al., 2005), incluem:

- déficits bilaterais na percepção tátil;
- déficits bilaterais na coordenação psicomotora;
- habilidades organizacionais visoespaciais extremamente comprometidas;
- dificuldades importantes para lidar com situações ou informação nova ou complexa;
- déficits importantes na solução não verbal de problemas, formação de conceitos e testagem de hipóteses;
- distorções na percepção e orientação temporal;
- habilidades de leitura de palavras isoladas e habilidades verbais que envolvem memorização bem desenvolvidas;
- verbosidade rotineira e repetitiva, com dificuldades nos aspectos pragmático-comunicacionais;
- déficits importantes na organização de operações aritméticas e na compreensão de leitura; e
- déficits importantes na interação social.

CONSIDERAÇÕES FINAIS

A revisão da literatura sobre os instrumentos neuropsicológicos disponíveis para subsidiar o diagnóstico de transtornos da aprendizagem indica que ocorreu considerável progresso nas últimas décadas no Brasil. Diversos instrumentos validados e normatizados estão disponíveis. Entretanto, como não existem marcadores cognitivos das diversas formas de transtornos da aprendizagem, o uso de instrumentos neuro-psicológicos deve ser considerado no contexto mais amplo do raciocínio clínico.

REFERÊNCIAS

American Psychiatric Association (APA). (2013). *Diagnostic and statistical manual of mental disorders – DSM-V*. American Psychiatric Association.

Barbosa-Pereira, D., Martins, P., Guimarães, A., Silva, E. O., Batista, L. T., Haase, V. G., & Lopes-Silva, J. B. (2020). How good is the phoneme elision test in assessing reading, spelling and arithmetic-related abilities? *Archives of clinical neuropsychology: The official journal of the National Academy of Neuropsychologists, 35*(4), 413–428.

Bigozzi, L., Tarchi, C., Caudek, C., & Pinto, G. (2016). Predicting reading and spelling disorders: A 4-year prospective cohort study. *Frontiers in psychology, 7*, 337.

Biotteau, M., Danna, J., Baudou, É., Puyjarinet, F., Velay, J. L., Albaret, J. M., & Chaix, Y. (2019). Developmental coordination disorder and dysgraphia: signs and symptoms, diagnosis, and rehabilitation. *Neuropsychiatric disease and treatment, 15*, 1873–1885.

Butterworth, B. (2019). *Dyscalculia: From science to education*. Routledge.

Campbell, R., & Butterworth, B. (1985). Phonological dyslexia and dysgraphia in a highly literate subject: A developmental case with associated deficits of phonemic processing and awareness. *The Quarterly Journal of Experimental Psychology, 37*(3), 435–475.

Capellini, A., Oliveira, A. M., & Cuetos F. (2010). *PROLEC – Provas de avaliação dos processos de leitura*. Casa do Psicólogo.

Carvalho, M. R. S., & Haase (2019a). Genetics of dyscalculia 1: In search of genes. In A. Fritz, V. G. Haase & P. Räsänen (Eds.), *International handbook of mathematical learning disabilities: From the laboratory to the classroom* (pp. 329-343). Springer.

Carvalho, M. R. S., & Haase (2019b). Genetics of dyscalculia 2: In search of endophenotypes. In A. Fritz, V. G. Haase & P. Räsänen (Eds.), *International handbook of mathematical learning disabilities: from the laboratory to the classroom* (pp. 345-365). Springer.

Castles, A., & Coltheart, M. (1993). Varieties of developmental dyslexia. *Cognition, 47*(2), 149–180.

Castles, A., Rastle, K., & Nation, K. (2018). Ending the reading wars: Reading acquisition from novice to expert. *Psychological Science in the Public Interest, 19*(1), 5-51.

Ciasca, S. M., Capellini, S. A., & Tonelotto, J. M. F. (2003) Distúrbios específicos de aprendizagem. In S. M. Ciasca (Org.). *Distúrbio de aprendizagem: Proposta de avaliação interdisciplinar* (pp. 55-66). Casa do Psicólogo.

Clements, D. H. & Sarama, J. (2009). *Learning and teaching early math: The learning trajectories approach*. Routledge.

Coltheart, M., Rastle, K., Perry, C., Langdon, R., & Ziegler, J. (2001). DRC: A dual route cascaded model of visual word recognition and reading aloud. *Psychological review, 108*(1), 204–256.

Desoete, A. (2008). Co-morbidity in mathematical learning disabilities: Rule or exception? *The Open Rehabilitation Journal, 1*, 15–16.

Döhla, D., & Heim, S. (2016). Developmental dyslexia and dysgraphia: What can we learn from the one about the other? *Frontiers in psychology, 6*, 2045.

Döhla, D., Willmes, K., & Heim, S. (2018). Cognitive profiles of developmental dysgraphia. *Frontiers in psychology, 9*, 2006.

Fletcher, J. M., Lyon, G. R., Fuchs, L. S., & Barnes, M. A. (2018). *Learning disabilities: From identification to intervention* (2. ed.). Guilford.

Freitas, F. R., Herzog, M., Haase, V. G., & Fritz, A. (2021). Compreensão conceitual do número no diagnóstico e intervenção para as dificuldades de aprendizagem da aritmética. [Preprint]. *Revista Neuropsicologia Latinoamericana*.

Frias, L., & Júlio-Costa, A. (2013). Os equívocos e acertos da campanha "Não à Medicalização da Vida". *Revista Psicologia em Pesquisa, 7*(1), 3-12.

Friedmann, N., & Coltheart, M. (2018). Types of developmental dyslexia. *Handbooks of Applied Linguistics, 15*, 721-752.

Forrest, B. J. (2004). The utility of math difficulties, internalized psychopathology, and visual-spatial deficits to identify children with the nonverbal learning disability syndrome: Evidence for a visualspatial disability. *Child Neuropsychology, 10*(2), 129-146.

Fuchs, L. S., Fuchs, D., Seethaler, P. M., & Zhu, N. (2019). Three frameworks for assessing responsiveness to instruction as a means of identifying mathematical learning disabilities. In A. Fritz, V. G. Haase & P. Räsänen (Eds.), *International handbook of mathematical learning disabilities: From the laboratory to the classroom* (pp. 669-681). Springer.

Galuschka, K., & Schulte-Körne, G. (2016). The diagnosis and treatment of reading and/or spelling disorders in children and adolescents. *Deutsches Ärzteblatt International, 113*(16), 279-286.

Gaidoschik, M. (2019). Didactics as a source and remedy of mathematical learning difficulties. In A. Fritz, V. G. Haase & P. Räsänen (Eds.), *International handbook of mathematical learning difficulties: From the lab to the classroom* (pp. 73-89). Springer.

Geary, D. C. (2005). *The origin of mind: Evolution of brain, cognition, and general intelligence*. American Psychological Association.

Giofrè, D., Toffalini, E., Provazza, S., Calcagnì, A., Altoè, G., & Roberts, D. J. (2019). Are children with developmental dyslexia all the same? A cluster analysis with more than 300 cases. *Dyslexia, 25*(3), 284–295.

Gomides, M. A. R., Starling-Alves, I., Caldeira, L. S., Aichinger, A. L. P. N., Paiva, G. M., Carvalho, M. R. S., … Haase, V. G. (2021). The quandary of diagnosing mathematical difficulties in a generally low performing population. *Dementia neuropsychology, 15*(2), 267-274.

Goulandris, N. K., & Snowling, M. (1991). Visual memory deficits: A plausible cause of developmental dyslexia? Evidence from a single case study. *Cognitive Neuropsychology, 8*(2), 127–154.

Griffin, P. (2018). Assessment as the search for evidence in learning. In P. Griffin (Ed.), *Assessment for teaching* (pp. 14–25). Cambridge University.

Güven, S., & Friedmann, N. (2019). Developmental letter position dyslexia in Turkish, a morphologically rich and orthographically transparent language. *Frontiers in psychology, 10*, 2401.

Haase, V. G. (2017). Cem máximas da anamnese neuropsicológica. In A. Júlio-Costa, R. Moura & V. G. Haase (Eds.), *Compêndio de testes neuropsicológicos: Atenção, funções executivavs e memória* (pp. 23-31). Hogrefe.

Haase, V. G., & Krinzinger, H. (2019). Adding all up: Mathematical learning difficulties around the world. In A. Fritz, V. G. Haase & P. Räsänen (Eds.), *International handbook of mathematical learning disabilities: from the laboratory to the classroom* (pp. 311). Springer.

Haase, V. G., Barreto, B. V., & Freitas, P. M. (2009). Adaptação psicossocial de famílias de crianças com transtornos do desenvolvimento. In V. G. Haase, F. O. Ferreira & F. J. Penna (Orgs.), *Aspectos biopsicossociais da saúde na infância e adolescência* (pp. 123-158). COOPMED.

Haase, V. G., Fritz, A., & Räsänen, P. (2020). Research on numerical cognition in Latin American countries. *Studies in Psychology, 41*(2), 217-244.

Haase, V. G., Costa, A. J., Antunes, A. M., & Alves, I. S. (2012). Heterogeneidade cognitiva nas dificuldades de aprendizagem da matemática: uma revisão bibliográfica. *Psicologia em Pesquisa, 6*(2), 139-150.

Hale, J., Alfonso, V., Berninger, V., Bracke, B., Christo, C., Clark, E., ... Yalof, J. (2010). Critical issues in response-to-intervention, comprehensive evaluation, and specific learning disabilities identification and intervention: an expert white paper consensus. *Learning Disability Quarterly, 33*, 223-236.

Holderbaum, C. S., & Lima, R. F. (2017) Avaliação neuropsicológica na dislexia do desenvolvimento. In J. F. Salles & A. L. Navas (Orgs.), *Dislexias do desenvolvimento e adquiridas* (pp. 87-100). Pearson.

International Dyslexia Association (IDA) (2002). *Definition Consensus Project*. https://dyslexiaida.org/definition-consensus-project/

Kohnen, S., Nickels, L., Castles, A., Friedmann, N., & McArthur, G. (2012). When 'slime' becomes 'smile': Developmental letter position dyslexia in English. *Neuropsychologia, 50*(14), 3681-3692.

Kroesbergen, E. H., & Van Luit, J. E. H. (2003). Mathematics interventions for children with special educational needs: A meta-analysis. *Remedial and Special Education, 24*(2), 97-114.

Landerl, K. (2019). Neurocognitive perspective on numerical development. In A. Fritz, V. G. Haase & P. Räsänen (Eds.), *International handbook of mathematical learning difficulties: from the lab to the classroom* (pp. 9-24). Springer.

Landerl, K., & Moll, K. (2010). Comorbidity of learning disorders: Prevalence and familial transmission. *Journal of child psychology and psychiatry, and allied disciplines, 51*(3), 287–294.

Lewis, C., Hitch, G. J., & Walker, P. (1994). The prevalence of specific arithmetic difficulties and specific reading difficulties in 9- to 10-year-old boys and girls. *Journal of Child Psychology and Psychiatry, 35*(2), 283-292.

McCloskey, M., & Rapp, B. (2017). Developmental dysgraphia: An overview and framework for research. *Cognitive neuropsychology, 34*(3-4), 65–82.

Michalick-Triginelli M. F., & Cardoso-Martins C. (2015). The role of phonological awareness and rapid automatized naming in the prediction of reading difficulties in Portuguese. *Psicologia, Reflexão e Crítica, 28*(4), 823–828.

Moojen, S., Lamprecht, R., Santos, R., Freitas, G. M., Brodacz, R., Siqueira, M., Costa, A. C., & Guarda, E. (2015). *CONFIAS – Consciência fonológica instrumento de avaliação sequencial*. Casa do Psicólogo.

Moraes, A. G. E., & Belluzzo, W (2014). O diferencial de desempenho escolar entre escolas públicas e privadas no Brasil. *Nova Economia, 24*(2), 409-430.

Moura, R., Lopes-Silva, J. B., Vieira, L. R., Paiva, G. M., Prado, A. C. A., Wood, G., & Haase, V. G. (2015). From "five" to 5 for 5 minutes: Arabic number transcoding as a short, specific, and sensitive screening tool for mathematics learning difficulties. *Archies of Clinical Neuropsychology: The official Journal of the National Academy of Neuropsychologists, 30*(1), 88-98.

Murphy, M. M., Mazzocco, M. M. M., Hanich, L. B., & Early, M. C. (2007). Cognitive characteristics of children with Mathematics Learning Disability (MLD) vary as a function of the cutoff criterion used to define MLD. *Journal of Learning Disabilities, 40*(5), 458–478.

Murray, C. (2008). *Real education: Four simple truths for bringing America's schools back to reality*. Crown Forum.

Murray, C. (2020). *Human diversity: The biology of gender, race, and class*. Hachette.

Organization for Economic Cooperation and Development (OECD) (2019). Programme for international student assessment (PISA): Results from PISA 2018. https://www.oecd.org/pisa/publications/PISA2018_CN_BRA.pdf.

Peixoto, C. B., Murta, C. A., Machado, J. G. S., & Lopes-Silva, J. B. (2019) Subtipos de dislexia do desenvolvimento: Muito além de fonológica e de superfície. *Mosaico: Estudos em Psicologia, 7*(1), 75-102.

Pennington, B. P. (2008). *Diagnosing learning disorders: A neuropsychological framework* (2nd ed.). Guilford.

Pennington, B. F., McGrath, L. M., & Peterson, R. L. (2019). *Diagnosing learning disorders: From science to practice* (3rd ed.). Guilford.

Peterson, R. L., Pennington, B. F., & Olson, R. K. (2013). Subtypes of developmental dyslexia: Testing the predictions of the dual-route and connectionist frameworks. *Cognition, 126*(1), 20–38.

Ponçadilha, J. C. N (2016). *Disortografia: Das concepções de professores e gestores às práticas pedagógicas e medidas educativas*. [Projeto de mestrado não publicado]. Universidade Fernando Pessoa.

Plomin, R. (2019). *Blueprint: How DNA makes us who we are*. MIT.

Räsänen, P., Haase, V. G., & Fritz, A. (2019). Challenges and future perspectives. In A. Fritz, V. G. Haase & P. Räsänen (Eds.), *International handbook of mathematical learning disabilities: From the laboratory to the classroom* (pp. 799-827). Springer.

Räsänen, P., Daland, E., Dalvang, T., Engström, A., Korhonen, J., Kristinsdóttir, J. V., ... & Träff, U. (2019). Mathematical learning and its difficulties: The case of Nordic countries. In A. Fritz, V. G. Haase & P. Räsänen (Eds.), *International handbook of mathematical learning difficulties* (pp. 107-125). Springer.

Romani, C., Ward, J., & Olson, A. (1999). Developmental surface dysgraphia: What is the underlying cognitive impairment? *The Quarterly Journal of Experimental Psychology, 52*, 97–128.

Rourke, B. P. (1989). *Nonverbal learning disability: The syndrome and the model*. Guilford.

Rourke, B. P. (1995) *Syndrome of nonverbal learning disabilities: Neurodevelopmental manifestations*. Guilford.

Rourke, B. P., Drummond, C. R., & Ahmad, S. A. (2005). Rules for the classification of younger children with nonverbal learning disabilities and basic phonological processing disabilities. *Archives of clinical neuropsychology, 20*(2), 171-182.

Rubinsten, O., & Henik, A. (2009). Developmental dyscalculia: Heterogeneity might not mean different mechanisms. *Trends in Cognitive Sciences, 13*(2), 92–99.3

Rueda, F. J. M., Noronha, A. P. P., Sisto, F. F., Santos, A. A. A., & Castro, N. R. (2013). *WISC-IV – Escala Wechsler de inteligência para crianças* (4. ed.). Casa do Psicólogo.

Salles, J. F., Piccolo, L. R., Miná, C. S., Rodrigues, J. C., Corso, H. V., & Basso, F. (2017). *Coleção Anele – Avaliação neuropsicológica de leitura e escrita – 5 volumes.* Vetor.

Santos, F. H., & Bueno, O. F. (2003). Validation of the Brazilian children's test of pseudoword repetition in portuguese speakers aged 4 to 10 years. *Brazilian journal of medical and biological research, 36*(11), 1533–1547.

Sarama, J., & Clements, D. H. (2009). *Childhood mathematics education research: Learning trajectories for young children.* Routledge.

Seabra, A. G., Dias, N. M., & Capovilla, F. C. (2013). *Avaliação neuropsicológica cognitiva (3): Leitura, escrita e aritmética.* Memnon.

Silva, P. B., Abreu, P. M. E., Laurence, P. G., Nico, M., Simi, L., Tomás, R. C., & Macedo, E. C. (2020). Rapid automatized naming and explicit phonological processing in children with developmental dyslexia: A study with portuguese-speaking children in Brazil. *Frontiers in psychology, 11,* 928.

Silva, P. B., Mecca, T. P., & Macedo, E. C. (2018). *TENA – Teste de nomeação automática.* Hogrefe.

Smits-Engelsman, B. C., Niemeijer, A. S., & Van Galen, G. P. (2001). Fine motor deficiencies in children diagnosed as DCD based on poor grapho-motor ability. *Human Movement Science, 20*(1-2), 161–182.

Shalev, R. S., & Gross-Tsur, V. (2001). Developmental dyscalculia. *Pediatric Neurology, 24*(5), 337-342.

Shaywitz, S. E., Escobar, M. D., Shaywitz, B. A., Fletcher, J. M., & Makuch, R. (1992). Evidence that dyslexia may represent the lower tail of the normal distribution of reading ability. *New England Journal of Medicine, 326*(3), 145–150.

Siegler, R. S. (1999). Strategic development. *Trends in Cognitive Sciences, 3*(11), 430-435.

Simmons, F. R., & Singleton, C. (2008). Do weak phonological representations impact on arithmetic development? A review of research into arithmetic and dyslexia. *Dyslexia, 14*(2), 77-94.

Simplício, H. A. T., & Haase, V. G. (2020). *Pedagogia do fracasso: O que as ciências cognitivas têm a dizer sobre a aprendizagem?* Ampla.

Stein, L. M., Giacomoni, C. H., & Fonseca, R. P. (2019). *TDE II – Teste de desempenho escolar II.* Vetor.

Vaessen A., & Blomert L. (2013). The cognitive linkage and divergence of spelling and reading development. *Scientific Studies of Reading, 17*(2), 89-107.

Valdois, S., Bosse, M. L., Ans, B., Carbonnel, S., Zorman, M., David, D., & Pellat, J. (2003). Phonological and visual processing deficits can dissociate in developmental dyslexia: Evidence from two case studies. *Reading and Writing, 16,* 541–572.

Wagner, R. K., & Torgesen, J. K. (1987). The nature of phonological processing and its causal role in the acquisition of reading skills. *Psychological Bulletin, 101*(2), 192–212.

Wagner, R. K., Zirps, F. A., Edwards, A. A., Wood, S. G., Joyner, R. E., Becker, B. J., Liu, G., & Beal, B. (2020). The prevalence of dyslexia: A new approach to its estimation. *Journal of learning disabilities, 53*(5), 354–365.

Weinstein, M. C. A. (2016). *Coruja PROMAT.* Casa do Psicólogo.

Willingham, D. (2011). *Por que os alunos não gostam da escola? Respostas da ciência cognitiva para tornar a sala de aula atrativa e efetiva.* Artmed.

Wimmer, H. (2006). Don't neglect reading fluency! *Developmental science, 9*(5), 447–453.

Zoubrinetzky, R., Bielle, F., & Valdois, S. (2014). New insights on developmental dyslexia subtypes: heterogeneity of mixed reading profiles. *PloS one, 9*(6), e99337.

Parte **4**

AVALIAÇÃO DE ASPECTOS DE SAÚDE MENTAL

14
RASTREIO EM SAÚDE MENTAL NA ESCOLA

Flávia Wagner
Katiane Silva

A discussão e implementação de projetos em saúde mental na infância e na adolescência é um tema extremamente relevante tendo em vista o quanto transtornos mentais nessas faixas etárias impactam indivíduos, famílias e sociedade. Evidências nesse campo apontam para a necessidade de estratégias de prevenção em saúde mental, uma vez que existe um caminho psicopatológico em que crianças e adolescentes em risco podem ser identificados e encaminhados para intervenção precoce, evitando o agravamento de sintomas e o desenvolvimento de transtornos mentais.

Nesse cenário, a escola tem muito a contribuir, pois é um local em que as crianças passam um período importante do seu dia e os professores, bem como a equipe escolar, podem detectar possíveis dificuldades, propondo intervenções em saúde mental. Embora saibamos desse potencial, é importante reconhecer que há uma enorme carência de estratégias de prevenção e intervenção nas escolas, especialmente no contexto da educação pública, onde ainda há um alto índice de evasão escolar devido a problemas de comportamento e transtornos mentais.

Tendo em vista essa realidade, abordaremos neste capítulo questões centrais em relação ao rastreio em saúde mental na escola, considerando a discussão atual sobre o tema e as evidências científicas nesse campo de conhecimento, que devem embasar a prática do profissional de saúde mental na escola, englobando aspectos técnicos e éticos. Em seguida, apresentaremos os principais instrumentos de rastreamento utilizados, identificando os cuidados necessários na avaliação, planejamento e execução de procedimentos de rastreio que possibilitem a prevenção e intervenção com vistas ao desenvolvimento saudável de crianças e adolescentes.

SAÚDE MENTAL NA INFÂNCIA E NA ADOLESCÊNCIA

Estudos que avaliaram a prevalência no Brasil estimam que 13% das crianças e dos adolescentes apresentam algum problema de saúde mental (Fleitlich & Goodman, 2004; Paula et al., 2015). Evidências sugerem que boa parte dos problemas de saúde mental em adultos têm início na infância e apresentam efeitos duradouros ao longo da vida (Kim-Cohen et al., 2003). Considerando essa evolução psicopatológica, torna-se primordial a incorporação de estratégias preventivas que, além de abarcar a responsabilidade ética para com esses indivíduos mais vulneráveis, também possam reduzir custos sociais (Kieling et al., 2011).

Nesse sentido, a identificação de crianças e adolescentes em risco para transtornos psiquiátricos é fundamental, pois contribui para a compreensão da etiologia dos transtornos e possibilita o desenvolvimento de estratégias de prevenção e intervenção precoce. Entende-se por fator de risco toda característica ou circunstância que está relacionada ao aumento da probabilidade de ocorrer um evento. No contexto da saúde mental, o fator de risco é um elemento que está relacionado à ocorrência de problemas emocionais/comportamentais ou psicopatologia.

Pode-se considerar de alto risco uma criança ou adolescente com sintomas precoces de transtornos mentais aliados a fatores de risco, como presença de psicopatologia na família (Salum et al., 2015). Ainda, aspectos relacionados ao sexo da criança/do adolescente, nível socioeconômico e ambiente familiar têm sido considerados em estudos que buscam identificar risco para o desenvolvimento de psicopatologias (Anselmi et al., 2004; Matijasevich et al., 2014). Muitos transtornos psiquiátricos causam prejuízos importantes nos níveis emocional, cognitivo e social, o que aumenta o risco de experiências escolares negativas, que podem culminar na evasão escolar. Em especial, transtornos externalizantes, como transtorno de déficit de atenção/hiperatividade (TDAH), transtorno de conduta e uso de substâncias, estão fortemente associados à evasão, enquanto os internalizantes, como depressão e ansiedade, tendem a ser uma consequência da saída precoce da escola (Esch et al., 2014).

Em geral, alunos tendem a não receber intervenções até apresentarem repetência ou dificuldades acadêmicas importantes, sinais de sofrimento psíquico ou alguma outra dificuldade crítica em relação a escolarização ou desenvolvimento. Alternativas recentes a esse modelo tradicional desenvolvidas no exterior envolvem a identificação de alunos em risco para transtornos psiquiátricos para implementação de intervenções preventivas, minimizando o impacto dos fatores de risco ou mesmo inibindo o desenvolvimento de dificuldades acadêmicas, comportamentais, socioemocionais ou de saúde mental (Albers et al., 2007).

Nessa perspectiva, a escola tem sido vista como um ambiente ideal para identificar alunos em risco de desenvolver transtornos mentais e intervir precocemente para mitigar as dificuldades antes que elas se tornem graves (Humphrey & Wigelsworth, 2016). Cada vez mais, intervenções voltadas à promoção e prevenção em saúde mental no contexto escolar têm sido desenvolvidas internacionalmente. Há fortes evidências da eficácia dessas intervenções, levando a resultados positivos em relação a aspectos socioemocionais e acadêmicos dos alunos (Fazel et al., 2014).

Atualmente, há uma série de diferentes modelos de oferta desses serviços nas escolas, com intervenções voltadas ao uso de álcool e outras drogas, manejo de casos individuais, aconselhamento individual e em grupo e encaminhamento ao sistema de saúde mental (Weist et al., 2007). Além disso, a prevenção de problemas de saúde mental em crianças e adolescentes costuma ser mais eficiente e menos intensiva, além de ter um baixo custo econômico em relação a fornecer tratamentos especializados para transtornos que já se desenvolveram (Humphrey & Wigelsworth, 2016; Levitt et al., 2007).

As escolas usam vários métodos para identificar alunos que poderiam se beneficiar de intervenções, incluindo avaliação comportamental e funcional, indicações realizadas por professores ou por outros alunos e triagem sistemática (Fazel et al., 2014). Para fornecer serviços eficazes de prevenção e intervenção na escola, um modelo de rastreio universal, ou seja, em que todos os alunos são triados, permitiria a identificação de transtornos mentais emergentes. No entanto, apesar dos aparentes benefícios, o rastreamento universal de saúde mental é extremamente raro (Humphrey & Wigelsworth, 2016). Uma pesquisa realizada no estado de Indiana, nos Estados Unidos, indicou que pouquíssimas escolas realizam rastreios em saúde mental para todos os alunos, muitas em função da falta de orçamento, desconhecimento ou falta de acesso a essa possibilidade. No entanto, 75% dos diretores de escolas que participaram do estudo disseram ter interesse em realizar rastreios em saúde mental nos alunos das escolas em que trabalham (Wood & McDaniel, 2020).

RASTREIO EM SAÚDE MENTAL NA ESCOLA

Embora o rastreio universal em saúde mental na escola pareça um método viável para identificar crianças e adolescentes em risco de desenvolver ou que já tenham desenvolvido algum transtorno mental, inúmeras questões metodológicas, técnicas e éticas devem ser consideradas. Em primeiro lugar, uma questão crucial é quem deve ser avaliado. Na triagem universal, grupos de crianças e adolescentes sem fatores de risco conhecidos são investigados. Uma vez identificados casos de risco ou a presença de algum transtorno, avaliações posteriores seriam necessárias para excluir os casos falso-positivos, avaliando mais detalhadamente o risco ou presença de distúrbio e necessidade de tratamento (Levitt et al., 2007).

Entre as críticas à avaliação universal na escola, está a possibilidade de estigmatização dos alunos, principalmente nos casos classificados como de risco, mas que se revelaram falso-positivos (Humphrey & Wigelsworth, 2016). Por outro lado, programas formais de triagem universal permitem detectar jovens com sinais e sintomas internalizantes, como depressão, ansiedade ou ideação suicida, os quais não são tão facilmente identificados como aqueles com sinais e sintomas externalizantes (Weist et al., 2007).

Alternativamente à triagem universal, é possível que as escolas adotem abordagens que envolvam menos alunos, o que também pode incluir um foco de avaliação mais restrito. Uma possibilidade seria a avaliação selecionada, que envolveria um grupo de crianças que ainda não foram identificadas como tendo uma dificuldade, mas têm um risco elevado de desenvolver problemas de saúde mental, como aquelas que frequentam salas de recurso ou educação especial ou são encaminhadas ao orientador escolar em função de problemas de disciplina.

Ainda, é possível realizar a avaliação indicada, ou seja, o rastreio com crianças que já tiveram algum transtorno ou dificuldade identificado, com o objetivo de reunir informações mais detalhadas e específicas para fazer um diagnóstico e desenvolver um plano de tratamento. Tal intervenção seria necessariamente realizada por profissionais da saúde (Levitt et al., 2007), o que levanta outra questão: é preciso haver disponibilidade de equipe treinada para conduzir tanto o rastreio inicial quanto as demais intervenções necessárias. Após o rastreio inicial, são necessários profissionais de saúde mental com treinamento na avaliação e tratamento das crianças e jovens identificados (Weist et al., 2007), seja no próprio contexto escolar, seja na rede pública e privada de saúde mental.

Outro aspecto que merece atenção é quem responderia aos instrumentos de rastreio: os próprios alunos, seus pais/responsáveis ou os professores? Evidentemente, uma abordagem que permitisse múltiplos informantes seria a mais adequada, porém, em geral, seria menos viável. Os alunos a partir de 7 ou 8 anos podem ser considerados capazes de fornecer informações confiáveis, sendo especialmente mais precisos que os pais e professores em relação a sintomas internalizantes.

Os pais/responsáveis pelo aluno têm uma visão a partir do contexto doméstico, enquanto os professores podem observar seu comportamento na escola e compará-lo com o de outras crianças, a partir de sua experiência. No caso de professores, entretanto, o número de alunos sob sua responsabilidade pode resultar em um excesso de questionários, o que inviabilizaria uma avaliação mais acurada (Humphrey & Wigelsworth, 2016).

O rastreio em saúde mental na escola também levanta uma série de questões éticas que devem ser cuidadosamente pensadas e que incluem aceitação por parte da comunidade, direitos da família, identificação, e serviços para encaminhamento. Com relação à aceitação da comunidade, pode haver preocupação principalmente em função do estigma social associado a fatores mentais, emocionais e comportamentais. Nesse sentido, é importante deixar claro o motivo da avaliação e quais os benefícios de possíveis intervenções derivadas dos dados coletados.

Os direitos da família incluem uma discussão acerca da necessidade de consentimento dos pais ou responsáveis pelo aluno para a realização do *screening*, algo que não ocorre, por exemplo, quando realizamos uma avaliação acadêmica. Quais seriam as informações que poderiam ser consideradas como uma invasão à privacidade da família e que deveriam ser autorizadas por ela (Chafouleas et al., 2010)? Essa discussão precisa ser aprofundada e deve levar em consideração aspectos das políticas educacionais e de saúde de cada cultura, o que ainda é uma discussão muito incipiente no Brasil. Apesar disso, aspectos que envolvem a opção de garantir o consentimento dos pais e o assentimento do aluno para participação na triagem devem fazer parte do planejamento de um rastreio em saúde mental (Humphrey & Wigelsworth, 2016; Weist et al., 2007).

O terceiro ponto nos remete à identificação de casos falso-positivos e à possibilidade de rotular os jovens. Nessa questão, surgem aspectos relacionados às propriedades psicométricas dos instrumentos utilizados, em especial no que diz respeito à capacidade de identificar quem de fato tem algum transtorno, além de questões mais amplas, como o desafio de utilizar os dados de forma mais ecológica e contextualizada. Por último, o quarto aspecto diz respeito aos possíveis encaminhamentos que serão resultado do processo de rastreio. Grande parte das escolas não estão preparadas para lidar com tais demandas, e os serviços de saúde também podem não dar conta de todos os encaminhamentos (Chafouleas et al., 2010; Levitt et al., 2007).

Por fim, aspectos logísticos, incluindo quando fazer a triagem, onde encontrar um local que assegure a confidencialidade para os respondentes e quais seriam as atividades alternativas para jovens que não têm permissão dos pais para triagem também devem ser pensados (Weist et al., 2007). Outras questões envolvem aspectos pragmáticos da escolha dos instrumentos, como brevidade, custo e simplicidade dos questionários, bem como suas propriedades psicométricas e facilidade de compreensão das perguntas (Humphrey & Wigelsworth, 2016).

O Quadro 14.1 apresenta os níveis de abordagens de rastreio.

INSTRUMENTOS DE AVALIAÇÃO

A avaliação do comportamento e de transtornos mentais na infância e na adolescência é complexa e necessita ser conduzida de forma criteriosa para minimizar possíveis equívocos, que podem ter efeitos negativos no desenvolvimento dos indivíduos. Primeiramente, é importante ressaltar que a criança está em desenvolvimento e, nesse sentido, é fundamental diferenciar alterações situacionais, devido a algum evento da vida ou mudança de contexto da criança ou adolescente (ansiedade devido a mudança de escola), de questões estruturais que envolvem traços de personalidade que acompanham aquele sujeito ao longo da vida (criança que desde muito cedo apresentou ansiedade de separação e reage a qualquer evento com sintomas de ansiedade). Além disso, outra questão a ser observada é o impacto dos sintomas na vida da criança ou do adolescente, que podem ser avaliados a partir dos prejuízos identificados no ambiente familiar, escolar e social (Krug & Wagner, 2016).

Outro aspecto a ser levado em conta é a dificuldade que a criança pode apresentar no reconhecimento das próprias emoções e comportamentos, além de possíveis prejuízos na expressão verbal, em casos mais graves, que interferem na qualidade da informação. Em adolescentes, as dificuldades podem estar relacionadas a resistência à avaliação e timidez excessiva, mas superadas essas questões o autorrelato do adolescente é peça-chave no processo de triagem. Deighton et al. (2014) destacam a importância das medidas de autorrelato e afirmam que, quando elas são apropriadas para a idade, devem ser utilizadas, pois podem produzir resultados válidos.

O tipo de problema também deve ser levado em conta na escolha do informante, pois para problemas internalizantes o autorrelato da criança e do adolescente é mais acurado,

QUADRO 14.1
Níveis de abordagens de rastreio em saúde mental nas escolas

Nível	Descrição
Universal	Conduzida com todas as crianças em uma sala de aula, ano escolar ou escola, independentemente da presença ou ausência de fatores de risco conhecidos.
Selecionada	Conduzida com crianças com risco elevado de desenvolver problemas de saúde mental, mas sem diagnóstico de problema de saúde mental.
Indicada	Conduzida com crianças que foram diagnosticadas com algum problema de saúde mental.
Riscos para problemas de saúde mental por idade	
Educação infantil	Atrasos de desenvolvimento. Deficiências desenvolvimentais pervasivas. Autismo. Problemas emocionais/comportamentais (hiperatividade, ansiedade de separação, etc.). Abuso e negligência.
1º ao 5º anos do ensino fundamental	Problemas emocionais/comportamentais (hiperatividade, ansiedade de separação, etc.). Abuso e negligência.
6º ao 9º anos do ensino fundamental e ensino médio	Depressão. Ansiedade. Suicídio. Uso de substância. Abuso e negligência.
Informações centrais sobre saúde mental dos jovens	
Pais	Com crianças pequenas e comportamentos externalizantes.
Professores	Com crianças pequenas e comportamentos externalizantes.
Jovens (autorrelato)	Podem fornecer relatos precisos e confiáveis sobre problemas internalizantes.
Tipos de instrumentos de rastreio	
Amplos	Identificam uma gama de preocupações psicossociais que podem elevar o risco de problemas psiquiátricos.
Especializados	Identificam sintomas de alto risco de problemas de saúde mental, incluindo uma ampla gama de problemas emocionais e comportamentais, síndromes ou diagnósticos.
Direcionados	Identificam um conjunto específico ou limitado de problemas ou diagnósticos de saúde mental.

Fonte: Levitt et al. (2007).

enquanto para problemas externalizantes as informações de pais e professores são indispensáveis. Como a acurácia dos instrumentos pode ser modificada de acordo com a qualidade do informante, é muito importante a convergência de diversas fontes de informação, como autorrelato, participação dos pais e professores, registros escolares e observações comportamentais, que aumentam a confiabilidade da informação (Levitt et al., 2007).

A utilização de instrumentos padronizados de avaliação é crucial, pois operacionaliza o planejamento de estratégias de prevenção e intervenção para comportamentos disfuncionais que interferem na qualidade de vida dos indivíduos. Além disso, possibilita a avaliação da eficácia das intervenções. Cabe salientar que é vital determinar quais medidas podem ser implementadas de forma viável e adequada ao contexto (Deighton et al., 2014).

No contexto brasileiro, há poucas medidas de rastreio em saúde mental de forma mais ampla. A título de informação, apresentaremos quatro instrumentos disponíveis e amplamente utilizados internacionalmente. Três deles devem ser respondidos pelos pais ou responsáveis pelo aluno, enquanto um é destinado aos professores.

INVENTÁRIO DE COMPORTAMENTO PARA CRIANÇAS E ADOLESCENTES (CHILD BEHAVIOR CHECKLIST – CBCL)

O CBCL é um inventário que avalia problemas socioemocionais e de comportamento construído por Thomas Achenbach na década de 60 e tem valor reconhecido internacionalmente pelo rigor metodológico com que foi desenvolvido. O CBCL é um dos inventários do Sistema (The Achenbach System of Empirically Based Assessment) e foi elaborado a partir de dados normativos da população dos Estados Unidos, tendo demonstrado efetividade em diferentes culturas, tornando-o muito utilizado, tanto em pesquisas como na prática clínica, mais especificamente em atendimento psicológico infantil, serviços de saúde mental e escolas (Achenbach & Rescorla, 2001b).

O CBCL possui uma versão brasileira, chamada Inventário de Comportamento para Crianças e Adolescentes, com propriedades psicométricas adequadas e dados preliminares de validação que, ao comparar as respostas das mães com os resultados da avaliação psiquiátrica, indicaram alto índice de correlação dos resultados (Borsa & Nunes, 2008). Essa versão pode ser utilizada para indivíduos de 6 a 18 anos, e os informantes devem ser os pais ou cuidadores, que fornecem informações sobre os sintomas psicopatológicos mais frequentemente identificados em crianças e adolescentes (Bordin et al., 1995).

O instrumento apresenta 138 itens, dos quais 20 se referem a competência social e 118 a problemas de comportamento. Nas questões de competência social são avaliados participação em atividades diversas, inserção em grupos sociais, independência e desempenho escolar. A maioria dos itens requer que os pais comparem o comportamento de seu (sua) filho (a) com outras crianças da mesma idade, informando se eles estão dentro, abaixo ou acima da média, e resultam na pontuação em três escalas individuais (atividade, sociabilidade e escolaridade), que, somadas, indicam a competência social do indivíduo.

Na área de problemas de comportamento, os itens são relacionados a comportamentos que podem estar ausentes, às vezes presentes ou frequentemente presentes e são divididos em oito escalas individuais: ansiedade/depressão, isolamento/depressão, queixas somáticas, problemas sociais, problemas de pensamento, problemas de atenção, comportamento delinquente e comportamento agressivo. Os resultados podem ser classificados em problemas de comportamento internalizantes ou externalizantes, de acordo com o tipo de problema apresentado, e a soma dos escores nas escalas corresponde ao total de problemas de comportamento (Bordin et al., 1995).

INVENTÁRIO DE AUTOAVALIAÇÃO PARA ADOLESCENTES (YOUTH SELF-REPORT – YSR)

O YSR é uma variação do CBCL e trata-se de um questionário de autorrelato sobre o comportamento e competência social de adolescentes entre 11 e 18 anos. A metodologia empregada para a elaboração desse inventário foi a mesma utilizada para o CBCL, com itens semelhantes nos dois instrumentos. O YSR é dividido em duas partes; a primeira avalia a competência dos adolescentes em três áreas: atividades, social e escolar, cuja soma resulta em um escore total de competências. A segunda parte avalia diferentes problemas de comportamento a partir das seguintes escalas: ansiedade/depressão, isolamento/depressão, problemas somáticos, problemas sociais, problemas de pensamento, problemas de atenção, quebra de regras e comportamento agressivo.

Não existe um estudo de padronização ou de validação desse instrumento para a população brasileira. Foram realizadas duas traduções, a Forma A do Laboratório de Terapia Comportamental do Instituto de Psicologia da Universidade de São Paulo (USP) e a Forma B, do Departamento de Psiquiatria da Universidade Federal de São Paulo (Unifesp). Ambas as traduções apresentaram correlação significativa em todas as escalas analisadas (Rocha et al., 2008).

INVENTÁRIO DE COMPORTAMENTOS PARA CRIANÇAS E ADOLESCENTES – RELATÓRIO PARA PROFESSORES (TEACHER'S REPORT FORM – TRF)

Juntamente com o CBCL e o YSR, o TRF é um dos inventários do Sistema ASEBA destinado aos professores e consiste em 113 perguntas sobre competências escolares e problemas de comportamento dos alunos de 6 a 18 anos. Os itens são agrupados em quatro escalas (competências escolares; síndromes e problemas de comportamento; problemas de internalização e externalização; problemas emocionais e comportamentais) e orientados pelo *Manual Diagnóstico e Estatístico de Transtornos Mentais* (DSM-IV) que resultam em três faixas: normal, limítrofe ou clínica (Achenbach & Rescorla, 2001a). A escala foi traduzida para a língua portuguesa por pesquisadores do Instituto de Psicologia da USP, mas ainda não possui estudos de validação para a população brasileira.

QUESTIONÁRIO DE CAPACIDADES E DIFICULDADES (STRENGTHS AND DIFFICULTIES QUESTIONNAIRE – SDQ)

Trata-se de um questionário de rastreamento em saúde mental desenvolvido por Robert Goodman em 1997 e que tem como objetivo avaliar o comportamento de crianças e adolescentes dos 4 aos 16 anos. O SDQ foi criado para ser um questionário simples e de rápida aplicação e com boa aceitação dos respondentes (Fleitlich et al., 2000). Saur e Loureiro (2012) realizaram um estudo de revisão da literatura sobre a qualidade das propriedades psicométricas do SDQ, e os resultados indicam presença de adequadas propriedades psicométricas para a população brasileira, com índices positivos de validade e fidedignidade, constituindo-se, portanto, em um alternativa útil para investigação de problemas em saúde mental.

O instrumento é composto por 25 questões, que podem ser respondidas como falsas, mais ou menos verdadeiras ou verdadeiras, divididas em cinco subescalas: problemas no comportamento pró-social, hiperatividade, problemas emocionais, de conduta e de relacionamento, com cinco itens em cada subescala. A soma de cada escala pode resultar em três classificações: desenvolvimento normal (DN), limítrofe (DL) ou anormal (DA).[1]

Além dos instrumentos citados, também podem ser utilizados instrumentos de triagem mais específicos após a identificação de problemas em um rastreamento geral, ou mesmo quando o objetivo é avaliar algum transtorno que é mais prevalente em determinada faixa etária (ver Quadro 14.1). Em casos de suspeita de um determinado transtorno mental, como TDAH ou transtorno do espectro autista, por exemplo, pode ser recomendado aplicar instrumentos voltados para a avaliação dos sinais e sintomas desses transtornos que forne-

---

[1] Mais informações sobre o instrumento podem ser encontradas no *site* do SDQ, https://www.sdqinfo.com.

çam dados para um encaminhamento mais direcionado.

O campo de instrumentos de avaliação em saúde mental no Brasil ainda apresenta lacunas, especialmente no que diz respeito à validação de instrumentos internacionais para o nosso contexto, e avanços são necessários para que haja um maior número de instrumentos disponíveis. Além disso, alguns inventários não podem ser utilizados livremente e requerem uma licença, o que gera custos e se constitui como uma limitação na utilização em ampla escala. É primordial salientar que, por se tratar de um processo complexo, a identificação de problemas comportamentais e emocionais em crianças e adolescentes depende não apenas dos instrumentos, mas, sobretudo, de uma cuidadosa análise clínica dos dados obtidos, de forma a combater uma avaliação reducionista, que não contemple a investigação de múltiplos fatores e que deve ser realizada, preferencialmente, por equipes transdisciplinares.

Cabe ainda ressaltar que as críticas a um modelo reducionista e estigmatizador, que poderiam emergir a partir de um paradigma de avaliação de sinais, sintomas, transtornos e dificuldades, têm reforçado o desenvolvimento de um campo ainda emergente e que merece atenção: a avaliação de aspectos positivos do comportamento que contribuem para o bem-estar, como agência e resiliência. Essa área é ainda muito incipiente, mas a possibilidade de avaliar e identificar aspectos saudáveis da personalidade e do comportamento é algo que será certamente abordado em pesquisas futuras (Humphrey & Wigelsworth, 2016).

CONSIDERAÇÕES FINAIS

O rastreio em saúde mental pode constituir-se em uma ferramenta importante na prática do psicólogo no contexto escolar. Na medida em que se propõe à identificação precoce de problemas de saúde mental, pode ser considerado uma forma de prevenção, permitindo identificar necessidades de intervenção dentro da escola e de encaminhamento para profissionais especializados da rede de saúde. Entretanto, inúmeras questões surgem nesse contexto, incluindo desde aspectos metodológicos e éticos até questões pragmáticas, como a capacidade da rede de saúde para dar conta dos casos identificados (Levitt et al., 2007).

Está clara a necessidade de ampliação do trabalho em saúde mental nas escolas, que, muitas vezes, ainda se caracteriza por um modelo de atenção a casos individuais, de "alunos problema", que geralmente chegam para atendimento com maior gravidade. Os avanços no conhecimento científico sobre saúde mental e psicopatologia, especialmente a partir de estudos longitudinais, apontam para intervenções que consideram o caminho complexo de evolução psicopatológica, que inclui aspectos genéticos e ambientais, e para a necessidade do desenvolvimento de estratégias de prevenção.

A mudança de um modelo focado na intervenção para a atuação com práticas preventivas é ainda mais relevante em um país como o Brasil, com alta prevalência de crianças e adolescentes com transtornos mentais na população e com poucos recursos. A prevenção pode evitar problemas de saúde mental na vida adulta, além de aumentar o bem-estar e a funcionalidade (Kieling et al., 2011). Nesse sentido, é recomendado que o serviço de saúde mental esteja integrado ao funcionamento da escola, atuando de forma ampla e com bases científicas (Levitt et al., 2007). Uma colaboração mais ampla entre os setores da educação e da saúde também seria reforçada pelo treinamento de professores e equipes escolares em relação a questões de saúde mental, assim como dos profissionais da saúde acerca das especificidades do contexto escolar (Fazel et al., 2014).

A revisão realizada neste capítulo reforça a necessidade de profissionais de saúde mental nas escolas, a fim de implementar estratégias que visem à prevenção e intervenção em saúde mental. Cabe salientar que, na realidade escolar brasileira, nem sempre existe esse profissional, especialmente no contexto das escolas públicas. É recente a promulgação da Lei nº 13.935/19, que garante atendimento por profissionais de psicologia e serviço social aos alunos da educação básica em escolas públicas. Essa aprovação representa um avanço, mas ainda se trata de um primeiro passo de uma longa jornada que precisamos percorrer a fim de oferecer cuidados em saúde mental nas escolas.

Para que isso ocorra, é necessário que haja um esforço coletivo, que inclui políticas públicas, gestão e equipe escolar, profissionais em saúde mental e famílias que reconheçam a necessidade de prevenir e intervir neste contexto, aumentando a qualidade de vida dos indivíduos e promovendo um desenvolvimento saudável. Dessa forma, os serviços de saúde mental, quando incorporados aos sistemas educacionais, criam um *continuum* de cuidados integrativos que podem promover saúde de modo amplo e, especificamente, saúde mental, além de diminuir a evasão escolar (Fazel et al., 2014).

REFERÊNCIAS

Achenbach, T. M., & Rescorla, L. A. (2001a). *Manual for the ASEBA school-age forms & profiles*. ASEBA.

Achenbach, T. M., & Rescorla, L. (2001b). *Manual for the child behavior checklist/6-18 and 2001 profile*. University of Vermont.

Albers, C. A., Glover, T. A., & Kratochwill, T. R. (2007). Introduction to the special issue: How can universal screening enhance educational and mental health outcomes? [Editorial]. *Journal of School Psychology, 45*(2), 113–116.

Anselmi, L., Piccinini, C. A., Barros, F. C., & Lopes, R. S. (2004). Psychosocial determinants of behaviour problems in Brazilian preschool children. *Journal of child psychology and psychiatry, and allied disciplines, 45*(4), 779–788.

Bordin, I. A. S., Mari, J. J., & Caeiro, M. F. (1995). Validação da versão brasileira do child behavior checklist ou inventário de comportamentos da infância e adolescência: Dados preliminares. *Revista ABP-APAL, 17*(2), 55-66.

Borsa, J. C., & Nunes, M. L. T. (2008). Concordância parental sobre problemas de comportamento infantil através do CBCL. *Paidéia (Ribeirão Preto), 18*(40), 317-330.

Chafouleas, S. M., Kilgus, S. P., & Wallach, N. (2010). Ethical dilemmas in school-based behavioral screening. *Assessment for Effective Intervention, 35*(4), 245–252.

Deighton, J., Croudace, T., Fonagy, P., Brown, J., Patalay, P., & Wolpert, M. (2014). Measuring mental health and wellbeing outcomes for children and adolescents to inform practice and policy: a review of child self-report measures. *Child and adolescent psychiatry and mental health, 8*(1), 14.

Esch, P., Bocquet, V., Pull, C., Couffignal, S., Lehnert, T., Graas, M., ... & Ansseau, M. (2014). The downward spiral of mental disorders and educational attainment: A systematic review on early school leaving. *BMC psychiatry, 14*(1), 237.

Fazel, M., Hoagwood, K., Stephan, S., & Ford, T. (2014). Mental health interventions in schools in high-income countries. *The Lancet Psychiatry, 1*(5), 377-387.

Fleitlich, B., Cortázar, P. G., & Goodman, R. (2000). Questionário de capacidades e dificuldades (SDQ). *Infanto: Revista de Neuropsiquiatria da Infância e da Adolescência, 8*, 44-50.

Fleitlich, B., & Goodman, R. (2004). Prevalence of child and adolescent psychiatric disorders in southeast Brazil. *Journal of the American Academy of Child & Adolescent Psychiatry, 43*(6), 727-734.

Humphrey, N., & Wigelsworth, M. (2016). Making the case for universal school-based mental health screening. *Emotional and Behavioural Difficulties, 21*(1), 22-42.

Kieling, C., Baker-Henningham, H., Belfer, M., Conti, G., Ertem, I., Omigbodun, O., … Rahman, A. (2011). Child and adolescent mental health worldwide: Evidence for action. *The Lancet, 378*(9801), 1515–1525.

Kim-Cohen, J., Caspi, A., Moffitt, T. E., Harrington, H., Milne, B. J., & Poulton, R. (2003). Prior juvenile diagnoses in adults with mental disorder: developmental follow-back of a prospective-longitudinal cohort. *Archives of general psychiatry, 60*(7), 709-717.

Krug, J., & Wagner, F. (2016). Cuidados no estabelecimento do diagnóstico psicológico na infância e adolescência. In C. S. Hutz, D. R. Bandeira, C. Trentini & J. S. Krug (Orgs.), *Psicodiagnóstico* (pp. 230-237). Artmed.

Levitt, J. M., Saka, N., Romanelli, L. H., & Hoagwood, K. (2007). Early identification of mental health problems in schools: The status of instrumentation. *Journal of School Psychology, 45*(2), 163–191.

Matijasevich, A., Murray, E., Stein, A., Anselmi, L., Menezes, A. M., Santos, I. S., ... & Victora, C. G. (2014). Increase in child behavior problems among urban Brazilian 4-year-olds: 1993 and 2004 Pelotas birth cohorts. *Journal of child psychology and psychiatry, 55*(10), 1125-1134.

Paula, C. S., Coutinho, E. S., Mari, J. J., Rohde, L. A., Miguel, E. C., & Bordin, I. A. (2015). Prevalence of psychiatric disorders among children and adolescents from four Brazilian regions. *Brazilian Journal of Psychiatry, 37*(2), 178-179.

Rocha, M. M., Araújo, L. G., & Silvares, E. F. M. (2008). Um estudo comparativo entre duas traduções brasileiras do inventário de auto-avaliação para jovens (YSR). *Psicologia: Teoria e prática, 10*(1), 14-24.

Salum, G. A., Gadelha, A., Pan, P. M., Moriyama, T. S., Graeff-Martins, A. S., Tamanaha, A. C., ... & Rohde, L. A. (2015). High risk cohort study for psychiatric disorders in childhood: rationale, design, methods and preliminary results. *International Journal of Methods in Psychiatric Research, 24*(1), 58-73.

Saur, A. M., & Loureiro, S. R. (2012). Qualidades psicométricas do Questionário de Capacidades e Dificuldades: Revisão da literatura. *Estudos de Psicologia (Campinas), 29*(4), 619-629.

Weist, M. D., Rubin, M., Moore, E., Adelsheim, S., & Wrobel, G. (2007). Mental health screening in schools. *The Journal of school health, 77*(2), 53–58.

Wood, B. J., & McDaniel, T. (2020). A preliminary investigation of universal mental health screening practices in schools. *Children and Youth Services Review, 112*, 104943.

15
AVALIAÇÃO DE COMPORTAMENTOS DE RISCO NA ADOLESCÊNCIA

Jana Gonçalves Zappe
Cássia Ferrazza Alves
Carolina Schmitt Colomé
Débora Dalbosco Dell'Aglio

Este capítulo tem como objetivo discutir a avaliação de comportamentos de risco na adolescência, a partir da apresentação dos comportamentos de risco mais prevalentes nos estudos e de um instrumento de avaliação de comportamentos de risco na adolescência (ICR) (Alves et al., 2015). Além disso, apontamos algumas orientações para a intervenção no contexto escolar, visando à prevenção ou à redução dos comportamentos de risco na adolescência.

A adolescência tem sido compreendida como um período de intensa exploração e de grandes e múltiplas oportunidades, que variam em função dos contextos sociais e culturais. É um período que ultrapassa aspectos cronológicos e biológicos, abrangendo condições sociais, culturais, históricas e psicológicas específicas (Senna & Dessen, 2012). Por isso, em vez de falarmos em uma única adolescência, torna-se relevante refletir sobre adolescências, no plural (Cerqueira-Santos et al., 2014).

Considerando ser um momento em que, geralmente, os jovens buscam maior autonomia na tomada de decisões e valorizam os relacionamentos sociais externos ao grupo familiar, como os grupos de pares, é possível que o envolvimento em comportamentos de risco também esteja associado a essas questões. As experimentações de risco precisam ser analisadas como eventos complexos e multifatoriais, considerando os fatores de risco e de proteção pessoais, interpessoais e contextuais que podem estar envolvidos (Zappe et al., 2018).

No caso do contexto cultural, identificamos que a definição de risco associada à adolescência pode ter diversas conotações, influenciando a oportunidade de engajamento em diferentes tipos de comportamentos de risco (Duell et al., 2017). Por exemplo, diante das disparidades econômicas e sociais no próprio contexto brasileiro, em algumas realidades, o uso concomitante de substâncias, como o álcool, e a direção perigosa pode ser culturalmente valorizado, apesar de ser contrário à legislação. Outro exemplo é o fato de, em alguns casos, as próprias famílias incentivarem o uso de bebidas alcoólicas para menores de 18 anos, apesar de isso ser legalmente proibido no Brasil.

Em termos de idade, o comportamento de risco tende a ser maior no final da adolescência, embora isso também possa ter relação com as diferenças culturais. Considerando esse aspecto, é igualmente relevante compreender que os comportamentos de risco não se referem somente ao adolescer, mas também têm sido identificados em jovens adultos (Duell et al., 2017).

Contudo, devido à construção e à representação social da adolescência como um momento de rebeldia e a aproximação da juventude da idade adulta e, consequentemente, de maior responsabilidade (Cruz et al., 2016), identifica-se que a adoção de comportamentos de risco tem sido socialmente atribuída mais à adolescência do que à juventude. Por isso, percebemos a importância de sinalizar que, apesar de buscarmos compreender os comportamentos de risco no período da adolescência, estes não se restringem ao adolescer. No entanto, a idade de início desses comportamentos tem sido um critério enfatizado como relevante, tendo em vista que o início precoce está associado a maiores consequências na saúde dos jovens (Huang et al., 2012).

Os comportamentos considerados de risco tradicionalmente incluem, por exemplo, comportamento sexual de risco, uso de substâncias (cigarro, álcool e outras drogas), conduta antissocial, comportamento suicida, comportamento alimentar de risco, prática inadequada de atividades físicas, comportamento de risco no trânsito, entre outros. Nos Estados Unidos, o Sistema de Vigilância de Comportamentos de Risco Juvenil (YRBSS) (Kann et al., 2018) monitora seis categorias de comportamentos prioritários relacionados à saúde de jovens e adultos jovens:

1. comportamentos que contribuem para lesões não intencionais e violência;
2. uso de tabaco;
3. uso de álcool e outras drogas;
4. comportamentos sexuais relacionados a gravidez indesejada e infecções sexualmente transmissíveis (ISTs), incluindo infecção pelo vírus da imunodeficiência humana (HIV);
5. comportamentos alimentares não saudáveis; e
6. inatividade física.

Atualmente, tendo em vista mudanças sociais e culturais, têm sido identificados novos comportamentos, tais como dependência de internet, uso excessivo de celular e automutilação (Lewycka et al., 2018), entre outros, o que torna ainda mais evidente a importância dos fatores sociais e culturais na definição do que se considera como comportamento de risco. Ainda, é importante considerar o papel mediador dos fatores de proteção aos comportamentos de risco, que podem contribuir na sua redução ou na diminuição de seu impacto negativo ao longo do desenvolvimento. Entre os fatores protetivos, podemos citar políticas públicas (saúde, educação), relação familiar (Lewycka et al., 2018; McCormick, 2016), escola e grupo de pares (Gallo & Williams, 2008).

O relatório americano do YRBSS (Kann et al., 2018) destaca que diferenças na manifestação dos comportamentos de risco entre os jovens podem estar associadas a diferenças nas leis e políticas estaduais e locais, bem como às práticas de fiscalização, acesso às drogas, disponibilidade de intervenções eficazes nas escolas e na comunidade, normas comportamentais e sociais predominantes (incluindo atitudes em relação às minorias sexuais), quantidade de estigma e discriminação, características demográficas da população e práticas de adultos relacionadas a comportamentos de saúde. Assim, políticas públicas intersetoriais que envolvam saúde e educação, abordando a temática no contexto escolar, podem trazer resultados importantes em diversos contextos (Lewycka et al., 2018).

Quanto à relação familiar, observa-se que esta pode caracterizar tanto um fator de risco quanto de proteção. Adolescentes com dificuldades no relacionamento familiar, com a presença de muito conflito e baixa coesão, tendem a apresentar mais comportamentos de risco no início da adolescência (McCormick, 2016). Também, a percepção dos jovens diante da falta de atenção dos pais (p. ex., dizer que está orgulhoso do filho, valorizar suas produções ou ajudar em tarefa de casa) tem sido relacionada à maior ideação e tentativa de suicídio. Essa ausência de atenção tem afetado mais os jovens no início da adolescência (12 a 13 anos) do que em outros períodos do adolescer (King et al., 2018). Por outro lado, a presença de maior monitoramento e envolvimento parental na adolescência tem sido relacionada ao menor envolvimento nesses comportamentos (Lewycka et al., 2018).

Ademais, a presença de *bullying*, contextos de violência e de vulnerabilidade social, dificuldade na tomada de decisões e transtornos de humor têm sido relacionados aos comportamentos de risco (Fang, 2018; Holt et al., 2018; Lewycka et al., 2018; Lopez-Quintero et al., 2018; Warner, 2018). Na medida em que se verificam os fatores de risco em diferentes contextos, temos espaço para potencializar ações voltadas para a prevenção destes comportamentos.

Por exemplo, o *cyberbullying* e a violência no namoro estiveram relacionados ao comportamento sexual de risco, sugerindo a importância de desenvolver programas no âmbito escolar de prevenção a esses comportamentos. Entende-se que, em muitos casos, o próprio comportamento de risco pode ser considerado como uma das estratégias utilizadas pelos estudantes, de forma disfuncional, para lidar com os vínculos interpessoais estabelecidos. Logo, programas para reduzir a violência entre pares e auxiliar no fortalecimento dos vínculos entre os adultos e os adolescentes, além de trabalhar estratégias de enfrentamento diante da violência, podem ser igualmente relevantes no contexto escolar (Holt et al., 2018).

No caso de contextos de vulnerabilidade social, a construção de estratégias para a prevenção de comportamentos como, por exemplo, o suicídio, pode se mostrar válida, uma vez que as tentativas de suicídio foram mais associadas a contextos de pobreza e a meninos (Fang, 2018). Logo, construir intervenções como oficinas e grupos de apoio no contexto escolar a fim de criar espaços de fala e de escuta ao processo do adolescer também pode ser uma estratégia preventiva.

ÍNDICE DE COMPORTAMENTOS DE RISCO (ICR)

A partir do exposto, verificamos que os comportamentos podem ser apresentados em diferentes formas e, talvez, de modo simultâneo. Apesar disso, no Brasil, a maioria dos estudos investiga comportamentos de risco isoladamente, e não há um programa de vigilância que monitore o conjunto de comportamentos de risco que afetam a saúde e o desenvolvimento da população jovem (Guedes & Lopes, 2010). Além disso, os estudos utilizam diferentes métodos e instrumentos, dificultando a unificação dos resultados para uma compreensão mais abrangente do problema.

Partindo destas lacunas, elaboramos o ICR (Alves et al., 2015), que abrange as seguintes áreas: comportamento sexual de risco, envolvimento em atos infracionais, uso de substâncias e comportamento suicida. O objetivo do ICR é avaliar o comportamento de risco em adolescentes brasileiros de forma integrada. A seguir, serão discutidos os quatro tipos de comportamentos de risco abordados no instrumento.

Comportamento sexual de risco

A compreensão de comportamento sexual de risco tem sido associada ao não uso de métodos preservativos e/ou contraceptivos, à idade precoce da primeira relação sexual, ao número de parceiros sexuais (múltiplos parceiros), e ao uso concomitante de substâncias (álcool e outras drogas) (Bassols et al., 2010; Crandall et al., 2018; Farias et al., 2009; Holt et al., 2018; Warner, 2018). O uso inconsistente de métodos preservativos e/ou contraceptivos refere-se à irregularidade ou ao não uso de métodos em nenhum momento (Holt et al., 2018; Ammerman et al., 2018). Também pode ser considerado comportamento de risco o adolescente usar métodos contraceptivos ineficazes (p. ex., coito interrompido, tabelinha) (Kosunen et al., 2003).

Embora não haja consenso na literatura sobre a idade da primeira relação sexual ser considerada como de risco, pois os estudos consideram desde o período anterior aos 12 anos de idade até a idade de 15 anos como de maior vulnerabilidade, verifica-se que, quanto mais cedo ocorre, maior é o risco para o adolescente, em função da sua imaturidade emocional (Huang et al., 2012; Warner, 2018). Quanto ao número de parceiros sexuais, de forma geral, considera-se que, quanto maior for, maior será o risco para o adolescente (Crandall et al., 2018; Warner, 2018). No estudo norte-americano de Kann et al. (2018), foram considerados de risco comportamentos como ter tido relações sexuais antes dos 13 anos, ter tido relações sexuais com quatro ou mais pessoas, ter bebido álcool ou usado drogas antes da última relação sexual, não usar preservativo e não usar nenhum método para prevenir a gravidez.

Outro dado que merece ser destacado refere-se a um "clima de permissividade sexual", isto é, a presença de pares que respeitam mais o jovem que já teve a relação sexual, bem como o fato de este ser considerado mais atraente pelos futuros parceiros pelo fato de já ter tido a relação sexual. Essa aceitação tem sido relacionada ao início precoce e ao maior número de parceiros sexuais (Warner, 2018), dado que evidencia a importância da reflexão em espaços institucionais, como o contexto escolar, sobre a sexualidade e a (quase) inevitabilidade que permeia os jovens pela busca de aceitação entre seus pares. Desse modo, criar espaços para conversar sobre o processo do adolescer e as mudanças na sexualidade pode ser propício para pensarmos as relações afetivas construídas nessa etapa do desenvolvimento.

Uso de substâncias

O uso de substâncias (lícitas ou ilícitas), tanto de forma experimental quanto contínua, pode trazer prejuízos ao desenvolvimento do jovem, sendo o início precoce um importante preditor para o uso abusivo (Acosta et al., 2011; Ammerman et al., 2018; Lopez-Quintero et al., 2018; McCarty et al., 2004). A frequência também tem sido analisada, sendo considerado o uso frequente (semanal ou diário) como de maior risco (Beebe et al., 2008; Huang et al., 2012). Além disso, a presença de amigos e familiares usuários é considerada um fator de risco para o uso de substâncias na adolescência (Raphaelli et al., 2011), sendo a percepção acerca das normas de pares e familiares sobre o uso de substâncias um aspecto relacionado com o consumo. Por exemplo, a convivência com pares e familiares que façam o uso de substâncias e sua maior aceitação nesses grupos podem favorecer o uso de substâncias (Moral et al., 2010).

O uso de substâncias (neste caso, as drogas ilícitas) também tem sido relacionado a outros comportamentos de risco, tendo sido preditor para o comportamento suicida (Ammerman et al., 2018; Van Gerpen et al., 2020). Essa estreita relação pode ser devida ao fato de que o uso de substâncias também representa uma forma de encarar a morte, em decorrência da letalidade das substâncias e suas consequências indiretas como overdose, por exemplo (Ammerman et al., 2018).

Envolvimento em atos infracionais

Com relação ao envolvimento em atos infracionais, é importante considerar os tipos de comportamentos apresentados e sua frequência. Quanto aos tipos de atos infracionais, os estudos apontam a presença de dois tipos: atos com violência e atos sem violência. Os atos sem violência podem ser, por exemplo, fugas noturnas, furto em lojas, danos ao patrimônio e corridas de carro. Os atos com violência podem ser o envolvimento em brigas, porte de armas e participação em gangues (Ammerman et al., 2018; Busseri et al., 2008), sendo mais grave o envolvimento quando há presença de violência, uma vez este que expõe tanto o jovem quanto a outras pessoas a riscos à vida. Com relação ao envolvimento em termos de quantidade, identifica-se que, quanto maior for a frequência desses comportamentos, maior é o risco para o jovem (Auerbach & Gardiner, 2012; Huang et al., 2012).

Para Silveira et al. (2012), entre adolescentes autores de atos infracionais, pode ser observado um rol mais diversificado de aspectos psicológicos que podem funcionar como fator de risco para esse comportamento. Os autores frisam, entretanto, que tais aspectos, ao mesmo tempo em que devem ser concebidos como fatores de risco, podem também ser pensados como resultado de um processo de desenvolvimento psicossocial perpassado pela exposição crônica a inúmeros outros fatores ambientais. Assim, precisamos considerar, no envolvimento em atos infracionais, a exposição à desigualdade, à pobreza e à vulnerabilidade social, uma vez que a maioria dos jovens que cometeram atos infracionais já tiveram seus direitos violados (Vaz & Moreira, 2015).

Comportamento suicida

O comportamento suicida pode incluir tanto a ideação (pensamento) quanto a elaboração de planos e a tentativa de suicídio (Ammerman et al., 2018; Fang, 2018; King et al., 2018). Além da presença de ideação ou tentativa de suicídio, os estudos verificam a frequência desses eventos, considerando diferentes intervalos de tempo, em geral, no último mês ou ano (Fang, 2018; King et al., 2018).

Ser menino, morar somente com um dos pais e em áreas rurais foram considerados fatores de risco de suicídio na Suíça (Steck et al., 2018). Outro estudo evidenciou que estar em contextos de vulnerabilidade (pobreza) esteve associado a tentativas de suicídio em meninos (Fang, 2018). Em 2016, nos Estados Unidos, 17% de todas as mortes entre pessoas de 10 a 24 anos tiveram como causa o suicídio, e em 2017 a prevalência de ter considerado seriamente a tentativa de suicídio foi maior entre estudantes do sexo feminino (22,1%) do que do masculino (11,9%) (Kann et al., 2018). No entanto, não existe uma concordância em termos de diferenças por sexo e prevalência de ideação e tentativa de suicídio (King et al., 2018). Tentativa de suicídio também tem sido associada ao uso de substâncias, transtornos mentais, *bullying* e história familiar de suicídio (Van Gerpen et al., 2020).

COMO FUNCIONA O ICR

Considerando a importância de monitorar os comportamentos de risco, foi construído um índice que mensura quatro áreas de risco, analisadas de forma integrada: comportamento sexual, envolvimento em atos infracionais, uso de substâncias e comportamento suicida (Alves et al., 2015). O ICR foi construído a partir de questões selecionadas do Questionário da Juventude Brasileira – versão II (QJB) (Dell'Aglio et al., 2011), as quais foram direcionadas para adolescentes de diferentes contextos (que viviam com suas famílias, em acolhimento institucional e em cumprimento de medida socioeducativa). A partir dessas perguntas, foi construída a escala de respostas, sendo 0 ausência de risco; 1, risco baixo; e 2, risco alto.

O ICR é composto por 17 itens, divididos nas quatro dimensões (comportamento sexual, envolvimento em atos infracionais, uso de substâncias e comportamento suicida) que variam de 0 a 2 pontos, com uma pontuação total de 0 a 34 pontos, como pode ser observado na Tabela 15.1.

A análise das propriedades psicométricas do ICR foi realizada a partir do banco de dados da pesquisa *Adolescentes em diferentes contextos: família e institucionalização* (Dell'Aglio, 2012). Essa pesquisa teve por objetivo identificar fatores de risco e proteção no desenvolvimento de jovens, tendo sido composta por uma amostragem aleatória, por conglomerados, a partir do sorteio de escolas de ensinos fundamental e médio pertencentes à rede pública do município de Porto Alegre, Rio Grande do Sul. A partir do cálculo amostral (margem de erro de 4,0%) (Barbetta, 2001), participaram 466 adolescentes com idade entre 11 e 19 anos (média (M) = 14,99; desvio-padrão (DP) = 1,57), sendo 63,3% do sexo feminino. O questionário foi respondido de forma individual, mas aplicado coletivamente em sala de aula, com duração de cerca de 60 minutos (Zappe et al., 2018).

A análise do ICR (Zappe et al., 2018) foi realizada por meio da extração de quatro fatores pelo método de componentes principais, com o método de rotação Varimax. A pontuação total do ICR variou de 0 a 23 pontos, com M = 5,71 (DP = 5,23) e com consistência interna adequada (alfa de Cronbach da escala total = 0,84).

Analisando os resultados apresentados, pode-se constatar que os quatro fatores identificados, a partir da matriz de cargas fatoriais, correspondem às quatro áreas de comportamentos de risco incluídas no ICR: comportamento sexual de risco, uso de substâncias, comportamento infracional e comportamento suicida, e que todos os itens possuem cargas significativas.

TABELA 15.1
Itens e pontuações do Índice de Comportamentos de Risco (ICR)

Item	Questão	Pontuação	
1	Idade na primeira relação sexual	Não teve relação sexual ou teve a partir de 17 anos	0
		De 14 a 16 anos	1
		Até 13 anos	2
2	Número de parceiros sexuais no último ano	Nenhum	0
		Até dois parceiros	1
		Três parceiros ou mais	2
3	Frequência de uso de camisinha no último ano	Sempre	0
		Nem sempre	1
		Nunca	2
4	Uso de métodos contraceptivos	Eficaz	0
		Ineficaz	1
		Nenhum	2
5	Experimentação de álcool, cigarro ou drogas	Nunca experimentou	0
		Experimentou álcool ou cigarro	1
		Experimentou droga ilícita	2
6	Idade na primeira vez em que usou álcool	A partir de 18 anos	0
		De 15 a 17 anos	1
		Até 14 anos	2
7	Idade na primeira vez em que usou cigarro	A partir de 18 anos	0
		De 15 a 17 anos	1
		Até 14 anos	2
8	Idade na primeira vez em que usou drogas ou outras substâncias	Nunca usou	0
		15 anos ou mais	1
		Até 14 anos	2
9	Frequência de uso de álcool	Não usou no último mês	0
		Uma vez na semana	1
		Mais de uma vez na semana	2

Continua

TABELA 15.1
Itens e pontuações do Índice de Comportamentos de Risco (ICR)

Item	Questão	Pontuação	
10	Frequência de uso de cigarro	Não usou no último mês	0
		Uma vez na semana	1
		Mais de uma vez na semana	2
11	Frequência de uso de drogas ou outras substâncias	Não usou no último mês	0
		Uma vez na semana	1
		Mais de uma vez na semana	2
12	Parceiro em consumo de drogas	Não usa drogas	0
		Amigos/namorado (a) ou família	1
		Sozinho	2
13	Envolvimento em situações ilegais	Não	0
		Brigas e agressão física/violência contra pessoas e envolvimento em pichação	1
		Destruição de propriedade, assalto, roubo ou venda de drogas	2
14	Número de situações ilegais em que se envolveu	Nenhuma	0
		Uma	1
		Duas ou mais	2
15	Ideação e tentativa de suicídio	Nunca pensou ou tentou	0
		Já pensou, mas nunca tentou	1
		Já tentou se matar	2
16	Frequência de ideações suicidas	Nunca pensou	0
		Uma vez	1
		Duas ou mais vezes	2
17	Frequência de tentativas de suicídio	Nunca tentou	0
		Uma vez	1
		Duas ou mais vezes	2

Dessa forma, pode-se concluir que o ICR é um instrumento adequado para avaliar comportamentos de risco na adolescência, considerando esse conjunto de comportamentos de risco de forma integrada. A pontuação total pode variar de 0 a 34 pontos e, quanto maior a pontuação, maior o envolvimento em comportamentos de risco. Embora não tenha sido estabelecido um ponto de corte, um estudo com adolescentes brasileiros de diferentes regiões do país revelou variação de 0 a 28 pontos (M = 5,06; DP = 5,24), de forma que esses valores podem ser utilizados como referência (Zappe & Dell'Aglio, 2016a). Além disso, o ICR possibilita identificar a prevalência e a coocorrência dos comportamentos de risco em adolescentes, contribuindo para o avanço do conhecimento nessa área.

Temos, no entanto, algumas limitações neste instrumento. Inicialmente, ressaltamos que não foram desenvolvidos estudos para verificar sua validade e fidedignidade. Além disso, o instrumento foi construído no ano de 2013, e identificamos que novos comportamentos de risco estão fazendo parte do cotidiano dos adolescentes como, por exemplo, dependência de internet, comportamento alimentar não saudável e falta de atividade física, além da automutilação. Por isso, dada a emergência do tema, sugerimos, para estudos futuros, a revisão do ICR e a associação de novos comportamentos de risco, a fim de que se possa dispor de estudos que integrem, cada vez mais, uma análise de diferentes comportamentos para subsidiar políticas públicas e intervenções em contextos institucionais.

Apesar disso, a partir do ICR, foi possível chegar a alguns resultados que ampliaram o conhecimento sobre os comportamentos de risco em uma perspectiva integrada. Um estudo que realizamos com uma amostra de 1.332 adolescentes brasileiros de 12 a 19 anos (M = 15,68; DP = 1,60), de ambos os sexos, revelou que o uso de substâncias foi o comportamento de risco mais prevalente nessa amostra, e que há uma tendência à coocorrência dos diferentes tipos de comportamentos de risco, uma vez que cerca de quatro em cada 10 adolescentes manifestaram engajamento em dois ou mais comportamentos de risco. Entre os fatores mais associados com o engajamento em comportamentos de risco, destacaram-se a presença de eventos estressores ao longo da vida e a proximidade com amigos que usam substâncias ilícitas (Zappe & Dell'Aglio, 2016a).

Em outro estudo no qual utilizamos o ICR para investigar longitudinalmente os comportamentos de risco em adolescentes que viviam em diferentes contextos, incluindo família, acolhimento institucional e internação socioeducativa, identificamos que o engajamento em comportamentos de risco foi mais alto entre os adolescentes institucionalizados do que entre os adolescentes que viviam com suas famílias. Com relação aos fatores de risco e proteção, observamos nesse estudo que os adolescentes que viviam com suas famílias apresentaram indicadores mais favoráveis do que os adolescentes institucionalizados, os quais, por sua vez, encontravam-se em situação de vulnerabilidade pela maior presença de eventos estressores e de violência, além das percepções de menos positividade nas relações com a escola e a família (Zappe & Dell'Aglio, 2016b).

Em conjunto, os resultados desse estudo evidenciam a importância de considerar as características de diferentes contextos de desenvolvimento, as quais marcam as trajetórias de vida de cada indivíduo e definem vulnerabilidades e potencialidades (Schoen-Ferreira et al., 2010).

Com relação ao contexto escolar, enfatizamos o papel protetivo que a escola pode exercer, uma vez que diversos aspectos da relação do adolescente com a escola têm se associado à evitação ou redução da adoção de comportamentos de risco, destacando-se: bem-estar e satisfação com a escola, clima da escola, proximidade aluno-professor e conectividade escolar (Zappe et al., 2018).

Partindo do papel protetivo que a escola pode exercer, e considerando o amplo contato do contexto escolar com a população de adolescentes, tecemos na seção seguinte, algumas orientações para o desenvolvimento de intervenções na escola que possam prevenir e/ou reduzir o engajamento de adolescentes em comportamentos de risco.

PREVENÇÃO E/OU REDUÇÃO DE COMPORTAMENTOS DE RISCO NA ADOLESCÊNCIA NO CONTEXTO ESCOLAR

Compreendemos que está ao alcance da comunidade escolar proporcionar espaços seguros para identificação e encaminhamento dos adolescentes frente a qualquer adversidade constatada, como a manifestação de comportamentos de risco. As escolas são destacadas pela sua importância e influência no desenvolvimento dos adolescentes, podendo atuar tanto na promoção de fatores protetivos, como na detecção de riscos (Ministério da Saúde [MS], 2014).

Assim, com o intuito de potencializar a influência positiva que a escola pode ter sobre os jovens, destacamos a importância da escuta do que eles têm a dizer sobre si mesmos e sobre a realidade que experienciam, de forma que suas falas passem a ser consideradas como centrais no entendimento das situações e circunstâncias em que estão inseridos. Enfatizamos, nesse ponto, a importância de fortalecerem-se os laços dos adolescentes com a escola, considerando que o vínculo escolar, por si só, já se caracteriza como um aspecto protetivo, pois, quando a escola participa da rede de apoio socioemocional do adolescente, ela tem a oportunidade de estimular comportamentos saudáveis (Dotta et al., 2000). Pelo contrário, o afastamento escolar pode aumentar a chance de envolvimento em comportamentos de risco, como consequência da ausência do apoio e do sentimento de pertença que a vinculação à escola proporciona (Matos & Carvalhosa, 2001).

Acerca desse assunto, pode-se afirmar a existência de uma tendência de que estratégias de intervenção e prevenção na adolescência mantenham o foco estritamente no âmbito dos comportamentos de risco (p. ex., gravidez precoce, uso de drogas e prática de atos infracionais). Entretanto, programas e propostas centradas unicamente em "condutas-problema" são pouco eficazes e não têm se mostrado capazes de modificar a realidade em que o jovem está inserido.

Além disso, esse tipo de intervenção negligencia diversos aspectos que influenciam a ocorrência de comportamentos de risco, como relacionamento familiar ou concepções e valores, além de não considerarem a saúde dos adolescentes em uma perspectiva integral (Maddaleno et al., 2003; et al., 2010). Assim, é importante que a escola também observe a ausência de fatores de proteção, que podem atenuar o efeito dos riscos. Para Silveira et al. (2012), as intervenções de prevenção – tanto no nível primário como secundário – deveriam o tempo todo visar a esses dois eixos: diminuir ou eliminar fatores de risco, na medida do possível, e incrementar ou instaurar fatores de proteção.

Encontramos um exemplo de intervenção que considerou esses dois eixos no documentário "Nunca me sonharam" (Rhoden, 2017). O professor André Barroso relatou uma experiência em que escolheu "a pior galera", aqueles alunos agressivos, com "rendimento baixíssimo" e "disciplina zero" para montar um time de futebol e representar a escola em um campeonato. Como não houve tempo para treinamento, o time perdeu a partida e ficou muito frustrado, pensando ter desapontado o professor, que também era diretor da escola. Este, ao contrário, afirmou que, na sua visão, não havia perdedores e que, com treino e dedicação, o time seria vitorioso em outra oportunidade.

Nessa ocasião, um estudante, chamado Guilherme, afirmou: "Caraca! Ninguém nunca acreditou em mim como o André acreditou". E, desse momento em diante, o rendimento escolar dos garotos melhorou imensamente. Segundo André, o fato de os adolescentes perceberem que alguém acreditou neles foi a "deixa" para que pudessem modificar seus comportamentos e sua forma de ser. Além disso, o professor conta que os garotos deixaram de depredar a escola e passaram a ajudar na manutenção e limpeza dela, o que demonstra que intervenções com foco nos aspectos protetivos do desenvolvimento podem ser efetivas na redução dos fatores e comportamentos de risco.

Esse relato vai ao encontro do que foi descrito pelos adolescentes participantes do estudo de Coutinho e Rocha (2007): para eles, a representação social da adolescência, seja através da mídia ou do discurso dos adultos com os quais convivem, os identifica com rebeldia, irresponsabilidade e até mesmo com criminalidade. Diante disso, questionamos, que possibilidades os adolescentes têm de ser diferentes da forma como os outros (família, escola, sociedade) os veem e esperam que eles sejam, destacando que essa fase do desenvolvimento é perpassada por importantes mudanças e redefinições identitárias? Nesse sentido, o relato do professor André sublinha a relevância da qualidade da relação com os estudantes – traduzida na maneira como eles são vistos, como se fala, bem como no tratamento direcionado a eles – como forma de redução ou prevenção de comportamentos de risco e proteção de sua saúde e educação.

Apesar das demandas constantes por controle, disciplinarização e adequação dos adolescentes, é importante que os profissionais envolvidos – como professores ou psicólogos – não se deixem levar pelo ímpeto de respondê-las com propostas de intervenção prontas, a partir de técnicas e métodos generalistas. É importante levar em consideração a realidade específica e cada adolescente em sua singularidade, a fim de não se rotular como "aluno-problema" todo e qualquer adolescente que apresente comportamentos considerados desviantes ou de risco. É importante que se atente para a subjetividade e realidade de cada um, principalmente tendo em vista a existência de uma associação clara entre as experiências vividas no cotidiano e diversos aspectos do desenvolvimento adolescente (Coutinho et al., 2018; Dotta et al., 2000).

Por isso, salientamos que, para além de identificar os comportamentos, precisamos compreender suas causas. Por exemplo, os comportamentos são apresentados por um jovem que não tem espaço de diálogo em casa? Por um jovem que sofre alguma violência na comunidade? Assim, ao levar em consideração a realidade específica de cada adolescente, ampliamos a escuta e a percepção do problema, em uma abordagem contextualizada.

Em relação à escuta dos adolescentes e à construção de intervenções contextualizadas, a realização de grupos de reflexão nas escolas tem-se mostrado uma ferramenta potente para a construção de um espaço de fala e de trocas entre os jovens (Coutinho & Rocha, 2007). A adolescência é uma fase marcada pela procura e identificação com os pares, o que pode potencializar os benefícios da realização de ações grupais, tendo em vista que, através do grupo, os adolescentes podem discutir sobre questões que os mobilizam, inquietam e preocupam, como a construção de suas identidades pessoais, a sua inserção social e os impasses que experimentam em relação a diferentes âmbitos, como família, escola, justiça, dentre outros. Paralelamente ao trabalho coletivo, os grupos de reflexão também viabilizam um trabalho subjetivo, individual e singular, uma vez que sua formação facilita a inscrição social do adolescente, fornecendo suportes identificatórios e favorecendo a construção de um lugar para si no mundo.

Esses grupos de reflexão podem viabilizar a construção de um espaço de fala importante para serem discutidos os assuntos referentes aos comportamentos de risco, que, por vezes, são moralizados na sociedade, sem que haja espaço para reflexão sobre as atitudes ou contextualização histórica e cultural para a adesão a esses comportamentos.

Por exemplo, o uso de substâncias ainda parece ser considerado um tema que não pode ser debatido. Por outro lado, a violência vivenciada por jovens em contextos de pobreza evidencia-se como naturalizada, possivelmente por estes serem vítimas de uma violência estrutural, a qual dificilmente é identificada e compreendida, em termos de representação social, como um contexto que demanda a efetivação de políticas públicas adequadas (Meireles & Bertoni, 2017).

A esse respeito, é fundamental considerar, além das possibilidades de intervenção no contexto escolar, que a escola seja situada em uma rede de cuidado, uma vez que o acesso a políticas intersetoriais que articulem diferentes áreas, como a educação, a cultura, o esporte, o lazer e a assistência social, é fundamental para a proteção e a promoção da saúde dos adolescentes. Para isso, os referidos setores devem assumir um compromisso social que vai além do que lhes é inicialmente determinado (p. ex., tratar, para a saúde, ou ensinar, para a educação), exercendo ações de acolhimento, escuta e cuidado em uma perspectiva de promoção do desenvolvimento em sua integralidade (MS, 2014).

O cuidado possui uma função estruturante na vida, tendo em vista que a maneira como se é recebido, posicionado e relacionado com os outros define diferentes formas e possibilidades de ser e de existir para cada sujeito. Todos podem ser agentes cuidadores em diferentes contextos e funções, sejam mães, pais, amigos, professores, médicos, psicólogos, assistentes sociais, entre outros, desde que estejam em contato com o adolescente e afetiva e efetivamente disponíveis para acolhê-lo (França & Rocha, 2015).

Dessa forma, tendo em vista as peculiaridades da fase do desenvolvimento que consiste o "ser adolescente", é preciso que os comportamentos de risco sejam sempre alvo de uma análise detalhada, minuciosa e contextualizada do sujeito e das relações sociais e interpessoais que este estabelece. O intuito é excluir generalizações apressadas e atitudes moralistas do repertório profissional das áreas da saúde, educação e assistência social no que tange à forma de encarar e lidar com a ocorrência de comportamentos de risco (MS, 2014).

É importante evitar possíveis equívocos quanto à condução e ao direcionamento necessário em cada caso. Além disso, seja qual for o ponto da rede intersetorial que identifique o comportamento de risco (p. ex., saúde, assistência ou educação), é fundamental que se ofereça ao adolescente escuta e vínculo, de forma que os encaminhamentos realizados possam ser adequados à sua realidade. O acolhimento inicial pode ser determinante dos desdobramentos posteriores do caso.

Ainda, considerando a proteção integral do adolescente, devemos trabalhar com as diferentes dimensões de sua vida, a fim de que possam ser construídas novas maneiras de se lidar com o sofrimento e com as dificuldades, entendendo o contexto em que ocorrem os comportamentos de risco e o sentido que eles têm na história do adolescente (MS, 2014).

Com base nos aspectos inerentes à adolescência, como a alternância e a transição entre as posições de autonomia e dependência, demanda-se a consideração de dois elementos fundamentais ao exercício do cuidado: as posturas de implicação (acolher, reconhecer e interpelar) e reserva (dar tempo e espaço, esperar, manter-se disponível sem intromissões excessivas). A aproximação e o distanciamento, exercidos de modo alternado, a partir dos afetos experimentados com cada adolescente, possibilitam que diferentes profissionais atuem como agentes de cuidado e permitam ao jovem a experiência de integração, vinculação e confiança, que servirá como base para seu equilíbrio subjetivo, prevenindo e/ou reduzindo danos dos comportamentos de risco (Figueiredo, 2007; França & Rocha, 2015).

Pode-se pensar a alternância dessas posições de implicação e reserva no sentido de estar atento para ouvir as palavras, os gritos e manifestações barulhentas dos adolescentes, como nos indica Jorge Amado (1987, p. 239-240), em *Capitães da areia*: "Voz poderosa como nenhuma outra. Voz que atravessa a cidade e vem de todos os lados [...] Voz que vem de todos os peitos esfomeados da cidade, todos os peitos explorados da cidade", mas também o silêncio e as manifestações sem palavras, pois a experiência da adolescência envolve um intenso trabalho interno que mobiliza o sonho.

Mia Couto (2009, p. 131), no conto *O menino que escrevia versos*, escreveu: "De que vale ter voz se só quando não falo é que me entendem? De que vale acordar se o que vivo é menos do que o que sonhei?". Enfim, acreditamos que, para trabalhar com adolescentes, é preciso ouvir e deixar calar; olhar para a realidade da vida, mas valorizar o sonho, estar junto e incentivar que vá sozinho.

REFERÊNCIAS

Acosta, L. D., Fernández, A. R., & Pillon, S. C. (2011). Factores sociales para el uso de alcohol en adolescentes y jóvenes. *Revista Latino-Americana de Enfermagem, 19*, 771-781.

Alves, C. F., Zappe, J. G., & Dell'Aglio, D. D. (2015). Índice de comportamentos de risco: Construção e análise das propriedades psicométricas. *Estudos de Psicologia, 32*(3), 371-382.

Amado, J. (1987). *Capitães da areia*. Círculo do livro.

Ammerman, B. A., Steinberg, L., & McCloskey, M. S. (2018). Risk-taking behavior and suicidality: The unique role of adolescent drug use. *Journal of Clinical Child & Adolescent Psychology, 47*(1), 131-141.

Auerbach, R. P., & Gardiner, C. K. (2012). Moving beyond the trait conceptualization of self-esteem: The prospective effect of impulsiveness, coping, and risky behavior engagement. *Behaviour, Research and Therapy, 50*(10), 596-603.

Barbetta, P. A. (2001). *Estatística aplicada às ciências sociais*. Editora da UFSC.

Basols, A. M. S, Boni, R., & Pechansky, F. (2010). Alcohol, drugs, and risky sexual behavior are related to HIV infection in female adolescents. *Revista Brasileira de Psiquiatria, 32*(4), 361-368.

Beebe, L., Vesely, S., Oman, R., Tolma, E., Aspy, C., & Rodine, S. (2008). Protective assets for non-use of alcohol, tobacco and other drugs among urban American Indian youth in Oklahoma. *Maternal Child Health Journal, 12*, 582-590.

Busseri, M. A., Willoughby, T., Chalmers, H., & Bogaert, A. F. (2008). On the association between sexual attraction and adolescent risk behavior involvement: Examining mediation and moderation. *Developmental Psychology, 44*(1), 69-80.

Cerqueira-Santos, E., Melo Neto, O. C., & Koller, S. H. (2014). Adolescentes e adolescências. In L. F. Habigzang, E. Diniz & S. H. Koller (Eds.), *Trabalho com adolescentes: teoria e intervenção psicológica* (pp. 17-29). Artmed.

Coutinho, L. G., Carneiro, C., & Salgueiro, L. M. (2018). Vozes de crianças e adolescentes: o que dizem da escola? *Psicologia Escolar e Educacional, 22*(1), 185-193.

Coutinho, L. G., & Rocha, A. P. R. (2007). Grupos de reflexão com adolescentes: Elementos para uma aula psicanalítica na escola. *Psicologia Clínica, 19*(2), 71-85.

Couto, M. (2009). *O fio das missangas*. Companhia das Letras.

Crandall, A., Magnusson, B. M., & Novilla, M. L. B. (2018). Growth in adolescent self-regulation and impact on sexual risk-taking: A curve-of-factors analysis. *Journal of Youth and Adolescence, 47*(4), 793-806.

Cruz, S. M., Rosa, E., & Coutinho, S. (2016). Representações sociais de universitários sobre jovens e juventude. *Psicologia e Saber Social, 5*(2), 169-186.

Dell'Aglio, D. D. (2012). *Adolescentes em diferentes contextos: Família e institucionalização*. [Relatório de Pesquisa Nº 507433/2010-6]. Conselho Nacional de Desenvolvimento Científico e Tecnológico. Universidade Federal do Rio Grande do Sul.

Dell'Aglio, D. D., Koller, S. H., Cerqueira-Santos, E., & Colaço, V. (2011). Revisando o questionário da juventude brasileira: Uma nova proposta. In D. D. Dell'Aglio & S. H. Koller (Eds.), *Adolescência e juventude: Vulnerabilidade e contextos de proteção* (pp. 259-270). Casa do Psicólogo.

Dotta, R. M., Alves, P. B., Koller, S. H., & Brito, R. C. (2000). Sexualidade, AIDS e drogas: um relato de intervenção com adolescentes. *Revista Brasileira de Crescimento e. Desenvolvimento Humano, 10*(2), 33-44.

Duell, N., Steinberg, L., Icenogle, G., Chein, J., Chaudhary, N., Di Giunta, L., ... Chang, L. (2018). Age Patterns in risk taking across the world. *Journal of youth and adolescence, 47*(5), 1052–1072.

Fang, M. (2018). School poverty and the risk of attempted suicide among adolescents. *Social Psychiatry and Psychiatric Epidemiology, 53*(9), 955-967.

Farias, J. C., Nahas, M. V., Barros, M. V. G., Loch, M. R., Oliveira, E. S. A., De Bem, M. F. L., & Lopes, A. S. (2009). Comportamentos de risco à saúde em adolescentes no Sul do Brasil: prevalência e fatores associados. *Revista Panamericana de Salud Pública, 25*(4), 344-352.

Figueiredo, L. C. (2007). A metapsicologia do cuidado, *Psychê, XI*(21), 13-30.

França, R. M. P., & Rocha, Z. (2015). Por uma ética do cuidado na psicanálise de criança. *Psicologia USP, 26*(3), 414-422.

Guedes, D. P., & Lopes, C. C. (2010). Validação da versão brasileira do Youth Risk Behavior Survey 2007. *Revista de Saúde Pública, 44*(5), 840-850.

Gallo, A. E., & Williams, L. C. A. (2008). A escola como fator de proteção à conduta infracional de adolescentes. *Cadernos de Pesquisa, 38*(133), 41-59.

Holt, M., Espelage, D., Van Ryzin, M., & Bowman, C. (2018). Peer victimization and sexual risk taking among adolescents. *Journal of School Health, 88*(12), 903-909.

Huang, D., Lanza, I., Murphy, D., & Hser, Y. (2012). Parallel development of risk behaviors in adolescence: potential pathways to co-occurrence. *International Journal of Behavioral Development, 36*(4), 247-257.

Huang, D. Y. C., Murphy, D. A., & Hser, Y. I. (2012). Developmental trajectory of sexual risk behaviors from adolescence to young adulthood. *Youth Society, 44*(4), 479-499.

Kann, L., McManus, T., Harris, W. A., Shanklin, S. L, Flint, K. H., Queen, B., ... Ethier K. A. (2018). Youth Risk Behavior Surveillance – United States, 2017. *Morbidity and mortality weekly report. Surveillance summaries, 67*(8), 1–114.

King, K. A., Vidourek, R. A., Yockey, R. A., & Merianos, A. L. (2018). Impact of parenting behaviors on adolescent suicide based on age of adolescent. *Journal of Child and Family Studies, 27*(12), 4083-4090.

Kosunen, E., Kaltiala-Heino, R., Rimpelä, M., & Laippala, P. (2003). Risk-taking sexual behaviour and self-reported depression in middle adolescence – a school-based survey. *Child: Care, Health & Development, 29*(5), 337-344.

Lewycka, S., Clark, T., Peiris-John, R., Fenaughty, J., Bullen, P., Denny, S., & Fleming, T. (2018). Downwards trends in adolescent risk-taking behaviours in New Zealand: Exploring driving forces for change. *Journal of Paediatrics and Child Health, 54*(6), 602-608.

Lopez-Quintero, C., Granja, K., Hawes, S., Duperrouzel, J. C., Pacheco-Colón, I., & Gonzalez, R. (2018). Transition to drug co-use among adolescent cannabis users: The role of decision-making and mental health. *Addictive behaviors, 85*, 43-50.

Maddaleno, M., Morello, P., & Infante-Espínola, F. (2003). Salud y desarrollo de adolescentes y jóvenes en Latinoamérica y El Caribe: Desafíos para la próxima década. *Salud Pública de México, 45*(Supl. 1), S132-S139.

Matos, M. G., & Carvalhosa, S. F. (2001). A saúde dos adolescentes: Ambiente escolar e bem-estar. *Psicologia, Saúde & Doenças, 2*(2), 43-53.

McCarty, C., Ebel, B., Garrison, M., DiGiuseppe, D., Christakis, D., & Rivara, F. (2004). Continuity of binge and harmful drinking from late adolescence to early adulthood. *Pediatrics, 114*(3), 714-719.

McCormick, E. M., Qu, Y., & Telzer, E. H. (2016). Adolescent neurodevelopment of cognitive control and risk-taking in negative family contexts. *NeuroImage, 124*, 989-996.

Meireles, R., & Bertoni, L. (2017). O que dizem os invisíveis: memória social e representações sociais dos adolescentes sobre violência e uso de drogas. *Perspectivas em Diálogo: Revista de Educação e Sociedade, 4*(8), 90-106.

Ministério da Saúde (MS). (2014). *Atenção psicossocial a crianças e adolescentes no SUS: Tecendo redes para garantir direitos*. https://bvsms.saude.gov.br/bvs/publicacoes/atencao_psicossocial_criancas_adolescentes_sus.pdf

Morais, N. A., Morais, C. A., Reis, S., & Koller, S. H. (2010). Promoção de saúde e adolescência: Um exemplo de intervenção com adolescentes em situação de rua. *Psicologia & Sociedade, 22*(3), 507-518.

Moral, M. V., Rodríguez, F. J., & Ovejero, A. (2010). Correlatos psicosociales del consumo de sustancias psicoactivas en adolescentes españoles. *Salud Pública de México, 52*(5), 406-415.

Raphaelli, C. O., Azevedo, M. R., & Hallal, P. C. (2011). Associação entre comportamentos de risco à saúde de pais e adolescentes em escolares de zona rural de um município do Sul do Brasil. *Cadernos de Saúde Pública, 27*(12), 2429-2440.

Rhoden, C. (Diretor) (2017). *Nunca me sonharam*. [Documentário]. Marinha Filmes.

Senna, S. R. C. M, & Dessen, M. A. (2012). Contribuições das teorias do desenvolvimento humano para a concepção contemporânea da adolescência. *Psicologia: Teoria e Pesquisa, 28*(1), 101-108.

Schoen-Ferreira, T. H., Aznar-Farias, M., & Silvares, E. F. M. (2010). Adolescência através dos séculos. *Psicologia: Teoria e Pesquisa, 26*(2), 227-234.

Silveira, M. A. S., Maruschi, M. C., & Bazon, M. R. (2012). Risco e proteção para o engajamento de adolescentes em práticas de atos infracionais. *Journal of Human Growth and Development, 22*(3), 348-357.

Steck, N., Egger, M., Schimmelmann, B. G., & Kupferschmid, S. (2018). Suicide in adolescents: findings from the Swiss National cohort. *European Child & Adolescent Psychiatry, 27*(1), 47-56.

Van Gerpen, S., Vik, T., & Soundy, T. J. (2020). Assessing adolescent suicide risk. *South Dakota Medicine: The Journal of the South Dakota State Medical Association, 73*(2), 82–86.

Vaz, B., & Moreira, J. (2015). Responsabilização x responsabilidades: O adolescente autor de ato infracional e a redução da maioridade penal. *Psicologia Argumento, 33*(82), 346-363.

Warner, T. D. (2018). Adolescent sexual risk taking: The distribution of youth behaviors and perceived peer attitudes across neighborhood contexts. *Journal of Adolescent Health, 62*(2), 226-233.

Zappe, J. G., Alves, C. F., & Dell'Aglio, D. D. (2018). Comportamentos de risco na adolescência: revisão sistemática de estudos empíricos. *Psicologia em Revista (Belo Horizonte), 24*(1), 79-100.

Zappe, J. G., & Dell'Aglio, D. D. (2016a). Variáveis pessoais e contextuais associadas a comportamentos de risco em adolescentes. *Jornal Brasileiro de Psiquiatria, 65*(1), 44-52.

Zappe, J. G., & Dell'Aglio, D. D. (2016b). Adolescência em diferentes contextos de desenvolvimento: risco e proteção em uma perspectiva longitudinal. *Psico, 47*(2), 99-110.

16
COMPORTAMENTO AUTOLESIVO E IDEAÇÃO SUICIDA NA ADOLESCÊNCIA

Manuela Almeida da Silva Santo
Gabriela Gehlen
Jaqueline Portella Giordani

Comportamentos de risco e adolescência são tidos cada vez mais como sinônimos, uma vez que é nessa fase do desenvolvimento que o indivíduo passa a adquirir maior autonomia e independência, vivencia maior oscilação de humor e busca novidades de maneira mais frequente que na infância. O comportamento autolesivo é uma das formas de comportamento de risco que vem se tornando cada vez mais prevalente entre os adolescentes e vem exigindo de educadores, psicólogos e profissionais da saúde de maneira geral uma ampla compreensão dos adolescentes e sobre os motivos que os levam a apresentar tais comportamentos.

Definida como qualquer atividade que cause dano intencional ao próprio corpo, acompanhada ou não de uma intenção suicida (Turecki & Brent, 2015), a autolesão inclui práticas que não são aceitas culturalmente por uma sociedade, o que descartaria o uso de tatuagens e *piercings*, por exemplo, como formas de se autoagredir. As principais pesquisas da área vêm mostrando que objetos perfurocortantes (especialmente lâminas de barbear, lâminas de apontador e facas) são o principal meio que os jovens usam para se autolesionar (Klonsky & Muehlenkamp, 2007; Nock 2010). Entretanto, arranhar, morder, bater e queimar a si próprio, atirar-se de altura ou inserir objetos embaixo da pele são também métodos constantemente utilizados para o mesmo fim.

O tipo de objeto, assim como a intensidade e frequência das lesões, pode variar no decorrer do tempo, mas é esperado que o adolescente as provoque quando está sozinho e queira esconder as marcas deixadas no seu corpo. Isso ocorre especialmente porque as autolesões são motivadas, muitas vezes, por sentimentos de solidão, vergonha e culpa, bem como pensamentos autodepreciativos que podem aumentar a sensação de desconforto psicológico e desajustamento do adolescente (Klonsky et al., 2015).

De forma geral, sabe-se que **as meninas são a maioria entre aqueles que se autolesionam**, mas esse dado pode ser explicado pela associação da autolesão ao método de corte, uma vez que esse é mais escolhido pelo sexo feminino, enquanto os meninos optam por métodos mais violentos (Whitlock, 2010). Outras explicações para essas diferenças entre os sexos se relacionam com o início da atividade sexual precoce, que coloca as meninas em maior risco de reagir com sintomas depressivos ou autoagressivos após enfrentar conflitos nos relacionamentos, enquanto os meninos tendem a recorrer ao álcool, à agressividade e ao comportamento violento para manejar sentimentos (Simioni, 2017).

Além disso, a literatura da área aponta que o início do comportamento autolesivo tende a ser entre os 13 e 14 anos, atingindo seu pico aos 15 anos e podendo permanecer por até 10 ou 15 anos, havendo uma tendência de diminuição ou remissão total do comportamento na idade adulta (Silva & Botti, 2017). Ainda assim, vem crescendo o número de crianças que também apresentam tais comportamentos. Um estudo brasileiro identificou comportamento autolesivo em crianças entre 6 e 9 anos (Simioni et al., 2018), apontando para uma precocidade etária cada vez maior na iniciação desse comportamento.

Embora os dados epidemiológicos e sociodemográficos ainda não sejam bem descritos na literatura brasileira e poucos ainda sejam os estudos da área no nosso contexto, a autolesão é um comportamento indiscutivelmente grave e um fator de risco que vem se multiplicando na adolescência no mundo todo, devendo, portanto, ser um alvo prioritário para intervenções nas áreas de educação e saúde. Além disso, é importante pensar que, embora a autolesão ocorra predominantemente na adolescência e em paralelo às diversas mudanças que estão ocorrendo na vida do adolescente, são muitos os fatores de risco que já estão presentes mesmo na infância e que aumentam a vulnerabilidade do adolescente para o envolvimento nesse tipo de comportamento.

PRINCIPAIS FATORES DE RISCO PARA A AUTOLESÃO

No âmbito familiar, características como baixa coesão, pouca comunicação, violência intrafamiliar e baixa supervisão aparecem como precursoras do risco autolesivo e suicida na adolescência (Moreira & Bastos, 2015). Além disso, modelos parentais mais hostis, com alto criticismo e um ambiente invalidante, são características que favorecem o envolvimento nesse comportamento, uma vez que, quando o adolescente se depara com situações em que suas emoções são constantemente atenuadas, banalizadas ou desencorajadas, seus recursos intra e interpessoais para lidar com eventos estressores e emoções aversivas tornam-se escassos (Gatta et al., 2017; Jiang et al., 2016).

Junto a isso, características pessoais do adolescente também parecem se somar a essas fragilidades familiares. Observamos em nossa prática que características de baixa autoestima, impulsividade e instabilidade emocional, autocrítica elevada, baixa tolerância à frustração, baixa capacidade de comunicação e de resolução de problemas estão bastante presentes em adolescentes com conduta autolesiva. Além disso, são adolescentes que relatam, com frequência, sentimento de culpa, vazio e solidão. Essa sensação, conforme descrito por outros estudos, pode motivar a busca de autolesão pela ausência de rede de apoio e outras formas de amparo psicológico, como também o isolamento pode surgir após o envolvimento do adolescente na prática autolesiva – o que não permite concluir se isolar-se é uma consequência ou um fator precipitante para as autolesões (Endo et al., 2017).

Algumas psicopatologias também têm sido frequentemente relacionadas com o desenvolvimento da autolesão. Transtorno bipolar, transtorno de personalidade *borderline* (TPB), depressão e transtornos alimentares são alguns dos principais. O TPB tem sido o mais estudado nessa área, uma vez que é um transtorno marcado por uma constante labilidade emocional, prejuízos na autopercepção e nas relações interpessoais, além de desregulação emocional e impulsividade. Nesse sentido, alguns autores concordam que certos sintomas do TPB parecem atuar de forma crucial no engajamento em comportamentos autolesivos: história prévia de pensamento ou comportamento suicida, impulsividade intensa, sentimento de vazio crônico e distúrbios identitários (Brickman et al., 2014).

Já em relação aos aspectos sociais e comunitários, situações de violência intrafamiliar ou extrafamiliar, bem como vitimização entre pares e no namoro, além da baixa percepção de suporte social, são fatores que adicionam risco para um adolescente vir a se envolver em condutas autolesivas. De maneira mais ampla, eventos traumáticos durante a infância ou na própria adolescência, rejeição social e dificuldades em relacionamentos interpessoais, junto com os aspectos pessoais descritos anteriormente, podem propiciar um terreno fértil para o desenvolvimento e a manutenção da prática autolesiva.

Há muitos estudos apontando o fato de que a exposição cumulativa às múltiplas experiências de violência infantojuvenil aparece associada a um aumento no risco de autolesão adolescente, entre outros comportamentos de risco (Day et al., 2016). Há também outros estudos que mostram a influência dos maus tratos na maior impulsividade entre os jovens (McMahon et al., 2018), bem como no seu maior engajamento em comportamentos de risco (Kenedy et al., 2017).

Ainda, a influência de pares na autolesão pode ocorrer através da modelagem de papéis, pois, para se sentir aceito e pertencente a esse novo grupo social, o adolescente pode adotar comportamentos e atitudes consoantes com os amigos. É, então, no comportamento por contágio que a autolesão pode se instalar: os adolescentes que se autolesionam têm maior probabilidade de conhecer algum amigo próximo que já realizou o mesmo comportamento, em comparação com outras pessoas que nunca se envolveram com a prática (Giletta et al., 2015). Entretanto, os mesmos amigos que podem influenciar a busca pela autolesão como recurso de regulação emocional são também a principal fonte de apoio do adolescente para situações de conflitos e podem auxiliar a busca por ajuda profissional.

Especialmente no contexto escolar, o *bullying* entre os pares parece atuar como evento estressor central na maioria dos casos de autolesão. Definido como uma relação assimétrica, em que um indivíduo pratica comportamentos agressivos, humilhantes, intencionais e repetitivos em relação ao outro, levando a um sofrimento e sentimento de impotência na vítima (Smith, 2014), o *bullying* pode ser situado como um fator de risco consistente para as práticas de autolesão, bem como para as tentativas de suicídio, uma vez que aumenta a probabilidade de ocorrência de sintomas depressivos, baixa autoestima e sentimentos de solidão. Além disso, há também evidências de que a violência intrafamiliar está associada a episódios de violência na escola (Giordani & Dell'Aglio, 2016), indicando a mútua influência dos diferentes tipos de violência durante a adolescência.

Como é possível notar, a maior parte das variáveis de risco descritas aqui são compartilhadas com outros comportamentos desadaptativos e prejudiciais à saúde mental, bem como com diversas psicopatologias, o que significa que não são exclusivas do comportamento autolesivo e que não há uma relação causal clara entre elas. Contudo, entre as pesquisas que existem na área, esses são os principais fatores que se mostram presentes na história pessoal de indivíduos que apresentaram esse comportamento em algum momento.

REDES SOCIAIS E AUTOLESÃO

Outra questão que tem sido discutida quando se trata de autolesão é o uso da internet. Sabemos que as redes sociais exercem um impacto inquestionável na rotina dos adolescentes e é cada dia mais difusa entre os nativos digitais, as fronteiras entre o virtual e o real. Assim como as redes sociais podem assumir um papel preventivo, ao oferecer um espaço de compartilhamento da dor e recursos de enfrentamento de dificuldades emocionais, é inquestionável seu papel nocivo, através da propagação de métodos, fotos de automutilação, dicas de como esconder as lesões que estão presentes na internet.

Um exemplo disso é a plataforma *Tumblr*, um dos principais objetos de estudos sobre o tema, reconhecida como uma forma de proliferação de conteúdos nocivos sobre autolesão (Otto & Santos, 2016). O acesso e multiplicação de postagens dessa natureza foi tanto, que a própria plataforma mudou sua política de compartilhamento e acesso em 2012, proibindo esse tipo de conteúdo. Outras plataformas, preocupadas com o compartilhamento de materiais que incitassem o suicídio e a autolesão, também desenvolveram ferramentas que pudessem servir de alerta para os usuários sobre o risco dos temas pesquisados.

O *Facebook* em parceria com o Centro de Valorização da Vida (CVV) adicionou na sua plataforma ferramentas que permitem que postagens que sinalizem comportamento suicida *on-line* ou conteúdo de autolesão possam ser denunciadas e a pessoa que fez a postagem possa anonimamente receber uma mensagem oferecendo algumas opções possíveis: enviar uma mensagem a um amigo, conversar com um agente do CVV pelo telefone, *chat* ou *e-mail* ou ainda receber dicas do que fazer.

Outra rede que adotou medidas para proteção dos usuários é o *Instagram*, rede social de compartilhamento de fotos, que foi eleita recentemente como a pior rede social para a saúde mental dos adolescentes (BBC, 2017; Salas, 2017). Um estudo tentando mapear as interações e respostas dos adolescentes em fotos dessas plataformas identificou rotas neuronais em busca de respostas fisiológicas aos estímulos apresentados e possíveis comportamentos desencadeados por *likes* (Sherman et al., 2016). Nos achados, os adolescentes reagiam de forma positiva a fotos que apresentassem conteúdos de risco, desde que essa foto fosse bem avaliada nas redes através do número de *likes* recebidos. A popularidade de fotos que incitem autolesão ou comportamento suicida torna os adolescentes mais propensos não apenas a curtir esse tipo de conteúdo, mas a produzir suas próprias fotos com esse teor em busca de popularidade.

Essas informações nos direcionam para a necessidade de expandir nossa vigilância e o cuidado com os adolescentes em outros espaços de circulação. As redes sociais não são mais externas à escola; seu uso e as repercussões de postagens e interações virtuais se dão no espaço escolar, quando os adolescentes se encontram presencialmente. A organização de rodas de conversa e oficinas com grupos de alunos e o estímulo ao uso das redes sociais de forma integrativa no currículo, tratando de seu uso positivo e da percepção que os adolescentes têm sobre elas, são ferramentas necessárias para o trabalho preventivo em saúde mental na escola. A indissociação entre o virtual e o real exige que nossas práticas – de saúde e educação – migrem para esses espaços para serem efetivas e para que possam dialogar com os adolescentes no seu novo hábitat.

POR QUE O ADOLESCENTE SE MACHUCA

Ainda que a autolesão seja um fenômeno fortemente influenciado pelo grupo de pares e por aspectos ambientais, é preciso compreender as suas especificidades de maneira individual e contextualizada. Isso significa que, mesmo que os fatores de risco familiares, pessoais e sociais para autolesão estejam presentes na história de alguns adolescentes, nem todos irão desenvolver esse tipo de comportamento. A escolha de se envolver em práticas de autolesão será sempre individual e deve ser avaliada, portanto, de maneira singular.

Assim como, diante do mesmo contexto, os adolescentes podem optar por estratégias de autorregulação diferentes, adolescentes que cometem autolesão também o fazem por razões pessoais e com intenções diferentes. Em geral, a literatura disponível na área aponta para duas tendências principais: a primeira se refere a objetivos intrapessoais (o que é exemplificado em falas como "Eu queria obter alívio para uma dor emocional terrível") e a segunda está relacionada a objetivos interpessoais e comunicativos ("Eu queria mostrar o quão desesperado eu estava me sentindo") (Scoliers et al., 2009). Cada uma dessas categorias inclui uma série de hipóteses, que irão definir tanto o que o adolescente busca com esse comportamento, como o que lhe motiva a praticá-lo (Greydanus & Omar, 2015; Klonsky, 2007; Klonsky & Muehlenkamp, 2007; Laye-Gindhu & Schonert-Reichl, 2005; Nock, 2009; Santos & Faro, 2018). Essas hipóteses são ilustradas na Figura 16.1 e estão mais bem descritas a seguir.

Regulação emocional/ analgesia da dor emocional

A autolesão é utilizada como uma estratégia para regular afetos negativos intensos e esma-

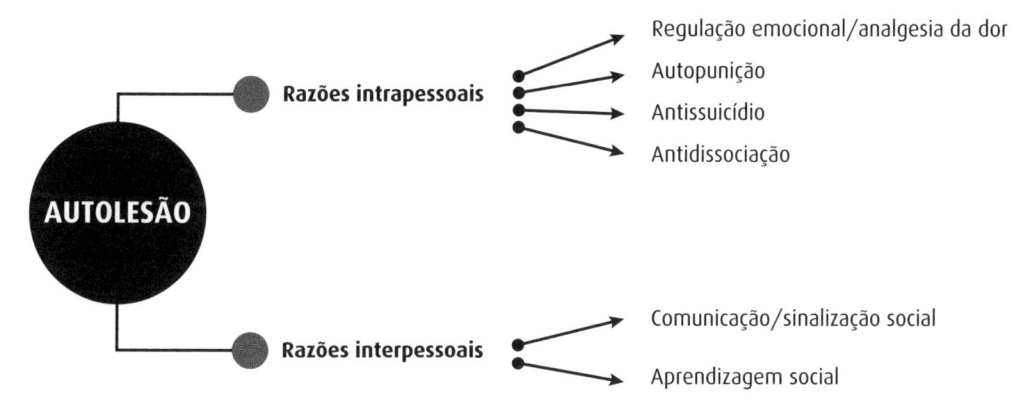

FIGURA 16.1 / Funções da autolesão.

Fonte: Com base em Greydanus e Omar (2015), Klonsky (2007), Klonsky e Muehlenkamp (2007), Laye-Gindhu e Schonert-Reichl (2005), Nock (2010), Santos e Faro (2018), Scoliers et al. (2009).

gadores, atenuando-os e redirecionando-os. No momento em que há uma exacerbação emocional sentida como incontrolável (e muitas vezes descrita como uma "dor emocional"), o comportamento autolesivo parece atuar como alívio imediato, regulando tal excitação. A regulação afetiva parece ser a função mais prevalente da autolesão.

Autopunição

Assumindo um caráter autodepreciativo, a autolesão pode estar ligada a sentimentos de raiva de si próprio, baixa autoestima e autocrítica elevada. Nesses casos, a autolesão apresenta-se como egossintônica diante do sentimento de ódio experienciado. Além disso, a autolesão é também uma forma de abuso autoinfligido que pode ter sido aprendida através de experiências traumáticas envolvendo violência dirigida por outros.

Antissuicídio

A autolesão, sob essa perspectiva, serviria como uma tentativa de evitar impulsos suicidas, isto é, autolesionar-se seria uma tentativa de resistir ao desejo de colocar fim à sua própria vida.

Antidissociação

A conduta autolesiva pode ser utilizada como uma forma de romper com um estado dissociativo, em que os adolescente se sente desconectado da realidade ou não sente absolutamente nada. A dor física proporciona sentimento de integridade e a possibilidade de personificação daquilo que é real, ainda que doloroso.

Comunicação/sinalização social

Uma das possibilidades para o adolescente engajar-se em comportamentos autolesivos parece ser comunicar a sua dor emocional quando as demais formas de comunicação falharam devido à falta de clareza ou má qualidade dos vínculos. Apesar de uma comunicação disfuncional, ela incita respostas desejadas que não puderam ser adquiridas de outras formas. Assim, a autolesão traduz-se em um comportamento de efeito imediato, que, normalmente, é validado pelo ambiente. Muitas vezes, o argumento de que o adolescente "quer chamar a atenção" é usado para minimizar o comportamento; entretanto, a motivação de comunicação da dor emocional dessa forma é igualmente danosa e de tanto risco quanto outras motivações para a autolesão. Assim, o cuidado e encaminhamento desses casos não deve ser menosprezado.

Aprendizagem social

O engajamento em comportamentos autolesivos é fortemente influenciado e aprendido através da observação de comportamentos de outros (pares e familiares), bem como por informação disseminada na internet, em filmes e programas de televisão, que divulgam e incitam essas práticas (Whitlock et al., 2006).

Há, entretanto, que se considerar que essas razões variam ao longo do tempo na história pessoal dos indivíduos que se autolesionam e, de forma geral, mais de uma razão pode estar interagindo durante um episódio autolesivo.

FOI UMA AUTOLESÃO OU UMA TENTATIVA DE SUICÍDIO?

Do ponto de vista científico, muitas são as divergências sobre a diferenciação entre a autolesão e uma tentativa de suicídio. Enquanto algumas linhas teóricas entendem a autolesão somente quando na ausência de uma intenção suicida, outras consideram que ambas as possibilidades podem coexistir (autolesão com ou sem intenção de morte) e que, na prática, pode ser difícil diferenciá-las por completo.

É comum conhecermos casos de adolescentes que praticaram autolesões graves, com extensos danos à sua saúde física, e que afirmam não terem tido a intenção de cometer suicídio. Nessas horas, é importante que a avaliação clínica se sobreponha à compreensão teórica do caso; independentemente da intenção, há um sofrimento psíquico que deve ser o foco da intervenção. Na avaliação individual do adolescente, é importante entender o grau de desejo de morte durante o ato, se este está presente ou não, tanto durante a prática lesiva, quanto antes e após a autolesão.

O número de cortes produzidos durante a autolesão, assim como a frequência da prática e o cuidado posterior com os ferimentos provocados também são fatores de risco a serem considerados durante a avaliação. De forma geral, as divergências se concentram na intenção, letalidade e características gerais do comportamento (Muehlenkamp & Gutierrez, 2004).

Um argumento que aparece com frequência nos estudos que tentam diferenciar a ideação suicida da autolesão é que os indivíduos que se engajam em práticas autolesivas o fazem para manejar o estresse e buscar bem-estar através do alívio da dor, enquanto os que praticam ações com ideação suicida estão tentando cessar com a vida. Por essa ótica, a autolesão ainda é voltada para a vida, enquanto a ideação é um ato voltado para a morte. Os adolescentes que praticam a autolesão ainda estão engajados na vida, mesmo que tenham adotado para isso estratégias disfuncionais (Muehlenkamp & Gutierrez, 2004).

Dessa maneira, ainda que a tentativa de suicídio e a autolesão tenham suas especificidades, entende-se a necessidade de considerá-las como parte de um mesmo contínuo, de modo que um mesmo indivíduo pode transitar por esses comportamentos a qualquer tempo e de maneiras diversas. Assim como a intenção de morte pode variar mesmo na utilização do mesmo método nos episódios autolesivos, os métodos utilizados para se autolesionar também podem variar, mesmo na presença da mesma intencionalidade (Kapur et al., 2013).

De qualquer forma, a principal diferenciação para ambos os desfechos é a intenção e a gravidade dos atos – ou seja, o seu potencial de letalidade. Nesse sentido, é importante pensar que o ato suicida é algo tão extremo e definitivo que, pelo medo de praticá-lo, o adolescente pode "ensaiar" através das autolesões, de modo a testar a sua capacidade de suportar a dor e as principais consequências que isso traz para a sua vida. A intervenção precisa levar em consideração um ponto crítico: se não foi possível prevenir a ocorrência da autolesão, podemos impedir que ela se torne um hábito e que, aos poucos, o adolescente se sinta mais capaz e disposto a cometer lesões mais graves (Klonsky & Lewis, 2014).

Já é amplamente reconhecido que a autolesão é um importante preditor de tentativas de suicídio futuras, podendo ser identificada, em média, em 40% dos casos de suicídio consumados (Cavanagh et al., 2003). Autópsias psicológicas apontam que ter se engajado em comportamentos autolesivos aumenta em 16 vezes a chance de morte por suicídio, sendo esse risco maior no primeiro ano após o episódio autolesivo, com ênfase especial aos seis primeiros meses (Simioni, 2017). Assim, intervenções psicológicas nas práticas de autolesões de adolescentes, sejam elas com ou sem intenção suicida, é também uma forma de contribuir para a prevenção de mortalidade na adolescência, uma vez que, atualmente, o suicídio é a segunda principal causa de morte entre jovens (World Health Organization [WHO], 2019).

Em outras palavras, é importante atentar para o fato de que nem todas as autolesões são uma tentativa de suicídio, mas toda tentativa de suicídio decorre de uma autolesão. Ao entender essa relação, o profissional que está avaliando o adolescente tem mais chances de não subestimar os prejuízos acarretados pela autolesão, tanto para a saúde física quanto para a saúde mental do adolescente em questão. A autolesão é um evento não linear, complexamente determinado, e, apesar de ser um fenômeno social, é experienciado de maneira singular. Por isso, é importante considerar a autolesão em uma dimensão contínua de comportamentos suicidários, que vai desde a ideação de autolesão até a tentativa de suicídio propriamente dita, a fim de avaliá-la de maneira mais integral.

SINAIS DE ALERTA NA ESCOLA

Como podemos identificar se um adolescente está em risco para autolesão ou está se autolesionando? Na nossa experiência, apesar de serem diversos os fatores de risco que já foram explorados, e apesar de eles serem comuns a outros quadros clínicos ou a outras formas de autorregulação emocional, alguns sinais podem servir de alerta para identificação desses casos no espaço escolar. Prestar atenção, por exemplo, a variáveis de risco no ambiente familiar, além de discurso autodepreciativo ou crítico-exigente recorrente, possivelmente auxilia os profissionais da escola a identificar casos de sofrimento psíquico, que podem acarretar prática autolesiva.

Por vezes, trabalhos escolares, como redações, também podem dar uma pista de que o adolescente ou está envolvido em comportamentos autolesivos ou que passou a conhecer a prática. Isso pode se manifestar por relatos de solidão, irritabilidade, transtornos alimentares, diminuição de higiene pessoal, violência autodirigida, suicídio, violência contra outros. Além disso, pode ser que haja queda abrupta de desempenho escolar ou modificação no envolvimento nas atividades (p. ex., um estudante que era participativo passa a permanecer calado e torna-se resistente à participação, mesmo quando solicitado).

Além de comportamento de ocultação dos ferimentos, cortes, marcas e cicatrizes, conforme indica a literatura da área, nossa experiência também demonstra que a vestimenta pode ser um sinal importante de alerta. O adolescente pode tentar esconder as marcas deixadas após a autolesão com roupas de manga longa, que escondem os braços, pulseiras, faixas, braceletes e munhequeiras. Já identificamos também curativos frequentes nos braços, com justificativas para estar machucado que não eram consistentes. Para facilitar o ato de esconder as lesões, os adolescentes optam por locais do corpo que possam ser facilmente escondidos por roupas ou algum acessório, preferencialmente braços, pulsos, pernas, abdome e dorso.

Outras maneiras de identificar possíveis casos de autolesão são cicatrizes que se apresentam como linhas brancas finas no antebraço. A causa das lesões, se não for ocultada, pode ser justificada como arranhões ocasionados por animais, quedas ou cortes acidentais. Tais lesões também podem estar no interior das coxas ou no dorso, o que torna sua visualização ainda mais difícil. Ainda, tem sido difundida pelas redes sociais a prática de utilizar um elástico no pulso, como uma pulseira, para que o adolescente mexa nele a fim de se distrair do impulso de cometer um ato autolesivo.

De acordo com a nossa experiência, é importante prestar atenção ao isolamento social extremo e frequente em espaços de convivência na escola e ao desejo de realizar trabalhos escolares de forma individual. Da mesma forma, pedidos frequentes para ir ao banheiro durante as aulas, com demora para retorno à sala de aula, podem ser sinal de que a autolesão também é realizada no ambiente escolar. Em casos já identificados de adolescentes que praticam esse ato, é importante que a equipe de professores esteja ciente para que possa perceber com maior facilidade esses momentos. Ainda, em casos em que já é conhecido o comportamento autolesivo de um ou mais dos adolescentes que fazem parte de um grupo de amigos, pode ser importante o acompanhamento dos demais membros desse grupo.

AVALIANDO A AUTOLESÃO E A IDEAÇÃO SUICIDA

No Manual Diagnóstico e Estatístico de Transtornos Mentais (DSM-5) (American Psychiatric Association [APA], 2014), o comportamento autolesivo já foi incluído como uma patologia única – e não somente um sintoma associado a outros transtornos mentais. No módulo final do manual, entre as condições psicopatológicas emergentes com necessidade de estudos futuros, a autolesão não suicida é classificada como uma psicopatologia em que o indivíduo provoca lesões dolorosas na superfície do próprio corpo com o propósito de reduzir a tensão e emoções negativas. Entre os critérios diagnósticos, o manual aponta que o indivíduo tenha se engajado em comportamento autolesivo em cinco ou mais dias no último ano; se autolesione com a expectativa de obter alívio de um estado emocional/sentimento/cognição negativos, para resolver uma dificuldade pessoal ou para induzir um estado de pensamento positivo; tenha um período de preocupação difícil de controlar antes do ato; que o ato seja realizado no contexto em que a autolesão não é um comportamento socialmente aprovado (como tatuagens e *piercings*); quando o comportamento causa um sofrimento clinicamente significativo (APA, 2014).

A escola, sendo um dos ambientes que o adolescente mais frequenta no seu dia a dia, acaba sendo também, na maioria dos casos, um dos primeiros lugares que ele escolhe para revelar a autolesão. Conforme já mencionado, é imprescindível que ele perceba esse espaço como um lugar de confiança e como uma extensão da sua rede de apoio, já que muitas vezes o ambiente familiar não permite que ele possa se expressar e se comunicar de maneira efetiva. Sendo assim, a avaliação psicológica no contexto escolar torna-se fundamental para que os primeiros cuidados físicos e psicológicos possam ser prestados e sejam realizados os encaminhamentos mais adequados, de acordo com cada caso.

Diante de uma situação de comportamento autolesivo ou ideação suicida, o *rapport* inicial com o adolescente é crucial para que ele se mostre disposto a receber o auxílio profissional de que necessitará posteriormente. Assim como outros comportamentos de risco, a autolesão e as ideias suicidas tendem a causar uma série de reações negativas em quem se defronta com elas, e isso é um dos maiores empecilhos para que o adolescente consiga conversar com alguém sobre tais questões.

É mais do que esperado que, no momento da avaliação, o adolescente demonstre receio de contar para o profissional sobre seu comportamento autolesivo, por temer sentir-se invalidado ou estigmatizado (Klonsky & Lewis, 2014). Por isso, criar um vínculo de confiança com os adolescentes e adotar, desde o princípio, uma postura não julgadora e empática com as suas motivações será primordial para uma coleta de informações qualificada e para o desfecho do caso.

Os questionamentos acerca da prática da autolesão devem ser feitos de maneira direta, aberta e com naturalidade. É necessário reservar tempo para essa conversa, pois o adolescente pode ter dificuldade de elaborar o que contar ou sentir-se envergonhado, além de ser importante certificar-se de estar em um ambiente que ofereça privacidade adequada.

Em razão de a autolesão e ideação suicida serem comportamentos não aceitos socialmente, os adolescentes que os apresentam, quando em avaliação ou atendimento, tendem a solicitar a confidencialidade dessas informações diante de seus familiares e pessoas mais próximas. Entretanto, é importante que os limites dessa confidencialidade estejam claros desde o início da avaliação, uma vez que qualquer comportamento identificado que ofereça risco à integridade física e psicológica do adolescente deve necessariamente ser informado aos seus responsáveis.

Em situações em que haja uma razão clara para que os cuidadores do adolescente não sejam informados de tal situação – como nos casos de violência intrafamiliar –, o Conselho Tutelar deverá, obrigatoriamente, ser notificado (Comitê Estadual de Promoção da Vida e Prevenção do Suicídio do Estado do Rio Grande do Sul, 2019). As escolas devem, ainda, registrar todos os casos de lesões autoprovocadas no Sistema de Informação de Agravos de Notificação (SINAN), através da Ficha de Notificação Individual de Violência Interpessoal/Autoprovocada (Ministério da Saúde [MS], 2006).

De acordo com a Lei nº 13.819, de 26 de abril de 2019, que institui a Política Nacional de Prevenção da Automutilação e do Suicídio, os casos suspeitos ou confirmados de violência autoprovocada são de notificação compulsória pelos estabelecimentos de saúde públicos e privados às autoridades sanitárias e pelos estabelecimentos de ensino públicos e privados ao Conselho Tutelar. Ainda de acordo com o projeto, entendem-se por violência autoprovocada o suicídio consumado, a tentativa de suicídio e o ato de automutilação, com ou sem ideação suicida.

Nos casos que envolverem criança ou adolescente, o Conselho Tutelar deverá receber a notificação (Lei nº 13.819, de 26 de abril de 2019). Assim, é importante que o adolescente entenda a quebra de confidencialidade como uma forma de cuidado e proteção e que ele também faça parte desse processo e compreenda as razões para isso ocorrer. Por isso, é importante explicar com linguagem apropriada à faixa etária e escolaridade do aluno o que significa a notificação e/ou comunicação à família, além do encaminhamento para a rede pública de saúde ou outros profissionais de saúde mental.

ASPECTOS DA AUTOLESÃO A SEREM AVALIADOS

Para que ocorra uma avaliação precisa, é necessário que seis aspectos sejam investigados: função, frequência, método, resultado, letalidade e intencionalidade (adaptado de Guerreiro & Sampaio, 2013). A seguir, será descrito cada uma das variáveis e sugerido formas de investigá-las (Klonsky & Lewis, 2014).

Função

Embora dolorosas, as autolesões são normalmente percebidas pelos adolescentes como uma forma de alívio de emoções aversivas, e isso dificulta a busca pelo atendimento. Você pode perguntar diretamente sobre as razões que o levaram a se autoagredir ou utilizar instrumentos que ajudem o adolescente a descrever as suas principais motivações para provocar as autolesões (Lloyd, 1997).

Saber sobre a função que a autolesão exerce (conforme descrito em tópicos anteriores) naquele momento da vida do adolescente pode fornecer pistas necessárias para determinar tratamento mais adequado em cada caso. Essa é uma questão sensível na avaliação, por isso deve haver um cuidado maior com perguntas que possam denotar algum julgamento a respeito do comportamento. Perguntas como "Por que você fez isso?" podem ser substituídas por "Imagino que tenha sido difícil para você passar por isso. O que você estava pensando/sentindo antes de se machucar?" ou "Parece que isso de alguma forma lhe ajuda a superar algumas questões. De que forma você percebe que isso lhe ajuda?".

Frequência

Este aspecto diz respeito à repetitividade ou não do comportamento. É importante investigar se esse foi o primeiro episódio ou se já houve outros antes. Saber se é um comportamento autolesivo repetitivo ou episódico pode fornecer pistas necessárias para saber em que etapa dele o adolescente se encontra e intervir de maneira assertiva. Ademais, investigar sobre a idade de início e o episódio mais recente do comportamento também podem ser importantes para a avaliação.

Perguntas sobre a frequência das lesões podem ser feitas, como: "Quantas vezes isso já aconteceu com você?"; "Você percebe que isso tem acontecido com mais frequência?"; "Quantas vezes por semana ou mês isso acontece?".

Método utilizado

Conhecer o meio utilizado para produzir as lesões auxilia também na avaliação do grau de letalidade do comportamento e nas orientações que deverão ser fornecidas a fim de restringir o acesso do adolescente a determinados objetos em casa (alguns exemplos mais relatados em nossa prática são lâminas de apontador, lâminas de barbear, tesouras, cacos de vidros, facas, agulhas e etc.).

Entretanto, é preciso atentar ao fato de que é comum o uso de mais de um objeto em episódios diferentes e que os perfurocortantes nem sempre serão os escolhidos. A investigação sobre o método pode ser feita a partir das seguintes sugestões: "De que forma você costuma provocar essas lesões?"; "Você usa sempre esse método?"; "Você tem acesso fácil a ele? Onde você o guarda ou encontra?".

Resultado

Conhecer os danos físicos causados pelas autolesões faz parte de uma avaliação integral. É indicado investigar quantas partes do corpo foram afetadas e a severidade do (s) ferimento (s) provocado (s) (se as lesões necessitaram de algum tipo de cuidado caseiro, como curativo, ou se precisaram de um cuidado especializado/médico, como sutura).

Nesse momento é importante investigar também a severidade de outros episódios, com que frequência os ferimentos necessitam de algum tipo de cuidado e qual foi o episódio de maior gravidade. Perguntas como "Como você cuida dessas lesões depois?"; "Você já precisou de cuidado especializados em função das lesões?"; "Como você procurou ajuda para manejar essa situação?" podem ser feitas para investigar o resultado das ações.

Letalidade

A letalidade é entendida como o potencial perigo de morte que o método utilizado oferece. Avalia-se a letalidade a partir da perspectiva subjetiva do adolescente (o quanto ele acredita que aquilo poderia matá-lo) e objetiva do profissional (de acordo com a extensão dos ferimentos, a letalidade do método e o contexto da autolesão).

Intencionalidade

Esta variável é normalmente medida por meio de autorrelato e, por isso, não deve ser considerada de maneira isolada na avaliação. De qualquer forma, é importante que você pergunte se o adolescente teve a intenção de cometer suicídio quando se autolesionou ou se pensou que esse seria um desfecho possível. Mesmo na ausência de intenção suicida relatada, a frequência, a severidade dos ferimentos e a letalidade do método também devem ser considerados. Na investigação, de forma direta, mas acolhedora, o adolescente pode ser questionado sobre isso: "O que você espera ou deseja que aconteça quando se lesiona?"; "O que espera que aconteça depois?".

Adicionalmente, também entendemos como importante, no momento da avaliação, investigar questões referentes à impulsividade (se o comportamento é planejado ou não) e à resistência do adolescente à dor. Sobre esta última, ressalta-se que a repetitividade do comportamento pode levar a uma maior tolerância à dor e, em última instância, a cometer lesões cada vez mais graves, uma vez que sua percepção de dor estará comprometida (Nock, 2010). Isso fornece pistas importantes para avaliar se o comportamento está mais ou menos próximo do risco suicida.

CLASSIFICAÇÃO DE RISCO DO COMPORTAMENTO DE AUTOLESÃO

Com base nas informações anteriores e na literatura da área, estruturamos uma classificação (Fig. 16.2) que permite determinar o grau do risco apresentado pelo comportamento de autolesão do adolescente que está sendo avaliado. Ressaltamos, entretanto, que a classificação não deve ser utilizada de forma separada das demais etapas da avaliação, nem de maneira descontextualizada.

Os critérios descritos são as principais dimensões a serem avaliadas, mas não são os únicos. A classificação de risco pode auxiliar no tipo de intervenção e de encaminhamentos que

ALTO: Episódios repetitivos ou esporádicos, com ou sem intenção suicida, função intrapessoal, uso de objeto de maior letalidade em um ou mais episódios, ferimentos em mais de um local do corpo e que necessitaram de cuidados caseiros ou médicos, histórico de tentativa de suicídio, com a presença de agravantes.*

MÉDIO: Episódios repetitivos ou esporádicos, com ou sem intenção suicida, função interpessoal, uso de objeto de maior letalidade em um ou mais episódios, ferimentos que necessitaram de cuidado caseiro ou médico, com ou sem histórico de tentativa de suicídio, sem a presença de agravantes.

BAIXO: Episódio único ou esporádico, método de autolesão de baixa letalidade, lesões menos severas (só necessitou de cuidados caseiros ou não necessitou de cuidados), sem intenção suicida, sem histórico de tentativa de suicídio, sem a presença de agravantes.

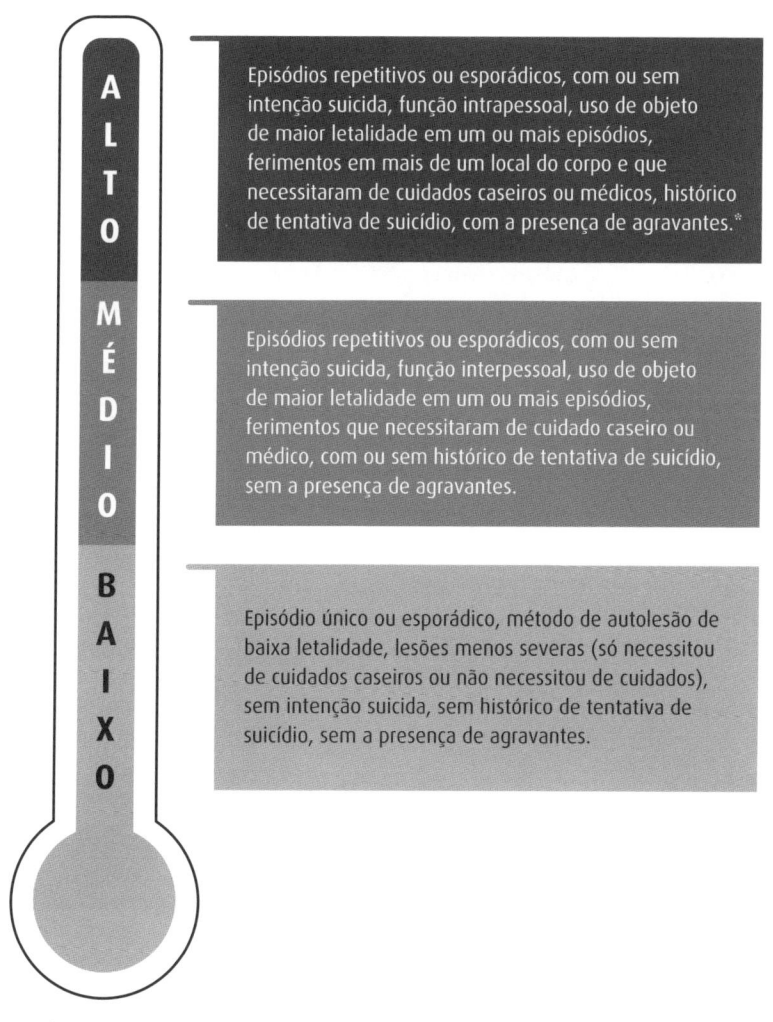

FIGURA 16.2 / Classificação para avaliação de risco do comportamento autolesivo.
* Agravantes: relata resistência à dor, uso de álcool/outras drogas, estado dissociativo, depressão, desesperança, em situação de violência ou histórico de violência na infância, rede de apoio fragilizada.
Fonte: elaborada com base em Nock (2010) e Klonsky e Lewis (2014).

cada caso terá, mas todo e qualquer grau de autolesão necessitará de algum nível de cuidado e monitoramento.

CONSIDERAÇÕES FINAIS

A respeito dos encaminhamentos, ressaltamos a importância de os profissionais da psicologia que atuam na área educacional conhecerem previamente a rede de proteção e assistência à infância e adolescência, bem como terem o contato dos respectivos serviços e dispositivos presentes no território. Assim, quando se depararem com situações de comportamento autolesivo entre os estudantes, após a avaliação e o manejo iniciais, poderão dar o devido encaminhamento para o seguimento do cuidado integral do adolescente. Essas são situações sensíveis e que envolvem múltiplas vulnerabilidades, por isso é importante trabalhar em rede e contar com outros profissionais para atuar em conjunto.

No Sistema Único de Saúde (SUS), os serviços disponíveis se dividem em graus diferentes de complexidade, e é a avaliação inicial que determinará a necessidade do adolescente em questão. No âmbito da atenção primária, as Unidades Básicas de Saúde (UBSs) e a Estratégia de Saúde da Família (ESF) são dispositivos estratégicos, no sentido de serem a principal porta de entrada no SUS e de estarem geograficamente mais próximas dos jovens e suas famílias, permitindo um cuidado contínuo e integrado, de promoção e prevenção em saúde.

Casos de autolesão não recorrente, com lesões clínicas consideradas mais leves, podem ser referenciados para esses serviços. Já na atenção psicossocial especializada, os Ambulatórios e os Centros de Atenção Psicossocial Infanto-Juvenil (Caps-IJs) são serviços que recebem os casos de autolesão que apresentam características mais severas e persistentes, com indícios importantes de psicopatologia, sendo ofertado um tratamento multiprofissional nesses espaços.

No último nível, está a rede de atendimento de urgência e emergência, que inclui o pronto-atendimento hospitalar, o Serviço de Atendimento Móvel de Urgência (SAMU) e as Unidades de Pronto Atendimento (UPAs). Estes deverão ser acionados nos casos mais graves de autolesão, em que houve ferimentos físicos graves, ou em tentativas de suicídio. Para ambas as situações, o cuidado hospitalar se faz necessário e, após avaliação médica, o adolescente é contrarreferenciado para os demais dispositivos de saúde.

Para qualquer um dos tipos de encaminhamento, a escola deve seguir acompanhando o caso e monitorando o adolescente e a família de maneira contínua. Nesse cenário, a escola assume papel fundamental na rede de apoio do adolescente. Ela pode ser um espaço que estimule maior autonomia, percepção de competência e satisfação nos relacionamentos, atuando de maneira preventiva e amortecedora de comportamentos desadaptativos no período adolescente.

Em nossa experiência, muitos são os relatos dos adolescentes de que o apoio recebido de professores e demais funcionários da escola auxiliou a cessar o comportamento autolesivo. O trabalho com grupos sobre promoção de fatores protetivos à saúde mental, como amizade, empatia, emoções, pode favorecer a identificação de casos de risco, muitas vezes identificados pelos colegas. Além disso, em razão das relações competitivas e de exigências cada vez mais altas que são impostas no contexto educacional, encontrar pessoas e relações que possam aumentar a sua sensação de competência, bem-estar e proteção nesse ambiente pode ser fundamental para a prevenção ou interrupção do ciclo de práticas autolesivas pelo adolescente.

REFERÊNCIAS

American Psychiatric Association (APA). (2014). *Manual diagnóstico e estatístico de transtornos mentais – DSM V* (5. ed.). Artmed.

BBC Brasil. (2017). Instagram é considerada a pior rede social para saúde mental dos jovens, segundo pesquisa. *BBC News Brasil.* https://www.bbc.com/portuguese/geral-40092022

Brickman, L. J., Ammerman, B. A., Look, A. E., Berman, M. E., & McCloskey, M. S. (2014). The relationship between non-suicidal self-injury and borderline personality disorder symptoms in a college sample. *Borderline Personality Disorder and Emotion Dysregulation, 1*, 14.

Cavanagh J. T., Carson A. J., Sharpe M., & Lawrie S. M. (2003). Psychological autopsy studies of suicide: A systematic review. *Psychological Medicine, 33*(3), 395-405.

Comitê Estadual de Promoção da Vida e Prevenção do Suicídio do Estado do Rio Grande do Sul (2019). Guia intersetorial de prevenção do comportamento suicida em crianças e adolescentes. https://saude.rs.gov.br/upload/arquivos/carga20190837/26173730-guia-intersetorial-de--prevencao-do-comportamento-suicida-em-criancas-e--adolescentes-2019.pdf.

Day, J., Ji, P., DuBois, D. L., Silverthorn, N., & Flay, B. (2016). Cumulative social-environmental adversity exposure as predictor of psychological distress and risk behavior in urban youth. *Child and Adolescent Social Work Journal, 33*(3), 219-235.

Endo, K., Ando, S., Shimodera, S., Yamasaki, S., Usami, S., Okazaki, Y., ... Nishida, A. (2017). Preference for solitude, social isolation, suicidal ideation, and self-harm in adolescents. *Journal of Adolescent Health, 61*(2), 187-191.

Gatta, M., Miscioscia, M., Sisti, M., Comis, I., & Battistella, P. A. (2017). Interactive family dynamics and non-suicidal self-injury in psychiatric adolescent patients: A single case study. *Frontiers in Psychology, 8*, 46.

Giletta, M., Prinstein, M. J., Abela, J. R., Gibb, B. E., Barrocas, A. L., & Hankin, B. L. (2015). Trajectories of suicide ideation and nonsuicidal self-injury among adolescents in mainland China: Peer predictors, joint development, and risk for suicide attempts. *Journal of Consulting and Clinical Psychology, 83*(2), 265-279.

Giordani, J. P., & Dell'Aglio, D. D. (2016). Violência escolar: Associação com violência intrafamiliar, satisfação de vida e sintomas internalizantes. *Boletim Academia Paulista de Psicologia, 36*(91), 340-356.

Greydanus, D. E., & Omar, H. A. (2015). Self-Cutting and suicide in adolescents. In H. A. Omar (Ed.), *Youth suicide prevention: Everybody's business* (pp. 141-148). Nova Science.

Guerreiro, D. F., & Sampaio, D. (2013). Comportamentos autolesivos em adolescentes: Uma revisão da literatura com foco na investigação em língua portuguesa. *Revista Portuguesa de Saúde Pública, 31*(2), 204-213.

Jiang, Y., You, J., Hou, Y., Du, C., Lin, M. P., Zheng, X., & Ma, C. (2016). Buffering the effects of peer victimization on adolescent non-suicidal self-injury: The role of self-compassion and family cohesion. *Journal of Adolescence, 53*, 107-115.

Kapur, N., Cooper, J., O'connor, R. C., & Hawton, K. (2013). Non-suicidal self-injury v. attempted suicide: New diagnosis or false dichotomy? *The British Journal of Psychiatry, 202*(5), 326-328.

Kennedy, E., Cohen, M., & Munafo, M. (2017). Childhood traumatic brain injury and the associations with risk behavior in adolescence and young adulthood: A systematic review. *The Journal of Head Trauma Rehabilitation, 32*(6), 425-432.

Klonsky, E. D. (2007). The functions of deliberate self-injury: A review of the evidence. *Clinical Psychology Review, 27*(2), 226-239.

Klonsky, E. D., & Lewis, S. P. (2014). Assessment of nonsuicidal self-Injury. In M. K., Nock (Ed.), *The Oxford handbook of suicide and self-injury* (pp. 337-351). Oxford University.

Klonsky, E. D., & Muehlenkamp, J. J. (2007). Self-injury: A research review for the practitioner. *Journal Of Clinical Psychology, 63*(11), 1045-1056.

Klonsky, E. D., Glenn, C. R., Styer, D. M., Olino, T. M., & Washburn, J. J. (2015). The functions of nonsuicidal self--injury: Converging evidence for a two-factor structure. *Child and Adolescent Psychiatry and Mental Health, 9*, 44.

Laye-Gindhu, A., & Schonert-Reichl, K. A. (2005). Nonsuicidal self-harm among community adolescents: Understanding the "whats" and "whys" of self-harm. *Journal of Youth and Adolescence, 34*(5), 447-457.

Lei nº 13.819, de 26 de abril de 2019 (2019). Institui a política nacional de prevenção da automutilação e do suicídio. https://www.in.gov.br/web/dou/-/lei-n%C2%BA-13.819-de-26-de-abril-de-2019-85673796

Lloyd, E. E. (1997). *Self-mutilation in a community sample of adolescents.* [master dissertation]. Louisiana State University. https://digitalcommons.lsu.edu/cgi/viewcontent.cgi?article=7545&context=gradschool_dissheses

McMahon, K., Hoertel, N., Olfson, M., Wall, M., Wang, S., & Blanco, C. (2018). Childhood maltreatment and impulsivity as predictors of interpersonal violence, self--injury and suicide attempts: A national study. *Psychiatry Research, 269*, 386-393.

Ministério da Saúde (MS). (2006). *Vigilância de violência interpessoal e autoprovocada (VIVA/SINAN).* https://antigo.saude.gov.br/vigilancia-em-saude/vigilancia-de-violencias--e-acidentes-viva/vigilancia-de-violencias/viva-sinan

Moreira, L. C. D. O., & Bastos, P. R. H. D. O. (2015). Prevalência e fatores associados à ideação suicida na adolescência: Revisão de literatura. *Psicologia Escolar e Educacional, 19*(3), 445-453.

Muehlenkamp, J. J. & Gutierrez, P. M. (2004). An investigation of differences between self-injurious behavior and suicide attempts in a sample of adolescents. *Suicide and Life--Threatening Behavior, 34*(1), 12-23.

Nock, M. K. (2010). Self-injury. *Annual Review of Clinical Psychology, 6*, 339-363.

Otto, S., & Santos, K. (2016). O Tumblr e sua relação com práticas autodestrutivas: O caráter epidêmico da autolesão. *Psicologia Revista, 25*(2), 265-288.

Salas, J. (2017). Instagram é a pior rede social para a saúde mental dos adolescentes: Estudo britânico atribui a pior nota ao aplicativo por sua capacidade de gerar ansiedade entre os jovens. *El País.* https://brasil.elpais.com/brasil/2017/05/19/tecnologia/1495189858_566160.html

Santos, L. C. S., & Faro, A. (2018). Aspectos conceituais da conduta autolesiva: Uma revisão teórica. *Revista Psicologia em Pesquisa, 12*(1), 1-10.

Scoliers, G., Portzky, G., Madge, N., Hewitt, A., Hawton, K., De Wilde, E. J., ... Van Heeringen, K. (2009). Reasons for adolescent deliberate self-harm: a cry of pain and/or a cry for help? *Social Psychiatry and Psychiatric Epidemiology, 44*(8), 601-607.

Sherman, L. E., Payton, A. A., Hernandez, L. M., Greenfield, P. M., & Dapretto, M. (2016). The power of the like in adolescence: Effects of peer influence on neural and behavioral responses to social media. *Psychological Science, 27*(7), 1027-1035.

Silva, A. C., & Botti, N. C. L. (2017). Comportamento autolesivo ao longo do ciclo vital: Revisão integrativa da literatura. *Revista Portuguesa de Enfermagem de Saúde Mental, 18*, 67-76.

Simioni, A. R. (2017). *Autolesão deliberada em crianças e adolescentes: Prevalência, correlatos clínicos e psicopatologia materna.* [Dissertação de mestrado não publicada]. Universidade Federal do Rio Grande do Sul.

Simioni, A. R., Pan, P. M., Gadelha, A., Manfro, G. G., Mari, J. J., Miguel, E. C., Rohde, L. A., & Salum, G. A. (2018). Prevalence, clinical correlates and maternal psychopathology of deliberate self-harm in children and early adolescents: Results from a large community study. *Brazilian Journal of Psychiatry, 40*(1), 48-55.

Smith, P. K. (2014). *Understanding school bullying: Its nature and prevention strategies.* Sage.

Tureck, G., & Brent, D. A. (2016). Suicide and suicidal behaviour. *The Lancet, 387*(10024), 1227-1239.

Whitlock, J., Eckenrode, J., & Silverman, D. (2006). Self-injurious behaviors in a college population. *Pediatrics, 117*(6), 1939-1948.

Whitlock, J. (2010). Self-injurious behavior in adolescents. *PLoS Med, 7*(5), e1000240.

World Health Organization (WHO). (2019). Suicide in the world: Global health estimates. https://www.who.int/publications/i/item/suicide-in-the-world

17

AVALIAÇÃO DE VARIÁVEIS POSITIVAS NO CONTEXTO ESCOLAR

Aline Riboli Marasca
Cyntia Mendes de Oliveira
Claudia Hofheinz Giacomoni
Denise Ruschel Bandeira

Durante muito tempo, a prática da psicologia escolar esteve vinculada ao modelo de atuação clínica, especificamente à área da avaliação psicológica, no entanto, atualmente, as competências do psicólogo neste espaço são mais abrangentes (Ambiel et al., 2015; Santos et al., 2017). Entre o final dos anos 1990 e o início dos anos 2000, as produções científicas sobre avaliação psicológica relacionadas ao contexto escolar enfatizavam a investigação de aspectos cognitivos, como as habilidades de leitura e escrita e as dificuldades de aprendizagem (Oliveira et al., 2007). Contudo, nota-se um volume crescente de estudos que pretendem abordar as variáveis não cognitivas relacionadas à inteligência e ao desempenho escolar, com o argumento de que os aspectos cognitivos não são suficientes para garantir o sucesso acadêmico e promover a aprendizagem (Ambiel et al., 2015; Lyons et al., 2013; Valentini & Laros, 2014).

Um dos possíveis enfoques da investigação de aspectos não cognitivos relacionados à aprendizagem está nas variáveis de estudo da psicologia positiva. O movimento científico, que tomou força no início dos anos 2000, dá ênfase às características humanas positivas e às experiências subjetivas, como o bem-estar, a satisfação de vida, o otimismo, a esperança e o *flow* (Seligman & Csikszentmihalyi, 2000; Pacico & Bastianello, 2014). Os autores de referência da área pontuam que a contribuição da psicologia positiva está na proposta de um exercício teórico e metodológico que traz à luz os aspectos saudáveis do funcionamento humano, com o foco na prevenção do adoecimento e na promoção de bem-estar (Seligman, 2002). É enfatizado que não há uma desconsideração sobre o sofrimento humano e a psicopatologia, mas, sim, o objetivo de complementar e ampliar o foco da psicologia (Pacico & Bastianello, 2014).

Nessa direção, acredita-se que essa mudança de perspectiva proposta pela psicologia positiva também possa ser aplicada aos processos de avaliação. Dentro da avaliação psicológica, em especial nas áreas clínica e escolar, muito se fala em uma avaliação compreensiva e no estabelecimento das forças e fraquezas do funcionamento da pessoa avaliada. No entanto, é questionado se os métodos empregados de fato permitem a investigação dos aspectos positivos do funcionamento humano ou se apenas é considerada a falta de indicadores de patologia ou disfunção (Lopez & Snider, 2003).

De modo geral, uma avaliação psicológica relacionada a uma demanda escolar parte de uma pergunta a ser respondida, frequentemente orientada por uma dificuldade que o aluno vem apresentando. Por que esta criança de 8 anos tem evolução abaixo do esperado no processo de alfabetização? Por que o aluno do 3º ano tem problemas de relacionamento com os colegas na escola? Tais questões não podem ser negligenciadas e devem ser alvo de uma investigação detalhada, indicando as possibilidades de intervenção. Entretanto, em casos como esses, a avaliação das características psicológicas positivas pode apontar as variáveis que ajudam na promoção de um desenvolvimento saudável, assim como as que podem amortecer o impacto dos aspectos patológicos. Evidências já referem que a presença de características psicológicas positivas e bem-estar subjetivo podem contribuir com o desempenho escolar e os desfechos acadêmicos mesmo em casos de baixo quociente de inteligência (QI) e sintomas de psicopatologia (Hoffmann et al., 2016; Marasca, 2019).

AVALIAÇÃO PSICOLÓGICA BASEADA EM FORÇAS

A avaliação baseada em forças (*strength-based assessment*) é definida como a mensuração de habilidades comportamentais e emocionais, competências e características do indivíduo que contribuem para experiências positivas, tais como senso de realização e relacionamentos satisfatórios com a família e outros membros da sociedade (p. ex., colegas da escola e professores) (Epstein & Sharma, 1998). O psicólogo escolar que incluir a identificação dessas variáveis positivas no seu trabalho com os alunos poderá promover a capacidade deles de lidar com situações adversas do dia a dia. Além disso, a avaliação com esse enfoque pode colaborar para um ambiente positivo de modo que os psicólogos escolares, professores e pais monitorem o desempenho dos alunos, estabeleçam uma relação mais próxima e se comuniquem de forma satisfatória (Jimerson et al., 2004). É importante destacar que, apesar do nome, a avaliação baseada em forças não se prende apenas aos aspectos positivos; baseia-se no entendimento integrado, em que as forças possam favorecer as intervenções subsequentes (Rashid & Ostermann, 2009).

Uma avaliação baseada em forças pode auxiliar na formulação de indicações e orientações ao final do processo. Essa foi uma das conclusões de Bozic et al. (2017) ao apresentarem um estudo de casos múltiplos com alunos britânicos encaminhados para o serviço de psicologia escolar por queixas diversas, como déficits nas habilidades de leitura e escrita e problemas de comportamento. Conforme os autores, ter identificado forças no funcionamento dos estudantes (como forças psicológicas relacionadas à aprendizagem, ao contato com os pares, à escola e à família) contribuiu para os encaminhamentos e orientações ao avaliando e à equipe escolar, especialmente quando uma visão negativa sobre o aluno já havia sido formada. É importante ressaltar que os casos descritos no estudo foram encaminhados para avaliação pelos prejuízos que os alunos enfrentavam no espaço escolar. Desse modo, os autores pontuam a necessidade de ter cautela no momento da devolução dos resultados aos solicitantes, a fim de que tanto as dificuldades quanto os aspectos positivos avaliados sejam contemplados, numa compreensão holística sobre aqueles alunos.

A avaliação baseada em forças pode ainda apoiar as práticas de educação inclusiva e o trabalho com alunos com deficiência. Apesar desse tipo de abordagem não ser uma novidade dentro da educação inclusiva, os conceitos da psicologia positiva têm condições de ampliar o referencial dos profissionais que atuam na área. A qualidade de vida, a felicidade, a autoeficácia e outros aspectos do desenvolvimento positivo tendem a ser afetados pela deficiência e merecem um olhar acurado (Prout, 2009).

Nesses casos, a identificação de forças e características positivas dos alunos com deficiência contribui para a construção do plano individualizado de ensino e para embasar intervenções específicas usando essas variáveis para atingir objetivos e melhorar o bem-estar subjetivo do aluno, assim como superar outros problemas que podem ocorrer no contexto educacional (Raley, Shogren, & Cole, 2020). Na deficiência intelectual, além dos aspectos tradicionalmente investigados, como a resiliência, a autonomia e a autodeterminação, vêm sendo apontada a importância da avaliação do bem-estar, da esperança, das forças de caráter e dos afetos positivos (Almeida & Barbosa, 2014).

Outro argumento que favorece essa ampliação de perspectiva é que a avaliação psicológica com foco em déficits tende a atingir uma minoria da população escolar. Enquanto existe um foco individual em problemáticas específicas, esse olhar poderia ser expandido, a fim de promover o desenvolvimento de certas características psicológicas em um grupo maior, levando a resultados positivos ao longo do tempo. Os referenciais da psicologia positiva salientam que a ausência de doença não equivale à experiência de bem-estar, de modo que esses não são dois polos do mesmo contínuo e sim construtos separados, mas relacionados (Keyes, 2007). Assim, ainda que não seja identificado um perfil psicopatológico, as variáveis positivas, como a autoeficácia e o otimismo, podem ser aspectos que necessitam de desenvolvimento e podem beneficiar a comunidade escolar de forma mais significativa em abordagens coletivas. No entanto, para identificar os alvos de intervenção, é preciso realizar um diagnóstico da situação, e seu ponto de partida é a avaliação no espaço escolar, que pode incluir grupos de alunos, professores, pais e a comunidade como um todo.

AVALIAÇÃO DE VARIÁVEIS POSITIVAS NO AMBIENTE ESCOLAR

Avaliar forças e outras variáveis relacionadas ao bem-estar no contexto escolar é importante porque as perspectivas subjetivas e multidimensionais também fornecem informações na avaliação do grau em que as escolas estão atendendo ao seu propósito (Kern et al., 2015). Diante disso, é relevante pensar que as propostas curriculares de inclusão de ações de bem-estar devem vir acompanhadas de avaliações abrangentes de sua efetividade. Propostas recentes descritas a seguir, feitas por meio de instrumentos legais, têm estabelecido objetivos para o desenvolvimento de aspectos não cognitivos na educação nacional.

A Base Nacional Comum Curricular (BNCC) (Ministério da Educação [MEC], 2018), orientada pela Lei de Diretrizes e Bases da Educação Nacional (LDB) (Lei nº 9.394, de 20 de dezembro de 1996), propõe o ensino de habilidades físicas, cognitivas e socioemocionais no contexto escolar. Além disso, possibilitar ações de bem-estar e o desenvolvimento do aluno em todas as suas dimensões são algumas das orientações das práticas pedagógicas das Diretrizes Curriculares Nacionais para a Educação Infantil (DCNEIs) (MEC & Secretaria de Educação Básica [SEB], 2010). A LDB, no Art. 35, parágrafo 7º, estabelece que "os currículos do ensino médio deverão considerar a formação integral do aluno, de maneira a adotar um trabalho voltado para a construção de seu projeto de vida e para sua formação nos aspectos físicos, cognitivos e socioemocionais".

Com base nisso, ressalta-se aqui a importância de realizar avaliações por meio do relato de professores, pais e alunos, com o objetivo de investigar quais aspectos merecem maior atenção e, em seguida, qual a efetividade dessas intervenções. Por exemplo, um estudo recente constatou, a partir de uma amostra de alunos do ensino fundamental, que há relação entre autoestima, autoconceito infantil e desempenho escolar (Nedel et al., 2020). Os resultados evidenciaram que os alunos que apresentaram altos níveis de autoestima e autoconceito tinham melhor desempenho acadêmico. Além disso, aqueles que tiveram melhor pontuação em escrita, leitura e aritmética reportaram maiores níveis de autoconceito social. Esses achados apontam algumas variáveis que podem ser alvo de intervenção no contexto escolar e cujo desenvolvimento tende a gerar um impacto positivo nos desfechos acadêmicos.

Uma variável importante nesse contexto é a satisfação com a escola, que pode ser definida como a avaliação cognitiva subjetiva de um aluno sobre a qualidade de sua vida escolar. A satisfação escolar talvez seja mais bem compreendida no contexto mais amplo dos indicadores de bem-estar (Suldo et al., 2014).

Durante a infância e a adolescência, as avaliações globais de satisfação com a vida são influenciadas principalmente pelo nível de satisfação da criança com cada um dos cinco domínios principais: família, amizades, ambiente de vida, *self* e escola (Huebner, 1994).

No Brasil, um conjunto de pesquisas apontaram os domínios importantes para as crianças do país, entre eles a família, a escola, o *self*, a amizade, a satisfação de necessidades básicas, a não violência e a satisfação de desejos (Giacomoni & Hutz, 2008; Oliveira, Mendonça et al., 2019). Contudo, em investigações que avaliam esses domínios, é identificado que a satisfação das crianças com a escola tem demonstrado baixos níveis em vários países (Casas et al., 2014).

Uma pesquisa realizada com 504 estudantes do ensino médio de escolas da rede pública de Sobral, no Ceará, apontou algumas variáveis relacionadas à satisfação escolar. A relação professor-estudante, a justeza das regras e a clareza das expectativas, assim como o relacionamento entre os estudantes, foram os fatores que melhor explicaram a satisfação do adolescente com a escola. Nessa direção, os autores salientam a importância de incluir avaliações no contexto escolar que considerem a percepção dos alunos sobre aquele ambiente, a satisfação com a escola e as relações interpessoais, para que seja possível identificar padrões de interações sociais que possam interferir no processo pedagógico. A investigação desses elementos tem implicações práticas, pois servem como parâmetro para a elaboração de propostas de intervenção nesse contexto que tenham como objetivo a promoção da melhoria do clima escolar e a satisfação dos alunos (Coelho & Dell'Aglio, 2019).

Outro fator importante a ser analisado no ambiente escolar são as emoções positivas. Historicamente, a pesquisa sobre emoções na infância foi dominada por estudos sobre emoções negativas, e o papel das emoções positivas recebeu pouca atenção. Nos últimos anos, Barbara Fredrickson apresentou um modelo teórico alternativo de emoção (The Broaden and Build Theory), que propôs que as emoções positivas ampliam os padrões de pensamento-ação e constroem recursos sociais, intelectuais e físicos. Alguns exemplos apresentados pela autora são: a alegria desperta o desejo de brincar, o interesse aciona o impulso de explorar, o contentamento motiva o desejo de saborear e integrar e o amor desperta um ciclo recorrente de cada um desses impulsos em relacionamentos seguros e íntimos (Fredrickson, 2004).

Segundo a Broaden and Build Theory, a mentalidade seria ampliada a partir das emoções positivas. Ao ampliar o repertório momentâneo de pensamento-ação de um indivíduo – seja por meio de brincadeiras, exploração ou atividades semelhantes –, as emoções positivas promovem a descoberta de novas e criativas ações, ideias e laços sociais, que, por sua vez, constroem os recursos pessoais (físicos, intelectuais, sociais e psicológicos). É importante ressaltar que esses recursos funcionariam como reservas, que podem ser utilizadas ao longo do desenvolvimento, favorecendo desfechos positivos.

Há também uma tendência a intervenções em saúde mental e promoção do desenvolvimento positivo que adotam uma "abordagem integral da escola" (tradução livre de *whole-school approach*) (Waters, 2011). Intervenções nesse modelo buscam estabelecer um conjunto coordenado de atividades para todo o ensino do currículo, a equipe e o ambiente escolar e as parcerias com a família e a comunidade (Goldberg et al., 2019), visando a melhores resultados no desenvolvimento da criança, do jovem, dos professores e de toda a equipe escolar.

Iniciativas nesse sentido já vêm apresentando bons resultados. Um célebre estudo na área deriva de uma intervenção realizada com professores, alunos e diretores, que teve como objetivo ensinar bem-estar em larga escala nas escolas de Butão, México e Peru e avaliar o impacto no desempenho escolar (Adler, 2016). Os professores e diretores receberam o treinamento durante 10 dias e implementaram as atividades no currículo das disciplinas durante 15 meses. O autor identificou que os indicadores que mais contribuíram para o aumento do bem-estar e melhor desempenho escolar foram a perseverança, o engajamento e a qualidade dos relacionamentos. Além disso, observou uma melhora dos escores dos alunos no exame nacional de desempenho nos três países.

Outras experiências também se mostraram efetivas. Na Holanda, um estudo teve como objetivo criar um clima escolar positivo e promover bem-estar em toda a escola. A intervenção foi bem recebida pela comunidade acadêmica e os resultados apontaram para um impacto positivo no bem-estar das crianças, na redução de problemas de comportamento e no engajamento nas atividades em sala de aula. Ainda, os pais relataram uma melhora no clima escolar e no comportamento dos filhos (Elfrink et al., 2017).

Avaliar aspectos positivos do desenvolvimento humano mostra-se fundamental para embasar intervenções individuais e coletivas no âmbito escolar e segue na direção proposta pelas políticas nacionais para a educação. Destaca-se aqui a importância de analisar a necessidade de cada turma antes de intervir, pois os aspectos a serem abordados com alunos dos anos iniciais podem ser diferentes do que seria debatido com alunos de anos finais, tendo em vista também as demandas específicas de cada etapa do desenvolvimento. Para que isso ocorra de maneira efetiva, a construção e adaptação de instrumentos adequados para a avaliação desses construtos é fundamental.

INSTRUMENTOS DISPONÍVEIS NO BRASIL PARA AVALIAÇÃO DE VARIÁVEIS POSITIVAS NO CONTEXTO ESCOLAR

É possível identificar um interesse crescente pela construção e adaptação de instrumentos que investigam as variáveis positivas em estudos conduzidos por pesquisadores de referência na avaliação psicológica nacional. No entanto, ainda há uma carência de métodos direcionados a crianças e adolescentes. Uma revisão sistemática sobre instrumentos baseados na psicologia positiva no Brasil verificou, entre 49 publicações, somente quatro estudos referente a adolescentes e três ao público infantil (Pires et al., 2015).

Apesar da escassez, os instrumentos disponíveis baseados em construtos da psicologia positiva possuem evidências científicas sólidas para serem usados com crianças e adolescentes. A seguir, são descritas algumas fontes para avaliação de variáveis positivas que são úteis no contexto escolar. É importante destacar que os instrumentos aqui listados não são restritos ao uso do psicólogo, podendo também ser utilizados por outros profissionais que atuem no ambiente escolar, como pedagogos, professores e educadores em geral, desde que observadas as normas de aplicação, levantamento e correção.

ESCALA DE AFETO POSITIVO E NEGATIVO PARA CRIANÇAS

Esta escala, desenvolvida por Giacomoni e Hutz (2006), é formada por 34 itens e respondida pela criança em uma escala de cinco pontos. Os itens são divididos igualmente em subescalas de afeto positivo e negativo, que se referem ao componente afetivo do bem-estar subjetivo. É uma escala construída no Brasil, com base na Positive and Negative Affect Scale for Children (PANAS Scale) e em outros instrumentos para avaliação de afetos positivos e negativos.

O estudo foi direcionado para crianças de 7 a 12 anos, e a escala demonstrou bons índices de consistência interna e evidências de validade concorrente. Posteriormente, a escala foi refinada para um modelo de oito itens, destinada a sujeitos de 7 a 16 anos de idade (PANAS-C8) (Damásio et al., 2013). O estudo que apresenta o refino da escala indicou que a PANAS-C8 possui evidências de validade para uso nacional e refere, como vantagem, ser uma versão de rápida aplicação.

ESCALA DE AFETOS POSITIVOS E NEGATIVOS PARA ADOLESCENTES (EAPN-A)

Elaborada por Segabinazi et al. (2012), esta escala, composta por 28 itens, avalia o componente afetivo do bem-estar subjetivo. Divide-se em afetos positivos (14 itens) e afetos negativos (14 itens). O instrumento é respondido pelo próprio adolescente em uma escala de cinco pontos. A escala apresentou índice de consistência interna em nível satisfatório e possui estudos de evidências de validade convergente. As normas para adolescentes de 14 a 19 anos, separadas por sexo, podem ser consultadas em Segabinazi et al. (2014).

ESCALA DE AUTOESTIMA DE ROSENBERG (EAR)

A escala EAR (Hutz et al., 2014), adaptada para o português brasileiro, é composta por 10 itens que se relacionam a um conjunto de sentimentos de autoestima e autoaceitação que avaliam a autoestima global de adolescentes e adultos. O instrumento examina os sentimentos globais de autoestima do *self*. A escala de resposta é de quatro pontos, onde se atribui 1 para "discordo totalmente", 2 para "discordo", 3 para "concordo" e 4 para "concordo totalmente". A pontuação mais elevada representa autoestima mais elevada. As normas percentílicas e escores-T para adolescentes e adultos podem ser consultados em Hutz (2014).

ESCALA DE FORÇAS DE CARÁTER PARA ADOLESCENTES (EFC-A)

Construída no Brasil por Dametto & Noronha (2019) com base na Inventory of Strengths for Youth (VIA-Youth) (Park & Peterson, 2006) e na Escala de Forças de Caráter (EFC) (Noronha & Barbosa, 2016), a EFC-A possui 120 itens, que avaliam virtudes e forças de caráter de adolescentes. A escala de resposta possui quatro pontos, e para responder o instrumento o adolescente escolhe de 1 a 4, desde nada parecido comigo (1) até totalmente parecido comigo (4). A escala possui evidências de validade para uso com adolescentes entre 14 e 18 anos de idade.

ESCALA MULTIDIMENSIONAL DE SATISFAÇÃO DE VIDA PARA CRIANÇAS – VERSÃO BREVE (EMSVC)

A EMSVC (Oliveira, Mendonça et al., 2019) é uma escala de autorrelato, composta por 32 itens, que devem ser respondidos em uma escala de cinco pontos. Fornece informações sobre a satisfação de vida total, bem como suas dimensões específicas: escola, *self*, *self* comparado, amizade e família. Possui normas percentílicas por sexo e ano escolar, considerando uma amostra de sujeitos de 7 a 13 anos. O recente desenvolvimento da versão breve favoreceu os índices de ajuste do modelo estatístico e o incremento dos níveis de consistência interna das subescalas, aumentando sua qualidade psicométrica (Oliveira, Bandeira et al., 2019). A escala completa, com normas de levantamento e aplicação, pode ser acessada no *site* do Núcleo de Estudos em Psicologia Positiva da Universidade Federal do Rio Grande do Sul (NEPP/UFRGS).[1]

ESCALA DE SATISFAÇÃO COM A VIDA (ESV)

A ESV (Hutz et al., 2014) é composta por cinco itens de autorrelato que avaliam o nível de satisfação do respondente com suas condições de vida. A escala de resposta contém sete pontos, que representam a concordância de ou discordância com cada item. O instrumento já foi validado para amostras de adolescentes, adultos e idosos (Albuquerque et al., 2010; Hutz et al., 2014). As normas percentílicas e os escores-T para adolescentes e adultos podem ser verificados em Hutz et al. (2014).

SOCIAL AND EMOTIONAL OR NON-COGNITIVE NATIONWIDE ASSESSMENT (SENNA)

O SENNA (Primi et al., 2016) é um instrumento desenvolvido no contexto brasileiro, com base no modelo Big Five. Apesar de sua fundamentação teórica não estar relacionada à psicologia positiva, este é um instrumento útil para a avaliação de habilidades socioemocionais de crianças e adolescentes. O SENNA possui

---

[1] Para ter acesso à Escala Multidimensional de Satisfação de Vida para Crianças, versão completa, acesse o *site* http://ufrgs.br/nepp.

duas versões: uma, com 65 itens, para crianças, e outra, com 92 itens, para adolescentes. Trata-se de um instrumento de autorrelato, respondido em uma escala de cinco pontos. O SENNA possui evidências de validade que viabilizam a sua aplicação em larga escala.

TAREFAS PREDITORAS DE OTIMISMO EM CRIANÇAS (TAPOC)

A TAPOC (Bandeira et al., 2015) é um instrumento para avaliar otimismo em crianças entre 4 e 8 anos de idade por meio de 12 historietas, com desfechos otimistas e pessimistas. Para aplicar a TAPOC, as historietas são apresentadas e uma história correspondente é lida para a criança. Em seguida, apresentam-se os dois desfechos e a criança escolhe o resultado mais provável de acontecer. Após a escolha do desfecho, a criança responde o quanto ela tem de certeza que o evento vai acontecer. A TAPOC foi construída no contexto brasileiro e possui propriedades psicométricas adequadas.

Mais recentemente, o instrumento foi informatizado para ser utilizado em *tablet* e a versão digital passou a denominar-se Tarefas Preditoras de Otimismo em Crianças Informatizada (TAPOC-i) (Oliveira, Bandeira et al., 2019). Para ser aplicada nesse formato, são necessários dois equipamentos, um para o avaliador e outro para a criança. O controle da aplicação é feito pelo profissional diretamente do seu aplicativo. A estrutura fatorial da escala manteve-se no formato informatizado e apresentou consistência interna satisfatória e evidências de validade convergente.

YOUTH LIFE ORIENTATION TEST (YLOT)

O YLOT (Ey et al., 2005) é um instrumento de avaliação do otimismo para crianças e adolescentes de 8 a 16 anos, composto por 12 itens de autorrelato, sendo seis pessimistas e seis otimistas. A escala de resposta contém quatro pontos, e a criança ou adolescente indica se concorda com ou discorda de cada um deles.

A escala foi adaptada para o português brasileiro por Oliveira et al. (n.d.) e contou com uma amostra de 976 crianças e adolescentes. Os resultados do estudo indicaram que o instrumento possui propriedades psicométricas adequadas para o uso, inclusive com crianças entre 5 e 7 anos de idade. Nesse caso, os itens devem ser lidos para a criança e esta responde apontando sua resposta em uma escala pictórica.

Os instrumentos aqui descritos representam apenas parte da produção nacional na área, que se mostra promissora. Observam-se ainda outras iniciativas relacionadas a medidas já bem conhecidas entre os psicólogos. Por exemplo, o Desenho da Figura Humana (DFH), uma tradicional medida do desenvolvimento cognitivo da criança, foi investigado acerca dos possíveis indicadores de bem-estar subjetivo (Viapiana et al., 2016).

As análises preliminares apontaram evidências de validade para os itens que compõem o sistema de avaliação de bem-estar subjetivo infantil para o DFH, que se mostrou um instrumento em potencial para avaliação das características psicológicas positivas, demandando mais investigações em relação a sua validade, fidedignidade e normatização.

Ainda que medidas padronizadas sejam úteis, em especial para avaliações em grupo ou em larga escala, informações sobre variáveis positivas podem ser acessadas por meio de entrevistas ou de outros métodos de avaliação, como a brincadeira ou o desenho. Nessas situações, o psicólogo pode pedir que o avaliando relate alguma situação desafiadora que viveu recentemente e como lidou com ela.

Embora não se obtenha um escore ou um percentil, esses questionamentos podem trazer dados qualitativos interessantes sobre o funcionamento da pessoa avaliada. Recomenda-se que tais questões sejam abordadas no início da avaliação, pois podem favorecer a formação de uma aliança de trabalho, na medida em que reforçam a ideia de que o psicólogo não está interessado apenas em conhecer o avaliando por seus problemas (Rashid & Ostermann, 2009).

A utilização desses instrumentos de avaliação no contexto escolar pode ser feita de forma individual ou coletiva, no início e no fim de cada semestre, como uma forma de acompanhar o desenvolvimento positivo dos alunos. A partir da avaliação, podem ser montados projetos de intervenção. É possível propor intervenções mais direcionadas ao que precisa ser trabalhado ou indicar a reformulação das atividades, incorporando componentes de acordo com a necessidade de cada aluno ou de uma turma.

Por exemplo, um resultado de uma avaliação que indique escores baixos em engajamento em uma turma pode ser um indicativo para propor atividades em grupos e envolver os alunos em atividades colaborativas. Ou, ainda, intervenções baseadas nos conceitos da psicologia positiva podem ser empregadas de modo a prevenir ou orientar turmas em que ocorrem situações de *bullying* (Pureza, 2013).

Projetos focados em apenas alguns dos componentes da psicologia positiva são os mais comumente relatados pela literatura, no entanto, como citado anteriormente, as abordagens que envolvem toda a escola têm sido cada vez mais discutidas, de modo que as instituições de ensino possam adotar um currículo que incorpore a educação positiva e seja baseado em evidências (Cintra & Guerra, 2017).

AVALIAÇÃO DA EQUIPE ESCOLAR

Além das medidas direcionadas aos alunos de diferentes níveis de ensino, como já mencionado, é importante destacar a relevância de avaliar a equipe escolar. Por exemplo, em amostras de professores, são frequentes os estudos que enfatizam algumas das consequências negativas relacionadas à prática docente, muitas vezes atribuídas às condições de trabalho, à remuneração ou à valorização da profissão, como os níveis de estresse, ansiedade e depressão (Ferreira-Costa & Pedro-Silva, 2019; Wagner et al., 2019). Por outro lado, identificar as características psicológicas positivas de professores pode contribuir para seu desempenho na profissão, por exemplo, embasando uma intervenção de treinamento e desenvolvimento de virtudes e forças de caráter no ambiente de trabalho (Cacciari et al., 2017).

Um dos instrumentos disponíveis para avaliar as potencialidades em adultos e que pode ser utilizado com o professor é o VIA Inventory of Strengths (VIA-IS) (Peterson & Seligman, 2004), que possui tradução e adaptação para o Brasil (Seibel et al., 2015). Para respondê-lo, o professor acessa o VIA-IS por meio do *site* do Institute on Character.[2] Ao finalizar, é gerada uma lista com o *ranking* das forças que a pessoa mais utiliza, o que pode ser trabalhado a partir de situações no contexto escolar ou de vida em geral.

Baseada no VIA-IS, a Escala Brasileira de Forças e Virtudes (Noronha & Barbosa, 2016) foi desenvolvida no Brasil para identificar as forças de caráter. A escala possui boas evidências de validade para a amostra brasileira (Noronha et al., 2015), e as normas para a sua utilização estão em Hutz (2016). Instrumentos que avaliam outros construtos em adultos, como *mindfulness,* autocompaixão, autoeficácia, engajamento e esperança, entre outros, podem ser encontrados em Hutz (2014, 2016). As escalas publicadas nessas duas referências são de acesso livre, não restritas a psicólogos. Além disso, alguns dos instrumentos apresentados na seção anterior possuem normas para uso com adultos e são adequados para aplicação com professores.

CONSIDERAÇÕES FINAIS

As produções da psicologia positiva são crescentes no Brasil e no mundo, e seus referenciais trazem avanços para a prática do psicólogo em diferentes áreas. Na avaliação psicológica, seus conceitos tendem a ampliar a compreensão do profissional sobre o avaliando, caminhando na direção proposta de um mapeamento das forças e fraquezas do funcionamento. De modo mais abrangente, a psicologia positiva contri-

---

[2]Para responder o VIAS-IS, acesse o *site* http://www.via-character.org.

bui com o cumprimento das diretrizes nacionais para a educação, que vêm valorizando cada vez mais o desenvolvimento do bem-estar e de aspectos socioemocionais nos estudantes, embasando práticas interventivas e avaliando seus resultados.

Apesar de já existirem medidas de avaliação dessas variáveis positivas, ainda há carência de instrumentos para mensuração de outros aspectos relevantes para o desenvolvimento positivo. É necessário investir em pesquisas nacionais que investiguem quais fatores contribuem para o bem-estar dos alunos e quais relações estes apresentam com o desempenho escolar. Além disso, enfatiza-se a importância de encorajar as escolas a avaliarem os programas de intervenção que têm sido implementados, de modo a identificar as evidências de sua eficácia e efetividade, considerando seus objetivos.

Por mais que este capítulo tenha aprofundado essas questões com base nos pressupostos da psicologia positiva, ao propor uma avaliação baseada em forças, entende-se que existem outros enfoques que buscam essa integração. Portanto, recomenda-se que cada profissional utilize o seu enfoque teórico para articular a inclusão dessas variáveis positivas na avaliação no contexto escolar.

REFERÊNCIAS

Adler, A. (2016). Teaching well-being increases academic performance: Evidence from Bhutan, Mexico, and Peru. *Publicly Accessible Penn Dissertations*. https://repository.upenn.edu/edissertations/1572

Albuquerque, F. J. B., Sousa, F. M., & Martins, C. R. (2010). Validação das escalas de satisfação com a vida e afetos para idosos rurais. *Psico, 41*(1), 12.

Almeida, B. R., & Barbosa, A. J. G. (2014). Psicologia Positiva e deficiência intelectual: Análise da produção científica. *Revista CES Psicología, 7*(2), 44-58.

Ambiel, R. A. M., Pereira, C. P. S., & Moreira, T. C. (2015). Produção científica em avaliação psicológica no contexto educacional: Enfoque nas variáveis socioemocionais. *Avaliação Psicológica, 14*(3), 339-346.

Bandeira, C. M., Giacomoni, C. H., & Hutz, C. S. (2015). Tarefas preditoras de otimismo em crianças (TAPOC): Construção e evidências de validade. *Avaliação Psicológica, 14*(2), 199-206.

Bozic, N., Lawthom, R., & Murray, J. (2017). Exploring the context of strengths – a new approach to strength-based assessment. *Educational Psychology in Practice, 34*(1), 26-40.

Cacciari, M. B., Guerra, V. M., Martins-Silva, P. O., Cintra, C. L., & Castello, N. F. V. (2017). Percepções de professores universitários brasileiros sobre as virtudes mais valorizadas no exercício da docência. *Psicologia Escolar e Educacional, 21*(2), 313-322.

Casas, F., Sarriera, J., Alfaro, J., González, M., Figuer, C., Cruz, D., Bedin, L, Valdenegro, B., & Oyarzún, D. (2014). Satisfacción escolar y bienestar subjetivo en la adolecencia: Poniendo a prueba indicadores para su medición comparativa en Brasil, Chile y España. *Suma Psicologica, 21*(2), 70-80.

Cintra, C. L., & Guerra, V. M. (2017). Educación positiva: La aplicación de la psicología positiva a instituciones educacionales. *Psicologia escolar e educacional, 21*(3), 505-514.

Coelho, C. C., & Dell'Aglio, D. D. (2019). Clima escolar e satisfação com a escola entre adolescentes de ensino médio. *Psicologia: Teoria e Prática, 21*(1).

Damásio, B. F., Pacico, J. C., Poletto, M., & Koller, S. H. (2013). Refinement and psychometric properties of the eight-item brazilian positive and negative affective schedule for children (PANAS-C8). *Journal of Happiness Studies, 14*(4), 1363-1378.

Dametto, D. M., & Noronha, A. P. P. (2019). Construção e validação da escala de forças de caráter para adolescentes (EFC-A). *Paidéia (Ribeirão Preto), 29*.

Elfrink, T. R., Goldberg, J. M., Schreurs, K. M., Bohlmeijer, E. T., & Clarke, A. M. (2017). Positive educative programme: A whole school approach to supporting children's well-being and creating a positive school climate: A pilot study. *Health Education, 117* (2), 215-230.

Epstein, M. H., & Sharma, J. (1998). *The Behavior and Emotional Rating Scale: A strength, based approach to assessment*. PRO-ED.

Ey, S., Hadley, W., Allen, D. N., Palmer, S., Klosky, J., Deptula, D., Thomas, J., & Cohen, R. (2005). A new measure of children's optimism and pessimism: the youth life orientation test. *Journal of Child Psychology and Psychiatry, 46*(5), 548-558.

Ferreira-Costa, R. Q., & Pedro-Silva, N. (2019). Níveis de ansiedade e depressão entre professores do ensino infantil e fundamental. *Pro-Posições, 30*.

Fredrickson, B. (2004). The broaden – and – build theory of positive emotions. *Philosophical Transcactions of the Royal Society B, 359*(1449), 1367-1378.

Giacomoni, C. H., & Hutz, C. S. (2006). Escala de afeto positivo e negativo para crianças: Estudos de construção e validação. *Psicologia Escolar e Educacional, 10*(2), 235-245.

Giacomoni, C. H., & Hutz, C. S. (2008). Escala multidimensional de satisfação de vida para crianças: Estudos de construção e validação. *Estudos de Psicologia (Campinas), 25*(1), 25-35.

Goldberg, J. M., Sklad, M., Elfrink, T. R., Schereurs, K. M. G., Bohlmeijer, E. T., & Clarke, A. M. (2019). Effectiveness of interventions adopting a whole school approach to enhancing social and emotional development: A meta-analysis. *European Journal of Psychology of Education, 34,* 755-782.

Hoffmann, M. S., Leibenluft, E., Stringaris, A., Laporte, P. P., Pan, P. M., Gadelha, A., ... Salum, G. A. (2016). Positive attributes buffer the negative associations between low intelligence and high psychopathology with educational outcomes. *Journal of the American Academy of Child & Adolescent Psychiatry, 55*(1), 47-53.

Huebner, E. S. (1994). Preliminary development and validation of a multidimensional life satisfaction scale for children. *Psychological Assessment, 6* (2), 149-158.

Hutz, C. S. (2014). *Avaliação em psicologia positiva.* Artmed.

Hutz, C. S. (Org.) (2016). *Avaliação em psicologia positiva: Técnicas e medidas.* Hogrefe.

Hutz, C. S., Zanon, C., & Bardagi, M. P. (2014). Satisfação de vida. In C. S. Hutz (Org.), *Avaliação em psicologia positiva* (pp. 43-48). Artmed.

Jimerson, S. R., Sharkey, J. D., Nyborg, V., & Furlong, M. J. (2004). Strength-based assessment and school psychology: A summary and synthesis. *The California School Psychologist, 9*(1), 9-19.

Kern, M. L., Waters, L. E., Adler, A., & White, M. A. (2015) A multidimensional approach to measuring well-being in students: Application of the PERMA framework, *The Journal of Positive Psychology, 10*(3), 262-271.

Keyes, C. L. M. (2007). Promoting and protecting mental health as flourishing: A complementary strategy for improving national mental health. *American Psychologist, 62*(2), 95-108.

Lei nº 9.394, de 20 de dezembro de 1996 (1996). Estabelece as diretrizes e bases da educação nacional. http://www.planalto.gov.br/ccivil_03/leis/l9394.htm

Lyons, M. D., Huebner, E. S., & Hills, K. J. (2013). The dual-factor model of mental health: A short-term longitudinal study of school-related outcomes. *Social Indicators Research, 114*(2), 549-565.

Lopez, S. J., & Snyder, C. R. (2003). *Positive psychological assessment: A handbook of models and measures.* American Psychological Association.

Marasca, A. R. (2019). *Satisfação de vida e sintomas psicopatológicos em crianças e suas relações com o desempenho escolar.* [Dissertação de mestrado não publicada]. Universidade Federal do Rio Grande do Sul.

Ministério da Educação (MEC), & Secretaria de Educação Básica (SEB). (2010). *Diretrizes curriculares nacionais para a educação infantil.* http://portal.mec.gov.br/dmdocuments/diretrizescurriculares_2012.pdf

Ministério da Educação (MEC). (2018). *Base nacional comum curricular – BNCC.* http://basenacionalcomum.mec.gov.br

Nedel, R., Mattos, D. A., & Marin, A. H. (2020). Autoestima e autoconceito infantil, escolaridade parental e sua relação com desempenho escolar no ensino fundamental I. *Revista Psicologia em Pesquisa, 14*(1), 149-168.

Noronha, A. P. P., & Barbosa, A. J. G. (2016). Forças e virtudes: escala de forças de caráter. In C. S. Hutz (Org.), *Avaliação em psicologia positiva: Técnicas e medidas* (pp. 21-24). Hogrefe.

Noronha, A. P. P., Dallazanna-Zanon, L. L., & Zanon, C. (2015). Internal structure of the characters strengths scale in Brazil. *Psico-USF, 20*(2), 229-235.

Oliveira, C. M., Bandeira, C. M, & Giacomoni, C. H. (2019). Informatização e validação do instrumento tarefas preditoras de otimismo em crianças – TAPOC. *Avaliação Psicológica, 18*(2), 183-191.

Oliveira, C. M., Mendonça, E. J. F., Marasca, A. R., Bandeira, D. R., & Giacomoni, C. H. (2019). Escala multidimensional de satisfação de vida para crianças: Revisão e normas. *Avaliação Psicológica, 18*(1), 31-40.

Oliveira, C. M., Zanon, C., Bandeira, C. M, & Giacomoni, C. H. (n.d.). *Evaluating optimism in children and adolescents: Adaptation, dimensionality, invariance, and convergent validity of the brazilian version of the youth life orientation test.* [Preprint].

Oliveira, K. L., Santos, A. A. A., Noronha, A. P. P., Boruchovitch, E., Cunha, C. A., Bardagi, M. P., & Domingues, S. F. S. (2007). Produção científica em avaliação psicológica no contexto escolar. *Psicologia Escolar e Educacional, 11*(2), 239-251.

Pacico, J. C., & Bastianello, M. R. (2014). As origens da psicologia positiva e os primeiros estudos brasileiros. In C. S. Hutz (Eds.), *Avaliação em psicologia positiva* (pp. 13-22). Artmed.

Park, N., & Peterson, C. (2006). Moral competence and character strengths among adolescents: The development and validation of the values in action inventory of strengths for youth. *Journal of Adolescence, 29*(6), 891-909.

Peterson, C., & Seligman, M. E. (2004). *Character strengths and virtues: A handbook and classification.* Oxford University.

Pires, J. G., Nunes, M. F. O., & Nunes, C. H. S. S. (2015). Instrumentos baseados em psicologia positiva no Brasil: Uma revisão sistemática. *Psico-USF, 20*(2), 287-295.

Pureza, J. D. R. (2013). *Contribuições da Psicologia positiva para a compreensão e intervenção no fenômeno bullying.* [Dissertação de mestrado não publicada]. Universidade do Vale do Rio dos Sinos.

Primi, R., Santos, D., John, O. P., & Fruyt, F. D. (2016). Development of an inventory assessing social and emotional skills in Brazilian youth. *European Journal of Psychological Assessment, 32*(1), 5-16.

Prout, H. T. (2009). Positive psychology and students with intellectual disabilities. In R. Gilman, E. S. Huebner & M. G. Furlong (Eds.), *Handbook of positive psychology in schools* (pp. 371-381). Routledge.

Raley, S. K., Shogren, K. A., & Cole, B. P. (2020). Positive psychology and education of students with disabilities: The way forward for assessment and intervention. *Advances in Neurodevelopmental Disorders, 5,* 11-20.

Rashid, T., & Ostermann, R. F. (2009). Strength-based assessment in clinical practice. *Journal of clinical psychology, 65*(5), 488-498

Santos, D. C. O. D., Menezes, A. B. D. C., Borba, A., Ramos, C. C., & Costa, T. D. (2017). Mapeamento de competências do psicólogo escolar. *Psicologia Escolar e Educacional, 21*(2), 225-234.

Segabinazi, J. D., Zortea, M., Zanon, C., Bandeira, D. R., Giacomoni, C. H., & Hutz, C. S. (2012). Escala de afetos positivos e negativos para adolescentes: Adaptação, normatização e evidências de validade. *Avaliação Psicológica, 11*(1), 1-12.

Segabinazi, J. D., Zortea, M., & Giacomoni, C. H. (2014). Avaliação de bem-estar subjetivo em adolescentes. In C. S. Hutz (Org.), *Avaliação em Psicologia Positiva* (pp. 69-84). Artmed.

Seibel, B. L., DeSousa, D., & Koller, S. H. (2015). Adaptação brasileira e estrutura fatorial da escala 240-item VIA Inventory of Strengths. *Psico-USF, 20*(3).

Seligman, M. E. P. (2002). Positive psychology, positive prevention, and positive therapy. In C. R. Snyder & S. J. Lopez (Eds.), *Handbook of positive psychology* (pp. 3-9). Oxford

Seligman, M. E. P., & Csikszentmihalyi, M. (2000). Positive psychology: An introduction. *American Psychologist, 55*(1), 5-14.

Suldo, S.M., Bateman, L., & McMahan, M. (2014). School satisfaction. In A. C. Michalos (Ed.), *Encyclopedia of quality of life and well-being research*. Springer.

Valentini, F., & Laros, J. A. (2014). Inteligência e desempenho acadêmico: Revisão de literatura. *Temas em Psicologia, 22*(2), 285-299.

Viapiana, V. F., Bandeira, C. M., & Giacomoni, C. H. (2016). Bem-estar subjetivo infantil: Avaliação por meio do desenho da figura humana. *Avaliação Psicológica, 15*(1), 49.

Wagner, M. F., Piccinini, J., Piccinini, J., & Patias, N. D. (2019). Empatía, síntomas de depressión, ansiedad y estrés en professores de educación superior. *Revista da SPAGESP, 20*(2), 55-67.

Waters, L. (2011). A review of school-based positive psychology interventions. *The Educational and Developmental Psychologist, 28*(2), 75-90.

Parte 5

QUESTÕES TRANSVERSAIS AOS ESPAÇOS ESCOLARES

18
AVALIAÇÃO DA ADAPTABILIDADE DE CARREIRA EM PROCESSOS DE ORIENTAÇÃO PROFISSIONAL

Gabriel dos Reis Rodrigues
Larissa Sanford Ayres Farina
Marco Antônio Pereira Teixeira

Desde suas origens, no início do século XX, o campo do aconselhamento de carreira vem se transformando. Ao longo do tempo surgiram diferentes formas de compreender as escolhas profissionais, o desenvolvimento das carreiras e o papel do aconselhamento. Da mesma forma, foi se modificando o modo de avaliar as características psicológicas nesse contexto e o uso das informações obtidas através da avaliação. Portanto, o modo como o orientador compreende o aconselhamento de carreira e direciona suas práticas influi diretamente na forma em que a avaliação é conduzida.

Assim, este capítulo apresenta uma pequena introdução à evolução histórica da área da orientação profissional ou aconselhamento de carreira. A seguir, destacamos um importante conceito utilizado para compreender as escolhas e o desenvolvimento de carreira e como avaliá-lo (adaptabilidade de carreira), discutindo como pode ser realizada uma avaliação compreensiva de modo a ser integrada ao processo de intervenção.

OS TRÊS PRINCIPAIS PARADIGMAS NO ACONSELHAMENTO DE CARREIRA

O primeiro modelo de aconselhamento de carreira surge a partir da obra *Choosing a vocation* (Parsons, 1909), considerada como pioneira na área. Na proposta de Parsons, três elementos seriam essenciais para uma escolha satisfatória: (1) conhecimento sobre as aptidões e capacidades do indivíduo; (2) entendimento sobre as possibilidades de trabalho no contexto laboral ou educacional; e (3) um olhar atento para combinar esses dois aspectos em uma opção profissional. A proposição de Parsons levou à ideia de que a orientação para a escolha da profissão tem como ponto central a combinação entre a pessoa e a profissão.

Dessa forma se estabelecia o modelo de adequação pessoa/ambiente, mais tarde também chamado de modelo traço/fator. Nesse modelo, o processo de orientação profissional tendia a ser pontual, ocorrendo em um momento específico da vida de uma pessoa, e tinha como ideia subjacente a estabilidade, tanto das características individuais quanto dos ambientes de trabalho. A orientação vocacional era direcionada para a escolha profissional, não levando em consideração os aspectos pessoais dos indivíduos, seu momento de vida e o significado que essa escolha tem em suas vidas. Ou seja, a orientação indicava para cada pessoa a profissão que mais combinava com as suas características e aptidões.

Por ter esse foco, a avaliação psicológica, no contexto da orientação profissional, se limitava a investigar as habilidades, os interesses e a personalidade dos indivíduos, sendo essas confrontadas com descrições previamente definidas de profissões (Duarte, 2019; Savickas, 2015; Teixeira & Silva, 2019).

O segundo modelo, conhecido como desenvolvimentista ou evolutivo, parte do princípio de que as escolhas profissionais e aspectos que envolvem a carreira dos indivíduos estão presentes ao longo da vida. Esse paradigma tem destaque a partir da década de 1940, especialmente pela produção do pesquisador Donald Super (1953, 1957). De acordo com esse modelo, a orientação profissional tem como foco o desenvolvimento do autoconceito, buscando ajudar a pessoa a perceber a imagem de si mesma e traduzi-la em termos de um autoconceito vocacional, que fundamentará a escolha.

Embora apresente uma certa estabilidade, a teoria admite que o autoconceito também pode mudar, à medida que diferentes papéis vão sendo experimentados ao longo da vida. A partir dessa ótica, a carreira é entendida como algo que está presente ao longo de nossa vida, nas diferentes fases do nosso desenvolvimento.

As expectativas sociais relacionadas ao mundo educacional e do trabalho confrontam o indivíduo com diferentes tarefas desenvolvimentais relacionadas à carreira, tais como desenvolver os interesses na infância e adolescência, escolher uma profissão na transição para a fase adulta, encontrar e estabelecer-se em uma trajetória de trabalho, entre outras. Assim, o autoconceito vai sendo construído ao longo do tempo e também aparece na forma como nos relacionamos com a nossa carreira (Duarte, 2019; Savickas, 2015; Teixeira & Silva, 2019).

Ainda de acordo com esse paradigma, entende-se que a carreira não se trata apenas do nosso trabalho. A carreira passa a ser entendida como a combinação e sequência dos vários papéis que vivemos ao longo de nossa vida, sendo alguns papéis mais proeminentes que outros, dependendo da fase em que nos encontramos. Alguns desses papéis podem ser filha, esposo, cidadão, trabalhadora, além de muitos outros. O enfoque no entrelaçamento e relacionamento entre esses diferentes papéis é chamado de saliência de papéis, conceito essencial para se tentar entender o funcionamento e a identidade de uma pessoa de acordo com o seu momento de vida (Lassance & Sarriera, 2012; Savickas, 2013).

Além da saliência de papéis, cabe aqui destacar outro elemento essencial para o segundo paradigma em orientação profissional: a maturidade vocacional, que mais tarde irá ser substituída pelo conceito de adaptabilidade de carreira. A maturidade vocacional diz respeito ao nosso preparo para lidar com as mudanças, transições e decisões que fazemos ao longo da nossa vida de trabalho. Esse modelo leva ainda em consideração os valores das pessoas e as características que facilitariam a busca do sentido e o foco para o processo de aconselhamento de carreira e tomada de decisão.

Assim, o paradigma de desenvolvimento de carreira é menos normativo do que o paradigma anterior, pois considera o modo como o indivíduo se percebe como importante nas escolhas profissionais, além de compreender a carreira como uma trajetória. Dessa forma, esse modelo caminha em direção às proposições e métodos construtivistas, que levam em consideração as pessoas em constante desenvolvimento e imersas em um meio social (Duarte et al., 2010; Lassance & Sarriera, 2009; Savickas, 2013).

A partir do segundo paradigma, em termos histórico-culturais, passa-se a perceber que a carreira está ligada ao indivíduo e ao seu momento de vida. Esses fatores levam à formulação de que a orientação profissional deveria enfatizar o trabalho em contexto, de acordo com a compreensão e a importância dada por cada pessoa à sua carreira. O foco passa das profissões para a construção individual de uma história de vida que também abrange o mundo do trabalho. Assim, ao invés de focar apenas no trabalho, a orientação profissional abordaria o papel que o trabalho tem na vida de alguém (Richardson, 1993; Savickas, 1997).

Dessa forma, a orientação profissional ajudaria as pessoas a fazerem sentido em suas vidas por meio do trabalho. É justamente essa transição, a começar pelo entendimento de que a carreira está nas pessoas e não em seus locais de trabalho, que proporciona o início do terceiro paradigma – o paradigma da construção das carreiras (Duarte, 2019; Savickas, 2015; Teixeira & Silva, 2019).

A abordagem Life Design, terceiro paradigma no aconselhamento de carreira, tem seu início no final do século XX e nos primórdios do século XXI, contando com contribuições de diversos autores (Duarte, 2019; Savickas et al., 2009). Entre eles, destaca-se Mark Savickas, que apresentou a teoria da construção da carreira (Savickas, 2002) e ampliou a teorização de Donald Super, dando ênfase à carreira subjetiva, ou seja, ao significado que o sujeito constrói para sua trajetória.

Esse modelo possui dois focos principais. O primeiro é a relação entre a pessoa e o orientador durante o aconselhamento de carreira – que envolve o empenho, a interação e o estímulo durante as sessões. O segundo foco é a comunicação entre cliente e orientador, na qual o cliente conta a sua história de vida e, nesse ato, constrói uma narrativa que é discutida e reconstruída junto com o orientador.

Desse modo, a ideia principal do Life Design (como o próprio nome já diz, desenho da vida) é ampliar as narrativas pessoais sobre as questões de carreira trazidas pelos clientes. Esse enfoque busca abrir a possibilidade de o cliente construir a sua vida e de integrar nela a sua carreira, trabalhando conjuntamente sua identidade pessoal nesse processo (Duarte, 2019; Savickas, 2015; Teixeira & Silva, 2019).

Assim, no processo construtivista, o foco da intervenção de carreira está na autoconstrução da imagem de si como projeto de vida, por meio do trabalho e das relações com o meio social. Isso é feito para que o indivíduo possa entender sua vida a partir da relação que consegue fazer entre aquilo que é e o que faz, construindo uma identidade narrativa. Em outras palavras, à medida em que os indivíduos aprendem mais sobre si mesmos como "atores" e "agentes" com motivação, tornam-se mais capazes de reunir seu conjunto de objetivos e projetos em uma história plausível e coerente.

A identidade narrativa é a grande história pessoal que conecta e sintetiza as micronarrativas que compõem a vida, dando um senso de coerência e continuidade. Em geral, a história apresenta padrões ou temas (temas de carreira) que revelam o modo como o indivíduo impõe significado às suas experiências (Duarte, 2019; Savickas, 2015; Teixeira & Silva, 2019).

Podemos perceber, então, que o modelo construtivista de carreira amplia o paradigma desenvolvimentista na medida em que traz à tona e leva em consideração aspectos subjetivos na construção da carreira. Por exemplo, o conceito de maturidade de carreira, que era entendido como uma "prontidão" para a escolha, é substituído pelo de adaptabilidade de carreira. Adaptabilidade de carreira é um conceito mais amplo e em sintonia com o contexto contemporâneo do trabalho, pois, além da prontidão para lidar com as transições e tomar decisões (maturidade), envolve os recursos que a pessoa tem diante da instabilidade, das rápidas mudanças e da necessidade de lidar tanto com as transições previstas quanto com as imprevistas (Duarte, 2019; Savickas, 2015; Teixeira & Silva, 2019).

Os três paradigmas apresentados, embora tenham surgido em diferentes momentos históricos e com visões distintas sobre o papel do aconselhamento, coexistem na atualidade – apesar de o modelo estritamente combinatório fazer cada vez menos sentido em um mundo que está em permanente mudança e que exige constantes movimentos de adaptação. Assim, ao pensarmos o aconselhamento de carreira e, ainda, a avaliação psicológica nesse contexto, é necessário buscar formas de atuação que atendam às necessidades dos clientes e que sejam teoricamente contextualizadas.

Neste capítulo, damos ênfase à avaliação do conceito de adaptabilidade de carreira, amplamente utilizado na prática de aconselhamento na atualidade e relacionado tanto ao paradigma desenvolvimental quanto ao construtivista (Johnston, 2016).

ADAPTABILIDADE DE CARREIRA

O termo adaptabilidade de carreira data de 1981, quando Super e Knasel propuseram esse conceito a fim de complementar a noção de maturidade de carreira. A adaptabilidade implicaria um novo modelo de desenvolvimento de carreira focado na adaptação, além de salientar o indivíduo como um agente responsável que atua em um ambiente dinâmico (Super & Knasel, 1981). Adaptabilidade de carreira é um conceito importante para a vertente construtivista, abrangendo a capacidade individual de adaptação a diferentes tarefas vocacionais, transições inesperadas e desafios ocupacionais. Engloba tanto a preocupação frente a questões profissionais quanto a exploração ativa do mundo do trabalho.

Diferentemente da maturidade de carreira, que transmitia a ideia de um estado abstrato de prontidão a ser alcançado, a adaptabilidade de carreira propõe a constante mudança, atualização e reflexão acerca das possibilidades educacionais/profissionais de cada um, em qualquer momento de vida. Nesse ponto, ela vem ao encontro das atuais necessidades do mundo do trabalho, que está constantemente em transformação. Assim sendo, o enfoque no momento presente em relação ao futuro e a noção de constante reflexão tornam a adaptabilidade de carreira um conceito contemporâneo e necessário, tanto em momentos estáveis quanto em momentos difíceis ou imprevisíveis.

Dessa maneira, torna-se perceptível o quão importante o conhecimento acerca da adaptabilidade de carreira pode ser para o trabalho em orientação profissional. Orientadores poderiam focar as habilidades e as atitudes de seus clientes de forma dinâmica frente ao mundo educacional e do trabalho (Super & Knasel, 1981). Ou seja, tendo como enfoque a adaptabilidade, o orientador ajuda o cliente a pensar sobre as possibilidades atuais e o auxilia na reflexão sobre as atitudes e habilidades que o cliente apresenta naquele momento de vida.

Na literatura, alguns recursos relacionados à adaptabilidade de carreira já foram mapeados. Eles envolvem atitudes, comportamentos e competências em carreira que nos ajudariam a lidar com um mundo de trabalho em constante transformação. Esses recursos seriam quatro: preocupação (*concern*), controle (*control*), curiosidade (*curiosity*) e confiança (*confidence*) (Savickas, 2005; Savickas & Porfeli, 2012).

Pessoas com altos níveis de adaptabilidade de carreira se prepariam com antecedência para lidar com suas tarefas (preocupação), buscariam assumir responsabilidade por suas escolhas de carreira (controle), estariam abertas a novas informações e as explorariam ativamente (curiosidade). Além disso, teriam segurança na sua capacidade de lidar com empecilhos em suas carreiras (confiança) (Rudolph et al., 2016).

Além dessas quatro dimensões, outro fator importante a considerar na avaliação da adaptabilidade de carreira é a cooperação (*cooperation*). Esse fator trata da utilização de recursos interpessoais (como habilidades sociais, ativação de rede de apoio, etc.) a fim de auxiliar na adaptação a contextos diversos (Farina et al., 2020).

Um exemplo pode ajudar a compreender melhor o construto e a sua aplicação em casos concretos: Fabiano é um aluno do último ano do ensino médio que está em dúvida sobre que curso universitário fazer. Ele não tem pensado muito sobre o assunto e fica espantado ao perceber como alguns de seus amigos conseguem ter tanta certeza do que querem fazer da vida. Ele se considera interessado em tecnologia ("Gosto de assistir programas sobre como pessoas resolvem problemas usando tecnologia, e além disso matemática e física são as disciplinas que mais gosto na escola"). Recentemente viu um parque de geração de energia eólica que lhe chamou a atenção ("Eu queria trabalhar com uma coisa assim").

Fabiano começou a pensar em cursar engenharia elétrica, mas não sabe o que fazer para se decidir. Diz que acha que não vale a pena se estressar com isso pois "um monte de gente muda de curso, e nada garante que depois eu vá conseguir trabalhar com isso". Relata também ter medo de não ser bom o suficiente para conseguir um emprego que lhe garanta o padrão de vida que tem atualmente morando com sua família.

Como Fabiano está lidando com esse momento de transição, de fim de ensino médio, do ponto de vista da adaptabilidade de carreira? Aparentemente, sua preocupação é baixa, ou pouco elaborada. Ele considera necessário e gostaria de escolher algo para fazer, mas não relaciona claramente o que ele faz hoje com possibilidades ocupacionais, e também não parece valorizar muito a formação de planos para o futuro.

Os recursos controle e confiança também são pouco salientes: ele não sabe o que fazer para decidir e não acha importante engajar-se mais seriamente no processo de escolha (controle), pois não acredita muito na possibilidade de administrar o futuro. Embora goste das áreas de matemática e física, questiona se seria competente para ser um profissional de sucesso (confiança).

No relato não aparecem comportamentos exploratórios, e a própria opção por engenharia elétrica é baseada em um interesse genérico (tecnologia) e uma experiência pessoal pontual (ter visto um parque eólico). Portanto, a curiosidade também parece baixa. Não há elementos na descrição sobre a dimensão cooperação, que precisaria ser mais bem avaliada.

Partindo da ideia de que a adaptabilidade de carreira é importante não apenas para uma escolha profissional pontual, mas para a própria construção de uma trajetória de vida e trabalho, a orientação de Fabiano deveria levá-lo a refletir sobre esses elementos da sua adaptabilidade. Ao perceber que o que faz hoje terá impactos no futuro, ao compreender como tomar decisões e o que pode fazer para aumentar suas chances de sucesso, ao explorar mais a fundo seus interesses e possibilidades e ao analisar as habilidades e competências que possui e as que ainda pode desenvolver, Fabiano provavelmente se sentirá mais engajado no processo de escolha e capaz de tomar uma decisão mais autônoma e com responsabilidade. A reflexão sobre a adaptabilidade deve levar Fabiano a compreender sua história e o porquê da sua escolha neste momento da vida, partindo do que é para o que pode vir a ser, e do que deveria ser para o que gostaria de ser.

A adaptabilidade de carreira tem apresentado relação positiva com bem-estar (satisfação com a vida e afetos positivos), esperança, otimismo, satisfação com o trabalho, entre outros (Johnston, 2018). Todos esses aspectos ajudariam o indivíduo a enfrentar os desafios do atual universo do trabalho e ainda a viver com maior qualidade de vida.

Neste capítulo vamos destacar a adaptabilidade de carreira em uma fase de desenvolvimento em especial: a adolescência. Grande parte dos adolescentes vivem uma experiência de trabalho iniciante e instável, ou nem mesmo têm experiências de trabalho. Muitos encontram-se em fase de desenvolvimento da identidade e, em razão disso, podem precisar de ajuda para potencializar suas competências relacionadas à adaptabilidade de carreira (Super & Knasel, 1981).

Segundo diferentes autores (Creed, Fallon & Hood, 2009; Gamboa, Paixão & Palma, 2014; Koen, Klehe & Van Vianen, 2013), o processo de adaptabilidade de carreira nesse momento da vida é particularmente importante, pois as demandas da escolha profissional e do ingresso no mundo do trabalho se fazem presentes. Nos casos de orientação vocacional para adolescentes, uma avaliação rápida e precisa do construto de adaptabilidade de carreira mostra-se fundamental.

Desse modo, vamos apresentar a seguir um instrumento que possibilita uma medição eficaz da adaptabilidade de carreira para esse público. Ao final do capítulo, é apresentada uma proposta diferente de avaliação dos recursos de adaptabilidade de carreira.

Como se avalia a adaptabilidade de carreira?

Em 2010, uma equipe internacional se reuniu para discutir sobre uma forma unificada de se avaliar a adaptabilidade de carreira (Savickas & Porfeli, 2012). Dessa reunião, surgiu a proposta da Career Adapt-Abilities Scale (CAAS), instrumento que mensura as atitudes, comportamentos e competências que favorecem a adaptação em carreira. As competências que esse instrumento avalia já foram apontadas neste capítulo: preocupação, controle, curiosidade e confiança.

Em 2012, essas quatro dimensões foram pela primeira vez propostas para compor um instrumento de adaptabilidade de carreira. Nesse sentido, é importante retomar o significado de cada fator:

1. preocupação (*concern*): preocupação com o futuro a partir do que se faz hoje;
2. controle (*control*): capacidade de assumir responsabilidade pelas escolhas atuais;
3. curiosidade (*curiosity*): capacidade de explorar perspectivas educacionais/profissionais diferentes; e
4. confiança (*confidence*): segurança em relação a conseguir fazer o que precisa ser feito.

Essas dimensões prepararam alguém para conseguir tomar boas decisões educacionais/profissionais conscientes, planejadas e de acordo com seus próprios interesses. Além dos quatro fatores mencionados, essa equipe criou itens para uma dimensão que não foi incluída na estrutura final da CAAS – a dimensão cooperação.

CAAS-5 para adolescentes

No contexto brasileiro, existe a Career-Adapt Abilities Scale-5 (CAAS-5) para adolescentes, instrumento que mensura adaptabilidade de carreira a partir dos quatro fatores mencionados e que conta com o acréscimo da dimensão cooperação (Farina et al., 2020). A escala contém 25 itens, e cada item representa uma habilidade que colabora para a adaptabilidade de carreira. Assim, o respondente deve marcar, em cada item, o quanto daquela habilidade ele acha que desenvolveu em sua vida. As respostas variam de 1 ("muito pouco") a 5 ("plenamente").

O Quadro 18.1 apresenta os itens incluídos na CAAS-5.

Pontuação

A CAAS-5 possui 25 itens e é constituída de cinco fatores, sendo cada fator constituído de cinco itens. Para calcular a pontuação na escala, basta calcular a média aritmética de todos os seus itens. Isso pode ser feito somando-se todos os números das respostas dos respondentes e dividindo o resultado por 25. Por exemplo, alguém que respondeu *1* para todos os 25 itens da escala ($1 \times 25 = 25$), receberá o escore final 1 ($25/25 = 1$). O escore final varia de 1 a 5, e representa, em média, as habilidades para se adaptar que o respondente possui no momento de preenchimento da escala. Assim como a escala total, cada fator da CAAS-5 pode ser calculado a fim de facilitar a compreensão das dificuldades e potencialidades dos clientes. Desta forma, cada fator da CAAS-5 será apresentado a seguir.

O fator preocupação (itens 1 a 5) refere-se ao olhar para o futuro e a um início de planejamento em relação à carreira. A cooperação nos auxilia a entender melhor a capacidade de conseguir interagir e se integrar a um grupo com sucesso. Ela corresponde aos itens 6 a 10. A confiança é medida pelos itens 11 a 15 e retrata o quanto uma pessoa se sente preparada para implementar as suas decisões e buscar os seus objetivos de carreira. Nos itens 16 a 20, avalia-se a curiosidade pela carreira, a propensão a explorar e a buscar diferentes cenários e possibilidades educacionais/profissionais. O controle é medido nos itens 21 a 25, e informa acerca do quanto alguém assume a responsabilidade por suas escolhas educacionais/profissionais.

O cálculo do escore dessas dimensões também é feito com uma média aritmética. Por exemplo, se um cliente responde 1, 5, 3, 1, 5 nos cinco itens do fator preocupação, devem-se somar todos os itens ($1 + 5 + 3 + 1 + 5 = 15$) e dividir esse resultado por 5 para obter o escore final ($15/5 = 3$), que é igual a 3.

QUADRO 18.1
Career-Adapt Abilities Scale-5 (CAAS-5) para adolescentes

Career-Adapt Abilities Scale-5 para Adolescentes

Pessoas diferentes utilizam recursos diferentes para construir as suas carreiras/vidas. Ninguém é bom em tudo; cada um procura dar o melhor de si. Por favor, leia cada afirmação e indique o quanto você desenvolveu cada uma das habilidades utilizando a escala abaixo.

1	2	3	4	5
Muito Pouco	Pouco	Medianamente	Bastante	Plenamente

1. Perceber que meu futuro depende das escolhas de hoje	1	2	3	4	5
2. Preparar-me para o futuro	1	2	3	4	5
3. Tomar consciência das escolhas educacionais e profissionais que tenho de fazer	1	2	3	4	5
4. Planejar como alcançar os meus objetivos	1	2	3	4	5
5. Estar preocupado (a) com a minha carreira	1	2	3	4	5
6. Agir de forma amigável	1	2	3	4	5
7. Dar-me bem com todo o tipo de pessoas	1	2	3	4	5
8. Cooperar com outros em projetos de grupo	1	2	3	4	5
9. Fazer a minha parte numa equipe	1	2	3	4	5
10. Compartilhar com os outros	1	2	3	4	5
11. Ser responsável e fazer as coisas bem	1	2	3	4	5
12. Desenvolver novas habilidades	1	2	3	4	5
13. Dar sempre o meu melhor	1	2	3	4	5
14. Superar obstáculos	1	2	3	4	5
15. Ter confiança em mim mesmo (a)	1	2	3	4	5
16. Explorar o ambiente à minha volta	1	2	3	4	5
17. Procurar oportunidades para me desenvolver como pessoa	1	2	3	4	5
18. Ser curioso (a) sobre novas oportunidades	1	2	3	4	5
19. Imaginar possibilidades para o meu futuro	1	2	3	4	5
20. Analisar as minhas alternativas	1	2	3	4	5
21. Tomar decisões por mim mesmo (a)	1	2	3	4	5
22. Assumir responsabilidade pelo que faço	1	2	3	4	5
23. Pensar antes de agir	1	2	3	4	5
24. Ser persistente e paciente	1	2	3	4	5
25. Aprender como tomar decisões mais acertadas	1	2	3	4	5

Há limitações em utilizar apenas a pontuação da escala para entender a adaptabilidade de carreira do cliente. O sistema de pontuação possibilita o entendimento da posição do escore do adolescente em relação aos escores do estudo inicial de construção da escala (para mais informações, consultar Farina et al., 2020). Embora relevante, essa comparação referente a uma amostra da população perde muita informação que poderia ser obtida durante o processo de aconselhamento de carreira (Figueiredo, 2008).

Nesse sentido, propomos uma maneira alternativa e complementar de avaliar a adaptabilidade de carreira em adolescentes e em adultos, embasada nos pressupostos da abordagem construtivista de aconselhamento de carreira (Campbell, 2009; McMahon & Watson, 2015; Savickas, 2009).

AVALIAÇÃO QUALITATIVA EM ORIENTAÇÃO PROFISSIONAL

A utilidade de um instrumento não é decorrente do resultado proveniente dele, mas sim do uso que se faz desse resultado. Quando o orientador aplica um teste buscando entender e tirar conclusões do resultado para si, priva o cliente de se autoconhecer e conseguir se desenvolver. A utilidade de um instrumento, assim, não deve ser meramente psicométrica.

O instrumento pode ser uma potente ferramenta de auxílio ao orientador e ao cliente para ajudá-los a avançar com os objetivos da orientação profissional. O instrumento atinge essa potencialidade quando seus resultados são compartilhados e discutidos de forma a ampliar o entendimento do cliente acerca de si mesmo, visando a empoderá-lo a respeito das suas habilidades e das capacidades que ele ainda poderá desenvolver (Campbell, 2009). Quando parte dessa perspectiva colaborativa, o orientador permite que se estabeleça uma relação horizontal com o cliente, o que facilita a co-construção da narrativa (Duarte, 2019).

As informações provenientes de um instrumento, quando compartilhadas com o cliente, possuem consequências importantes. Em primeiro lugar, essas informações podem servir como fontes relevantes para o início de um processo psicoeducativo, auxiliando clientes a entenderem conceitos importantes em orientação profissional. O entendimento mais amplo de conceitos da orientação profissional facilita que clientes percebam elementos desses conceitos permeando as suas histórias de vida.

Nesse sentido, a psicoeducação acerca do construto que o instrumento aborda poderia auxiliar clientes a integrar as suas características pessoais, os seus modos de lidar com decisões e as suas formas de lidar com transições de carreira em um todo coerente. Ainda, *feedbacks* a partir de um instrumento podem encorajar um indivíduo a modificar atitudes e comportamentos, expandindo seu entendimento sobre o que pode ser feito em relação a sua carreira e o que ele ainda não está fazendo por esta. Por fim, instrumentos servem como um guia interessante para o orientador, permitindo abordar assuntos que poderiam ser deixados de lado (Campbell, 2009).

Após finalizada a aplicação do instrumento, questiona-se sobre como foi realizar aquela atividade e sobre possíveis considerações ou dúvidas que o cliente tenha. Nesse momento, o orientador possui duas opções: pode partir para a pontuação dos itens ou para a discussão acerca do que foi preenchido. A seguir, apresentamos algumas diretrizes sobre a discussão dos itens. O objetivo da discussão varia de instrumento a instrumento. De maneira geral, busca-se acionar a reflexão do cliente acerca de suas crenças de carreira, promover a integração das suas capacidades e dificuldades de maneira coerente e fazê-lo refletir sobre sua história em relação às questões ocupacionais do presente e do futuro (Savickas, 2009).

Discussão sobre os itens

A discussão sobre os itens é uma das partes mais importantes quando se trata da avaliação qualitativa utilizando um instrumento. Mais do que a resposta de 1 a 5 em determinado item de uma escala específica, o que realmente interessa ao processo de aconselhamento de carreira é o porquê de tal resposta (Campbell, 2009; Savickas, 2009).

Os itens podem ser discutidos de diversas formas. Uma forma possível é seguindo item por item e discutindo-se sobre as impressões do cliente acerca de cada um, independentemente da intensidade de sua resposta na escala. Outra maneira poderia ser a divisão da discussão de acordo com as dimensões do instrumento.

Seguindo essa estratégia com a CAAS-5, por exemplo, um orientador poderia dividir os questionamentos acerca dos itens para o cliente em cinco diferentes blocos – um para cada fator de adaptabilidade de carreira. Isso facilitaria a compreensão do cliente acerca das suas capacidades e dificuldades em cada fator. Além disso, auxiliaria na integração das informações a respeito da escala. Ainda, outro método possível seria a divisão em dois grandes grupos de itens para discussão com o cliente: o Grupo 1 integraria as habilidades em destaque, enquanto o Grupo 2 elencaria possíveis dificuldades enfrentadas pelo cliente.

Esse último procedimento pode ser mais adequado quando as respostas aos itens parecem bastante variadas, com itens variando de 1 a 5 sem aparente homogeneidade. Os itens com maior pontuação – ou seja, aqueles em que teoricamente o cliente teria mais habilidade – iriam para o Grupo 1. O restante dos itens poderia ir para o Grupo 2. Com essa metodologia, é possível entender e dar mais sentido às capacidades que o cliente possui em contraste com as que ainda precisam ser desenvolvidas (Savickas, 2009).

Como ocorre essa discussão sobre os itens? Neste momento vamos tratar da discussão com o cliente a partir de seus resultados. Nessa forma de avaliação qualitativa, após o cliente responder à totalidade das questões, o orientador discute os resultados a partir dos escores e/ou das respostas do cliente. Para isso, o orientador pode realizar a correção psicométrica do instrumento antes de partir para a fase de exploração. Da mesma forma, pode decidir por não realizar a correção psicométrica e já seguir para a fase de exploração (se for necessária, a pontuação pode ser atribuída após essa etapa).

Independentemente do momento, caso a correção do instrumento seja feita, pode-se fornecer um *feedback* ao cliente acerca de sua pontuação e do que ela teoricamente significaria. Isso deve ser feito de maneira acolhedora e colaborativa, sempre de forma a considerar que os resultados obtidos pelo cliente são um reflexo daquele momento específico de sua vida, considerando o contexto em que vive, e não correspondem a uma verdade absoluta sobre ele. Nota-se que o fornecimento desse retorno para o cliente pode influenciar as suas respostas na fase de exploração, na qual o cliente informa os motivos de suas respostas aos itens do instrumento. Assim, tal retorno pode ser feito após a fase de exploração.

A fase de exploração consiste em entrevistar o cliente acerca de suas respostas às perguntas do instrumento. É interessante que as perguntas do orientador sejam abertas, sem a utilização de adjetivos ou de advérbios de intensidade. Assim, tomando como exemplo o item 6 da CAAS-5, uma pergunta que provavelmente receberia respostas curtas e sem conteúdo muito relevante poderia ser: "O que você quis dizer quando respondeu que desenvolveu '5 – plenamente' ao item 'Agir de forma amigável'? Você geralmente é bastante amigável e querido com todo mundo?".

Nessa pergunta inseriu-se um advérbio de intensidade (bastante), adicionou-se um adjetivo (querido) a um item que originalmente não expressa esse adjetivo e finalizou-se com uma pergunta fechada. Isso pode ser considerado inadequado para os objetivos da fase de exploração, que buscam entender o processo do cliente acerca do construto que está sendo mensurado. Essa pergunta fechada pode ser respondida facilmente com "sim" ou "não", diminuindo a gama de respostas possíveis e limitando a expressão comportamental do cliente.

Por que fazer uma avaliação qualitativa senão para estimular respostas diferentes e únicas? Uma pergunta mais vantajosa pode ser retirada da primeira parte da pergunta anterior: "O que você quis dizer quando respondeu que desenvolveu '5 – plenamente' ao item 'Agir de forma amigável'?".

Essa pergunta é aberta, possibilitando respostas diversas. O cliente pode responder com uma história, pode dizer que não entendeu bem e marcou 5, pode falar que sempre foi amigável, etc. Caso o conteúdo seja interessante, outras perguntas abertas podem ser feitas, por exemplo: "Como você enxerga tal aspecto em sua vida?"; "Que outros aspectos estão relacionados a esse tema?"; "Como isso se tornou algo importante para você?"; "O que você já fez para mudar isso?".

Essa fase da exploração pode ser seguida por perguntas mais diretivas, que abordem a história do cliente ou coloquem em contraste ideias já discutidas durante o aconselhamento de carreira (Savickas, 2009), a fim de traçar possíveis caminhos para o desenvolvimento das habilidades específicas que o instrumento abordaria. No caso da CAAS-5, essas habilidades estão relacionadas à adaptabilidade de carreira.

As perguntas, nesse caso, poderiam ser: "Levando em consideração o que conversamos, o que você acha que poderia fazer para explorar mais possibilidades de carreira (curiosidade)?"; "Como você poderia buscar ter mais controle sobre sua carreira neste momento (controle)?", entre outras. Savickas (2009) indica que essa fase de discussão dos itens é necessariamente mais diretiva, devendo ser aproveitada para estabelecer pequenos contratos de mudança através do relacionamento orientador/cliente, além de estimular a autoeficácia ocupacional.

Por fim, a última fase da exploração do teste concerne à sumarização do que foi discutido. Savickas (2009) escreve que o orientador reforçaria os combinados através de pequenas recomendações e tarefas de casa com o cliente. Embora isso seja adequado, acreditamos que o ponto principal nessa etapa não são os combinados acerca das possibilidades de mudança, mas, sim, a sumarização do que foi discutido entre orientador/cliente de maneira coesa. O cliente escuta sua história e, no caso de a CAAS-5 ter sido o instrumento discutido, ouve também sobre suas competências desenvolvidas e habilidades que ainda precisam ser trabalhadas. A partir disso, pode-se questionar a opinião do cliente sobre a atividade realizada e se possui alguma consideração a respeito dela.

Testagem guiada

Também é possível realizar a discussão sobre os itens e seu conteúdo durante a própria testagem. Nesse formato, o orientador discute as respostas do cliente item a item durante a aplicação do instrumento. Utilizando-se como exemplo a CAAS-5, o orientador inicia a administração lendo os itens e requisitando uma resposta de 1 a 5 para cada um deles. A partir das respostas, segue-se o mesmo modelo de inquérito visto anteriormente. Assim como da forma anterior, pode-se escolher discutir fator por fator do instrumento após a aplicação ou sintetizar os resultados no final da aplicação de forma coesa.

CONSIDERAÇÕES FINAIS

A prática da avaliação em orientação profissional pode ser multifacetada, e a escolha pela abordagem de avaliação e pela condução da orientação parte das preferências de cada orientador, podendo ele se valer de várias metodologias, dependendo das necessidades de cada cliente que se está atendendo (McMahon & Watson, 2015). Três grandes vertentes em orientação profissional foram delineadas: o modelo de adequação pessoa/meio (Parsons, 1909); o modelo desenvolvimentista, que teve como protagonista Super (1953, 1957); e a abordagem Life Design (Savickas et al., 2009), com ênfase na teoria de construção de carreira (Savickas, 2002, 2005). Este capítulo descreveu uma possibilidade de avaliação em orientação profissional a partir do terceiro modelo, focalizando o conceito da adaptabilidade de carreira, sua mensuração e sua avaliação.

Como vimos, a adaptabilidade de carreira está presente em diversas fases da vida, abarcando diferentes habilidades e integrando em sua concepção a imprevisibilidade do contexto (Johnston, 2016; Savickas, 1997; Super & Knasel,

1981). Apresentamos a mensuração da adaptabilidade de carreira com a CAAS-5 para adolescentes (Farina et al., 2020), escala que abarca o fator cooperação, levando em consideração as importantes questões que envolvem esse período na vida dos jovens. A partir desse instrumento, o orientador pode utilizar a pontuação psicométrica do adolescente em relação aos dados de uma amostra. Ademais, propomos uma avaliação qualitativa, mais abrangente, que pode também ser utilizada na avaliação de adultos, como forma de complementar o processo de avaliação na orientação profissional.

A avaliação qualitativa pode ser feita de diversas formas e com diversos instrumentos de carreira, e não apenas com a CAAS-5. Mesmo assim, algumas características do orientador nesse tipo de avaliação são importantes: empatia, acolhimento de questões difíceis, investigação de pontos pouco nítidos e encorajamento do cliente para revisão e reconstrução de sua história.

Assim, percebe-se que a avaliação qualitativa em orientação profissional auxilia na intervenção, possibilitando a revisão pelo cliente de suas perspectivas profissionais e a reflexão a respeito de suas crenças em relação à carreira. Isso é feito a partir das histórias que conta e das narrativas que produz junto com o orientador, que fazem novas questões serem apresentadas e integradas à sua história de vida. Essas características tornam esse procedimento valioso para a orientação profissional dentro da abordagem construtivista, ao possibilitar ao cliente a revisão de sua história. Isso ocorre pelo questionamento dessa história, sua desconstrução, reconstrução e posterior coconstrução através do processo interpessoal de aconselhamento de carreira (Savickas, 2013).

Este capítulo focalizou a aplicação e avaliação da adaptabilidade de carreira de forma individual, feita entre um orientador e um avaliando. Entretanto, existem outras possibilidades além da orientação profissional individual no aconselhamento de carreira. A promoção da adaptabilidade de carreira na tomada de decisões mais específicas ou difíceis, que exijam um trabalho mais aprofundado, pode ser realizada de forma individual ou em grupo, com profissionais que possuam qualificação específica na área de aconselhamento de carreira.

Quando em grupo, a utilização da CAAS-5 pode fazer parte do aconselhamento para gerar questionamentos e discussões com o objetivo de estimular os adolescentes a desenvolverem autonomia em relação ao "pensar o futuro" e "pensar o mundo do trabalho". Ainda nesse contexto grupal, o resultado gerado pela escala pode elucidar potencialidades e dificuldades específicas de avaliandos, além de ser uma ferramenta cujo escore auxilia na avaliação pré e pós-intervenção.

Assim como já pontuado, as intervenções de orientação profissional devem ser realizadas por profissionais com qualificação específica na área. Não obstante, nada impede que professores, pedagogos e psicólogos escolares promovam as dimensões da adaptabilidade de carreira no ambiente escolar. Recomenda-se, no entanto, cautela na utilização dos escores da CAAS-5 por profissionais não qualificados em aconselhamento de carreira. Nesse sentido, tais profissionais poderiam utilizar os itens da escala CAAS-5 para gerar discussões entre alunos e alunas, ou seja, os escores por fator não seriam pontuados.

De modo geral, a tarefa de estimular a reflexão sobre as dimensões de adaptabilidade nos estudantes pode ser realizada pelos professores na escola durante as próprias aulas. Estimular a preocupação em relação ao futuro, aprender a explorar possibilidades, conversar sobre possíveis profissões, discutir o que estudantes pensam sobre o trabalho em áreas de conhecimento específicas e visitar lugares de trabalho (como fábricas, instituições e escritórios) pode auxiliar os estudantes a entender melhor as realidades do mundo do trabalho.

Ou seja, a adaptabilidade de carreira é uma ferramenta conceitual que pode servir de base ao planejamento de atividades escolares que têm por objetivo o desenvolvimento dos projetos de vida dos jovens – uma das competências a serem desenvolvidas no contexto da escola, como preconiza a Base Nacional Comum Curricular (BNCC) (Ministério da Educação [MEC], 2018). Porém, sempre que necessário, intervenções mais individualizadas ou aprofundadas nos dilemas da escolha profissional devem ser realizadas por orientadores profissionais qualificados.

Em suma, com as informações apresentadas neste capítulo, buscou-se trazer um panorama abrangente sobre a avaliação em orientação profissional, introduzindo um novo instrumento, a CAAS–5 para adolescentes. A partir dele, busca-se medir a adaptabilidade de carreira nesse importante período da vida, com o acréscimo da dimensão cooperação, que aborda a competência interpessoal, essencial no atual mundo do trabalho. Espera-se que esse instrumento possa estimular a inclusão da avaliação da adaptabilidade de carreira nas escolhas da adolescência, fase em que são muitos os questionamentos a respeito do futuro e da carreira.

Finalmente, a avaliação qualitativa a partir de instrumentos pode ser uma potente metodologia para avaliação em orientação profissional. Quando bem utilizado, um instrumento pode auxiliar na formulação e realização dos objetivos da orientação profissional, além de qualificar e estimular a ação do cliente. Além disso, a técnica qualitativa possibilita dar uma ênfase na construção de sentido através da narrativa, possibilitando ao cliente narrar uma nova história sobre si mesmo.

REFERÊNCIAS

Campbell, V. L. (2009). A Framework for Using Tests in Counseling. In E. C. Watkins & V. L. Campbell (Eds.), *Testing and Assessment in Counseling Practice* (pp. 20-34). Taylor & Francis.

Creed, P. A., Fallon, T., & Hood, M. (2009). The relationship between career adaptability, person and situation variables, and career concerns in young adults. *Journal of Vocational Behavior*, 74(2), 219-229.

Duarte, M. E. (2019). História do campo de aconselhamento de carreira e do *Life Design*. In M. A. Ribeiro, M. A. P. Teixeira & M. E. Duarte (Orgs.), *Life Design: Um paradigma contemporâneo em orientação profissional e de carreira* (pp. 15-48). Vetor.

Duarte, M. E., Lassance, M. C. P., Savickas, M. L., Nota, L., Rossier, J., Dauwalder, J.-P., ... van Vianen, N. E. M. (2010). A construção da vida: Um novo paradigma para entender a carreira no século XXI. *Revista Interamericana de Psicologia*, 44(2), 392-406.

Farina, L. S. A., Kretzmann, R. P., Gasparetto, L. G., Rodrigues, G. R., Bardagi, M. P., Giacomoni, C. H., & Teixeira, M. A. P. (2020). Construção e evidências de validade da career adapt-abilities scale (CAAS) brasileira para adolescentes. *Psico (PUCRS)*, 51(3), 1-12.

Figueiredo, L. C. M. (2008). A ocupação do espaço psicológico. In L. C. M. Figueiredo (Org.), *Matrizes do pensamento psicológico* (14. ed., pp. 26-38). Vozes.

Gamboa, V., Paixão, O., & Palma, A. I. (2015). Adaptabilidade de carreira e autoeficácia na transição para o trabalho: O papel da empregabilidade percebida – Estudo com estudantes do ensino superior. *Revista Portuguesa de Pedagogia*, 2(1), 133-156.

Johnston, C. S. (2016). A systematic review of the career adaptability literature and future outlook. *Journal of Career Assessment*, 26(1), 3-30.

Koen, J., Klehe, U.-C., & Van Vianen, A. E. M. (2013). Employability among the long-term unemployed: A futile quest or worth the effort? *Journal of Vocational Behavior*, 82(1), 37-48.

Lassance, M. C. P., & Sarriera, J. C. (2009). Carreira e saliência dos papéis: Integrando o desenvolvimento pessoal e profissional. *Revista Brasileira de Orientação Profissional*, 10(2), 15-32.

Lassance, M. C. P., & Sarriera, J. C. (2012). Saliência do papel de trabalhador, valores de trabalho e desenvolvimento de carreira. *Revista Brasileira de Orientação Profissional*, 13(1), 49-61.

McMahon, M., & Watson, M. (Eds.). (2015). *Career assessment: Qualitative approaches*. Springer.

Ministério da Educação (MEC). (2018). *Base nacional comum curricular – BNCC*. http://basenacionalcomum.mec.gov.br

Parsons, F. (1909). *Choosing a vocation*. Houghton Mifflin.

Richardson, M. S. (1993). Work in people's lives: A location for counseling psychologists. *Journal of Counseling Psychology*, 40(4), 425-433.

Rudolph, C. W., Lavigne, K. N., & Zacher, H. (2016). Career adaptability: A meta-analysis of relationships with measures of adaptivity, adapting responses, and adaptation results. *Journal of Vocational Behavior*, 98, 17-34.

Savickas, M. L. (1997). Career adaptability: An integrative construct for life-span, life-space theory. *The Career Development Quarterly*, 45(3), 247-259.

Savickas, M. L. (2002). Career construction: A developmental theory of vocational behavior. In D. Brown (Ed.), *Career choice and development* (pp. 149-205). Jossey-Bass.

Savickas, M. L. (2005). The theory and practice of career construction. In S. D. Brown, R. W. Lent (Eds.), *Career development and counseling: Putting theory and research to work* (pp. 42-70). Wiley.

Savickas, M. L. (2009). Assessing career decision making. In E. C. Watkins & V. L. Campbell (Eds.), *Testing and Assessment in Counseling Practice* (pp. 600-672). Taylor & Francis.

Savickas, M. L. (2013). Career construction theory and practice. In S. D. Brown & R. W. Lent (Eds.), *Career development and counseling: Putting theory and research to work* (2nd ed., pp. 147-183). Wiley.

Savickas, M. (2015). Career counseling paradigms: Guiding, developing, and designing. In P. J. Hartung, M. L. Savickas & W. B. Walsh (Eds.), *APA Handbook of Career Intervention* (Vol. 1, pp. 129-142). American Psychological Association.

Savickas, M., Nota, L., Rossier, J., Dauwalder, J., Duarte, M., Guichard, J., Soresi, S., ... van Vianen, A. (2009). Life designing: A paradigm for career construction in the 21st century. *Journal of Vocational Behavior, 75*(3), 239-250.

Savickas, M. L., & Porfeli, E. J. (2012). Career adapt-abilities scale: Construction, reliability, and measurement equivalence across 13 countries. *Journal of Vocational Behavior, 80*(3), 661-673.

Super, D. E. (1953). A theory of vocational development. *American Psychologist, 8*(5), 185–190.

Super, D. E. (1957). *The psychology of careers*. Harper.

Super, D. E., & Knasel, E. G. (1981). Career development in adulthood: Some theoretical problems and a possible solution. *British Journal of Guidance & Counselling, 9*(2), 194–201.

Teixeira, M. A. P., & Silva, C. S. C. (2019). Avaliação psicológica no contexto do aconselhamento de carreira. In S. M. Barroso, F. Scorsolini-Comin & E. Nascimento (Orgs.), *Avaliação psicológica: Contextos de atuação, teoria e modos de fazer* (pp. 225-247). Sinopsys.

19
AVALIAÇÃO EM SITUAÇÕES DE VIOLÊNCIA ESCOLAR, BULLYING E CYBERBULLYING

Carolina S. M. Lisboa
Déborah Brandão
Pamela Lamarca Pigozi
Guilherme Welter Wendt

A violência nas escolas, em suas inúmeras formas, é foco de interesse da comunidade científica. O interesse pelo tema da violência ocorre especialmente pela alta prevalência de comportamentos agressivos e, consequentemente, dos prejuízos resultantes. Seja através da mídia convencional ou das redes sociais, os casos de violência escolar ganham notoriedade e impulsionam discussões sobre ações e medidas de combate e prevenção (Wendt & Lisboa, 2014).

Por exemplo, em março de 2019, na cidade de Suzano, no interior do estado de São Paulo, dois jovens entraram em uma escola da qual foram alunos e efetuaram diversos disparos de armas de fogo. Dezenas de pessoas foram feridas e dez morreram, incluindo os dois atiradores. Investigações sobre o caso apontaram que, supostamente, uma das motivações para o crime foi o histórico de *bullying* que ambos os atiradores possuíam na escola. Esse triste episódio, infelizmente, não é um fato isolado.

Considerando a importância do ambiente escolar no desenvolvimento psicossocial, é preocupante que este possa ser um contexto de reprodução de violência (Malta et al., 2010). A escola constitui um espaço único para a organização e construção de relações interpessoais.

Além de transmitir conhecimento formal, essa instituição possui a função de auxiliar os alunos a perceber e lidar com suas emoções, dificuldades e diferenças no contato com os demais, assim como de ajudá-los a compartilhar, conviver e se relacionar (Lisboa et al., 2009). Portanto, a vida escolar é fundamental para o desenvolvimento das relações sociais, sejam elas positivas ou negativas (Welsh, 2000). Inclusive, existem evidências de que a qualidade de ensino elevada atua como fator de proteção contra a agressividade (Barbosa et al., 2011).

Ao considerarmos a influência que o ambiente escolar exerce sobre o desenvolvimento de crianças e adolescentes, a qualidade das relações interpessoais nos meios escolares adquire papel significativo na implementação de qualquer programa de prevenção à violência (Dias et al., 2011). Ainda, em decorrência do advento das tecnologias da informação e comunicação (TICs), manifestações de agressividade e violência começaram a impactar a convivência de crianças e adolescentes, seja na escola, seja em demais ambientes, como os virtuais.

O *cyberbullying* – processo com características e similaridades ao *bullying*, mas com aspectos distintos – soma-se ao rol de comportamentos prejudiciais que o ambiente escolar enfrenta. Logo, é objetivo do presente capítulo debater as formas de manifestação da agressividade que desafiam a comunidade escolar e, assim, propor formas de avaliá-las. Em suma, buscamos abordar quatro pontos essenciais: conceitos e definições de violência escolar; o processo de *bullying*; *cyberbullying*; e formas de avaliação e manejo de agressividade, *bullying* e *cyberbullying* na comunidade escolar.

VIOLÊNCIA ESCOLAR, BULLYING E CYBERBULLYING

Violência, para muitos autores, seria a forma física da agressividade entre indivíduos (Lisboa et al., 2009; Wendt et al., 2010). Contentamo-nos com tal distinção entre agressividade e violência, reconhecendo que existe sobreposição entre os processos (VandenBos, 2015). Entre as diversas manifestações de violência e agressividade na escola, certamente, um dos fenômenos mais conhecidos é o *bullying*. É comum ouvirmos declarações do tipo "*bullying* virou moda" ou "hoje, tudo é *bullying*". Ao digitar "*bullying*" no campo de pesquisa do Google, encontramos diversas notícias de atos de violência classificados equivocadamente como sendo *bullying*. Logo, conhecer o que é (e o que não é) *bullying* é fundamental para o planejamento de programas preventivos e interventivos.

Em nosso trabalho recorrente em escolas, nos deparamos com comentários que claramente associavam *bullying* a uma brincadeira ou situações nas quais o termo *bullying* era atribuído a ações que, de fato, não se caracterizavam como tal, como atos de violência isolada, sem repetição ou sem intenção. Embora seja positivo ver tantas pessoas falando sobre esse tema, observamos que as distorções e subestimações desse tipo de violência (*bullying*) podem atrapalhar a compreensão da complexidade desse fenômeno e, consequentemente, o manejo necessário a ser adotado.

COMPREENDENDO O BULLYING E O CYBERBULLYING

O *bullying* é um subtipo de comportamento agressivo que é exclusivo de relações entre pares e, provavelmente, sempre esteve presente nas escolas, apesar de só ter recebido maior atenção e visibilidade na atualidade (Barbero et al., 2012; Ma et al., 2009). As primeiras pesquisas realizadas sobre o *bullying* ocorreram a partir da década de 1970, na Noruega.

O *bullying* pode ser definido como um processo sistemático e recorrente de manifestação de agressividade, física ou não, que é perpetrado por um ou mais agressores e que gera a discriminação e a exclusão social da vítima ou do grupo-alvo (Olweus, 1993). Embora a sua definição seja amplamente conhecida, observa-se que ainda há diferentes definições operacionais, que denotam diferenças culturais no entendimento do que é *bullying*, assim como existem diversos instrumentos de avaliação e pontos de corte para diagnóstico dessa violência (Berger, 2007).

Pesquisadores salientam que, para caracterizar o processo de *bullying*, alguns elementos são essenciais: intencionalidade, repetição das agressões, evidente desigualdade de poder e prejuízos associados (Lisboa et al., 2009; Olweus, 1993; Smith et al., 2003).

Quanto à prevalência de *bullying*, dados de nove países apontam que aproximadamente 36,6% dos adolescentes participantes tinham histórico de *bullying*. Quando separados por gênero, a prevalência variou, sendo os meninos entre 8,4 a 71,4% e as meninas entre 15,1 a 68,3%, seja como vítimas ou agressores. A investigação também indicou que meninos são mais propensos ao envolvimento no *bullying* direto – através de brigas, insultos –, enquanto não houve diferenças significativas entre meninos e meninas no envolvimento com o *bullying* indireto, que inclui rumores e exclusão social (Chen & Elklit, 2018).

No Brasil, a Pesquisa Nacional de Saúde do Escolar (PeNSE, Instituto Brasileiro de Geografia e Estatística [IBGE], 2016), realizada em 2015, em 26 capitais e no Distrito Federal, com a participação de 102.072 escolares de 3.160 escolas públicas e privadas, identificou que 7,4% dos adolescentes afirmaram ter sofrido *bullying* nos últimos 30 dias, havendo pouca diferença de gênero quanto à prevalência (meninos 7,6%, meninas 7,2%). Entre os alunos das escolas públicas, o percentual de vítimas foi de 7,6%, enquanto entre os de escolas privadas foi de 6,5%. Quando analisadas as regiões geográficas, a região Sudeste apresentou o maior percentual de prevalência de *bullying*. Ainda, 19,8% dos escolares responderam ter exercido papel de agressor, tendo os meninos apresentado percentual de 24,2% de incidência nesse papel social, e as meninas, de 15,6%. Os alunos de escolas privadas apresentaram maior percentual de agressão (21,2%) do que os estudantes de escolas públicas (19,5%). Novamente, a região sudeste apresentou o maior percentual de perpetração no *bullying* (22,2%), assim como o estado de São Paulo (24,2%).

Quando realizamos palestras sobre *bullying* nas escolas, ao questionar os alunos ou a equipe escolar sobre o que entendem como *bullying* ou solicitar que deem exemplos de situações que observaram na escola, é comum que as respostas contemplem apenas um tipo de *bullying*, manifestando o desconhecimento de que o *bullying* pode ser praticado de diferentes formas.

Com frequência são usadas como exemplos de *bullying* situações envolvendo atos físicos (p. ex., dar chutes e empurrões) ou verbais (p. ex., colocar apelidos). Porém, o *bullying* pode ser manifestado de forma direta, através de comportamentos do tipo físico e verbal, e de maneira indireta, por meio de atitudes relacionais (Lisboa et al., 2009, 2014).

A agressão do tipo físico é caracterizada por socos, chutes, empurrões. O *bullying* do tipo verbal ocorre através de apelidos, deboches, insultos. Já no modo relacional de *bullying*, a manifestação da agressividade ocorre através de ameaças, intimidações, difamações sutis, degradação da imagem, levando à exclusão social (Bandeira & Hutz, 2012; Braga & Lisboa, 2010; Lisboa et al., 2014).

Não há consenso sobre qual tipo de *bullying* é mais utilizado entre os jovens, porém a hipótese explicativa mais aceita é que, conforme o amadurecimento, os comportamentos se tornam mais sofisticados, existindo mais *bullying* do tipo indireto e relacional. Crianças podem cometer mais *bullying* do tipo direto (físico e verbal), considerando as habilidades que tem desenvolvidas até o momento, enquanto os adolescentes podem fazer mais uso do *bullying* indireto (relacional).

É importante relembrar que o *bullying* é caracterizado por envolver uma ou mais pessoas. Por conta disso, além dos papéis sociais de vítima e agressor, existem outros que podem ser exercidos por crianças e adolescentes, tais como vítimas-agressores e testemunhas. Vítimas-agressores são crianças e adolescentes que alternam os papéis, no mesmo ou em diferentes contextos, podendo ser vítimas de *bullying* e agir como agressores com outras pessoas. Testemunhas ou espectadores são aqueles que assistem situações de *bullying* e adotam uma postura passiva, não se manifestando a favor ou contra o ocorrido.

Compreendendo que o *bullying* é um fenômeno de grupo e, portanto, é reforçado intragrupo, é importante atentar para aqueles que atuam como testemunhas. Com frequência não é dada atenção para esse papel social, em função de este não envolver uma atuação direta, porém as testemunhas, mesmo que não pratiquem e nem sofram *bullying*, são expostas a esse tipo de prática e aprendem quais comportamentos são aceitáveis ou não nas relações interpessoais. Logo, as testemunhas desempenham um papel fundamental para o reforço do *bullying*, visto que o fato de presenciarem os comportamentos de *bullying*, mas não se posicionarem contra, mantém a violência (Olweus, 1993; Salmivali, 1998).

As consequências do *bullying* podem trazer prejuízos a todos os envolvidos. O *bullying* é um comportamento considerado como grande problema de saúde pública. A literatura mostra que as crianças e adolescentes envolvidos nesse processo possuem maior risco de apresentar níveis mais elevados de ansiedade, assim como sintomas de depressão, dificuldades de regular as emoções, baixa autoestima, problemas nos relacionamentos interpessoais, baixo rendimento acadêmico, baixa satisfação com a escola e risco para ideação ou tentativas de suicídio (Espelage & Swearer, 2003; Gonynor, 2016; Lisboa et al., 2009). Chen e Elkit (2018) encontraram associação significativa entre *bullying* e tentativas de suicídio ao investigar 4.051 adolescentes. Outro dado encontrado por eles é de que 67,7% dos adolescentes que tentaram suicídio possuíam história de vitimização por *bullying*.

No que se refere ao contexto atual, devido ao uso da tecnologia, surgiram novas formas de manifestações de agressividade, realizadas especialmente através dos telefones celulares (*smartphones*) e da internet (Englander, 2020; Slonje & Smith, 2008). Essa nova forma de comportamento agressivo, denominada *cyberbullying*, tem a mesma natureza agressiva, intencional e repetitiva do *bullying* usual, mas ocorre por meio das TICs e gera consequências tão ou mais negativas quanto o *bullying* tradicional (Marées & Petermann, 2012).

No *cyberbullying*, que é compreendido como um outro tipo de violência, sobreposto, mas distinto, ao *bullying*, o ataque ocorre por meios virtuais, o que pode incluir invasão de contas pessoais, deboche, ameaças e compartilhamento de informações pessoais nas redes sociais (Wendt & Weber, 2014). Existe muito debate acerca do que diferencia o *bullying* do *cyberbullying*, o que traz implicações explícitas nas ações de diagnóstico e intervenção em diferentes contextos. Por esse motivo, elaboramos o Quadro 19.1 para reunir os principais critérios para a definição dos fenômenos.

O PAPEL DA ESCOLA

É consenso o fato de que agir isoladamente – elegendo culpados, individualizando o processo, que é grupal – sobre os fenômenos do *bullying* e do *cyberbullying* pode não ser eficaz. É indispensável que as intervenções sejam feitas além dos âmbitos do indivíduo, da família e da escola e considerem igualmente as necessidades básicas, espaços de convívio, relações de amizade e modelos de resolução de conflitos entre estudantes (Lisboa et al., 2009). Dessa forma, existe uma crescente demanda das escolas por avaliar e, posteriormente, intervir sobre as dimensões social, emocional, ética e cognitiva da vida escolar (Cohen et al., 2009).

Muitas intervenções realizadas nas escolas buscam contemplar habilidades e dificuldades que podem ser comuns na adolescência, assim como específicas de adolescentes que sofrem e/ou cometem *bullying* e/ou *cyberbullying* (Lindern & Lisboa, 2018; Pureza et al., 2016; Silva et al., 2018). Mais recentemente, tem sido reconhecido o envolvimento ativo de outros setores, como o da saúde, na promoção de maior bem-estar no contexto escolar (Pigozi, 2020).

Em uma revisão sistemática que buscou verificar a efetividade de intervenções rigorosamente planejadas para a redução do *bullying* escolar, foram avaliadas diversas intervenções, divididas em quatro categorias: multimodais ou de toda escola, treinamento de habilidades sociais, curriculares e informatizadas (Silva et al., 2017).

De acordo com Silva et al. (2017), as intervenções multimodais ou de toda escola caracterizavam-se por ações como combinação de regras de cada sala de aula, aulas educativas sobre *bullying*, trabalhos com todos os envolvidos (vítimas, agressores e espectadores), informação para os pais, supervisão nos espaços escolares fora da sala de aula, métodos de disciplina, cooperação entre pesquisadores e profissionais da escola, formação continuada dos professores, bem como uso de recursos tecnológicos.

Já as intervenções envolvendo o treinamento de habilidades sociais abordavam habilidades relacionadas a resolução de problemas, técnicas de relaxamento, estabelecimento de amizades, estratégias para lidar com o agressor, entre outras. As intervenções curriculares eram aquelas que ocorriam com todos os alunos na sala de aula, onde apresentavam-se conteúdos e se promoviam discussões coletivas, dramatizações e outras atividades. Por fim, as intervenções com recursos de informática eram aquelas onde os alunos participavam de sessões computadorizadas para diminuir sua participação em situações de *bullying* (Silva et al., 2017).

As intervenções multimodais ou de toda a escola foram as que apresentaram resultados

QUADRO 19.1
Critérios usualmente utilizados na compreensão do *bullying* e do *cyberbullying*

Critérios	Bullying	Cyberbullying
Expressão da agressividade	A agressividade pode ser expressa diretamente, incluindo violência física, verbal e sexual. Ainda, o *bullying* possui formas indiretas de expressão (como danos relacionais e patrimoniais).	O *cyberbullying* não vitimiza fisicamente, podendo ser anônimo. A expressão da agressividade costuma envolver a depreciação da imagem da (s) vítima (s) e a promoção de sua exclusão social, entre outras atitudes.
Desigualdade de poder	O conceito de *bullying* implica um entendimento de que a (s) vítima (s) tem dificuldade de se defender, o que configura o desequilíbrio de poder. Alguns fatores de risco incluem ser mais fraco (a) fisicamente, ser verbalmente menos desenvolto (a), estar em menor número, possuir uma rede social frágil ou mesmo ausente e um *status* social específico dentro do grupo.	Diferentemente do *bullying*, em que a situação de desequilíbrio de poder decorre em função da força, persuasão ou *status*, o *cyberbullying* traz uma desvantagem, pois um usuário "mais avançado" pode vitimar outra pessoa em decorrência de certos conhecimentos. Os agressores podem recorrer ao anonimato, deixando a vítima sem possibilidades de identificar o agressor.
Audiência	No *bullying*, é comum que o grupo reforce agressores. Além disso, quando o *bullying* ocorre no recreio ou durante as aulas, os colegas presentes compõem a audiência. A audiência é, portanto, relativamente restrita. As testemunhas podem adotar uma postura passiva ou defensiva em relação à vítima.	No *cyberbullying*, a audiência pode não se fazer presente (p. ex., em situações em que o agressor dirige seus atos diretamente à vítima) ou infinita (como através da publicação de vídeos, fotos ou outro material em redes sociais).
Intencionalidade	O *bullying* não se refere a um ato acidental, aleatório e sem intenção de causar sofrimento. O agressor apresenta a intenção de ferir, magoar ou humilhar a vítima.	No *cyberbullying*, pode ser difícil compreender a intencionalidade. Logo, o impacto da ação pode tornar-se mais relevante do que a intencionalidade.
Repetição	Um dos principais critérios do *bullying* é os atos serem recorrentes e sistemáticos. Presume-se certa estabilidade ao longo do tempo das agressões. Atos isolados usualmente não são considerados *bullying*, embora possam evoluir ao ponto de ser possível sua caracterização como *bullying*.	Uma ação realizada na internet pode ser replicada inúmeras vezes e por um número expressivo de espectadores, não exigindo que o próprio agressor repita o seu ato.

mais positivos em comparação com as demais abordagens. Além disso, intervenções com alunos mais velhos foram mais exitosas. Esse dado reforça a importância de as ações de cunho preventivo nas escolas contemplarem todas as pessoas que compõem o espaço escolar, bem como de investir em um trabalho interdisciplinar ou multidisciplinar.

Além disso, sabendo que os profissionais podem não ter conhecimento ou recursos suficientes para o manejo de situações de *bullying*, a cooperação entre pesquisadores da área e a equipe escolar pode influenciar para que as ações nas escolas sejam mais efetivas (Silva et al., 2017).

Pureza et al. (2016) realizaram uma intervenção com base em psicologia positiva e treinamento de habilidades sociais para minimizar e prevenir *bullying* em duas escolas públicas da cidade de Porto Alegre (RS). As pesquisadoras identificaram, sobretudo, um aumento da identificação de casos de *bullying* por parte dos adolescentes. Esse dado reforça a importância de se promover psicoeducação nas intervenções, tanto para *bullying* como para *cyberbullying*, focais ou preventivas.

A escola como instituição possui características e modos de funcionamento específicos. O clima escolar está relacionado à qualidade da vida escolar, que é baseada no padrão de experiências das pessoas na escola (Holst & Lisboa, 2014). O construto clima escolar envolve normas, metas, valores, relacionamentos interpessoais, práticas de ensino e aprendizagem e estruturas institucionais (Cohen et al., 2009; Holst, 2014). Além disso, o construto é baseado na premissa de que as interações e experiências que ocorrem na escola têm impacto duradouro no êxito acadêmico e psicossocial na vida posterior dos estudantes (Haynes et al., 1997). O clima escolar positivo está associado a vários desfechos favoráveis para os alunos, incluindo a redução de *bullying* e *cyberbullying* (tanto a agressão quanto a vitimização), a melhora nas interações entre pares, no desempenho acadêmico e social (Gage et al., 2014).

Pesquisas apontam que mesmo a alteração de fatores ambientais e institucionais da escola pode diminuir comportamentos violentos de alunos, sobretudo aqueles ligados ao *bullying* e ao *cyberbullying* (Harel-Fisch et al., 2011; Steffgen et al., 2013). Uma pesquisa conduzida por Klein et al. (2012) indicou que baixos níveis de envolvimento em comportamentos de risco por alunos estão associados com clima escolar positivo. Além disso, em casos de *bullying*, agressores parecem ter mais problemas de adaptação escolar e com o desempenho acadêmico, logo, percebem o clima escolar de maneira negativa (Nansel et al., 2001).

Cabe também frisar que alunos que se consideram agredidos por professores tendem a agredir outros alunos, produzindo alívio para seu sofrimento e senso de controle no processo de agressão (Harel-Fisch et al., 2011). Este dado demonstra que os alunos podem se espelhar na postura que os professores e demais profissionais da escola adotam ao manejar problemas que surgem no ambiente escolar.

Durante as consultorias prestadas nas escolas, incentivamos que a equipe esteja atenta e seja cuidadosa com a forma de conduzir situações de *bullying* ou de *cyberbullying* em sala de aula. Quando acontece algo no ambiente físico da escola e o professor ou a equipe escolar minimizam, brincam ou não abordam o ocorrido, uma mensagem é passada sobre aquele comportamento. Essa mensagem é recebida não somente pelos diretamente envolvidos, mas também por aqueles que estão assistindo.

Logo, avaliar o clima escolar pode fornecer a psicólogos e outros profissionais que atuam na escola instrumentos que os auxiliem a qualificar o ambiente escolar, o que indiretamente pode reduzir a ocorrência de *bullying*, *cyberbullying* e outros tipos de violência, assim como possibilitar o desenvolvimento de programas e intervenções que tenham mais chances de atender às reais necessidades das escolas (Holst & Lisboa, 2014; Bear et al., 2011).

Exemplificando, o Delaware School Climate Survey-Student (DSCS-S) foi validado para o português brasileiro em 2014 pelo grupo de pesquisa coordenado por Lisboa, uma das autoras deste capítulo, passando a se chamar Escala Brasileira de Clima Escolar (Holst, 2014). Trata-se de um instrumento composto por 78 itens, divididos em quatro partes, sendo a primeira específica sobre clima escolar. A segunda parte avalia técnicas escolares de comportamento positivo, punitivo e de aprendizado social-emocional, o que tem impacto na forma como alunos percebem o clima escolar. A terceira parte é específica sobre *bullying* – apesar de o tema entrar de forma mais ampla também na primeira parte – e avalia o *bullying* físico, verbal, social/relacional e *cyberbullying*. A quarta e última parte refere-se ao engajamento estudantil, que é um construto diretamente ligado à forma como alunos percebem o clima escolar, avaliando o engajamento cognitivo e comportamental e o engajamento emocional dos alunos com a escola.

Além disso, essa escala possui versão para pais/responsáveis e equipe escolar, o que possibilita o cruzamento de dados e uma visão ampla, a partir de diferentes perspectivas sobre o clima escolar. Outro aspecto relevante desse instrumento é que ele possui uma parte que avalia os aspectos individuais do aluno – a parte de engajamento estudantil. Esse diferencial possibilita realizar comparações acerca de características individuais e contextuais para compreender o efeito do clima escolar sobre o desempenho pessoal do aluno (para mais detalhes, consultar Holst, 2014).

Os dados obtidos a partir da Escala Brasileira de Clima Escolar podem contribuir para o desenvolvimento de políticas públicas e programas de intervenção focados em *bullying* e *cyberbullying*, além de permitirem fazer diagnósticos e avaliações mais precisos acerca das variáveis que influenciam o desenvolvimento de jovens nos ambientes escolar e virtual.

Enfatizamos ainda a emergência de pesquisas mais abrangentes sobre situações de agressão entre pares, envolvendo não somente a escola, mas a comunidade em seu entorno. Considerando que o desenvolvimento humano é perpassado por influências complexas, acreditamos que abordagens intersetoriais podem ser promissoras para a diminuição do *bullying* e do *cyberbullying*.

Especificamente no Brasil, o nível básico de atenção à saúde é responsável por construir relações de vínculo com os jovens residentes em seu território de abrangência, buscando resolutividade quanto às demandas de saúde, entendida aqui em seu conceito amplo, envolvendo o bem-estar não apenas físico, mas também psíquico, social, cultural e ambiental.

Logo, os serviços de saúde devem estar atentos aos problemas de ordem física, mas também às questões da esfera psicossocial. No contexto da saúde do escolar, evidências recentes demonstraram que a Estratégia Saúde da Família (ESF), ao atuar de modo multidisciplinar, envolvendo o acolhimento e a escuta ativa, pode ser uma importante aliada no cuidado e apoio aos jovens, familiares e comunidade escolar, contribuindo para a quebra do ciclo da agressão entre pares (Pigozi, 2020). Com efeito, ao conceber o *bullying* e o *cyberbullying* como problemas de saúde pública, um dos desafios da pesquisa sobre o tema é utilizar uma metodologia que seja capaz de favorecer a coconstrução do conhecimento entre escola, sistema de saúde e comunidade.

A Community Based-Participatory Research (Pesquisa Participativa Baseada na Comunidade – PPBC) é uma abordagem capaz de reduzir desigualdades em saúde, especialmente na perspectiva da educação em saúde e da saúde pública (Wallerstein et al., 2017, 2018). Recentemente, a PPBC foi utilizada no cenário escolar com vistas a desenvolver instrumentos de pesquisa participativa para o fortalecimento da intersetorialidade entre escola, saúde e comunidade no contexto da construção de um programa intersetorial e multiprofissional voltado ao adolescente envolvido com *bullying*.

Vale ressaltar que, durante o processo de desenvolvimento da pesquisa, os objetivos e os instrumentos utilizados no programa foram construídos conjuntamente entre escola, sistema de saúde e universidade. As estratégias para diminuir o *bullying* foram pensadas, principalmente, com o propósito de acolher o adolescente, fortalecer seu conhecimento e protagonismo (mediante as cenas de *bullying*) e serem de fácil condução e aplicação por todos os profissionais envolvidos.

Em um projeto de intervenção que atualmente desenvolvemos no Estado de São Paulo, com crianças e adolescentes, dados qualitativos primários apontaram que o uso de instrumentos participativos foi capaz de fortalecer a comunicação entre os diferentes atores (professores, profissionais de saúde, agentes comunitários de saúde e estudantes), fortalecer parcerias entre o serviço de saúde e a escola e o engajamento dos participantes na elaboração do desenho e condução da pesquisa (Pigozi, 2020).

Profissionais de saúde se aproximaram da escola, de sua área de abrangência, e vivenciaram situações que requeriam apoio multiprofissional. De maneira específica, os atores relataram serem capazes de identificar o *bullying*, agir para cessá-lo e oferecer apoio aos envolvidos com o conflito. Além disso, houve relatos de alunos e professores acerca da diminuição dos apelidos na maioria das salas, e alguns alunos alvos de *bullying* disseram não ter mais sido vítima da violência.

O *bullying* racista e direcionado a alunos obesos teve significativa diminuição. Entretanto, de acordo com os educadores, alguns alunos e uma sala em específico apresentaram pouca melhora do *bullying*. Essa sala era composta por estudantes que estavam inseridos em contextos de profunda vulnerabilidade social, de baixo nível socioeconômico, com presença de uso considerável de álcool e outras drogas e parentalidade ausente e distante. Nesse grupo, foi perceptível a naturalização da violência – provavelmente reforçada na família – e a pouca participação dos pais nas reuniões da escola.

Assim, destaca-se a necessidade da construção de programas abrangentes, que possam envolver a comunidade escolar e microssistemas que influenciam e interagem com esse contexto e que possibilitem a ressignificação de comportamentos violentos a partir da compreensão dos contextos onde estão inseridos os variados grupos e populações de alta vulnerabilidade social (Pigozi, 2020).

CONSIDERAÇÕES FINAIS

A partir do que foi exposto, entendendo como são complexas as manifestações de agressividade no contexto virtual ou no ambiente escolar, o objetivo deste capítulo foi, primeiramente, esclarecer o que são e como ocorrem as manifestações de comportamento agressivo. A seguir, abordamos elementos fundamentais para o diagnóstico e avaliação de situações de *bullying* e *cyberbullying*, elucidando as principais diferenças capazes de provocar confusões.

Ilustraram-se, ainda, formas interventivas e possibilidades de combate ao *bullying* e *cyberbullying* baseadas, sobretudo, na interação ativa com os contextos educativos.

Muito embora as primeiras pesquisas sistemáticas sobre *bullying* tenham surgido somente a partir da década de 1970, e sobre o *cyberbullying*, por volta dos anos 2000, o conhecimento sobre esses fenômenos cresceu e se aprofundou significativamente. Atualmente, é possível – através de evidências científicas – identificar o que é um comportamento de *bullying* e de *cyberbullying*, as características individuais que podem ser associadas a perpetração ou vitimização por esses fenômenos, bem como os prejuízos existentes e associados a todos os envolvidos direta e indiretamente nesses processos.

O mapeamento de diferentes tipos de violência no contexto escolar vai muito além de certo "preciosismo" ou mesmo "capricho" de psicólogos e psicólogas escolares ou de cientistas. Os diferentes tipos de manifestação de agressividade e violência no ambiente da escola possuem consequências e demandam distintas formas de diagnóstico e intervenção.

Infelizmente, ainda se subestima a importância da adequada avaliação e diagnóstico psicológico em relação ao *bullying* e ao *cyberbullying*. É preciso desmistificar estereótipos, crenças distorcidas e aumentar a consciência dos indivíduos sobre esses processos. Espera-se que, com a leitura do presente capítulo, os envolvidos com os fenômenos debatidos possam ampliar conhecimentos e, ainda, compreender o quão importantes são também as variáveis escolares, como o próprio clima institucional ou conduta dos educadores.

Por fim, em épocas de franca evolução e aumento do uso de tecnologias para interação e comunicação, convém salientar que a avaliação e intervenção focais e preventivas em relação ao *cyberbullying* são de responsabilidade da escola e de todos os seus agentes. O contexto virtual já não pode mais ser visto como abstrato ou dissociado do contexto físico e real.

Bullying e *cyberbullying* não podem ser subestimados, e é importante reconhecer sua significativa probabilidade de ocorrer, haja vista a formação de grupos durante fases da infância e adolescência, a formação de identidade e as interações virtuais ainda estarem em processo de apropriação pelos seres humanos.

Cabe aos profissionais da psicologia e da educação, munidos de teorias e instrumentos de avaliação, limitar esses tipos de violência, identificando-os nas suas particularidades e, assim, atuar em prol de uma eficácia, efetividade e rigor técnico nas intervenções. Há poucos contextos tão ricos em termos de experiências interpessoais, simbólicas e culturais quanto a escola. Olhar, confrontar, lidar de forma adequada com violências nesse contexto garante a qualidade da educação e, indiretamente, benefícios para toda a sociedade.

REFERÊNCIAS

Bandeira, C. M., & Hutz, C. S. (2012). Bullying: prevalência, implicações e diferenças entre os gêneros. *Psicologia Escolar e Educacional, 16*(1), 35-44.

Barbero, J. A. J., Hernández, J. A. R., Esteban, B. L. & García, M. P. (2012). Effectiveness of antibullying school programmes: A systematic review by evidence levels. *Children and Youth Services Review, 34*(9), 1646-1658.

Barbosa, A. J. G., Santos, A. A. A., Rodrigues, M. C., Furtado, A. V., & Brito, N. M. (2011). Agressividade na infância e contextos de desenvolvimento: Família e escola. *Psico, 42*(2), 228-235.

Bear, G. G., Gaskins, C., Blank, J., & Chen, F. F. (2011). Delaware school climate survey- student: Its factor structure, concurrent validity, and reliability. *Journal of School Psychology, 49*(2), 157-174.

Berger, K. S. (2007). Update on bullying at school: Science forgotten? *Developmental Review, 27*, 90-126.

Braga, L. L., & Lisboa, C. S. M. (2010). Estratégias de coping para lidar com o processo de bullying: Um estudo qualitativo. *Interamerican Journal of Psychology, 44*(2), 321-331.

Chen, Y. Y., & Elklit, A. (2018). Exposure to bullying among adolescents across nine countries. *Journal of Child & Adolescent Trauma, 11*(1), 121-127.

Cohen, J., McCabe, E. M., Michelli, N. M., & Pickeral, T. (2009). School climate: Research, policy, practice, and teacher education. *Teachers College Record, 111*(1), 180-213.

Dias, T. O., Lisboa, C., Koller, S. H., & DeSousa, D. (2011). Aggression and pro-sociability: Risk and protective dynamics in popularity and bullying processes. *Psykhe, 20*(2), 121-131.

Englander, E. K. (2020). *25 myths about bullying and cyberbullying*. Wiley.

Espelage, D. L., & Swearer, S. M. (2003). Research on school bullying and victimization: What have we learned and where do we go from here? *School Psychology Review, 32*(3), 365-383.

Gage, N. A., Prykanowski, D. A., & Larson, A. (2014). School climate and bullying victimization: A latent class growth model analysis. *School Psychology Quarterly, 29*(3), 256-271.

Gonynor, K. A. (2016). *Associations among mindfulness, self-compassion, and bullying in early adolescence*. [Unpublished master's degree dissertation]. Colorado State University.

Harel-Fisch, Y., Walsh, S. D., Fogel-Grinvald, H., Amitai, G., Pickett, W., Molcho, M., ... Craig, W. (2011). Negative school perceptions and involvement in school bullying: A universal relationship across 40 countries. *Journal of Adolescence, 34*(4), 639-652.

Haynes, N. M., Emmons, C., & Ben-Avie, M. (1997). School climate as a factor in student adjustment and achievement. *Journal of Educational and Psychological Consultation, 8*(3), 321-329.

Holst, B. (2014). *Evidências de validade da escala de clima escolar delaware school climate survey-student (DSCS-S) no Brasil*. [Dissertação de mestrado não publicada]. Pontifícia Universidade Católica do Rio Grande do Sul.

Holst, B., & Lisboa, C. S. M. (2014). Clima escolar e violência: Propostas de avaliação e Intervenção. In R. Guzzo (Org.), *Psicologia escolar: Desafios e bastidores na educação pública* (pp. 281-295). Alínea.

Instituto Brasileiro de Geografia e Estatística (IBGE). (2016). *PeNSE – Pesquisa nacional de saúde escolar*. https://www.ibge.gov.br/estatisticas/sociais/populacao/9134-pesquisa-nacional-de-saude-do-escolar.html

Klein, J., Cornell, D., & Konold, T. (2012). Relationships between bullying, school climate, and student risk behaviors. *School Psychology Quarterly, 27*(3), 154-169.

Lindern, D., & Lisboa, C. S. M. (2018). Manejo do bullying na prática clínica da Terapia Cognitivo-Comportamental. In R. Gorayeb, C. Miyazaki & M. Teodoro (Orgs.), *PROPSICO: Programa de atualização em psicologia clínica e da saúde – Ciclo 2* (pp. 119-167). Artmed.

Lisboa, C. S. M., Horta, C. L., Weber, J. L. A., & Almeida, L. (2014). Mitos e fatos sobre bullying. In C. Lisboa, G. Wendt & J. Pureza (Orgs.), *Mitos e fatos sobre Bullying: Orientações para pais e profissionais* (pp. 15-28). Sinopsys.

Lisboa, C., Braga, L. L., & Ebert, G. (2009). O fenômeno bullying ou vitimização entre pares na atualidade: Definições, formas de manifestação e possibilidades de intervenção. *Contextos Clínicos, 2*(1), 59-71.

Ma, L., Phelps, E., Lerner, J. V., & Lerner, R. M. (2009). The development of academic competence among adolescents who bully and who are bullied. *Journal of Applied Developmental Psychology, 30*(5), 628-644.

Malta, D. C., Silva, M. A. I., Mello, F. C. M., Monteiro, R. S., Sardinha, L. M. V., Crespo, C., ... Porto, D. (2010). Bullying nas escolas brasileiras: Resultados da pesquisa nacional de saúde do escolar (PeNSE), 2009. *Ciência & Saúde Coletiva, 15*(2), 3065-3076.

Marées, N. V., & Petermann, F. (2012). Cyberbullying: An increasing challenge for schools. *School Psychology International, 33*(5), 467-476.

Nansel, T. R., Overpeck, M., Pilla, R. S., Ruan, W. J., Simons-Morton, B., & Scheidt, P. (2001). Bullying behaviors among US youth: Prevalence and associations with psychosocial adjustment. *Journal of the American Medical Association, 285*(16), 2094-2100.

Olweus, D. (1993). *Bullying at school: What we know and what we can do*. Blackwell.

Pigozi, P. L. (2020). *Pesquisa-intervenção contra o bullying*. [Relatório de Pesquisa]. Universidade de São Paulo.

Pureza, J. R., Marin, A. H., & Lisboa, C. S. M. (2017). Intervenções para o fenômeno bullying na infância: Uma revisão sistemática da literatura. *Interação em Psicologia, 20*(3), 341-352.

Salmivalli, C. (1998). Not only bullies and victims: Participation in harassment in school classes: Some social and personality factors. *Annales Universitatis Turkuensis, B*, 225.

Silva, J. L., Oliveira, W. A., Mello, F. C. M., Andrade, L. S., Bazon, M. R., & Silva, M. A. I. (2017). Revisão sistemática da literatura sobre intervenções antibullying em escolas. *Ciência & Saúde Coletiva, 22*(7), 2329-2340.

Silva, J. L., Oliveira, W. A., Carlos, D. M., Lizzi, E. A. S., Rosário, R., & Silva, M. A. I. (2018). Intervention in social skills and bullying. *Revista Brasileira de Enfermagem, 71*(3),1085-1091.

Slonje, R., & Smith, P. K. (2008). Cyberbullying: Another main type of bullying? *Scandinavian Journal of Psychology, 49*(2), 147-154.

Smith, P. K., Ananiadou, K., & Cowie, H. (2003). Interventions to reduce school bullying. *Canadian Journal of Psychiatry, 48*(9), 591-599.

Steffgen, G., Recchia, S., & Viechtbauer, W. (2013). The link between school climate and violence in school: A meta-analytic review. *Aggression and Violent Behavior, 18*(2), 300-309.

VandenBos, G. R. (2015). *APA dictionary of psychology* (2nd ed.). American Psychological Association.

Wallerstein, N., Duran, B., Oetzel, J., & Minkler M. (Eds). (2018). *Community-Based Participatory Research for Health: Advancing Social and Health Equity* (3th ed.). Jossey-Bass.

Wallerstein, N., Giatti, L., Bógus, C. M., Akerman, M., Jacobi, P., Toledo, R., ... Jones, M. (2017). Shared participatory research principles and methodologies: Perspectives from the USA and Brazil- 45 years after Paulo Freire's – pedagogy of the oppressed. *Societies (Basel), 7*(2), 6.

Welsh, W. N. (2000). The effects of school climate on school disorder. *The annals of the American Academy of Political and Social Science, 567*, 88-107.

Wendt, G. W., & Lisboa, C. S. D. M. (2014). Compreendendo o fenômeno do cyberbullying. *Temas em Psicologia, 22*(1), 39-54.

Wendt, G. W., Campos, D. M., & Lisboa, C. S. M. (2010). Agressão entre pares e vitimização no contexto escolar: Bullying, cyberbullying e os desafios para a educação contemporânea. *Cadernos de Psicopedagogia, 8*(14), 41-52.

Wendt, G. W., & Weber, J. A. W. (2014). Discutindo agressão e vitimização eletrônica. In C. S. M. Lisboa, G. W. Wendt & J. R. Pureza (Orgs.), *Mitos e fatos sobre bullying: Orientações para pais e profissionais* (pp. 56-72). Sinopsys.

20
A IMPORTÂNCIA DA AVALIAÇÃO DE PROJETOS DE VIDA NO CONTEXTO EDUCACIONAL

Letícia Lovato Dellazzana-Zanon
Carlos Henrique Ferreira da Silva
Cristian Zanon

"O mistério da existência humana não reside apenas em permanecer vivo, mas em encontrar algo pelo qual viver."
Fiódor Dostoiévski

"Cada um tem sua vocação ou missão específica na vida; todos devem cumprir um dever concreto que exige dedicação. Nisso ninguém pode ser substituído, nem sua vida pode ser repetida. Assim, a tarefa de cada um é única, bem como sua oportunidade específica de implementá-la."
Viktor E. Frankl

"Quem tem um porquê pelo qual viver pode suportar quase qualquer como."
Friedrich Nietzsche

A necessidade de encontrar algo pelo qual viver não é uma questão nova. Recentemente, entretanto, as escolas de todo o mundo estão recebendo a incumbência de criar ambientes de aprendizagem seguros, eficazes e desafiadores, nos quais os alunos possam adquirir habilidades sociais e acadêmicas que lhes permitam ter sucesso na escola e direcionar suas vidas (Tirri, 2011). Essa mudança no papel da escola a torna em um espaço propício para a construção da identidade pessoal de cada um de seus estudantes e desempenhe um papel primordial no desenvolvimento de noções relacionadas à estruturação do projeto de vida dos adolescentes e na atualização permanente do projeto de vida de cada um de seus professores (Bundick & Tirri, 2014).

Cada vez mais, a construção de projetos de vida de adolescentes está ganhando força na educação, uma vez que pesquisadores e educadores consideram o projeto de vida como um conceito efetivo não apenas para a realização acadêmica, mas também para a boa cidadania, por meio de maior engajamento cívico (Tirri et al., 2016). Considerando-se a educação básica no Brasil, o ensino médio é a modalidade mais propícia para o desenvolvimento de projetos de vida, pois é o período em que o estudante se aproxima do momento de decidir não apenas "o que fazer" e "como fazer", mas, principalmente, de refletir sobre qual será sua contribuição para a sociedade no futuro (Dellazzana-Zanon et al., 2018).

Os últimos anos – especialmente o ano de 2020 – têm sido promissores para a discussão sobre projetos de vida de adolescentes na educação do Brasil. Recentemente, em 2017, houve uma alteração na Lei de Diretrizes e Bases da Educação Nacional (LDB) determinando que os currículos do ensino médio deverão considerar a formação integral do aluno, de maneira a realizar um trabalho voltado para a construção de seu projeto de vida e para sua formação quanto aos aspectos socioemocionais, físicos e cognitivos.

Em função dessa alteração, as escolas brasileiras iniciaram, em 2020, as primeiras experiências em relação à implementação do ensino de projeto de vida. Durante 2020, ocorreu também a avaliação das obras sobre projetos de vida que serão usadas em todo o ensino médio a partir de 2021, por meio do Programa Nacional do Livro e do Material Didático (PNLD). O PNLD é responsável pela avaliação e disponibilização das obras didáticas, pedagógicas e literárias, de forma sistemática, regular e gratuita, para as escolas públicas de educação básica das redes federal, estaduais, municipais e distrital, filantrópicas ou confessionais ou sem fins lucrativos e conveniadas com o poder público (Ministério da Educação [MEC], 2020).

Considerando as mudanças recentes, este capítulo tem como objetivo apresentar achados relevantes sobre a importância da avaliação de projetos de vida no contexto educacional. Para isso, abordaremos a inclusão do projeto de vida na legislação brasileira, na escola e a avaliação desses projetos por meio da Escala de Projetos de Vida para Adolescentes (EPVA), além de outras formas de avaliação.

INCLUSÃO DO PROJETO DE VIDA NA LEGISLAÇÃO

O documento legal nacional mais importante é a Constituição Federal (CF) de 1988, na qual a educação é defendida como direito fundamental e sua responsabilidade é atribuída ao Estado e à família (Brasil, 1988; Cury, 2018). Tais instâncias devem ser apoiadas pela sociedade, a qual tem a função de incentivar, colaborativamente, o preparo da pessoa em desenvolvimento, visando ao exercício da cidadania (Cury, 2017). Além disso, a CF previu um Plano Nacional de Educação (PNE) para 10 anos (Brasil, 1988), e durante sua elaboração começou o processo legislativo para construção da LDB, que foi aprovada somente no ano de 1996 (Cury, 2017). A LDB, Lei nº 9.394 (1996), também conhecida como Lei Darcy Ribeiro, consiste no principal documento da educação brasileira e abrange todos os níveis da educação do país, isto é, da educação infantil ao ensino superior (Lei nº 9.394, 1996; Cury, 2017; Saviani, 2011/1977). Assim, a LDB deu cumprimento ao PNE previsto na CF.

A LDB concebe a educação de modo abrangente, compreendendo que a educação é um fenômeno complexo e que os processos formativos que compõem esse fenômeno se dão em diversos espaços e instituições sociais nos quais as pessoas em desenvolvimento estão inseridas (Lei nº 9.394, 1996; Cury, 2017). Trata-se de uma lei cuja natureza no ordenamento jurídico é ordinária, ou seja, tal lei está abaixo da CF na hierarquia das normas (Cury, 2018). Seu processo de tramitação foi marcado por uma série de discussões e disputas discursivas de concepções de educação em um longo período (Cury, 2017; Saviani, 2011/1977). O texto final da LDB foi amplamente discutido por teóricos da educação (Demo, 1997; Saviani, 2011/1977; Cury, 2017), e sua construção contou com a participação ativa de instituições coletivas, como, por exemplo, o Conselho dos Secretários Estaduais de Educação (Consed) e a União Nacional dos Dirigentes Municipais de Educação (Undime), entre outros órgãos governamentais e não governamentais (Cury, 2017).

Em conformidade com o previsto no PNE, em 2017 foi publicado o texto final da Base Nacional Comum Curricular (BNCC), que definiu um conjunto de conteúdos fundamentais para os níveis da educação básica (MEC, 2018). A BNCC visa a regulamentar, a partir da LDB, a infraestrutura da educação nacional, estabelecendo meios de padronização do conteúdo ensinado nas escolas das redes pública e privada. Diante disso, o argumento que fundamenta o estabelecimento de uma base curricular comum para todo país é a busca pelo aumento da qualidade do ensino, sobretudo na esfera pública.

Assim, a BNCC contém orientações e determinações obrigatórias para a educação brasileira, diferentemente dos Parâmetros Curriculares Nacionais (PCN), de 1997, e das

Diretrizes Curriculares Nacionais (DCN), de 2013, os quais eram apenas recomendações às entidades de ensino. Por fim, esse documento visa à formação humana integral dos indivíduos e seus fundamentos pedagógicos têm como foco o desenvolvimento de competências, estabelecido desde a LDB (MEC, 2018). A BNCC determinou que os conteúdos obrigatórios a serem ensinados nas instituições de ensino brasileiras deveriam ser implementados até o ano de 2020 e os Conselhos Estaduais e Municipais de Educação são responsáveis pela fiscalização dessas instituições (MEC, 2018).

Recentemente, a temática projeto de vida ganhou destaque nos documentos educacionais, sobretudo, na BNCC (MEC, 2018) e na Lei nº 13.714 (2017), que alterou a LDB. Destaca-se a sexta competência geral da Educação Básica da BNCC que consiste em "valorizar a diversidade de saberes e vivências culturais e apropriar-se de conhecimentos e experiências que lhe possibilitem entender as relações próprias do mundo do trabalho e fazer escolhas alinhadas ao exercício da cidadania e ao seu projeto de vida, com liberdade, autonomia, consciência crítica e responsabilidade" (MEC, 2018, p. 9). Basicamente, a construção do projeto de vida tem sido associada ao exercício da ética e da cidadania, à síntese dos conteúdos aprendidos e das competências desenvolvidas durante o processo educacional (MEC, 2018; Lei nº 13.415, 2017).

Nesse sentido, a Lei nº 13.714 (2017), conhecida como Lei da Reforma do Ensino Médio, no parágrafo 7º do Art. 35-A, dispõe que "Os currículos do ensino médio deverão considerar a formação integral do aluno, de maneira a adotar um trabalho voltado para a construção de seu projeto de vida e para sua formação nos aspectos físicos, cognitivos e socioemocionais" (Lei nº 13.415, 2017). Diante disso, a União e os Estados brasileiros têm planejado e efetivado estratégias educacionais para a implementação das determinações da BNCC quanto à inserção da construção do projeto de vida na educação básica. Por exemplo, na esfera nacional, a União, por meio do MEC, abriu o processo de avaliação e aquisição de obras didáticas que tratam da temática de projeto de vida por meio do PNLD 2021 (MEC, 2020). Em âmbito estadual, o Governo do Estado de São Paulo incluiu o projeto de vida como componente curricular da grade disciplinar, por meio do projeto Inova Educação, e oferece uma formação para os professores lecionarem essa disciplina (Secretaria de Educação do Estado de São Paulo, 2020).

PROJETOS DE VIDA NA ESCOLA

Antes de entrarmos nos aspectos específicos da implementação de projetos de vida na escola, é necessário apresentarmos a definição que utilizamos. Inicialmente, realizamos alguns estudos sobre a definição de projetos de vida nos últimos anos, e os resultados dessas pesquisas mostraram que não há um consenso na literatura nacional (Dellazzana-Zanon & Freitas, 2015; Winters et al., 2018). No que se refere à literatura internacional, a definição mais utilizada tem sido a proposta por Damon et al. (2003), segundo a qual projeto de vida é "uma intenção estável e generalizada de alcançar algo que seja significativo para o eu e de consequência para o mundo além do eu" (Damon et al., p. 121). De acordo com essa definição, o projeto de vida: (a) representa um objetivo final, para o qual é possível fazer esforços ao longo do tempo, produzindo progressos; (b) tem significado para o sujeito, é voluntário e automotivado; e (c) deve ser significativo para a sociedade (Damon, 2009). Assim, viver com propósito requer compreender o próprio projeto de vida, estar orientado para o futuro, planejar ações para apoiar esse projeto e ter a autoeficácia para alcançá-lo (Tirri & Kuusisto, 2016). Vamos ver agora como a escola pode contribuir nesse processo.

O ambiente escolar está repleto de grandes oportunidades para cultivar o desenvolvimento do projeto de vida, particularmente dos adolescentes (Malin, 2018). Como os adolescentes passam grande parte do tempo na escola, tanto eles como seus professores podem beneficiar-se do tempo das aulas para sua exploração. Evidências indicam que o benefício do projeto de vida para alunos e professores ocorre tanto dentro quanto fora da sala de aula (Kiang et al., 2020).

Em relação aos benefícios específicos para os estudantes, pode-se citar o desenvolvimento de uma vida mais saudável e feliz (McKnight & Kashdan, 2009) e o envolvimento e contribuição com a comunidade e a sociedade (Johnson et al., 2018). No que diz respeito aos professores, Kiang et al. (2020) constatam que o ensino de projeto de vida pode melhorar as condições de trabalho do professor, bem como auxiliar os docentes a pensarem em seus projetos de vida.

Tais benefícios se verificam porque o ensino de projeto de vida pode promover o fortalecimento do sentimento de pertencimento dos alunos à escola, o que pode promover melhorias no desenvolvimento dos estudantes na sala de aula e no desempenho dos alunos nas atividades propostas pelos docentes e melhorias para toda a comunidade. De acordo com esses autores, para que as escolas possam oferecer oportunidades de os alunos explorarem seu projeto de vida, é preciso que elas levem em consideração aspectos culturais, sociais e emocionais de seus estudantes.

Considerando-se a diversidade sociocultural do Brasil, as escolas enfrentam hoje o desafio de criar ambientes pedagógicos que sejam sensíveis às inúmeras origens individuais, a fim de apoiar os alunos no sucesso social e acadêmico (Tirri, 2011). Partindo do princípio de que o Brasil é um dos países com maior desigualdade econômica entre os segmentos populacionais (Guzzo & Filho, 2005) e que adolescentes de diferentes níveis socioeconômicos são capazes de construir projetos de vida (Dellazzana-Zanon et al., 2018), ações que visem a ajudar os adolescentes a construírem e/ou alcançarem seu projeto de vida podem ser realizadas independentemente de sua condição social (Machell et al., 2016).

Os resultados dessas ações são importantes, pois o projeto de vida pode servir como um fator de resiliência, no caso dos alunos de escolas públicas (Machell et al., 2016), ou como um desafio, no caso de alunos de escolas privadas que ainda não tiveram condições de escolher uma profissão e se direcionar rumo à concretização de seus objetivos (Marcelino et al., 2009).

Além desses aspectos, adolescentes que experienciam situações de imprevisibilidade e estresse provindas de experiências de exclusão social, cultural, política e econômica podem se beneficiar do projeto de vida, na medida em fomenta reações adaptativas a mudanças no ambiente, empodera os jovens para combater as injustiças sistêmicas que os levam à marginalização e promove conexões com algo maior que eles mesmos (Burrow et al., 2014; Malin et al., 2015; Malin et al., 2017; Sumner et al., 2018).

Para além das questões relacionadas à diversidade cultural e à desigualdade econômica presentes em nosso país, há outro problema recorrente nas escolas: a falta de motivação dos estudantes. De acordo com Bronk (2014), não por acaso, a falta de motivação dos alunos é um dos problemas mais urgentes na educação contemporânea. Para essa autora, essa situação não se limita a bairros desfavorecidos: mesmo nas melhores escolas, há muitos alunos que encontram pouco significado em seus estudos. Alguns alunos podem trabalhar com zelo, mas sem interesse, conseguindo as notas mínimas que precisam para ficar longe de problemas ou fugindo inteiramente de suas atribuições acadêmicas (Bronk, 2014). Ademais, a autora indica que alunos que não encontram significado nas atividades da escola têm menos probabilidade de perseverar nessas atividades e estão mais propensos, em casos extremos, a abandonar a escola.

Por outro lado, os estudantes que encontram um propósito em suas atividades escolares geralmente obtêm tanta satisfação nessas tarefas que as horas de estudos passam voando (Bronk, 2014). Assim, estudar muito não é o problema: o problema é estudar sem saber por que, estudar sem um propósito claro. Além disso, de acordo com Yeager e Bundick (2009), alunos dos ensinos fundamental e médio estão se preparando para o trabalho adulto, mas o período de tempo entre a escola e uma carreira futura e a desconexão percebida entre a relevância de suas atividades escolares e suas aspirações profissionais podem tornar difícil para os adolescentes encontrar significado pessoal em seus estudos. Para esses autores, os projetos em relação ao trabalho que resultam do conhecimento das próprias habilidades com interesses e valores dos estudantes podem ajudá-los a interpretar as tarefas acadêmicas como um meio de conseguir um emprego/trabalho que eles gostarão de ter um dia.

Nesse sentido, os resultados de um estudo que investigou as razões que os adolescentes têm para seus projetos em relação ao trabalho futuro mostraram que estudantes que encontram propósito em suas atividades escolares percebem o trabalho escolar como mais significativo (Yeager & Bundick, 2009). Essa descoberta sugere que o propósito é fundamental para a motivação acadêmica duradoura de estudantes adolescentes (Bronk, 2014) e um dos aspectos que pode aumentar a motivação dos estudantes é a construção de seu projeto de vida.

A reflexão intencional e culturalmente sensível sobre o projeto de vida pode aumentar o sentimento de pertencimento do aluno à escola, resultando em uma série de impactos positivos no ambiente da sala de aula, como o bem-estar socioemocional dos estudantes (Kiang et al., 2020). Por exemplo, utilizar a escola para ajudar a construir o projeto de vida dos adolescentes pode ajudá-los a estar mais bem posicionados para enfrentar e superar desafios, contribuindo de maneiras significativas e altamente pessoais para suas famílias, grupos sociais, comunidade e sociedade (Kiang et al., 2020).

A escola pode, assim, moldar a forma como os adolescentes visualizam seus papéis no futuro, na medida em que pode criar oportunidades para que os estudantes pensem sobre os papéis que assumirão no mundo adulto. Quando percebem que podem fazer a diferença, os alunos passam a se ver como pessoas que podem e devem ter um impacto positivo no mundo (Malin, 2018).

Segundo Bronk (2014), uma razão pela qual o propósito está associado a experiências educacionais mais bem-sucedidas talvez seja o fato de os alunos que têm uma visão clara do motivo pelo qual estão estudando provavelmente não apenas estarão mais motivados, mas também gostarão dos desafios associados ao trabalho árduo na escola. Para essa autora, ter um propósito na vida influencia não só as experiências escolares, mas também as experiências profissionais. Nesse sentido, no caso dos estudantes que estão no processo de descobrir quais objetivos são mais importantes para eles e decidir como podem progredir em direção a esses objetivos, o apoio que os ambientes escolares podem fornecer é fundamental (Bronk, 2014).

De acordo com Malin (2018), os alunos podem explorar e desenvolver um propósito na sala de aula quando o currículo responde às suas questões e interesses. Projetos com propósito são aqueles que engajam os estudantes em uma aprendizagem mais profunda sobre tópicos que são intrinsecamente motivadores e pessoalmente significativos (Malin, 2018). Isso ocorre, por exemplo, quando os alunos se envolvem intencionalmente com as questões, ideias ou materiais apresentados pelo professor e quando o professor molda as atividades de acordo com as ideias e interesses emergentes do aluno à medida que seus projetos de vida tomam forma (Malin, 2018).

O objetivo não é tentar envolver todos os alunos em um projeto que se alinha com uma paixão ou propósito existente, mas envolvê-los no processo de perseguir um interesse ou preocupação em profundidade, para que tenham esses processos internalizados quando identificarem projetos com os quais desejam se comprometer (Malin, 2018). Esses projetos têm as seguintes características: são orientados para a investigação, são sustentados ao longo do tempo, envolvem muita reflexão, são colaborativos e construtores da comunidade, elevam a consciência social dos alunos e estabelecem expectativas para os alunos (Malin, 2018).

Apesar de todos esses benefícios, os adultos, de forma geral, não têm se dedicado a ajudar os adolescentes no processo de construção de seu projeto de vida (Araújo et al., 2020; Damon, 2009). Quando os adultos propõem conversas com os adolescentes sobre seu futuro, o diálogo gira em torno da questão "o que você quer ser quando crescer", limitando as possibilidades de projeto de vida apenas ao aspecto da escolha da profissão. Nesse sentido, Damon (2009, p. 70) afirma: "Todos os jovens precisam de mais atenção e orientação dos mais velhos do que estão recebendo atualmente".

Assim, é importante enfatizar que a tarefa de encorajar os adolescentes a discutir e elaborar seus projetos de vida não é apenas dos professores, mas dos pais e de todos os adultos preocupados com o bem-estar dos adolescentes. Com o intuito de operacionalizar intervenções no contexto escolar, faz-se necessário desenvolvermos instrumentos que permitam avaliar sua eficácia. A seguir, são apresentados procedimentos usados para avaliar projetos de vida de jovens, com especial ênfase para a Escala de Projetos de Vida para Adolescentes (EPVA), construída, recentemente, para o contexto brasileiro.

AVALIANDO PROJETOS DE VIDA DE ADOLESCENTES

Os resultados de um estudo de revisão de literatura que investigou as pesquisas realizadas sobre projetos de vida de adolescentes no período de 2004 a 2014, no contexto nacional, indicaram uma predominância de estudos qualitativos, com uso significativo de entrevistas semidirigidas e oficinas voltadas à discussão do tema (Vieira & Dellazzana-Zanon, 2020). Alguns exemplos de estudos que investigaram projetos de vida de adolescentes por meio desses procedimentos usaram questionário com perguntas abertas (Pinheiro & Arantes, 2015), entrevistas com base no método clínico piagetiano (Miranda & Alencar, 2015), questões de autorrelato (D'Aurea-Tardeli, 2008) e grupos de discussão (Leão et al., 2011). Esses procedimentos constituem importantes recursos para entender e investigar em profundidade como adolescentes constroem seu projeto de vida.

Entretanto, uma importante limitação desses procedimentos é a dificuldade de implementá-los em larga escala, ou seja, com muitos adolescentes. Essa limitação inviabiliza o estudo de grandes amostras ou de populações de adolescentes e dificulta a investigação de como os projetos de vida associam-se com outras variáveis externas relevantes, como engajamento acadêmico, desempenho escolar, bem-estar e comportamentos de risco em nível local, regional ou nacional – o que pode ser relevante para a tomada de decisões sobre investimento de recursos e desenvolvimento de políticas públicas. Outra limitação de tais procedimentos é a dificuldade de implementá-los na avaliação de intervenções que requeiram a avaliação de projetos de vida antes e depois das intervenções (Gobbo, 2016; Vieira & Dellazzana-Zanon, 2020).

Devido à necessidade de investigar projetos de vida de adolescentes de forma rápida, válida, em larga escala e com baixo custo, foi construída a EPVA (Gobbo, 2016; Dellazzana-Zanon et al., 2019). Essa escala é a primeira desenvolvida no Brasil com essa finalidade de que temos conhecimento. A seguir, apresentam-se o histórico, a descrição e as propriedades psicométricas da EPVA.

ESCALA DE PROJETOS DE VIDA PARA ADOLESCENTES (EPVA)

A aspiração de construir a EPVA surgiu do estudo inicial da tese de doutorado (Dellazzana-Zanon, 2014) da primeira autora deste capítulo intitulada *Projetos de vida na adolescência: comparação entre adolescentes que cuidam e que não cuidam de seus irmãos menores*, na qual ela utilizou questões de autorrelato (D'Aurea-Tardeli, 2008) e a entrevista semiestruturada sugerida por Miranda (2007) para avaliar projetos de vida de adolescentes que cuidavam de irmãos menores. Esse estudo possibilitou avaliar conteúdos relevantes dos projetos desses adolescentes e de adolescentes que não cuidavam de irmãos menores, com especial interesse na justificativa para os projetos apresentados. Entre os resultados desse estudo, verificaram-se nos adolescentes interesse em obter empregos que permitissem tanto o autossustento como também obter recursos financeiros para ajudar suas famílias de origem.

Construção dos itens

Alguns procedimentos recomendados pelas diretrizes de construção de testes da International Test Comission (ITC, 2013) subsidiaram a construção dos itens do instrumento. O primeiro deles focou na elaboração de itens (com base na literatura) que cobrissem projetos verificados no estudo anterior de Dellazzana-Zanon (2014), mas também que avaliassem projetos descritos na literatura nacional e internacional (Pereira et al., 2017). Mais especificamente, para a criação de itens realizou-se a leitura de artigos e capítulos nacionais e internacionais (Damon, 2009; Dellazzana-Zanon & Freitas, 2015; Dellazzana-Zanon et al., 2015; Riter et al., 2017) sobre projetos de vida, a fim de definir-se o construto investigado.

Os temas inicialmente selecionados para construir os itens foram relacionamentos afetivos, estudo e trabalho.

O tema relacionamentos afetivos refere-se aos projetos relacionados a iniciar, manter ou intensificar relacionamentos afetivos. Esse tema foi desdobrado em quatro subcategorias:

1. constituir família: envolve projetos de formar uma família, com ou sem filhos;
2. convivência com a família de origem: envolve projetos para manter o relacionamento/vínculo com a família de origem;
3. namorar: envolve o projeto de ter uma relação afetiva/íntima com alguém; e
4. ajudar a família de origem: envolve projetos que buscam amparar/auxiliar algum familiar que necessite.

No tema estudo, foram considerados os projetos relacionados à continuidade do estudo e suas subcategorias foram:

1. terminar os estudos: envolve projetos que mencionam a conclusão dos estudos; e
2. fazer faculdade: envolve projetos de ingressar em algum curso de graduação sem, porém, mencionar que curso pretende fazer e qual área pretende seguir.

Por fim, no tema trabalho foram agrupados projetos relacionados a exercer uma profissão ou ter um emprego, uma atividade remunerada. As subcategorias desse tema foram:

1. trabalhar em uma profissão específica: envolve projetos que indicam uma carreira específica a seguir, ou seja, o projeto não é apenas trabalhar, mas trabalhar em determinada profissão; e
2. entrar no mercado de trabalho: envolve projetos de ter um trabalho, sem mencionar em que profissão.

Para fins de classificação, considerou-se que projetos que mencionam o ingresso na faculdade em um curso específico, como medicina ou engenharia civil, pertencem à primeira subcategoria, pois, vinculado a esse projeto, está o projeto de trabalhar em uma profissão específica.

Após a organização dos temas, partiu-se para construção dos itens. Estes foram criados com base em *brainstormings* sobre os temas e nos depoimentos de adolescentes sobre projetos de vida de um estudo anterior (Dellazzana-Zanon, 2014). Com isso, criou-se uma tabela na qual se inseriram todos os itens das três dimensões e duas colunas para avaliação da compreensão/redação e pertinência dos itens. Uma equipe de estudantes de graduação, mestrado, doutorado e a orientadora avaliaram individualmente a qualidade e a pertinência dos itens através de pontuações dadas a cada item. Nesse processo, alguns itens foram reescritos e novos itens foram construídos. Ao final, 65 itens nas três dimensões foram criados, sendo 24 itens para relacionamentos afetivos, 21 itens para a dimensão estudo e 20 itens para a dimensão trabalho.

Após esta etapa, e com base na literatura e consulta a especialistas, observou-se a necessidade de inclusão de itens que não podiam ser alocados nos três temas já mencionados. Assim, mais quatro temas foram criados: bens materiais, religião/espiritualidade, aspirações positivas e sentido da vida, totalizando os sete temas.

O tema bens materiais foi elaborado para abranger projetos relacionados à aquisição de bens materiais, sendo suas subcategorias (Gonçalves et al., 2008; Graf & Diogo, 2009; Miranda & Alencar, 2015; Valore & Viaro, 2007):

1. moradia: envolve projetos relacionados a obter sua própria moradia;
2. carro: envolve projetos referentes à aquisição de veículos; e

3. dinheiro: envolve projetos que indicam o desejo de melhoria da condição financeira.

No tema religião/espiritualidade, foram inseridos projetos orientados por princípios religiosos, sendo suas subcategorias (Moberg & Brusek, 1978):

1. bem-estar religioso: envolve projetos relacionados à satisfação na conexão pessoal com Deus ou com algo que se considere como absoluto; e
2. bem-estar existencial: envolve projetos que se referem à percepção da pessoa em relação ao propósito da vida, independentemente de uma referência religiosa.

A criação dos temas aspirações positivas e sentido da vida baseou-se no capítulo *Measuring purpose* do livro de Bronk (2014). Analisando-se os instrumentos apresentados neste capítulo, foi possível observar que quase todos os instrumentos citados apresentavam itens em que o respondente precisava pensar sobre ser uma pessoa melhor no futuro e sobre o sentido que estava dando para a sua vida ou que queria dar/achar. Assim, optou-se por acrescentar as dimensões aspirações positivas e sentido da vida. Para a dimensão aspirações positivas, também foram utilizados, como referência para a criação dos itens, os depoimentos dos adolescentes do estudo de Dellazzana-Zanon (2014), nos quais apareceram com frequência projetos ligados ao desejo de se tornar uma pessoa melhor no futuro.

Após o desenvolvimento dos novos temas e de seus respectivos itens, outro conjunto de itens mais completo foi desenvolvido (ver Gobbo, 2016, para maiores detalhes). Esse conjunto foi composto por 116 itens, organizados em sete temas:

1. relacionamentos afetivos (20 itens);
2. estudo (19 itens);
3. trabalho (17 itens);
4. aspirações positivas (16 itens);
5. bens materiais (17 itens);
6. religião/espiritualidade (14 itens); e
7. sentido da vida (13 itens).

Nessa etapa da construção do instrumento, incluíram-se a instrução e a chave de respostas em uma escala do tipo Likert de cinco pontos, que varia de "discordo totalmente" até "concordo totalmente".

Evidências de validade de conteúdo por meio da análise de juízes

Participaram desse estudo cinco psicólogos peritos em construção de instrumento e/ou interessados no construto projeto de vida, dos quais três eram do sexo feminino e dois do sexo masculino. Os resultados desse estudo indicaram evidências positivas para a maioria dos itens criados, embora alguns itens tenham sido excluídos e outros tenham sido reformulados. A versão da escala nessa fase do estudo continha 91 itens. A análise do coeficiente de concordância (Kappa) evidenciou índice de 0,75, o que permitiu manter 88% da escala inicial (Gobbo et al., 2019).

Grupos focais

O conjunto de 91 itens foi apresentado a 18 adolescentes, divididos em quatro grupos de acordo com suas idades, que cursavam o 9º ano do ensino fundamental e o 1º, 2º e 3º anos do ensino médio de uma escola pública do interior de São Paulo. Solicitou-se aos adolescentes que lessem cada item, dissessem o que entenderam e sugerissem, ou não, melhorias para cada um dos itens da EPVA. O objetivo desses grupos focais foi que os adolescentes avaliassem a adequação da linguagem e a pertinência dos itens em relação às suas aspirações comuns.

Após as sugestões que surgiram nesses quatro grupos focais, foram realizadas melhorias na EPVA. A versão reformulada da EPVA foi apresentada para um quinto grupo, composto por 11 dos 18 adolescentes que haviam participado dos grupos anteriores, com idades variadas. Somente os itens reformulados (22 itens) foram apresentados para o grupo, e a mesma tarefa foi realizada, ou seja, ler cada item, dizer o que entendeu e sugerir, ou não, melhorias para o item.

A partir dessas novas sugestões, outras modificações foram feitas nos itens, a fim de aprimorá-los e de torná-los mais compreensíveis para a população-alvo. Após a realização dos grupos focais, a EPVA passou a ter 86 itens para as suas sete dimensões.

Procedimentos analíticos

Por fim, o conjunto de 86 itens foi avaliado através de estatística descritiva e, posteriormente, submetido a uma análise de eixos principais com rotação oblíqua, que indicou suporte parcial para a solução teórica proposta, composta por sete temas em uma amostra de adolescentes. A análise fatorial (AF) indicou que apenas uma solução de cinco fatores (religiosidade, carreira, aspirações positivas, bens materiais e relacionamentos afetivos) era adequadamente interpretável. Estes fatores foram renomeados depois da AF para refletir adequadamente o conteúdo dos itens que os constituem.

Percebeu-se que quase todos os itens referentes aos temas sentido de vida e trabalho apresentaram cargas predominantes nos demais fatores, por isso foram removidos por falta de justificativa teórica para sua permanência nos outros fatores. Assim, foram removidos 44 itens que apresentaram baixas relações com os demais e cargas fatoriais pequenas ($-0,30 < \lambda < 0,30$) nos fatores esperados (ver Dellazzana-Zanon et al., 2019 para maiores detalhes). O conjunto de cinco fatores apresentou baixas intercorrelações, indicando tratar-se de fatores distintos. Nessa solução, todos os fatores apresentaram fidedignidade aceitável ($\alpha > 0,70$).

Versão final preliminar da EPVA

A versão final obtida foi de cinco fatores e composta por 42 itens com cargas fatoriais acima de 0,30 no fator esperado, e com cargas fatoriais próximas a zero nos demais fatores. O primeiro fator agrupou sete itens referentes a religiosidade (p. ex., "Gostaria de estar me tornando uma pessoa melhor por meio da minha fé"; "Gostaria de estar me relacionando com pessoas com a mesma fé que eu"). O segundo fator agrupou 10 itens referentes a carreira (p. ex., "Gostaria de estar formado no curso técnico ou na faculdade"; "Gostaria de conseguir um bom trabalho graças aos meus estudos"). O terceiro fator agrupou sete itens referentes a aspirações positivas (p. ex., "Pretendo ser uma pessoa mais generosa"; "Gostaria de estar fazendo o bem para as pessoas"). O quarto fator agrupou nove itens referentes a bens materiais (p. ex., "Gostaria de ter condições de comprar minha casa própria"; "Gostaria de ter dinheiro suficiente para comprar as coisas que preciso"). O quinto fator agrupou nove itens referentes a relacionamentos afetivos (p. ex., "Gostaria de ter a minha própria família"; "Pretendo estar namorando").

CONSIDERAÇÕES FINAIS

Nossa trajetória na condução de pesquisas sobre projetos de vida de adolescentes, iniciada há 10 anos, tem nos mostrado que, embora estudar esse tema seja um desafio, os adolescentes que participam de nossos estudos gostam da oportunidade de falar ou refletir sobre seus projetos de vida. Não raro, a ocasião para pensar sobre seu projeto de vida oportunizada pela situação de pesquisa é a primeira vez em que esses adolescentes de fato são solicitados a parar para pensar de forma intencional sobre como esperam (e querem) que sejam suas vidas no futuro.

Essas oportunidades ajudam os adolescentes a perceberem que aquilo que pretendem estar fazendo no futuro depende do que estão fazendo no presente. Mais ainda, espaços nos quais os adolescentes são solicitados a pensar e falar sobre seu projeto de vida promovem oportunidades para que eles reflitam sobre a diferença que podem fazer na sua comunidade e na sociedade como um todo, a partir de suas aptidões e interesses.

Uma mudança recente na legislação brasileira trouxe a necessidade de abrir espaços para a promoção de projetos de vida de adolescentes nas escolas. A exemplo do que ocorre em outros países, que já iniciaram esse tipo de trabalho em suas escolas, entendemos que essa iniciativa (em andamento neste momento no Brasil) é um excelente movimento no sentido de garantir que nossos adolescentes tenham um espaço garantido no qual possam construir seus projetos de vida.

Neste capítulo, buscamos sensibilizar o leitor para a importância do desenvolvimento de projetos de vida, em especial no contexto escolar. Tais esforços podem beneficiar substancialmente o engajamento escolar e o desenvolvimento saudável de milhões de adolescentes no Brasil. Também buscamos apresentar formas de avaliar projetos de vida, e a criação da EPVA (Dellazzana-Zanon et al., 2019) constituiu um esforço para operacionalizar a avaliação em larga escala de forma válida e a baixo custo.

Considerando que o processo de produção de evidências de validade e fidedignidade para um teste é cumulativo e depende de sua aplicação em diversas amostras, faz-se necessário replicar os resultados verificados em contextos diversos no país. Assim, esperamos que este capítulo possa incentivar e subsidiar a avaliação e implementação de intervenções de projeto de vida nas escolas.

Por fim, sugere-se como exemplos de atividades pedagógicas para o desenvolvimento de projetos de vida nas escolas: preenchimento de um formulário para investigar quais são os projetos e planos futuros dos adolescentes; elaboração de um relato sobre a história de vida de cada adolescente, que poderá servir como base para a construção de seu projeto de vida; desenvolvimento de atividades de autoconhecimento que tenham por objetivo elucidar as preferências e desejos dos adolescentes para auxiliar na descoberta de formas que os ajudem a refletir sobre como poderão fazer a diferença em suas comunidades no futuro.

REFERÊNCIAS

Araújo, U. F., Arantes, V., & Pinheiro, V. (2020). *Projetos de vida: Fundamentos psicológicos, éticos e práticas educacionais*. Summus.

Brasil (1988). *Constituição da República Federativa do Brasil*. http://www.planalto.gov.br/ccivil_03/constituicao/constituicao.htm

Bronk, C. K. (2014). *Purpose in life. A critical component of optimal youth development*. Springer.

Bundick, M. J., & Tirri, K. (2014). Student perceptions of teacher support and competencies for fostering youth purpose and positive youth development: Perspectives from two countries. *Applied Developmental Science, 18*(3), 148-162.

Burrow, A. L., Sumner, R., & Ong, A. D. (2014). Perceived change in life satisfaction and daily negative affect: The moderating role of purpose in life. *Journal of Happiness Studies, 15*(4), 579-592.

Cury, C. R. J. (2018). Do público e do privado na Constituição de 1988 e nas Leis educacionais. *Educação & Sociedade, 39*(145), 870-889.

Cury, C. R. J. (2017). Vinte anos da Lei de diretrizes e bases da educação nacional (LDBEN). *Jornal de Políticas Educacionais, 10*(20), 3-17.

Damon, W. (2009). *O que o jovem quer da vida? Como pais e professores podem orientar e motivar os adolescentes*. Summus.

Damon, W., Menon, J., & Bronk, K. C. (2003). The development of purpose during adolescence. *Applied Development Science, 7*(3), 119-128.

D'Aurea-Tardeli, D. (2008). A manifestação da solidariedade em adolescentes: Um estudo sobre a personalidade moral. *Psicologia, Ciência e Profissão, 28*(2), 208-303.

Dellazzana-Zanon, L. L. (2014). *Projetos de vida na adolescência: Comparação entre adolescentes que cuidam e que não cuidam de seus irmãos menores*. [Tese de doutorado não publicada]. Universidade Federal do Rio Grande do Sul.

Dellazzana-Zanon, L. L., & Freitas (2015). Uma revisão de literatura sobre a definição de projeto de vida na adolescência. *Interação em Psicologia, 19*(2), 281-292.

Dellazzana-Zanon, L. L., Bachert, C. M. D., & Gobbo, J. P. (2018). Projetos de vida do adolescente: Implicações para a escolarização positiva. In T. C. Nakano (Ed.), *Psicologia positiva aplicada à educação* (pp. 41-62). Vetor.

Dellazzana-Zanon, L. L., Riter, H. S., & Freitas, L. B. L. (2015). Projetos de vida de adolescentes que cuidam e que não cuidam de seus irmãos menores. In R. M. S. Macedo (Ed.), *Expandindo horizontes da terapia familiar* (pp. 101-122). CRV.

Dellazzana-Zanon, L. L., Zanon, C., Noronha, A. P. P., Oliveira, M. V., & Rosado, A. F. P. (2019). Evidências preliminares de validade da escala de projetos de vida para adolescentes. *Avaliação Psicológica, 18*(4), 429-437.

Gonçalves, H. S., Borsoi, T. S., Santiago, M. A., Lino, M. V., Lima, I. N., & Federico, R. G. (2008). Problemas da juventude e seus enfrentamentos: Um estudo de representações sociais. *Psicologia e Sociedade, 20*(2), 217-225.

Graf, L. P., & Diogo, M. F. (2009). Projeções juvenis: Visões ocupacionais e marcas de gênero. *Revista Brasileira de Orientação Profissional, 10*(1), 71-82.

Gobbo, J. P. (2016). *Construção da escala de projetos de vida para adolescentes (EPVA)*. [Dissertação de mestrado não publicada]. Pontifícia Universidade Católica de Campinas.

Gobbo, J. P., Nakano, T. C., & Dellazzana-Zanon. (2019). Escala de Projetos de Vida para Adolescentes: evidências de validade de conteúdo. *Estudos Interdisciplinares em Psicologia, 10*(1), 20-40.

Guzzo, R. S. L., & Filho, A. E. (2005). Desigualdade social e sistema educacional brasileiro: A urgência da educação emancipadora. *Escritos sobre Educação, 4*(2), 39-48.

International Testing Comission (2013). ITC statement on use of tests and other assessment instruments for research purposes. https://www.intestcom.org/files/statement_using_tests_for_research.pdf

Johnson, S. K., Tirrell, J. M., Callina, K. S., & Weiner, M. B. (2018). Configurations of young peoples' important life goals and their associations with thriving. *Research in Human Development, 15*(2), 139-166.

Kiang, L., Malin, H., & Sandoz, A. (2020). Discovering identity and purpose in the classroom: Theoretical, empirical, and applied perspectives. In A. Burrow & P. Hill (Eds), *The ecology of purposeful living across the lifespan*. Springer.

Leão, G., Dayrell, J. T., & Reis, J. B. (2011). Juventude, projetos de vida e ensino médio. *Educação & Sociedade, 32*(117), 1067-1084.

Lei nº 9.394, de 20 de dezembro de 1996 (1996). Estabelece as diretrizes e bases da educação nacional. http://www.planalto.gov.br/ccivil_03/leis/l9394.htm

Lei nº 13.415, de 16 fevereiro de 2017 (2017). Altera as Leis nº 9.394, de 20 de dezembro de 1996, que estabelece as diretrizes e bases da educação nacional, e nº 11.494, de 20 de junho 2007, que regulamenta o Fundo de Manutenção e Desenvolvimento da Educação Básica e de Valorização dos Profissionais da Educação, a Consolidação das Leis do Trabalho – CLT, aprovada pelo Decreto-Lei nº 5.452, de 1º de maio de 1943, e o Decreto-Lei nº 236, de 28 de fevereiro de 1967; revoga a Lei nº 11.161, de 5 de agosto de 2005; e institui a Política de Fomento à Implementação de Escolas de Ensino Médio em Tempo Integral. http://www.planalto.gov.br/ccivil_03/_ato2015-2018/2017/lei/l13415.htm

Machell, K. A., Disabato, D. J., & Kashdan, T. B. (2016). Buffering the negative impact of poverty on youth: The power of purpose in life. *Social Indicators Research, 126*, 845-861.

McKnight, P. E., & Kashdan, T. B. (2009). Purpose in life as a system that creates and sustains health and well-being: An integrative, testable theory. *Review of General Psychology, 13*(3), 242-251.

Malin, H. (2018). *Teaching for purpose: Preparing students for lives of meaning*. Harvard Education Press.

Malin, H., Ballard, P. J., & Damon, W. (2015). Civic purpose: An integrated construct for understanding civic development in adolescence. *Human Development, 58*(2), 103-130.

Malin, H., Han, H., & Liauw, I. (2017). Civic purpose in late adolescence: Factors that prevent decline in civic engagement after high school. *Developmental Psychology, 53*(5), 1384-1397.

Marcelino, M. Q. D. S., Catão, M. D. F. F. M., & Lima, C. M. P. (2009). Representações sociais do projeto de vida entre adolescentes no ensino médio. *Psicologia: Ciência e Profissão, 29*(3), 544-557.

Ministério da Educação (MEC). (2018). *Base nacional comum curricular – BNCC*. http://basenacionalcomum.mec.gov.br

Ministério da Educação (MEC). (2020). *Programa nacional do livro e do material didático*. http://portal.mec.gov.br/component/content/article?id=12391:pnld

Miranda, F. H. F. (2007). *Projetos de vida na adolescência: Um estudo na área da ética e da moralidade*. [Dissertação de mestrado não publicada]. Universidade Federal do Espírito Santo.

Miranda, F. H. F., & Alencar, H. M. (2015). Projetos de vida na adolescência: Um estudo na área da ética e da moralidade. *Diaphora, 15*(2), 27-33.

Moberg, D. O., & Brusek, P. M. (1978). Spiritual well-being: A neglected subject in quality of life research. *Social Indicators Research, 5*, 303-323.

Pereira, B., Gobbo, J., & Dellazzana-Zanon, L. L. (2017). Processo de construção dos itens da escala de projetos de vida para adolescentes (EPVA). *International Symposium Adolescente(s) & Fórum (Re)Pensando a Educação, 3*, 370-380.

Pinheiro, V. P. G., & Arantes, V. A. (2015). Values and feelings in young brazilians' purposes. *Paidéia (Ribeirão Preto), 25*(61), 201-209.

Riter, H. S., Dellazzana-Zanon, L. L., & Freitas, L. B. L. F. (2017). Projetos de vida de adolescentes que cuidam formalmente de seus irmãos menores. In D. D'Aurea-Tardeli (Ed.), *Estudos sobre adolescência: Vários contextos, vários olhares* (pp. 207-234). Mercado de Letras.

Saviani, D. (2011). *A nova lei da educação: LDB, trajetória, limites e perspectivas* (12th ed.). Autores Associados. (Obra original publicada em 1977).

Secretária de Educação do Estado de São Paulo (2020). *Inova Educação*. https://inova.educacao.sp.gov.br/

Sumner, R., Burrow, A. L., & Hill, P. L. (2018). The development of purpose in life among adolescents who experience marginalization: Potential opportunities and obstacles. *American Psychologist, 73*(6), 740-752.

Tirri, K. (2011). Holistic school pedagogy and values: Finnish teachers' and students' perspectives. *International Journal of Educational Research, 50*(3), 159-165.

Tirri, K., & Kuusisto, E. (2016). How can purpose be taught? *Journal of Religious Education, 64*(2), 101-112.

Tirri, K, Moran. S., & Mariano, J. M. (2016). Education for purposeful teaching around the world. *Journal of Education for Teaching, 42*(5), 526-531.

Valore, L. A., & Viaro, R. V. (2007). Profissão e sociedade no projeto de vida de adolescentes em orientação profissional. *Revista Brasileira de Orientação Profissional, 8*(2), 57-70.

Vieira, G. P., & Dellazzana-Zanon, L. L. (2020). Projetos de Vida na Adolescência: Uma Revisão Sistemática da Literatura. *Gerais: Revista Interinstitucional de Psicologia, 13*(3).

Yeager, D. M., & Bundick, M. (2009). The role of purposeful work goals in promoting meaning in life and in schoolwork during adolescence. *Journal of Adolescent Research, 24*(4), 423-452.

Winters, C., Leite, J. P. C., Pereira, B. C., Vieira, G. P., & Dellazzana-Zanon, L. L. (2018). Desenvolvimento juvenil positivo e projetos de vida: Uma revisão sistemática da literatura internacional. *Cadernos de Educação, 17*(35), 39-54.

ÍNDICE

As letras f e q indicam, respectivamente, figuras e quadros

A

Aconselhamento de carreira *ver* Orientação profissional
Adaptabilidade de carreira, 246-250
Adolescência, 272
 avaliação de comportamentos de risco *ver* Comportamentos de risco na adolescência
 avaliação de projetos de vida, 272
 comportamento autolesivo e ideação suicida ver Comportamentos de risco na adolescência
Adultos com deficiência intelectual *ver* Pessoas com deficiência intelectual
Alfabetização infantil, 91-101
 avaliação e acompanhamento/ monitoramento, 94-100
 instrumentos que avaliam a leitura e/ou a escrita, 96-99q
 preditores cognitivos, psicológicos/ comportamentais e ambientais, 92-94
Altas habilidades, 127-129, 133-144
 concepção e caracterização, 134-135, 136q
 desafios e cuidados na avaliação, 139-140
 objetivos e princípios da avaliação, 135, 136-138
 procedimentos e instrumentos da avaliação na escola, 140-144
Analgesia da dor emocional, 218-219
Antidissociação, 219
Antissuicídio, 219
Aprendizagem, 162-163, 220
 escolar e funções executivas, 162-163
 social e autolesão, 220
 transtornos de *ver* Transtornos da aprendizagem
 Aspectos éticosde documentos psicológicos, 33-35
Atos infracionais, envolvimento em, 204-205
Atrasos do desenvolvimento, 39-50
 primeiros anos escolares, 39-50
 acompanhamento do desenvolvimento da criança, 40-41
 avaliação dos marcos do desenvolvimento, 43-49
 caracterização do desenvolvimento infantil, 41-43
 integração entre aspectos da vida da criança e análise do desenvolvimento, 49-50
Autolesão *ver também* Comportamentos de risco na adolescência
 aspectos a serem avaliados, 223-224
 frequência, 223-224
 função, 223
 intencionalidade, 224
 letalidade, 224
 método utilizado, 224
 resultado, 224
 motivos da, 218-220
 antidissociação, 219
 antissuicídio, 219

aprendizagem social, 220
autopunição, 219
comunicação/sinalização social, 219-220
regulação emocional/analgesia da dor emocional, 218-219
Autopunição, 219
Avaliação da inteligência *ver* Inteligência, avaliação da
Avaliação de habilidades sociais na escola *ver* Habilidades sociais na escola, avaliação de

B

Bullying, 258-260, 261q

C

CAAS-5 para adolescentes, 248, 249q
Carreira, adaptabilidade de, 246-250
Comportamentos de risco na adolescência, 201-226
    comportamento autolesivo e ideação suicida, 215-226
        avaliação, 222-223
        classificação de risco, 225-226
        diferenciação para a tentativa de suicídio, 220-221
        motivos da autolesão, 218-220
        principais fatores de risco, 216-217
        redes sociais e autolesão, 217-218
        sinais de alerta na escola, 221-222
    Índice de Comportamento de Risco (ICR), 203-209
        comportamento sexual de risco, 203-204
        comportamento suicida, 205
        envolvimento em atos infracionais, 204-205
        funcionamento do, 205-209
        uso de substâncias, 204
    prevenção e/ou redução na escola, 209-211
Comunicação/sinalização social da dor emocional, 219-220
Contínuo da aprendizagem, 108f
Crianças, 91-101
    alfabetização infantil, 91-101
    com deficiência intelectual *ver* Pessoas com deficiência intelectual
Cyberbullying, 258-260, 261q

D

Deficiência intelectual, 77-86, 127, 147-155
    atraso global do desenvolvimento, 152
    avaliação da intensidade de apoio para pessoas com, 77-86
    caracterização, 147-148
    classificação de gravidade, 148-149
    deficiência intelectual não especificada, 153
    etiologia, 150-152
        síndrome de Down (SD), 151
        síndrome de Prader-Willi (SPW), 152
        síndrome de Williams-Beuren (SWB), 152
        síndrome do X frágil (SXF), 151-152
    indicadores comportamentais de presença e gravidade dos déficits, 149-150
    planejamento educacional para pessoas com, 77-86
    procedimentos e instrumentos de avaliação, 153-155
Desenvolvimento, 39-50, 53-54
    da interação social, 53-54
    infantil, 39-50
        atrasos do, 39-50
        infantil atípico, 43q
Discalculia do desenvolvimento, 182-183, 184q
Dislexia do desenvolvimento, 179-181
Disfunção executiva na aprendizagem, 163f
Disgrafia e disortografia, 181-182
Documentos psicológicos, 27-36
    aspectos éticos, 33-35
    diretrizes para a escrita nas escolas, 29-33
        de linguagem, 31-33
        gerais, 29-31
    finalidade, 35
    repasse de documentos às escolas, 28-29

E

Entrevista, 166-167
    clínica com ênfase em funções executivas, 166
    semiestruturada de funções executivas (PESEFES), protocolo de, 166-167
        flexibilidade, 167
        habilidades parentais e aspectos ambientais para desenvolvimento das, 167
        inibição, 166-167

monitoramento, 167
motivação, 167
planejamento, 166
tomada de decisão, 167
Equipe escolar, avaliação, 236
Escala(s), 80-86, 233-234, 272-275
    Afeto Positivo e Negativo para Crianças, 233
    Afetos Positivos e Negativos para Adolescentes (EAPN-A), 233-234
    Autoestima de Rosenberg (EAR), 234
    Forças de Caráter para Adolescentes (EFC-A), 234
    Intensidade de Apoio para Adultos (SIS-A), 80-86
    Intensidade de Apoio para Crianças e Adolescentes (SIS-C), 80-86
    Multidimensional de Satisfação de Vida para Crianças – versão breve (EMSVC), 234
    Projetos de Vida para Adolescentes (EPVA), 272-275
        construção dos itens, 272-274
        evidências de validade de conteúdo, 274
        grupos focais, 274-275
        procedimentos analíticos, 275
        versão preliminar, 275
    Satisfação com a Vida (ESV), 234
Escolarização, 17-19
    avaliação psicológica, 22-24
    processo ao longo da história, 17-19
    psicologia na escola, 19-22
Escrita, avaliação de, 96-99q, 113-115
Escrita de documentos psicológicos, diretrizes, 29-33
    de linguagem, 31-33
    gerais, 29-31

F

Formação, 66-69, 70-71
    integral dos alunos, 66-69
    pessoal e interpessoal do professor, 70-71
Funções executivas, 159-170
    entrevista clínica com ênfase em, 166
    instrumentos padronizados para avaliação, 168-170
    instrumentos para avaliação nas fases pré-escolar e escolar, 165-166

    modelos teóricos, 160-162
    na aprendizagem escolar, 162-163
    protocolo de entrevista semiestruturada (PESEFES), 166-167
        flexibilidade, 167
        habilidades parentais e aspectos ambientais para desenvolvimento das, 167
        inibição, 166-167
        monitoramento, 167
        motivação, 167
        planejamento, 166
        tomada de decisão, 167
    quentes e frias, 163-165

G

grupos focais, 274-275

H

Habilidades sociais na escola, avaliação de, 65-74
    como objetivos da formação integral dos alunos, 66-69
    eixos de aplicação, 66
    na formação pessoal e interpessoal do professor, 70-71
    nas estratégias ativas/interativas que caracterizam as condições de ensino, 71-72
    no contexto escolar, 72-73

I

Ideação suicida *ver* Comportamento autolesivo e ideação suicida
Identificação de sinais de risco para transtornos do neurodesenvolvimento *ver* Risco para transtornos do neurodesenvolvimento, sinais de índice de comportamento de risco (ICR), 203-209
    comportamento sexual de risco, 203-204
    comportamento suicida, 205
    envolvimento em atos infracionais, 204-205
    funcionamento do, 205-209
    uso de substâncias, 204

Inibição (função executiva), 166-167
Instrumentos de avaliação das habilidades sociais, 68-69q
    para alunos, 68-69q
    para professores, 70q
Instrumentos, 96-99, 168-170, 194-196
    para avaliação da saúde mental, 194-196
    para avaliação das funções executivas, 165-170
    para avaliação de variáveis positivas, 233-236
        Escala de Afeto Positivo e Negativo para Crianças, 233
        Escala de Afetos Positivos e Negativos para Adolescentes (EAPN-A), 233-234
        Escala de Autoestima de Rosenberg (EAR), 234
        Escala de Forças de Caráter para Adolescentes (EFC-A), 234
        Escala de Satisfação com a Vida (ESV), 234
        Escala Multidimensional de Satisfação de Vida para Crianças – versão breve (EMSVC), 234
        Social and Emotional or Non-Cognitive Nationwide Assessment (SENNA), 234-235
        Tarefas preditoras de Otimismo em Crianças (TAPOC), 235
        Youth Life Orientation Test (YLOT), 235-236
    publicados no Brasil que avaliam a leitura e/ou a escrita em crianças, 96-99q
Inteligência, avaliação da, 119-131
    e psicólogo no contexto escolar, 126-131
        deficiência intelectual, 127
        diferenças de pontuação para um mesmo indivíduo, 129-130
        superdotação/altas habilidades, 127-129
    educação e inteligência, 119-126
        critério externo que não demanda cognição de ordem superior, 120
        restrição de amplitude por escolaridade, 122
        seletividade da amostra, 122, 124-126
        variação da complexidade da medida cognitiva, 120-121
        variação da precisão do critério externo, 122, 123f
Intensidade de apoio para pessoas com deficiência intelectual, 77-86

Interação social, desenvolvimento da, 53-54
Inventário de Autoavaliação para Adolescentes (Youth Self-Report – YSR), 196-197
Inventário de Comportamento para Crianças e Adolescentes (Child Behavior Check List – CBCL), 196
Inventário de Comportamentos para Crianças e Adolescentes – Relatório para Professores (Teacher's Report Form – TRF), 197

L

Legislação, 268-269
Leitura, avaliação de, 96-99q, 113-115
Letalidade da autolesão, 224
Levantamento de informações sobre o período gestacional, 49-50
Linguagem de documentos psicológicos, 31-33

M

Marcos do desenvolvimento infantil, 44-49
Matemática, avaliação de, 113-115
Monitoramento (função executiva), 167
Motivação (função executiva), 167

N

Neuropsicologia no diagnóstico de transtornos da aprendizagem, 177-179
    dislexia do desenvolvimento, 179-181
    disgrafia e disortografia, 181-182
    discalculia do desenvolvimento, 182-183, 184q
    transtorno não verbal da aprendizagem, 183-185

O

Orientação profissional, 243-254
    adaptabilidade de carreira, 246-250
        avaliação da, 247-248
            CAAS-5 para adolescentes, 248, 249q
            pontuação, 248, 250
        avaliação qualitativa, 250-252
            discussão sobre os itens, 250-252

testagem guiada, 252
principais paradigmas, 243-246

P

pessoas com deficiência intelectual, 77-86
    Escala de Intensidade de Apoio para Adultos (SIS-A), 80-86
    Escala de Intensidade de Apoio para Crianças e Adolescentes (SIS-C), 80-86
PISA, prova, 123f, 125f
Planejamento (função executiva), 166
Planejamento educacional para pessoas com deficiência intelectual, 77-86
Primeiros anos escolares, identificação de atrasos no desenvolvimento, 39-50
    acompanhamento do desenvolvimento da criança, 40-41
    avaliação dos marcos do desenvolvimento, 43-49
        instrumentos específicos, 44, 48-49
    caracterização do desenvolvimento infantil, 41-43
    integração entre aspectos da vida da criança e análise do desenvolvimento, 49-50
        levantamento de informações sobre o período gestacional, 49-50
Projetos de vida, 267-276
    avaliação de projetos de vida de adolescentes, 272
    Escala de Projetos de Vida para Adolescentes (EPVA), 272-275
        construção dos itens, 272-274
        evidências de validade de conteúdo por meio da análise de juízes, 274
        grupos focais, 274-275
        procedimentos analíticos, 275
        versão preliminar, 275
    inclusão na legislação, 268-269
    na escola, 269-272
Protocolo de entrevista semiestruturada de funções executivas (PESEFES), 166-167
    flexibilidade, 167
    habilidades parentais e aspectos ambientais para desenvolvimento das, 167
    inibição, 166-167
    monitoramento, 167
    motivação, 167
    planejamento, 166
    tomada de decisão, 167
Psicologia positiva, 229-237
    avaliação da equipe escolar, 236
    avaliação de variáveis positivas, 231-233
    avaliação psicológica baseada em forças, 230-231
    instrumentos disponíveis no Brasil, 233-236
        Escala de Afeto Positivo e Negativo para Crianças, 233
        Escala de Afetos Positivos e Negativos para Adolescentes (EAPN-A), 233-234
        Escala de Autoestima de Rosenberg (EAR), 234
        Escala de Forças de Caráter para Adolescentes (EFC-A), 234
        Escala de Satisfação com a Vida (ESV), 234
        Escala Multidimensional de Satisfação de Vida para Crianças – versão breve (EMSVC), 234
        Social and Emotional or Non-Cognitive Nationwide Assessment (SENNA), 234-235
        Tarefas preditoras de Otimismo em Crianças (TAPOC), 235
        Youth Life Orientation Test (YLOT), 235-236

Q

Questionário de Capacidades e Dificuldades (Strengths and Difficulties Questionnaire – SDQ), 197-198

R

Rastreio em saúde mental na escola, 193-194, 195q
Raven, 121, 123, 125
    Escala Colorida, 121f
    Escala Geral, 123f, 125f
Redes sociais e autolesão, 217-218
Regulação emocional, 218-219
Risco para transtornos do neurodesenvolvimento, sinais de, 53-62
    desenvolvimento da interação social, 53-54
    principais sinais, 54-58
    sinais na educação infantil, 58-61

S

Saúde mental, 191-199
    instrumentos de avaliação, 194, 195-196
    Inventário de Autoavaliação para Adolescentes (Youth Self-Report – YSR), 196-197
    Inventário de Comportamento para Crianças e Adolescentes (Child Behavior Check List – CBCL), 196
    Inventário de Comportamentos para Crianças e Adolescentes – Relatório para Professores (Teacher's Report Form – TRF), 197
    na infância e na adolescência, 191-193
    Questionário de Capacidades e Dificuldades (Strengths and Difficulties Questionnaire – SDQ), 197-198
    rastreio na escola, 193-194, 195q
Sexo, comportamento de risco, 203-204
Sinais de risco para transtornos do neurodesenvolvimento *ver* Risco para transtornos do neurodesenvolvimento, sinais de
Síndrome(s), 151-152
    de Down (SD), 151
    de Prader-Willi (SPW), 152
    de Williams-Beuren (SWB), 152
    do X frágil (SXF), 151-152
Social and Emotional or Non-Cognitive Nationwide Assessment (SENNA), 234-235
Substâncias, uso de, 204
Suicídio, 205, 220-221
    comportamento autolesivo x tentativa de suicídio, 220-221
    comportamento suicida, 205
Superdotação/altas habilidades, avaliação, 127-129
    correlação entre as habilidades, 128
    número de habilidades, 127-128
    ponto de corte, 128-129

T

Tarefas preditoras de Otimismo em Crianças (TAPOC), 235

Teste de Desempenho Escolar (TDE II), 105-117, 121f
    descrição, administração e aplicabilidade, 106-109
    estudo de caso, 112-116
        resultados da avaliação cognitiva, 112-113
        avaliação de leitura, escrita e matemática, 113-115
        avaliação comportamental e clínica, 115-116
    forças e fraquezas, 116-117
    história do instrumento, 106
    pesquisas recentes nos contextos clínico e não clínico, 111-112
    propriedades psicométricas, 109-111
Tomada de decisão (função executiva), 167
Transtornos da aprendizagem, 175-185
    definições e diagnóstico, 175-177
    neuropsicologia no diagnóstico, 177-179
        e dislexia do desenvolvimento, 179-181
        e disgrafia e disortografia, 181-182
        e discalculia do desenvolvimento, 182-183, 184q
        e transtorno não verbal da aprendizagem, 183-185
Transtorno não verbal da aprendizagem, 183-185

U

Uso de substâncias, 204

V

Violência escolar, 257-265
    bullying, 258-260, 261q
    cyberbullying, 258-260, 261q
    papel da escola, 260, 261-264

Y

Youth Life Orientation Test (YLOT), 235-236
Youth Self-Report – YSR (Inventário de Autoavaliação para Adolescentes), 196-197